글로벌 슬럼프

위기와 저항의 글로벌 정치경제 이야기

Global Slump : The Economics and Politics of Crisis and Resistance
by David McNally

© PM Press 2011
Licensed by PM Press, Oakland, California, U.S.A.(www.pmpress.org)
Korean translation copyright © Greenbee Publishing Company, 2011.
This edition is published by arrangement with PM Press through Shinwon Agency.

글로벌 슬럼프
위기와 저항의 글로벌 정치경제 이야기

초판1쇄 펴냄 2011년 11월 10일

지은이 데이비드 맥낼리
옮긴이 강수돌, 김낙중
펴낸이 유재건
펴낸곳 그린비
주소 서울시 마포구 와우산로 180, 4층
대표전화 02-702-2717 | **팩스** 02-703-0272
홈페이지 www.greenbee.co.kr
원고투고 및 문의 editor@greenbee.co.kr

주간 임유진 | **편집** 홍민기, 신효섭, 구세주, 송예진 | **디자인** 권희원, 이은솔
마케팅 유하나, 육소연 | **물류유통** 유재영 | **경영관리** 유수진

이 책의 한국어판 저작권은 신원 에이전시를 통한 PM Press와의 독점계약으로 그린비에 있습니다.
저작권법에 의하여 한국 내에서 보호를 받는 저작물이므로 무단전재와 무단복제를 금합니다.
책값은 뒤표지에 있습니다. 잘못 만들어진 책은 구입처에서 바꿔 드립니다.
ISBN 978-89-7682-756-2 03330

GLOBAL
SLUMP

위기와 저항의
글로벌 정치경제 이야기 글로벌
슬럼프

데이비드 맥낼리 지음 | 강수돌·김낙중 옮김

그린비

지은이 서문

2008년 3월 미국의 투자은행 베어스턴스가 파산했을 때, 진보 좌파 연례 포럼에 참석하느라 뉴욕에 머무르고 있었던 것은 어쩌면 운명이었는지도 모르겠다. 왜 이런 일이 발생했는가 알아보려고 금융 관련 신문기사들을 읽다가 아내에게 말했다. "이거 큰일인걸." 이 사건이 대공황의 신호탄이 될 수도 있겠구나 하는 생각이 스치고 지나갔다. 내 나름대로는 주류 경제 논평가들보다는 자본주의의 흐름에 대해 더 잘 알고 있다고 생각하고 있었는데, 월스트리트 투자은행들의 파산 원인에 대해서는 보다 더 명료하게 이해해야 할 필요를 깨닫게 되었다.

그래서 이 책『글로벌 슬럼프』는 많은 측면에서는 2008년 대불황의 성격을 명료하게 설명해 보려는 나의 노력이라고 볼 수 있다. 다시 말해서, 나는 이 위기의 원인은 무엇이고 앞으로 어떻게 전개될 것인가를 해명하고자 한다. 또한 이 책은 이러한 위기 국면에서 우리가 추구하고 있는 저항운동들, 전 지구적 정의를 위한 투쟁들, 반자본주의 정치를 통해 무엇을 해야 하는가에 대한 고민이기도 하다. 그러나 이 책은 나 혼자만의 연구 결과물은 아니다. 이 책은 급진적인 활동가 및 학자들과 함께 금융 공황이라는 주제를 놓고 열띤 토론을 벌이고, 또 저항 투쟁의 현장에 직접 참여하는 과정에서 만들어졌다. 이런 대화와 실천을 통해서 지금 전 세계를 급격히 뒤흔들고 있는 사건들을 긴급하게 이해할 필요성을 느끼게 되었다. 왜냐하면 지금 벌어지고 있는 사건들은 전 세계적으로 터져 나오고 있는 사회정의 운동에 중대한 과제와 도전을 던져 주고 있기 때문이다. 그래서 글로벌 슬럼프, 즉 전 세계적 경기침체의 쓰나미가 몰고 올 대재앙에 저항하기 위해서, 우리의 상상력과 독창성을 최대한 발휘할 수 있는 저항 투쟁들을 조직하기 위해서, 글로벌 슬럼프의 특성을 파악할 필요가 있는 것이다.

　나의 책『글로벌 슬럼프』가 이러한 대의에 소박하게나마 기여하길 바란다.

한국의 독자들께 연대의 마음으로
데이비드 맥낼리 드림

David McNally

옮긴이 서문 글로벌 슬럼프, 어떻게 극복할 것인가?

『글로벌 슬럼프』라니, 과연 이는 무엇일까요? 우리가 직면한 현실이 분명 '위기'는 위기인데, 어떤 위기일까요? 2008년 가을, 미국의 리먼브러더스라는 대형 은행의 파산 이후 벌어진 금융위기와 그에 이은 실물 위기, 실업과 불안, 유럽과 미국의 국가 부도 위기……. 사람들은 이 위기를 곧 극복될 일시적인 것이라 진단하기도 합니다. 아니, 그렇게 소망합니다. 하지만 이 책의 저자 데이비드 맥널리 교수는 단호히 '아니'라고 합니다. 마치 그것을 증명하기라도 하듯 유럽에, 미국에, 그리고 다시 아시아에 위기가 닥칩니다. 나아가 2011년 8월에는 역사상 처음으로 미국이라는 '초강대국'의 신용등급이 '강등'되었습니다. 실제로는 더 많이 떨어져야 할지 모릅니다. 일개 신용평가 회사가 한 나라의 운명을 좌지우지합니다. 경제 권력이, 실질 권력이 어디에 있는지 희미하게 드러납니다. 이제 우리의 미래는 불안과 공포에 짓눌릴 것만 같습니다.

이 침체된 분위기는 저자의 말처럼 앞으로 상당히 오래 계속될 것입니다. 그것도 전 지구적으로 말입니다. 그래서 '글로벌' 더하기 '슬럼프'입니다. 비록 더러 회복세는 있지만 또 추락합니다. 현 위기는 예측이 어려울 정도로 내용이 복합적이고 어느 나라가 다음 차례가 될지 모릅니다. 마치 온 세계가 차례로 늪에 빠져 위아래로 허우적대는 듯합니다. 한편 2011년 벽두부터 아프리카, 중동, 유럽에선 민중 저항이 치솟고 있습니다. 그리고 2011년 가을, 뉴욕발 '월스트리트를 점령하라' 운동이 세계화합니다. 좀 지나면 나아지겠지 하는 우리의 소망과는 달리 갈수록 세상은 아래로 꺼지는 느낌입니다.

과연 이런 사태가 왜 벌어지게 되었을까요? 제2차 세계대전 이후 포디즘 또는 케인스주의에 기초하여 복지국가 체제를 구축한 선진 자본주의는, 1960년대 베트남 전쟁이 장기화하고 1970년대 초반에 오일쇼크가 일어나고 새로운 저항운동들이 등장하자 균열되기 시작했습니다. 1970년대의 약 10년 동안 '슬럼프'에 빠졌습니다. 그러다가 영국의 대처와 미국의 레이건으로 상징되는 정치적 우파와 자본이 새로운 무기를 들고 나왔는데, 바로 그것이 신보수주의와 신자유주의였습니다. 그런데 이 신자유주의조차 25년이 흐른 지금, 특히 2007년 이후 다시 슬럼프에 빠졌습니다. 저자는 이를 '글로벌 슬럼프'라 규정합니다.

한국의 상황도 예외는 아닙니다. 1997년 IMF 긴축정책을 수용한 이후 경제위기를 극복했다고들 하지만, 오히려 양극화 현상은 더욱더 심해졌고, 시장 원리를 좇는 신자유주의적 정책들은 강화되었습니다. 또한 수출 주도형 경제 발전 신화를 추종하는 정부 관료들과 경제구조 때문에, 미국발 금융위기 때처럼 해외 자본주의 시장이 기침을 하면 한국 경제는 감기를 앓고 있습니다. 여기서 문제는 이러한 자본의 위기가 민중의 위기로 전가되는 것입니다.

이제 중요한 것은 바로 이 위기의 10년 또는 수십 년 동안에 우리가 무엇을 느끼고 어떻게 생각하며 어떤 선택을 하는가에 따라 그 이후의 미래가 엄청 달라질 것이란 점입니다. 그 선택지는 크게 세 갈래 정도로 예측할 수 있습니다.

첫번째 길은, 지금까지 해온 것처럼 '허리띠를 더욱 졸라매서' 위기에 빠진 정치경제 체제를 자본의 입장에서 구출하는 것입니다. 일종의 '신-신자유주의'가 나올 수 있겠습니다. 그러나 이것은 민주주의 측면에서 지금보다 훨씬 후퇴한 모습이 될 것입니다. 왜냐하면 '고용 없는 성장' 및 '99%의 희생 위에 1%의 탐욕'을 채우는 경향이 강화하면서, 인간 노동력이든 자연 생태계든 새로운 이윤 창출을 위해 더욱 가혹하게 동원되어야 할 것이기 때문입니다. 아직도 자본에 의해 잠식되지 않은 공유지도 있고 새로운 틈새시장도 있으며 사유화할 수 있는 공공 부문도 많습니다. 이 모두가 자본에게는 '아직도' 새로운 착취 대상입니다. 심한 경우, 인종주의적 극우 민족주의나 파시즘이 부활할 수도 있습니다. 물론 이 모두는 그에 동의하거나 묵인하는 사람들이 많을 때 현실화할 것입니다. 그러나 이 모든 과정은 서로가 서로에게 상처를 주는 과정, 심지어 자기가 자기에게 상처를 주는 과정으로 이어질 것입니다. 한마디로 '상처의 세계화' 과정이 될 것입니다. 결코 이 길이 바람직하다고 보기 어려운 까닭입니다.

두번째 길은, 착실하게 허리띠를 졸라매던 사람들이 더 이상 "이렇게는 못 살겠다"라고 외치면서 어느 정도 노동의 입장에서 기존 정치경제 체제를 '개혁'하는 것입니다. 시민 인권이나 노동 인권 같은 것을 어느 정도 개선해서 노동과 자본의 공생을 추구하는 것이지요. 말하자면 '신케인스주의'를 상상할 수 있습니다. 그런데 이것은 불행하게도 극소수의 선진 자본주의 국가에만 가능하거나 그런 나라들 안에서도 극히 일부분의 노동계급에게만 해당할 뿐입니다. 왜냐하면 기존의 복지국가를 지탱해 준 토대가 갈수록 허물어지기 때문입니다. 즉, 세계시장에서의 경쟁이 더욱 치열해져 기존의 독점적 지위를 계속 누리기도 어려울 뿐 아니라, 신식민지 나라들에서의 저항도 증가하고 자연 생태계의 싱싱한 모습들도 갈수록 많이 파괴되기 때문입니다. 두번째 길이 결코 보편적으로 실현 가능하다고 보기 어려운 까닭입니다. 현재 미국과 유럽을 비롯한 선진 자본주의에 닥친 금융 공황과 채무 위기가 이를 증명합니다.

세번째 길은, 바람직하지 않은 '신-신자유주의'도, 실현 가능성이 낮은 '신케인스주의'도 아닌, 완전히 새로운 길을 만드는 것입니다. 그 이름은 무엇이 될지 모릅니다. 물론 이는 현실 자본주의나 현실 사회주의의 문제점을 모두 극복하는 방향이어야 합니다. 개혁과 혁명의 이분법을 넘어 참된 변화를 이루어야 합니다. 이 참된 변화는 과연 "우리가 열심히 공부하고 열심히 일하는 이유가 무엇인가?" 하는 근원적인 질문을 하는 데서부터 출발합니다. 사실 이런 근본적인 문제 제기는 엄청난 학식을 갖춘 사람들만이 할 수 있는 어려운 것이 아닙니다. 현실의 삶에 대해 우리가 스스로 눈과 귀, 머리와 가슴을 닫지 않고 활짝 열어 놓기만 한다면 누구나 느낄 수 있습니다. 선입견과 두려움이라는 감옥에서 탈출하기만 하면 새로운 감각이 열립니다. 결국은 사람과 사람, 사람과 자연이 더불어 행복하게 사는 새 세상을 열어야 합니다. 겉으로 제아무리 출세와 성공을 해도 내면의 평화와 삶의 기쁨, 더불어 사는 이웃과의 공존이나 행복의 공유가 없다면 '말짱 도루묵'입니다.

이 책 『글로벌 슬럼프』는 왜 첫번째와 두번째의 방식이 아니라 세번째 길로 가야 하는가에 대한 나침반 역할을 할 것입니다. 1930년대의 세계 대공황 이후 자본주의 체제의 흐름을 알기 쉽게 정리해 줍니다. 그 흐름 뒤에 작동하고 있는 핵심적인 원리들을 깔끔하게 설명합니다. 그리하여 저자는 현재의 위기가 자기기만적 예언을 하는 많은 우파 학자들이 말하는 '단순한 순환적 위기'도, 늘 같은 말만 되풀이하는 일부 좌파 학자들이 주장하는 '체제의 일반적 위기'도 아닌, 한동안 팽창해 온 신자유주의의 구조적 위기라고 단호히 말합니다.

그러나 이 위기의 뿌리는 결코 '허리띠 졸라매고 열심히 일한' 노동자들에게 있지 않습니다. 끊임없이 이윤을 추구하며 살벌한 경쟁을 부추기는 자본가와 자본주의 체제 자체가 문제의 핵심이기 때문입니다. 그럼에도 불구하고 체제의 운전사들은 마치 노동자들을 대량 해고하고 남은 자들의 허리띠만 더 조르면 위기 탈출이 가능한 듯 강요합니다. 대단한 착각입니다. 그것이 왜 착각이고 왜 잘못된 것인지, 어떻게 해야 참된 돌파구가 열릴 것인지에 대해 이 책『글로벌 슬럼프』는 쉽고도 정직한 해답을 내놓습니다. 그것은 요컨대, 풀뿌리 민중이 대동단결하여 근본적으로 새로운 사회구조를 열어 낼 때 비로소 희망이 생긴다는 것입니다.

이런 점에서 이 책은 한국 사회에 두 가지 과제를 던집니다. 첫째, 기업과 국가가 주도하는 인간성 소외의 체제에 의해 어떤 식으로든 상처받은 사람들이 선입견이나 두려움을 깨고 공감과 소통, 성찰과 연대를 통해 다시금 일어나야 한다는 것입니다. 그저 주어진 체제 안에서 잘 적응하여 성공하는 것만을 인생의 목표로 설정하는 것은 그 개인은 물론 사회 전체에 잘못된 결과를 가져올 것이 뻔합니다. 최근의 촛불시위나 희망버스 운동은 그러한 실마리를 이미 던져 주고 있습니다. 이런 풀뿌리에 의한, 아래로부터의 생동하는 에너지들이 더욱 널리 번져야 할 것입니다.

둘째, 풀뿌리 운동이 성장에 성장을 거듭하여 '풀뿌리 민주주의' 또는 '광장의 정치'를 열어 냈을 때, 바로 이 역동적인 기운을 지속시켜 완전한 사회경제 체제의 변화로 이어 나가기 위해서 대중운동의 조직적 역량과 인프라를 튼실하게 구축하는 일입니다. 이런 점에서 제도권 운동과 비제도권 운동 사이, 그리고 노동운동, 농민운동, 여성운동, 학생운동, 비정규직 운동, 이주민 운동, 실업자 운동 등 각 분야별 운동 사이에 활발한 소통과 연대가 이뤄져 저항을 넘은 대안의 창출까지 건강한 논의와 역량을 계속 이어 가야 합니다.

물론 갈 길은 멀고도 험합니다. 하지만 확실한 것이 하나 있습니다. 우리 스스로가 두려움이나 이해득실의 감옥에 갇히지 않고 참된 인간적 필요를 느끼기 시작하는 데서부터 새로운 길이 희미하게나마 보이기 시작한다는 점입니다. 동시에 옆 사람과 손을 잡고 마음의 문을 같이 열어야 합니다. 나약하거나 비참한 자신의 모습조차 서로 공유해야 합니다. 고통이나 견디기 어려운 느낌을 나누는 것도 새로운 길을 여는 데 큰 힘이 됩니다. 이때 우리는 모두가 상처받은 존재임을 인정하고 서로의 상처를 어루만지고 감싸 안아야 합니다. 그리하여 나의 행복과 옆 사람의 행복이 서로 연결되어 있음을 느낄 때 비로소 참된 소통과 연대가 가능할 것입니다. 이런 점에서 소통과 연대는 모든 사회운동의 과정이자 목표입니다.

미래 사회의 청사진은 어느 누구도 미리 제시할 순 없습니다. 그것은 우리가 집합적 실천의 과정들 속에서 스스로 만들어 나가야 합니다. 참 행복은 돈이나 권력을 주무르는 이들이 만들어 주지 않습니다. 우리 스스로 우리 삶의 참된 주인공이 되어야 하는 까닭입니다.

여기서, 새로운 세상을 만들고자 하는 분들과 하나만 더 공유하고 싶습니다. 참된 대안 사회는 결과적으로 도착할 목적지가 아니라 날마다 만들어 가는 과정 속에 존재한다는 점입니다. 미리 이상적인 그림을 그려 놓고 그 고지를 향해 깃발만 나부끼며 무조건 달려가자는 것은 바람직하지 않습니다. 비록 더디게 가더라도 좀더 편안하게, 좀더 느긋하고 행복한 느낌으로, 그러나 좀더 민주적으로, 좀더 인간적인 향기를 나누며 그렇게 함께 걸어가야 합니다. '내가 하면 진리, 남이 하면 사이비' 식의 독선과 오만을 버릴 필요가 있습니다. 존중과 공감으로 서로 배우면서 참된 길을 같이 만들어야 합니다.

바로 그런 분들과 함께하기 위해 이 책을 한국어로 번역해 세상에 내놓습니다. 좋은 책을 쓰시고 또 한국 독자들을 위해 기꺼이 특별 인터뷰에도 응해 주신 데이비드 맥널리 선생님께 다시 한번 감사드립니다. 옮긴이는 물론 독자에게도 이 책 『글로벌 슬럼프』는 행운이 아닐 수 없습니다. 끝으로, 척박한 한국 땅에서 길이 남을 교양서를 만드느라 여러 모로 수고하신 그린비출판사 유재건 대표, 김현경 주간, 박태하 팀장 등 여러분들께도 깊이 감사드립니다. 모쪼록 독자 여러분과 소통과 연대를 통해 참으로 행복한 사회를 함께 만들어 나가길 소망합니다.

2011년 10월 15일
강수돌 드림

차례

| 일러두기 |

1 이 책은 David McNally의 *Global Slump: The Economics and Politics of Crisis and Resistance* (PM Press, 2011)를 완역한 것이다.

2 본문의 주석 중 지은이 주는 본문에 숫자로 번호를 달고 후주로 처리했다. 후주에는 서지 정보와 다양한 추가적인 논의가 담겨 있다.

3 옮긴이가 독자들의 이해를 위해 덧붙인 주는 본문에 별표(*)를 달고 해당 쪽의 아래에 각주로 처리했다.

4 단행본·정기간행물에는 겹낫표(『 』)를, 논문·단편 등에는 낫표(「 」)를 사용했다.

5 외국 인명이나 지명, 작품명은 2002년 국립국어원에서 펴낸 외래어표기법을 따랐다.

글로벌 슬럼프
위기와 저항의 글로벌 정치경제 이야기

세계 자본주의의 변형된 위기

2000년대 후반의 세계 금융위기는……
1930년대 대공황 이래 가장 심각한 세계 금융위기라 할 수 있다.
이 위기는 세계경제사에서 질적인 구조 변화를 가져오는 한 국면이다.
이 국면을 성공적으로 해결하려면
적어도 향후 한 세대 동안 정치와 경제를 완전히 재구성해야 한다.[1]

역사적인 대격변기 한가운데 있는 사람은 그 당시에는 그것이 대격변기
인지 아닌지 거의 피부로 느끼지 못한다. 근본적 변화를 추구했던 철학
자 죄르지 루카치의 통찰대로, **현재를 역사로** 파악하기란 매우 어려운 일
이다. 우리는 역사를 지나간 사건들, 이미 끝나 버린 것, 우리가 했던 일
들을 기록한 것이라 흔히 생각한다. 현재 이 순간을 역사적인 사건으로
깊이 있게 파악하기란 쉽지 않다. 그렇지만 현재는 과거뿐만 아니라 미
래와도 관계를 맺는다. 현재란 늘 미래 요소들, 즉 아직 현실화되지 않은
가능성들이다. 또한 이 미래로 가는 길에서는 항상 여러 힘들이 각축을
벌이기 때문에, 현실화되지 않을 수도 있지만 미래에 현실화될 수 있는
수많은 잠재적 가능성들도 현재 안에 대기하고 있다. 이런 이유로, 우리
가 인류 역사의 진행 방향을 바꾸고자 한다면, 우리는 "현재를 **변화하고
있는 것**으로 파악할 수 있어야 한다".[2]

2008년 미국 금융위기 때처럼 사회·경제 체제가 심각한 위기 국면
에 빠진다면, 우리는 현재를 **변화하고 있는 것**으로 쉽게 이해할 수 있을

것이다. 세계경제의 판 구조가 이동함에 따라 금융권에 발생한 충격파는 전 세계 은행들의 지반을 뒤흔들어 놓았다. 결국 그 은행들 중 상당수는 파산선고를 받고 말았다. 금융시장은 공황 상태에 빠졌고 주식은 급락했으며 공장은 문을 닫았다. 수천만 명이 직장에서 쫓겨났고, 그 여파로 수백만이 자기 집을 잃어버렸다. 전대미문의 불확실성으로 인해 불안감에 사로잡힌 세계 지배계급은 안절부절못했다. 이 국면의 분위기가 『파이낸셜타임즈』 고위층 필진들의 고백에 고스란히 포착되었다. "지난 30년간 우리가 봐 온 세계는 사라졌다."[3]

그러나 1년도 채 지나지 않아, 위와 같은 솔직한 고백과 견해들은 주류 언론에서 사라지고 말았다. 지배계급은 잠시 후퇴했다가 다시 뭉쳤고, 또다시 오만해졌다. 그들은 현실에 문제가 있다는 것을 의도적으로 인정하지 않으려는 낡아 빠진 습관을 고수했다. 그리고 자신들이 경험했던 트라우마를 기억에서 지워 버리려 노력했다. 기억상실은 지배계급에게는 큰 도움이 되겠지만, 사회 변화를 추구하는 사람들은 결코 이 기억상실을 즐길 수 없다. 오히려 우리는 기억을 되살려 내야 한다. 무엇보다 2008년 위기는 "지난 30년간 우리가 봐 온 세계"의 종식을 알리는 신호탄이라는 점을 상기할 필요가 있다. 그 위기는 곧 1980년대 초 이후 25년 동안 지속되었던 경제성장의 물결(나는 이것을 '신자유주의적 팽창'이라 부른다)이 종말을 맞았음을 의미한다. 그리고 이 위기는 경기침체 기간이 더 길어지는 시대로의 전환을 의미한다. 또한 이 위기는 사회 갈등과 계급투쟁의 새로운 지평을 열어젖힌다. 세계의 지배자들에게는 이러한 갈등이 원주민의 토지, 공공 서비스, 노동조합, 유색인종 공동체와의 전쟁 양상으로 표출된다. 세계의 노동자들에게는 이러한 갈등이 공장 점거와 노동자 자주 관리, 총파업, 토지 점거 운동, 길거리 투쟁, 이주민의 정의를 위한 대규모 시위로 표현된다.

전 세계적으로 경기침체 시기가 더욱 길어질 것이고 우리가 앞으로 한동안 기나긴 경기침체기를 겪게 될 것이라는 나의 주장은, 주류 언론이 선동하고 있는 일반 통념, 즉 세계경제는 지금 회복과 번영의 길로 접어들었다는 주장과 정면 배치된다. 세계 역사상 가장 규모가 크고 체계적으로 조율된 구제금융 지원이 이뤄졌기 때문에, 도미노식 은행 파산의 물결은 겨우 중단될 수 있었다. 한편 노동조합의 대폭적인 임금 양보를 등에 업고, 대규모 자동차 회사들은 이윤을 다시 챙기기 시작했다. 주류 언론의 헤드라인은 경제 통계수치 상승에 기뻐하느라 흥분을 감추지 못한 채 도취감에 빠져든다. 이와는 대조적으로 2008년에 다시 등장한 것처럼 금융시장을 소용돌이치게 하는 공황의 반복적 물결을 보면, 우리는 모든 것이 정말 깨지기 쉬운 불안정한 상황에 놓여 있음을 쉽게 알 수 있다. 한번 위기가 찾아왔다 지나가는 것은 실은 다음 위기의 서막에 지나지 않는다. 은행들의 파산이 끝나자 두바이 채무로 인한 금융 대란이 "어서 오세요!" 하는 것처럼 대기하고 있었다. 그리고 두바이 금융 대란이 지나가기가 무섭게 이번에는 그리스 채무 위기가 금융시장을 강타했다.

물론 이러한 위기들이 연달아 발생했지만, 대규모 구제금융 때문에 세계경제의 파국적 붕괴는 가까스로 피할 수 있었다. 그러나 이러한 파국을 모면하기 위해 전대미문의 막대한 비용이 지출됐다. 미국 연방준비은행을 필두로 하여 세계 각국의 중앙은행이 수조 달러를 금융기관들에 쏟아붓는 동안, 각국 재무부도 자국의 경제성장과 회복을 위해 수조 달러의 경기부양 자금을 투입했다. 이렇게 역사적 선례가 없는 대대적 경제 개입에서 경제 대국들의 정부는 모두 합쳐 무려 20조 달러를 지불했다. 이는 미국 국내총생산GDP의 1.5배에 해당하는 어마어마한 액수였다.[4]

피를 완전히 교체하는 것과 같은 조치, 즉 구제금융 방식을 통해 은행 파산을 멈출 수 있었다. 그러나 이로 인해 정부 부채는 산더미처럼 불어났다. 의학에서 혈액을 완전히 바꾸는 것을 **교환 수혈**이라 한다. 이 교환 수혈을 세계의 주요 은행들이 받았다. 악성 빚더미에 짓눌려 붕괴된 금융기관들은 금융구제라는 수술대 위에 올라가서, 자신들의 평가 절하된 부실자산을 중앙은행으로부터 긴급 공급된 굿머니로 교체해 버린 것이다.* 그런데 정부는 이 은행들에 그 현금을 공급하기 위해 금융시장에다 국채를 내다 팔아야 했다. 하지만 국채는 나중에 이자와 더불어 되갚아야 할 일종의 채무이다. 이러한 채권 발행 형식의 대출을 해주는 투자자들은 채무자들의 상환 능력을 가장 중요시한다. 채무자가 비록 주권국가라 해도 마찬가지다. 그래서 그리스의 경우처럼, 2010년 초반에 몇몇 유럽 정부의 막대한 채무 부담이 대중들에게 알려지자, 투자자들은 유럽 정부가 발행한 채권들을 회피했고, 세계 금융시장은 또다시 비틀거렸다. 그리고 정부 채무불이행, 즉 국가 부도라는 귀신이 금융시장을 정신적으로 괴롭히자 유럽 국가들은 구제금융 기금으로 1조 달러라는 거금을 추가로 제공할 수밖에 없었다.

이 문제는 그리스에만 국한된 게 아니다. 대규모 구제금융의 지출 결과 영국·스페인·미국·아일랜드·포르투갈·이탈리아를 비롯한 많은 나라들의 빚이 급격히 늘어났다. 이 국가들의 공공 부채는 이제 연간 GDP의 60%를 넘어섰고, 더욱 증가하는 추세이다. 지금 투자자들을 가

---

* '굿머니'는 원래 '그레셤의 법칙'에 나오는 말이다. 그레셤의 법칙이란, 예컨대 금화와 은화가 동일한 액면가로 거래될 경우 소재 가치가 높은 금화는 사라지고 은화만 유통된다는 것이다. 즉 "악화(bad money, 여기서는 은화)가 양화(good money, 여기서는 금화)를 구축한다". 본문에서는 미 연방정부가 연방준비은행에 결제한, 그날 즉시 대출이 가능한 돈을 가리킨다.

장 불안하게 만드는 것은 공공 부채의 증가다. 왜냐하면 투자자들도 정부가 한편으로는 돈을 너무 많이 빌린 반면, 다른 한편으로는 실업의 증가 때문에 잠재적인 조세 수입원이 대폭 축소되었다는 사실을 잘 알고 있기 때문이다. 이런 국가들에서 공공 부채는 천정부지로 치솟아 한 세대, 즉 20~30년 이내에 GDP의 5배가 될 것이다.[5] 물론 이런 식이 지속 가능하지 않다는 사실은 불을 보듯 뻔하다.

우리가 월급쟁이들이 그 천문학적 빚을 갚을 수 있다고 기대하지 않듯이, 투자자들도 정부의 부채 상환 능력을 회의적인 눈초리로 바라볼 것이다. 주권국가들의 채무불이행 사태가 발생할 것이라는 전망이 흘러나오자 새로운 공황의 물결이 금융시장에 일렁이기 시작했다. 이런 이유로, 유럽 정부들은 다시 한번 금융시장에 대규모로 개입할 수밖에 없었다. 기민하고 영리한 투기꾼들은 이러한 상황이 연거푸 발생할 것이라는 데 내기를 걸 것이다.

한편, 미국 **연방**의 부채 상태에 대한 회의적인 눈길이 있다 하더라도 금융시장이 금방 요동치지는 않겠지만, 미국의 도시나 주 정부와 같은 하위 행정단위들이 떠안고 있는 공공 부채의 경우는 사정이 다르다. 투자자들은 주 정부들이 떠맡고 있는, 연금·도로·교육·보건의료를 위한 당연한 지출에 신경과민 반응을 보인다. 또 갈수록 조세원은 감소한다. 결국 투자자들은 도시나 주 정부 수준에서 대규모 공공 채무불이행 사태가 벌어지지 않을까 심히 걱정한다.[6]

요약하자면, 2008년의 위기를 촉발시킨 악성 은행 채무는 결코 사라진 게 아니다. 다만 그 악성 채무가 정부의 공공 부채로 이전된 것뿐이다. 사적인 채무가 공적인 채무로 형태만 바꾼 셈이다. 그리고 바로 이러한 탈바꿈의 부작용이 2010년 초반의 그리스에서처럼 더 분명히 드러남에 따라, 은행권 위기는 주권국가의 채무 위기로 그 형태가 변화된다. 다른 말로, 2008~2009년의 경제위기는 실제로 아직 끝난 게 아니다. 그 위기는 형태만 변화되었을 뿐이다. 한마디로 위기가 **새로운 형태로 변이되었다.**

이러한 위기의 형태 변이와 더불어 지배계급의 관심의 초점도 공공 서비스에 대한 전쟁 쪽으로 바뀌었다. 그들은 한사코 국가 채무의 증가를 막고자 긴축 시대를 선포한다. 즉 연금, 교육 예산, 사회복지 프로그램, 공공 부문 임금과 일자리를 대폭 삭감한다. 이러한 조치들은 사실상 지배계급들이 이렇게 말하는 것이나 다름없다. 즉, 세계적 은행들이 받은 구제금융 비용을 노동대중과 가난한 사람들이 대신 지불할 것이라고 말이다. 이러한 지불은 한 세대 동안 지속될 것이다. 그리고 빈곤율을 높이고, 더 많은 질병과 건강 악화를 초래하고, 학교 재원은 더 바닥을 드러내고, 노후 걱정은 더욱 증대할 것이다. 다음과 같은 경우를 생각해 보자. 예컨대 라트비아에서는 공공 채무에 대한 금융시장의 반발에 대응하여 교사의 3분의 1을 해고했고 연금의 70%를 삭감해 버렸다. 아일랜드의 경우 공무원의 임금을 22%나 줄였다. 미국 캘리포니아 주에서는 90만 빈곤아동의 건강보험을 하루아침에 없애 버렸다. 그러나 이건 시작에 불과하다. 여러 논평가들은 '긴축의 10년'을 예측했다. 다시 말해 가난한 사람들과 노동자들에게 버팀목이 되고 있는 공공 분야 일자리와 사회 서비스가 앞으로 10년 동안 혹은 그보다 더 긴 세월 동안 대폭 줄어든다는 것이다. 세계은행에 따르면, 이번 위기의 직접적인 결과로 2010년 말까지 전 세계적으로 6,400만 명이 추가적으로 빈곤에 내몰리게 되었다.[7]

위기가 그 형태를 바꾸는 것처럼, 신자유주의도 마찬가지로 그 형태를 바꾸고 있다. 원래는 정부 개입을 배제한 '자유시장' 이데올로기의 기치를 내걸고도 실제로는 정부로부터 역사상 가장 많은 구제금융을 받았기 때문에, 신자유주의자들은 당혹감에 휩싸여 그 위세가 꺾이고 말았다. 이제 신자유주의자들은 장기적 경제 생존에 꼭 필요하다며 정부 지출의 대폭 감축이라는 가혹한 '필연성'을 강조함으로써 그 주장의 논거를 이동시켰다. 물론 신자유주의자들의 방법과 관행이 핵심을 변화시킨 것은 아니지만, 그 이데올로기의 정당화 방식들은 바뀌고 있다.

이 모든 것의 궁극적 목적은 자본주의를, 그리고 그 엘리트의 부와 권력을 보호하는 데 있다. 지금까지 구제금융과 그 결과는 물어볼 필요도 없이 이런 목적 달성에 기여했다. 런던에서 발간되는 『선데이타임즈』의 한 칼럼니스트가 지적한 대로 "부자들은 위풍당당하게 경기후퇴를 견뎌 낸다. …… 나머지 국민들은 정부의 지출 삭감에 곤란을 겪는다. 그러나 이건 부자들에겐 거의 영향을 미치지 않을 것이다. 왜냐하면 부자들은 공공 서비스를 별로 이용하지 않기 때문이다".[8] 이러한 진술의 솔직함은 높이 평가할 만하다. 그러나 이 인용문엔 한 가지 실수가 있다. 정부의 지출 삭감은 부자들에게도 실제로 영향을 미친다. 왜냐하면 사회적 약자를 위한 정부 지출이 삭감된다는 것은 실은 부자들에게 이롭기 때문이다. 결과적으로 지출 삭감은 가난한 사람들로부터 부자들에게로 엄청난 부를 이전하는 장치에 불과하다. 바로 이러한 부의 이전을 통해 세세 금융체제의 구제, 기업에 대한 구제금융, 부자들의 투자 포트폴리오 구성에 필요한 자금이 조성된다. 그래서 미국 오바마 대통령의 경제 자문위원인 래리 서머스는 우리가 오늘날 "경제 통계로 보면 회복이지만, 인간의 삶으로 보면 후퇴"를 경험하고 있다고 말했다. 더 정확히 얘기하자면, 캘리포니아의 한 교사가 나에게 말한 것처럼, 인간의 삶에서의 후퇴가 있기 **때문에** 경제 통계가 회복되고 있는 것이다.[9] 요컨대 '통계상 회복'이라고 하는 것은 이윤의 대대적 증가인데, 이는 대대적 해고, 임금 삭감, 강제적 무급휴가, 사회 서비스의 대폭 축소를 통해 노동대중이 대가를 치른 결과다. 셰익스피어의 희곡 『코리올라누스』에 나오는 어느 가난한 반골의 말처럼, "우리의 가난"은 "그들의 풍요로움"의 원천이고, "우리의 고통은 그들에겐 이득이 된다".[10]

그러나 현재의 고통을 무마하기 위해 진행되고 있는 대규모의 공공 서비스 축소는 오히려 세계경제를 더욱 침체시킬 것이다. 2008~2009년 대공황으로부터의 미적지근한 '경기회복'을 가능케 했던 것은 전적으로 수조 달러의 경기부양 자금이었다. 그러나 자동차를 구입하거나 집을 수리하는 데 주어졌던 정부 지원금들은 이제 약효가 떨어지고 있다. 한편 고속도로, 다리, 기타 사회기반시설에 필요한 공공 공사비 규모가 축소되고 있다. 경기부양책도 끝나고 긴축재정이 너무나 당연한 것이 됨에 따라 경제활동이 또 쇠퇴할 것이다. 실제로 내가 이 책을 쓰고 있는 2010년 6월 현재, 정부 지출 감소로 인해 이미 그리스, 아일랜드, 영국, 스페인 등 여러 나라가 경기침체에 빠졌다. 긴축정책을 강력하게 옹호했던 세계은행조차 그런 긴축정책이 경제성장을 둔화시켰음을 솔직히 인정했다. 그리스의 정부 지출 축소를 감독 중인 국제통화기금IMF에 따르면, 2010년 그 축소로 인해 그리스의 경제성장률은 4% 정도 감소할 것이고, 2011년엔 실업률이 15%까지 치솟을 것으로 예상되었다. 다른 한편, 런던정경대학 경제학자들의 계산에 따르면, 영국 정부가 지출을 약 1,700억 달러 축소하면 향후 10년간 경제성장률이 매년 2%씩 줄어들게 된다.[11]

탈규제와 긴축정책의 결합은 세계경제 전체에 유사한 효과를 가져올 수 있다. 경제학자 폴 크루그먼의 주장에 따르면, 이 정책들은 '제3의 공황'을 초래할 원인이 될 것이다(제1의 공황은 1873~1896년, 제2의 공황은 1929~1939년에 있었다). 크루그먼은 이러한 긴축정책으로의 전환을, 사회복지 등으로 인해 발생하는 정부의 채무를 본래 나쁜 것이라고 간주하는 정통 신자유주의 경제학으로 복귀하는 것이라 하면서 다음과 같이 질문한다. "과연 누가 그 대가를 치를 것인가? 그 대답은, 직장을 잃은 수천만 노동자들이 될 것이다. 물론 그 대다수는 수년간 직장을 구하지 못할 것이고, 상당수는 영원히 복귀하지 못할 것이다."[12]

이 모든 경기침체 경향들은 전면적인 디레버리지, 즉 은행·개인·공공 부문 등 모든 분야에서 채무를 대폭 감소시키려는 시도에 의해 악화되었다. 감당할 수 없는 빚더미에 깔려서 은행들이 도산하고 수백만 가구가 집을 잃었다. 이런 사실들을 깨달은 뒤, 많은 정부들처럼 은행과 가계들도 빚을 청산하기 시작했다. 그러나 이러한 디레버리지는 경제성장을 더 가로막았다. 그 결과 은행·기업·정부·개인은 번 돈을 정상적으로 지출하는 게 아니라, 그 상당 부분을 낡은 빚을 갚는 데 쓰고 있다. 돈이 신규 투자, 창업 대출, 소비자지출에 쓰이는 게 아니라 주로 채권자들에게 흘러들어 간다. 이렇게 되면 기업이나 소비자의 총지출 규모는 감소한다. 역사적으로 보면, 이러한 디레버리지 현상은 최소한 6~7년 정도 지난 뒤엔 큰 불황을 유발한다.[13] 그런데 이 디레버리지가 **전 세계적으로** 발생하고 있기 때문에 이 경제 불황이 너 오래 지속될 것이라 볼 수 있다. 마치 1990년대 시작된 채무 위기 이후 일본이 경기침체로 몸살을 앓았듯이, 과도한 빚더미에 억눌린 경제가 수출을 통해 경제성장을 하는 것은 기본적으로 불가능하다(물론 일본은 정말 미미한 회복 기미를 보이기는 했다). 중국·독일·한국 같은 **몇몇** 나라는 수출 주도 경제성장을 지속시킬지 모른다. 그러나 이것도 다른 나라 경제를 희생시킨 대가 위에서만 가능할 것이다.

현 시점에서 세계 경제성장의 원동력을 식별해 내기 어려운 이유도 바로 여기에 있다. 우리가 살펴본 유럽은 경제성장의 원동력 역할을 할 수 없다. 왜냐하면 유럽의 상당수 국가들이 긴축재정 일변도의 정부 지출 감소로 인해 침체에 빠져 있기 때문이다. 한편 일본은 아직도 1990년대 위기로부터 회복 기미가 보이지 않고 있고, 다른 큰 나라들보다 국가 채무가 더 많아 세계 체제의 침체를 역전시킬 힘이 별로 없다.[14] 다른 한편, 미국은 다른 경제 대국 중에서 고용 창출이 가장 적다. 이러한 고용 창출의 부진은 투자자와 금융 분석가들의 등골을 오싹하게 만들 정도다.

이런 상황 때문에 중국이 지속적인 경기회복을 할 수 있는 유일한 희망으로 비치고 있다. 그러나 여기저기서 행복감에 들뜬 찬사들이 쏟아지지만 그 장밋빛 희망은 이미 사그라지기 시작했다. 2008~2009년에 중국이 미국의 부시나 오바마 정부보다 훨씬 더 큰 규모로 경기부양책을 실시하면서 경제가 엄청 과열되었다. 2009년 3분기 동안 공장과 국가 기간 철도 등 고정자산에 대한 투자는 경이롭게도 중국 경제성장률 상승의 95%, GDP의 45%를 차지할 정도였다. 이는 역사적으로 유례가 없는 일인데, 사실 중국 경제를 부양할 다른 방법이 없었기 때문이다. 투자가 철도 공사, 아파트 건축, 신규 주택 건설에 집중되자 논평가들은 이를 두고 온 나라가 텅 빈 쇼핑몰과 주택과 사무실의 '숲'이 되었다고 묘사하기도 했다.[15] 2008년 후반 중국의 철강 산업은 1억~2억 톤 규모의 과잉 설비 상태였는데, 경기부양책으로 인해 5,800만 톤 규모의 생산능력이 추가되었다. 세계경제포럼WEF에서 중국 인민은행 대표는 중국의 철강 초과 생산이 2억 톤가량 된다는 것을 인정했는데, 이는 2008년 유럽연합 27개국의 철강 생산량보다 조금 더 많은 것이다.[16] 대공황에 맞선 중국의 대응은 더 이상의 극적인 경제 붕괴를 막아 낸 반면, 이윤을 창출하지도 못할

공장·제분소·주택·쇼핑몰·철도·지하철 공사 등에 천문학적 규모의 과잉 투자라는 대가를 치렀다.[17]

과열된 성장 물결과 더불어, 중국의 주식시장과 부동산시장엔 심각한 거품이 형성되었다. 2009년 한 해, 중국 주식시장의 표준인 선전종합지수의 주가는 100% 이상 솟구쳤다.[18] 이와 동시에 선전·베이징·상하이에서 신규 주택 가격은 51~68%가량 올랐고, 정부 경기부양책 덕택에 자동차·트럭·버스 등의 판매는 46% 증가했다.[19] 2010년 1월 첫 주 동안의 은행 대출액이 2009년 11월 월간 대출액보다 더 많아지자 중국 정부는 예금 지급준비율을 인상하고, 주요 은행들에게 그달 말까지 신규 대출을 중지할 것을 명령했다. 한마디로 거품을 꺼뜨리는 방향으로 선회한 것이다.[20] 2008년 이후 중국의 경제성장은 지속 가능한 팽창 물결을 위한 발전적 토대를 구축했다기보다, 주식시장과 부동산시장에서 거품을 키우고 부실 대출로 인한 은행의 도산 위험성을 증가시키면서 전 세계적 과잉 설비 문제를 야기했다.[21] 그 결과 유럽과 북미에서 이미 긴축정책을 편 것처럼 중국 당국도 경제의 고삐를 죄고 있다. 그러나 그 긴축정책의 부작용 때문에 세계 경제성장은 더욱더 지체될 것이다.

현 시점에서 나타나고 있는 공황 경향들의 가장 명료한 지표들 중 하나는 통화와 신용의 공급이 축소되고 있다는 점이다. 투자와 지출이 향상될 때 신용은 확대된다. 그런데 미국에서 총통화는 경기침체를 끝내는 데 필요한 방향과는 반대로 계속해서 감소한다. 세인트루이스 연방준비은행에 따르면, 상업 대출과 산업 대출이 2008년 10월부터 2010년 중반까지 매월 감소했다. 이런 경향이 선진 주요 7개국에서도 전반적으로 관찰된다.[22] 이 모든 게 말해 주는 건, 현재 경제성장이 활발하게 진행되지 않고, 오히려 스태그네이션이 진행되고 있다는 것이다.

나는 이러한 형태 변이된 위기의 동학, 즉 자본주의 위기의 변화·심화·지속 과정을 '글로벌 슬럼프'라는 용어로 포착해 내고자 한다. 이 용어는 일회성 위기가 아니라 서로 연결된 위기들의 지속적 기간을 설명하기 위한 것이다. 다시 말해 부동산 거품의 파열, 은행 도산의 물결, 일련의 국가 채무 위기들, 경기침체의 재발 등이 서로 얽혀, 지속적인 경제 회복 기미는 보이지 않은 채 그 위기들이 수년간 지속되는 과정들을 표현하기 위해 '글로벌 슬럼프'라는 용어를 쓴다. 불행하게도 나는 우리가 앞으로 수년간 이 문제를 직면해야 한다고 본다. 이 장 맨 앞의 인용구가 말해 주듯, 우리는 실제로 "세계경제사에서 질적인 구조 변화를 가져오는 한 국면"에 살고 있다. 그 해결을 위한 부단한 노력과 투쟁들은 "적어도 향후 한 세대 동안 정치와 경제를 완전히 재구성"하게 될 것이다. 매우 심오한 의미로 달리 표현하자면, 현재는 곧 역사이다.

이 책에서 다룰 주요 내용들

앞으로 나오는 장들은 일련의 퍼즐인데, 이 조각들은 글로벌 슬럼프의 포괄적인 분석을 위해 서로 연결될 필요가 있다. 각각 독립적으로 분리된 퍼즐이지만 최종적으로는 종합되어야 한다. 1장은 위기의 발발이라는 주제로 되돌아가서, 그 위기의 거대한 규모와 역사적 의미를 파헤친다. 지배계급 집단을 휩쓸고 지나간, 억제 불가능한 공황의 증거들을 상세한 기록으로 보여 줌으로써, 지금까지 무슨 일이 발생했는지 이해하는 데 도움이 될 것이다.

2장은 현재로부터 한 발짝 물러나 이 위기의 씨앗을 뿌려 놓은 지난 25년간의 신자유주의 팽창기(1982~2007)를 고찰한다. 이 과정에서 지난

40년을 단절 없는 연속적 위기, 즉 '장기 침체'로 간주하는 다른 많은 급진적 이론가들의 견해와 내 주장이 다르다는 것이 밝혀질 것이다. 그 장기 침체 대신 내가 보여 주고자 하는 것은, 지난 25년의 신자유주의 기간이 세계경제의 형태를 변형시키고 확장시킨 자본주의적 경제성장 주기란 것이다. 종국적으로 이러한 신자유주의 팽창기는 중국을 근거지로 완전히 새로운 세계 자본축적의 구심을 창출한 반면, 세계 노동계급의 규모를 극적으로 증가시켰다. 이제 그 경제성장 주기가 끝나면, 앞으로 슬럼프 기간은 더욱더 길어질 것이다.

3장은 현재의 슬럼프를 자본주의적 축적 양식의 변화와 그 축적의 주기적 위기 경향이라는 측면에서 살핀다. 여기서는 자본주의 경제 내부에서 노동, 시장, 착취와 경쟁 사이의 상호연관을 다룬다. 아마 어떤 독자들은 이 장을 읽는 데 시간이나 노력이 많이 든다고 느낄 수도 있을 것이다. 하지만 이것은 자본주의가 어떻게 작동하는지, 또한 자본주의가 만들어 낸 경제위기와 인간의 고통은 어떤 것인지, 왜 이 모순은 사회생활의 토대를 근본적으로 변화시키지 않으면 극복될 수 없는지 같은 것을 이해하는 데 매우 중요하다.

4장은 신자유주의적 자본주의의 현저한 특징인 금융화 문제를 다룬다. 여기서는 지금의 위기가 금융 그 자체에 대한 것이 아니라는 것, 금융 부문이 후기 자본주의에서 새로운 의미를 차지하게 되었다는 것을 보여 주고자 한다.[23] 나는 채무와 금융 거래의 역할이 엄청 커졌다는 것을 인정하면서도, 은행의 탈규제화에 초점을 맞추면서 내 설명을 시작한다. 내가 강조하는 것은, 1971년 이후로 세계 통화 체제가 역사적인 변화를 겪었다는 점이다. 1971년 당시 미국 정부는 달러와 금의 태환성, 즉 금 본위제를 종식시키고 변동환율제 시대를 열었다. 이러한 변동환율제 도입 이후, 은행들은 파생금융상품과 같은 희한한 금융상품들을 앞다투어 출시하기 시작했다. 이러한 파생금융상품들이 2008년 금융권 파산에 결정적인 역할을 했다.

5장은 오늘날 부채의 정치경제학이 드러내는 복잡한 계급적·인종적 동학에 대해 설명할 것이다. 특히 미국에서 유색인종 빈곤층을 금융 시장으로 더욱더 깊숙이 끌어들이는 약탈적인 포섭 전술들을 상세히 고찰한다. 또한 이와 관련된 금융적 수탈 과정도 분석할 것이다. 특히 나는 제3세계에서 채무와 강제 퇴거 사이에 긴밀한 상호 연관성이 있다는 점, 그리고 '박탈을 통한 자본축적' 과정을 추적하고 설명하고자 한다. 5장은 후기 자본주의의 전형적인 불안정 노동자인 자국에서 쫓겨난 이주노동자들의 창출에 대해 설명하면서 마무리한다.

6장은 글로벌 슬럼프와 긴축 시대가 양산한 문제들을 해결하기 위해 투쟁하는 사람들에 초점을 맞출 것이다. 해고에 저항하면서 공장을 점거하는 사례를 통해서, 또 2009년 과들루프와 마르티니크에서 발생한 고무적인 총파업, 신자유주의에 저항한 멕시코 오아하카에서의 민중 항쟁, 그리고 오늘날 이주노동자들의 절박한 투쟁의 예를 들면서, 저항과 반자본주의적 변화의 경로를 제시해 보고자 한다. 이러한 여러 이야기의 가닥들을 종합적으로 정리하는 결론 부분은 세계경제의 현 상태와 세계적 민중 저항을 다시 한번 살펴보고, 오늘날 우리가 진정으로 질적인 구조 변화의 국면에 살면서 실천하고 있다는 것을 강조할 것이다.

* * *

정치경제학의 문제들을 다루는 모든 책은 하나의 도전에 직면하게 된다. 즉, 권력자들은 자본주의의 역사 내내 경제 문제들을 의도적으로 모호하게 만들어 왔다는 사실이다. 원래 경제 분석이란 사회적 부의 생산·분배·소유와 같은 근본적 문제들을 다루기 때문에, 지배계급은 사람들이 경제에 대한 지식이 없거나 별 관심을 갖지 않기를 바란다. 대학 경제학과에서나 금융 분석가, 경영 경제학자들은 차트, 도표, 많은 수학공식들로 잘 포장된 난해한 전문 용어들을 사용한다. 이를 통해 그들은 아주 극소수의 선택된 자들만이 중요한 경제 현안들을 이해할 수 있다는 선입견을 우리에게 주입한다. 3장에 나오는 대로, 현대 경제학의 대사제들은 주로 사이비 이론을 맹신하고 과장된 수사에 의존하고 있다. 그들은 경제학적 현상에 대한 지식을 만들어 내는 게 아니라 오히려 혼동을 조장하고 그릇된 정보를 생산해 내고 있다. 그런데 사실 이는 그들 자신에게도 문제가 된다. 왜냐하면 그들의 비상식적 모델들은 자본주의 경제의 실제적인 동학을 제대로 읽어 낼 수 없기 때문이다. 이런 이유로 그들은 2008년의 대파국을 전혀 예측할 수 없었다.

이 책은 그런 현대 경제학의 신비화와 기만에 반기를 든다. 나는 정치경제학의 가장 기초적인 현안들은 누구나 쉽게 이해할 수 있어야 한다고 본다. 그래야 그 문제들에 대해 불필요한 불안감을 피할 수 있다. 이런 뜻에서 불명료하거나 너무 기술적인 용어는 가급적 사용하지 않았다. 한편 이와는 반대로 나는 독자가 마치 아무런 지식도 없는 것처럼 간주하지도 않을 것이다. 따라서 이 책은 『바보들도 이해하는 위기』도 아니다. 나는 우리가 사는 이 세상을 제대로 이해하기 위해서는 최소한의 비판적인 지식이 필요하다는 확신을 갖고 이 책을 쓰게 되었다. 그래서 이 책에선 가끔은 낯선 개념이나 범주들이 사용되기도 한다. 그것은 비판적 지식이 자본주의적 사고방식의 이데올로기적인 가식을 들춰 내는 체제 전복적 개념들을 포함하고 있기 때문이다. 그렇다고 이 책이 『상아탑 학자들을 위한 위기 이해』도 아니다. 나는 이 책에서 대학교수나 학자 등 특정 집단을 감탄시키기 위해서 고안된 전문 용어들을 많이 사용하지 않을 것이다. 여기서 내 목적은 세계에 대한 해석이 세계의 변혁과 긴밀히 연결되어 있음을 보여 주는 것이다. 그래서 일부 독자들에게 생소한 용어나 개념을 소개할 때는, 가능하면 분명하고 쉽게 설명할 것이다. 또 이런 뜻에서 이 책의 맨 뒤에 주요 용어의 해설을 덧붙였다.

나는 숫자, 도표와 차트를 사용할 때도 같은 방법을 쓸 것이다. 수학 시간에 안 좋은 기억을 갖고 있거나, 정부 통계 같은 것을 살필 때 골치가 아파지는 것을 경험한 독자들도 있을 것이다. 독자들이 그런 나쁜 기억들만 극복한다면, 숫자나 도표, 차트들도 온전히 이해하게 될 것이다.

물론 어떤 독자들은 급진적인 정치경제학 문헌들을 포함하여 많은 배경지식을 갖고 이 책을 읽을 수도 있다. 나는 이 분야의 논쟁들에 대한 텍스트들을 체계적으로 정리하는 식보다는, 내 주장들을 펼치면서 그 논쟁들을 다룰 것이다. 이 논쟁들은 우리 주변에서 발생하는 일들을 해명하는 데 중요하다. 그러나 그 논쟁들은 모든 독자층에 쉽게 다가가기는 어렵다. 그래서 이 문제들에 대한 더 상세한 토론은 후주로 처리해 요약했다. 이러한 논쟁에 특별히 관심이 있는 독자들은 후주를 주의 깊게 읽을 것을 권유하고 싶다.

비판이론을 진전시키기 위해 나는 또한 자본주의에 내재된 공황 경향에 대한 분석을 포함시켰다. 이는 3장의 기초를 이룬다. 어떤 현안들은 부득이하게 3장에 축약했는데, 이것이 이 문제를 처음으로 접한 독자들이나 이 분야의 논쟁에 익숙한 독자들 모두에게 유용한 정보가 되길 바란다. 어떤 독자들은 3장을 건너뛰고 다른 장들을 먼저 읽을 수도 있다. 또 어떤 독자들은 책을 모두 읽은 뒤에 다시 한번 3장을 읽으면 전체 그림을 파악하는 데 더 큰 도움을 받을 것이다. 가장 큰 바람은 독자들이 내 책을 유용하게 쓰는 것이다. 즉, 독자들이 이 책을 토론하고, 논쟁하고, 근본적 사회 변혁이라는 실천적 작업을 위해 내가 언급한 것들을 적용시켜 보는 것이다.

150여 년 전에 쓰인 다음의 문구는 지금도 여전히 유효하다. "철학자들은 단지 세계를 해석만 해왔다. 정작 중요한 건 세계를 변화시키는 것이다."[24] 물론 이 말은 세계에 대한 해석을 중지하라는 명령이 아니라, 우리가 살고 있는 이 세상을 다른 세상으로 만들기 위해서는 비판적 분석을 발전시키고, 공유하고, 사용할 필요성이 있다는 것을 긴급하게 우리들에게 상기시키는 것이다. 바로 이러한 실천과 연대의 마음으로 이 책을 독자들 앞에 내놓게 되었다

1장

2008년 대공황

미처 '아니라'고 부인하기도 전에 공황이 찾아왔다. 그리고 정말 공황이었다!

"난 정말 두렵소." 리먼브러더스 투자은행이 해체되고 세계 신용시장에 충격파가 몰려왔을 때, 2008년 9월 14일 미국 재무장관 행크 폴슨이 자기 부인에게 고백한 말이다.[1] 그다음 날 리먼브러더스는 파산했고, 또 하루 뒤엔 세계 최대 보험 회사인 AIG가 파산했다. 이로부터 한 달이 채 지나지 않아서 워싱턴뮤추얼이 파산했고, 이는 미국 역사상 가장 큰 은행 도산으로 기록되었다. 그다음엔 미국에서 네번째로 큰 와코비아 은행이 구명 요청을 해왔다. 이후 유럽 은행들의 파산 물결이 급속도로 진행되었다.

전 세계 엘리트들도 낭패감과 당혹감에 빠질 정도여서, 전 미국 연방준비제도이사회 의장인 앨런 그린스펀은 그다음 달에 개최된 국회 위원회에서 시장의 자기조정 능력이 실패했다는 것에 대해 "믿을 수 없을 정도로 충격"에 빠져 있다고 보고했다.[2] 사실 그리 놀랄 일은 아니다.

2008년 가을 무렵까지 이미 세계 금융체제는 급속도로 붕괴되고 있었다. 돈을 빌려 간 사람들이 갚지 못할 것이라는 불안감으로 금융기관들이 돈을 대출하는 걸 꺼렸기 때문에 전 세계적으로 신용은 경색되었다. 주식시장은 곤두박질쳤다. 세계무역은 침체했다. 은행들은 비틀거리며 쓰러졌다. 논평가들이 1930년대의 기억을 떠올리며 몸을 부르르 떨고 있을 때, 미국 투자은행 두 군데에선 현재 상황을 공공연히 당시 대공황에 견주었다.[3]

이런 도산이 일어나고 있던 9월의 몇 주 동안, 미국의 현 재무장관 티모시 가이트너는 "우리 경제는 벼랑 끝에 서 있다"라고 증언했다. 그는 이어 "미국은 금융체제의 완전한 붕괴 위험에 봉착했다"라고 했다.[4] 캐나다 재무장관 짐 플러티 역시 가이트너의 의견에 동의하면서, 세계경제는 지금 '파국'에 근접하고 있다고 했다.[5] 그렇다. 진짜 파국이었다.

2008년을 경과하면서 세계 주식시장은 거의 50% 정도 급락했고, 이로 인해 금융자산 35조 달러가 날아가 버렸다. 월스트리트에 있던 투자은행 다섯 개가 하루아침에 사라졌다. **완전한 파멸이었다.** 그러나 그 질병은 미국에 그치지 않았다. 아일랜드·스페인·독일·영국·아이슬란드를 비롯한 여러 나라에서 은행들이 줄지어 도산했다. 도산은 금융에만 한정된 것이 아니었다. 제너럴모터스와 크라이슬러와 같은 자동차 회사도 도산했고, 미국 정부로부터 긴급 구제금융을 받아야 했다. 그 결과 이 회사들은 미국 정부에 양도되었다. 이러한 도산으로 수백만 명의 실업자가 발생했고, 그들 상당수는 살 집마저 잃었다. 홈리스와 배고픈 이들이 급증했다.

이 위기는 2009년에 접어들면서 마침내 1930년대 대공황 시절의 형국을 닮아 가기 시작했다. 전 세계 산업생산, 국제무역, 주식시장 가치의 붕괴는 그때만큼 심각했고, 때로는 그보다 더 심했다.[6] 지난 70여 년 사이에 처음으로 세계 자본주의는 언제 끝날지도 모를 위기에 빠져든 것 같다. 그야말로 '글로벌 슬럼프'다.

기나긴 역사상 최초로 세계의 지배계급은 비로소 그 본연의 오만한 태도를 버렸다.[7] 그들의 오만과 과시는 이제 공포와 전율로 바뀌었다. 2009년 3월, 영어권에서 가장 신망받는 경제신문인 『파이낸셜타임즈』가 마치 "자본주의의 미래"가 당면 현안인 것처럼 연재 기사를 급히 실을 정도로, 자본가들이 느끼는 자신감의 위기는 심각했다. 이 연재물을 소개하면서 『파이낸셜타임즈』 편집자들은 다음과 같이 썼다. "신용 경색과 압박은 지난 30년 동안 서구에서 경제적 사고를 지배해 온 자유시장 이데올로기에 대한 신념을 무너뜨렸다. 그러나 무엇이 그 자유시장 이데올로기를 대체할 수 있고 대체해야 하는가?" 그다음 날 편집인들은 "지난 30년간 우리가 봐 온 세계는 사라졌다"라고 자신들의 의견을 발표했다. 필진 중 한 명은 메릴린치 은행 직원의 말을 인용했다. "우리 세계는 무너졌어요. 솔직히 무엇이 우리 세계를 대체할 수 있을지는 잘 모르겠습니다."[8]

행크 폴슨이 부인에게 표현한 공포심도, "믿을 수 없을 정도의 충격"이라고 말한 그린스펀의 자신감 상실도 피부에 와 닿을 정도로 생생했다. 그 결과 우리 경제와 사회 체제에 대해서 작지만 중요한 토론과 논쟁의 공간이 생겨났다. 이러한 상황 속에서 심지어는 자본주의 비판가들의 견해조차 주류 언론들의 요청에 의해서 미디어를 타기도 했다.[9] 베를린의 한 출판인의 말대로, "맑스가 다시 유행하고" 그의 책 『자본』 판매량이 늘어났다. 반면 일본에서는 맑스의 위대한 저작을 만화 버전으로 만든 책들이 수만 권씩 팔려 나갔다.[10]

이러한 위기가 왜 대안적인 사회적·경제적 관점들에 대한 관심을 유발시키는지 이해하기란 어렵지 않다. 지난 30년간 주류 경제학은 이러한 일들이 실제로 일어날 수 있다는 사실을 부인해 왔다. 기존 경제학계의 지도적 권위자들은 이른바 시장은 언제나 합리적으로 행동한다는 효율적 시장 가설을 고수하면서, 체제 차원의 위기는 더 이상 가능하지 않다고 계속 선언해 왔다. 노벨상 수상자인 로버트 루카스는 2003년 미국 경제학회 회장단 연설에서 "경기침체를 예방하는 핵심 문제가 해결되었다"라고 발표했다. 반면 효율적 시장 가설의 창시자인 유진 파마는 금융위기를 예측한 사람들을 오만불손하게 무시하면서 어느 기자에게 "난 '거품'이라는 단어만 들어도 미칠 것 같아요"라고 했다. 그런데 때마침 역사상 가장 큰 금융 거품 중 하나가 터진 것이다.[11] 미국 부동산중개인 협회 전 경제 수석 데이비드 레리어는 경기침체 가능성은 없다는 공언에 고무되어, 앞으로 꽤 오랫동안 비웃음을 살 정도로 허술한 책 한 권을 출판했다. 그 제목은 『당신은 부동산 호황기를 그리워하는가?: 호황은 꺼지지 않을 것이고, 2010년대가 올 때까지 부동산 가치는 왜 계속 상승할 것인가? 그리고 부동산 투자로 돈 버는 법』(2005)이다. 이때 기존 상식을 무비판적으로 받아들이는 주류 언론은 이 책의 저자 레리어에게 주택 가격에 관한 한 최고의 권위를 부여했다. 그리하여 『뉴욕타임즈』, 『워싱턴포스트』, 『월스트리트저널』 등을 포함한 수많은 언론에서 그의 관점이 재생산되었다.

위기가 심화되면서 주류 경제학에 대한 신뢰가 땅에 떨어진 것은 당연한 일이었다. 자유시장이라는 묘약에 대해 비판가들이 발언할 기회가 자연스레 많아졌다. 『합리적 시장의 신화』[12]와 같은 비판적인 책들이 널리 주목을 받게 되어, 심지어 『이코노미스트』, 『워싱턴포스트』, 『파이낸셜타임즈』등에서 호평을 받을 정도였다. 그렇다고 이것이 주류 경제학 자체를 근본적으로 재고하게 한 건 아니었다. 그 대신 체제 옹호적인 학자들은 경제가 위기에 빠졌다는 것을 인정하고 나서, 그 위기가 단지 예측 불가능했을 뿐이라고 끊임없이 발표했다. 다시 말해 그 위기는 "100년에 한 번 있을까 말까 한 사건이자 비정상적 일탈"이라는 것이다. 앨런 그린스펀은 "학계, 연방준비은행, 감독 당국 모두가 이 비정상적 일탈을 내다보지 못했다"라고 주장했다. 앞으로 보게 되겠지만, 물론 이는 사실과는 다르다.[13] 그러나 이렇게 끊임없이 반복해서 마법의 주문을 외우는 사람들, 지배계급의 대변자, 그리고 그들의 친구인 미디어들은 마치 실제 무슨 일이 벌어졌는가, 왜 그런 일들이 벌어졌는가에 대한 비판적 연구를 제대로 하지 못하게 가로막기라도 하는 듯, 사태의 진상에 대한 부정과 신비화에만 열을 올렸다.

　어떤 사실을 단순히 부정해 버리는 것이 개인에게도 건강한 것이 아닌 것처럼, 집단이나 사회에 있어서도 마찬가지다. 프로이트가 우리에게 가르쳐 주었듯이, 트라우마 경험을 부정하거나 억압하는 것은 항상 그 트라우마를 반복하는 것이다.[14] 지금 글로벌 엘리트라는 사람들이 하고 있는 것이 바로 이 부정이다. 붕괴의 트라우마와 자신들의 심각한 정신적 공황 상태를 부정하면서 그것들을 기억으로부터 지워 버리려 함으로써, 그들은 이 사회를 트라우마와 억압의 반복적인 주기 속으로 빠뜨리고 있다. 물론 그들에겐 그렇게 하는 것이 중요하다. 비판적인 연구나 분석을 방해하고 가로막는 문화로 인해 오히려 그들은 이익을 보기 때문이다. 그러나 은행, 대기업, 혹은 수백만 달러의 주식, 채권 포트폴리오 등을 소유하지 않은 대다수 사람들은 세상이 실제로 어떻게 돌아가고 있는가를 이해할 필요가 있다. 그래야 현재 이 세계를 바꿀 수 있다. 인간의 행복과 안녕은 말할 것도 없고, 특히 직장·수입·주택·교육·연금이 위태로운 지경에 빠졌을 때 발생하는 트라우마 경험을 우리는 직접 대면해야 한다. 따라서 위기에 대한 부정과 신비화에 저항하면서, 2008년 공황에 대해서 조금 더 자세히 들여다보기로 하자.

왜 행크 폴슨은 두려움에 휩싸였나?

행크 폴슨이 2008년 9월 14일에 두려움에 빠진 데에는 그럴 만한 이유가 있었다. 당시에 세계 자본주의는 완전히 자유낙하 상태였다. 금융기관들이 "전염성이 가장 강한 전 세계적 금융위기"에 의해서 줄지어 붕괴되었다.[15] 미국 은행 8개가 순식간에 도산했다. 유럽에서도 20개 이상의 은행들이 도산했고, 그들 중 상당수는 정부가 인수했다. 자동차 회사인 제너럴모터스와 크라이슬러도 파산했고, 부품 공급 업체들도 동반 파산했다. 전 세계적으로 수천만 명이 직장에서 쫓겨나게 되었다. 정부 개입의 전체적 효과도 시장을 진정시키기에는 역부족인 것처럼 느껴졌다. 헤지펀드*의 파산으로부터 투자은행들의 대규모 손실에 이르기까지, 18개월 내내 경고 신호가 있었음에도 불구하고, 공무원들은 그 위기의 성격 혹은 심각성을 전혀 파악하지 못했다. 예를 들어 2010년 3월 28일, 미 연방준비제도이사회 의장 벤 버냉키는 경제 전반의 토대는 아직도 건실하고 주택융자, 즉 모기지mortgage**와 관련된 문제들은 마침내 "통제될 것 같다"라고, 침착하게 확신에 차서 말했다. 몇 주 후 IMF는 이보다 더 놀라운 주장을 하게 되는데, "세계 경제위기는 물러가고 있다. …… 전반적인 미국

---

* 헤지펀드(hedge fund). 자금을 투기적으로 운용하여 큰돈을 벌려는 유한 책임의 투자 신탁 회사.

경제는 튼실해지고 있다"라는 것이다.[16] 그러나 사실 이런 발언들은 사기 치는 것 이상이었다. 4장에서 보게 될 것이지만 이것은 또한 완전히 어리석은 발언이었다. 은행가들과 마찬가지로, 정부 지도자들도 세계경제에서 무슨 일이 발생했는가를 제대로 이해하지 못했다. 그렇지만 위기의 첫번째 국면을 추적한 다음 쪽의 상자는 정부 당국이나 조직의 권위 있는 전문가들이 무슨 일이 발생할 것인가에 대해서 이미 수많은 경고를 받았음을 보여 준다.

　　이 시점에서는, 세계 금융기관들에 뭔가 잘못되었다는 게 명백하게 드러났어야 했다. 실제로 우리가 앞으로 살펴보겠지만, 정말 소수의 통찰력 있는 비판가와 논평가들은 세계 금융기관들의 문제점을 명백히 보았다. 그러나 효율적 시장 가설로 무장한 주류 경제학에서 시장은 신속하게 자기를 통제할 수 있다고 주장했기 때문에 정부 관료들, 은행가들, 미디어 토론 출연자들도 모든 것이 만사형통이고 곧 좋아질 것이라고 공언했다. 이러한 발표는 분명 지배자들이 국민들을 잘 먹여 살리겠다고 공언하는 식의 습관적인 거짓말이나 왜곡에 불과했다. 그러나 이러한 공

** 미국에서 집을 살 때는 보통 모기지 회사나 민간 금융기관을 통해 주택융자를 신청한다. 이에 금융기관은 신청자의 소득과 신용 신뢰도를 심사해서 주택융자를 승인한다. 주택융자에는 크게 두 가지가 있는데, 하나는 우량 주택융자(프라이머리 모기지)이고 다른 하나는 비우량 주택융자(서브프라임 모기지)이다. 전자는 주택 가격의 10~25%를 계약 첫 납입금(다운페이먼트)으로 내야 하고, 상환 금리는 5~8% 사이에 고정되어 있으며, 상환 기간은 보통 20~30년이다. 반면 비우량 주택융자의 경우는 계약 첫 납입금이 없는 경우가 많고, 상환 금리는 변동 금리를 따르는데 대체로 시장 이자의 ±3% 수준이다. 2008년 미국 투자은행 파산의 촉발점이 되었던 것이 바로 이 비우량 주택융자 부문이었다. 시중 금리가 2004년 1%에서 2006년 6%로 인상되자, 비우량 주택융자 신청자들은 융자 상환금을 납부하지 못하고 주택을 중도 포기하거나 은행에 압류당했다. 그 결과 비우량 주택융자에 기반한 채권들(주택담보부증권) 및 이 채권들과 연계된 금융상품들(부채담보부증권, 신용부도스왑, 합성 부채담보부증권)의 가치가 폭락했고, 채권 소유자들과 금융상품 구매자인 투자은행들과 보험사들은 연쇄적으로 파산하게 되었다.

위기의 제1국면 : 리먼브러더스 파산 이전

2007년 2월 7일   세계에서 세번째로 큰 은행인 HSBC홀딩스는 미국 주택담보부증
                권과 관련된 악성 채무에 대해 106억 달러의 손실이 발생했다고
                발표. 미국에서 두번째로 큰 비우량 주택융자 회사인 뉴센추리파
                이낸셜이 투자자들에게 2006년 4분기 손실액을 발표.

2007년 4월 2일   뉴센추리파이낸셜의 파산 선언.

2007년 7월   월스트리트의 투자은행인 베어스턴스는 주택담보부증권에서 16
                억 달러라는 큰 손실을 본 후에, 수십억 달러에 달하는 두 개의 헤
                지펀드 영업을 중단. 베어스턴스의 부채담보부증권은 가치가 떨
                어져 휴지 조각이 되었다고 발표.

2007년 6월   주택융자 대부업체인 아메리칸홈모기지 투자은행이 파산 신청.

2007년 8월 9일   프랑스 최대의 은행 BNP파리바가 주택담보부증권을 보유한 3개
                의 투자 펀드로부터 상환을 중지함에 따라 유럽 금융시장이 일대
                혼란에 빠져듦.

2007년 9월 중순 영국의 은행 노던록이 영국 중앙은행에 긴급 구제금융을 신청,
                이는 대량 예금 인출 사태를 야기.

2007년 10월 24일 3분기 결산에서 메릴린치 사가 23억 달러라는 사상 최대의 손실
                을 입었다고 발표.

2007년 10~11월   세계 최대의 은행 중 하나인 시티그룹이 170억 달러의 손실을 입
                었다고 발표.

2008년 2월 17일 노던록이 파산하여 국유화.

2008년 3월 13~17일 베어스턴스는 단 며칠 만에 현금보유고가 180억 달러에서 20억
                달러로 급감한 이후 파산. 2008년 조만 해도 173달러였던 베어스
                턴스의 주가는 수 달러로 폭락. 미국 연방준비은행은 JP모건체이
                스에게 베어스턴스를 인수할 것을 종용.

2008년 7월 11일 인디맥 연방은행이 파산. 지금까지 미국 역사상 세번째로 큰 은
                행 파산. 그 주에 세계 최대의 주택융자 대부업체인 패니매이와
                프레디맥의 재산가치 절반이 날아가 버림.

2008년 9월 5~7일 패니매이와 프레디맥이 해체되어 미국 정부에 인수. 미국 정부는
                이 회사들의 악성 채무를 갚기 위해 2,000억 달러를 투하.

언의 대부분은 또한 지배자들 자신의 어리석음을 표현하는 데 지나지 않는다. 다시 말해서 그들은 신자유주의적 자본주의가 밑바닥에서부터 흔들리고 있고, 그 금융 구조가 파괴되고 있다는 것을 간파하지 못했다. 미국 재무부와 연방준비은행의 행크 폴슨과 전문 위원회(여기에는 연방준비제도이사회 의장 벤 버냉키와 뉴욕 연방준비은행장 티모시 가이트너가 포함되어 있었다)가 실제로 그들이 다루고 있는 사태의 성격을 제대로 파악했다면, 리먼브러더스가 그냥 파산하도록 가만 내버려 두지 않았을 것이다. 왜냐하면 리먼브러더스의 해체는 위기의 제2국면을 촉발시켰기 때문이다. 다시 말해 리먼브러더스 파산의 전염성은 매우 강해서 전 세계로 충격파가 퍼져 나갔고, 수많은 은행들을 파산시켰으며, 아이슬란드를 국가 부도 상태로 빠뜨려 버렸다.

2008년 9월 15일 리먼브러더스의 파산은 미국 경제사에서 그 선례가 없을 정도로 정말 충격적인 사건이었다. 7년 전, 600억 달러 가치를 지녔던 엔론 사의 파산은 논평가들에게 큰 충격을 안겨 줬었다. 그러나 파산 5일 전에 리먼브러더스의 가치는 엔론의 10배가 넘는 6,350억 달러였다. 이는 몇 개월 뒤 파산한 월드콤의 가치보다 6배가량 더 큰 것이었다. 중요한 사실은, 리먼브러더스가 세계 금융기관들과 긴밀하게 서로 연결되어 있다는 것이다. 엔론과 월드콤의 실패는 초기 진동, 즉 지진이 발생할 것이라는 신호를 알리는 단층선으로의 이동에 불과했다. 계속해서 뒤따르던 거짓 침묵은 2007년 중반에 시작된 충격파로 인해서 깨졌다. 그러나 리먼브러더스의 파산은 초대형 지진이었고, 세계경제에 거대한 파열구를 낸 구조적 분출이었다. 지난 158년간 아마도 "월스트리트가 생긴 이래 가장 큰 투자은행"이었을 리먼브러더스의 파산이 의미하는 바는, 이제 어느 누구도 안전하지 못하다는 것이다.[17] 더 나쁜 것은 어느 누구

위기의 제2국면:
리먼브러더스 파산이 세계적 차원의 파산 물결을 부르다

2008년 9월 15일	리먼브러더스가 파산. 채무 규모는 6,350억 달러. 지금까지 미국 역사상 가장 큰 파산.
2008년 9월 16일	미국 정부가 세계 최대 보험사 AIG에 긴급 구제금융을 결정.
2008년 9월 18일	투자은행인 메릴린치는 주택융자 관련 투자에서 500억 달러 손실을 입었다고 발표. 시티그룹은 600억 달러 이상 손실을 입었다고 발표.
2008년 9월 21일	월스트리트 투자은행인 골드만삭스와 모건스탠리가 정부 보호를 받기 위해 금융지주회사로 전환. 월스트리트의 투자은행 5개가 7개월 만에 전부 사라짐.
2008년 9월 25일	3,070억 달러 자산의 워싱턴뮤추얼이 파산 선언. 미국 역사상 가장 큰 은행 파산.
2008년 9월 29일	미국에서 네번째로 큰 은행인 와코비아가 파산하여 시티그룹에 매각. 유럽의 은행 3개가 파산(영국 정부가 브래드포드앤빙글리를 국유화, 독일 정부가 히포리얼에스테이트에 긴급 구제금융 결정, 벨기에와 다른 국가들은 베네룩스 3국의 거대 합작은행 포르티스에 긴급 구제금융 결정).
2008년 9월 30일	더 많은 유럽은행들이 파산. 프랑스와 벨기에는 덱시아에 긴급 구제금융을 결정. 아일랜드는 은행 부실화를 막기 위해 5,740억 달러 투하. 미국 정부는 긴급 구제금융 지원금 250억 달러를 파산 직전에 몰린 제너럴모터스와 크라이슬러에 쏟아부음.
2008년 10월 7일	아이슬란드 정부가 사국 내 최대 은행 2개를 국유화.
2008년 10월 8일	영국 정부가 부실 은행에 8,750억 달러를 지원.
2008년 10월 9일	아이슬란드는 자국 내 최대 은행을 국유화하고, 공황이 확산되자 주식시장을 폐쇄.
2008년 10월 10일	미국 주식시장은 1933년 이후 최악의 한 주를 보냄.
2008년 10월 13일	영국 정부는 거대 은행인 스코틀랜드 왕립은행과 핼리팩스 은행의 완전한 파산을 막기 위해 국유화.

도(리먼브러더스 감독관들, 재무부와 연방준비은행 관리들, 영리한 투자자들도) 손실 규모를 측정할 수 없다는 것이다.

신자유주의 시대를 거치면서 점차적으로 복잡한 금융상품들이 탄생했다. 이러한 금융상품들 때문에 철저히 불투명한 시장이 발달하게 되었고, 이 시장 안에서는 도대체 누가 누구에게 얼마를 지불해야 하는지를 알 수가 없다. 파생상품, 부채담보부증권[CDO], 신용부도스왑[CDS], 유사한 금융상품들(이에 관해서는 4장에서 설명할 것이다)은 일정 정도 시기 동안은 이윤을 창출할지도 모른다. 그러나 이 금융상품들은 불확실하고, 사람 눈을 쉽게 현혹시키고, 변동이 심하다. 환상과 사기와 무의미한 공식으로 만들어진 이 '자산들'의 가치는, 특히 폭락할 경우 측정이 불가능하다. 리먼브러더스의 회장은 회사가 파산하자 회계장부를 보면서 재무부와 연방준비은행 관리들에게 이렇게 말했다. "우리도 우리 파생상품이 어느 정도인지 잘 모릅니다. 당신들도 마찬가지겠지요."[18] 그 결과 돈을 빌려 간 채무자 역시 파산할 수 있고 그 돈을 갚지 못할 수도 있지 않을까 하는 두려움 때문에, 은행이 기꺼이 다른 기관에게 돈을 대출해 주려고 하지 않았다. 이 시점에서 사태는 더 악화했다. 한 비평가가 기록한 대로 "월스트리트에 있는 거대 금융기관 모두가 파산하거나 불가피하게 파산 체계에 빠져들었다."[19] 신용시장들이 대출자금 부족으로 얼어붙게 되자 세계 금융기관들은 도미노처럼 연쇄적으로 파산하기 시작했다. 매일 새롭게 은행이 파산했다는 발표가 났다. 한 백악관 보좌관이 나중에 말한 대로, 세계경제가 "끝없는 수렁"으로 빠져들어 가는 것 같았다.[20] 왼쪽의 상자는 대혼란 상황이 어떠했는가를 보여 줄 것이다.

수십억 달러의 가치를 가진 은행들이 파산할 때, 행크 폴슨조차 이제 뭔가 심각하게 잘못되고 있다는 것을 알아차렸다. 폴슨은 "이러다가

뉴욕 시민들이 리먼브러더스 회장 리처드 풀드의 초상화 위에 자기 의견을 적었다. 한 화가의 프로젝트 작품으로 설치된 이 작품 위에는 '미스터 월스트리트'로 불리며 군림했던 풀드에 대한 분노와 야유가 가득했다.

세상이 망하지 않을까 두렵다"라고 고백했다.[21] 그는 며칠 뒤 상원의원들을 만나서 다음과 같이 하소연했다. "만약 당신들이 특단의 조치를 취하지 않는다면, 미국과 세계 금융체제는 며칠 이내로 붕괴하고 말 겁니다."[22]

사실 1930년대 대공황 이래 이와 같은 사건은 발생한 적이 없었다. 4주 남짓한 기간 동안 미국에서는 가장 큰 파산(리먼브러더스), 가장 큰 상업은행의 파산(워싱턴뮤추얼)이 발생했다. 또한 월스트리트에 남아 있던 두 개의 투자은행들도 사라져 버렸다. 미국 정부는 세계에서 가장 큰 보험 회사에 대한 긴급 구제금융을 실시했다. 이에 비해 유럽은 붕괴하는 은행들의 물결을 버텨 냈지만, 결국 5개국에서 정부가 은행을 국유화하거나 긴급 구제금융을 실시했다. 아직도 이러한 파산은 끝나지 않았다. 2009년 1월 말에 보험 회사 AIG는 두 번 더 긴급 구제금융을 받았고, 시티그룹과 뱅크오브아메리카 역시 구제금융을 받았다. 같은 달 금융체제를 붕괴시킨 경제 정책들에 반대한 대규모 시위대는 아이슬란드 정부를 끌어내렸다. 『파이낸셜타임즈』가 자본주의의 미래에 대해서 의심하기 시작한 것도 이러한 지속적인 공황의 분위기 때문이었다.

철저한 부인, 그리고 그 이후: '고통의 10년'에 오신 것을 환영합니다

그러나 지금 우리는 위에서 말한 모든 것들을 잊어버리도록 지시를 받고 있다. 자본주의의 미래에 대한 진지한 성찰은 『파이낸셜타임즈』를 비롯한 주류 미디어에서 사라져 버렸다. 대공황은 철저히 부인되었다. 가장 큰 규모의 전 지구적인 긴급 구제금융 조치 덕분에 파산을 막아 내고 경제에 자그마한 활력을 불러일으키면서, 우리의 지배자들께서는 문제를 해결하는 것이 아니라 자신들의 공포감과 공황 장애를 중역실 카펫 밑으로 서둘러 숨겨 버렸다. 그들은 이제 모든 게 잘될 것이라고 선언했다. 세계의 실질적 주인들은 심각한 문제들을 간단히 해결해 버렸고, 이제 자본주의는 다시 지배적인 지위를 확보했다. 어느 누구도 그 위기를 예측하지 못했기 때문에, 우리가 그 잘못에 책임을 져야 하는 것은 아니라고 그들은 주장한다. 그 위기는 청천벽력과 같았다. 그린스펀의 말에 따르면, 이번 금융위기는 "100년 만의 홍수"와도 같다.[23] 이 홍수가 다 끝났기 때문에, 이제 정상 업무로 복귀했다고 그들은 주장한다.

그러나 이는 그들이 너무나 열망하는 것에 불과하고 지극히도 한가한 소리에 불과하다. 파산은 멈췄지만 심각한 경제적인 문제들이 여전히 남아 있고 새로운 위기들이 이미 발발하려고 하고 있기 때문이다. 폭풍우가 아직 끝난 게 아니라는 것을 알아채고서, 지배계급은 논쟁의 무게중심을 옮겨 토론의 주도권을 쥐려 한다. 무엇이 자본주의를 괴롭히는가를 토론하기보다는, 지배계급은 자본주의의 희생자들을 비난할 목적으로 온갖 말장난을 고안하고 있는 중이다. 이렇게 되면 은행과 대기업들은 더 이상 비난받을 필요가 없다. 정부 관료들과 감독관들은 거짓·사기·사취를 예방하지 못한 것, 또 그로 인해 발생한 파산을 막지 못한 것

'구제금융 지원을 은행이 아니라 노동자에게' 팻말을 들고 있는 미국 시민들. 2008년 금융 공황으로 인한 금융기관의 연쇄 파산을 막기 위해 미 정부는 AIG에 무려 1,750억 달러를 지원했다. 시민들은 실직과 소득 감소로 여전히 고통받고 있다.

에 대해 더 이상 책임질 필요가 없다. 진짜 죄인은 너무 많은 것을 요구한 가난한 노동자 계급 대중들이 되어 버렸다. 이 위기를 불러일으킨 은행들과 글로벌 기업들에게 긴급 구제금융을 지원해 줌으로써, 정치 엘리트들은 위기의 희생자들에게 죄를 떠넘기고 있다. 예를 들어 미국의 빈곤층 소수 유색인종들은 은행들의 감언이설에 속아서 폭발적 수요를 창출하게끔 설계된 주택융자를 신청했다. 이들과 더불어, 평생 일한 이후에 만족할 정도의 연금을 수령할 권리가 있다고 생각하는 그리스 교사들이나 공무원들도 그 희생자들이 되었다. 이러한 담론을 만들어 냄으로써, 우리의 지배자들은 '고통의 10년'을 위해서 풀뿌리 민중의 힘을 약화시키려 한다. 이 시기는 고실업, 저소득, 보건의료·교육·사회복지 프로그램에 대한 대폭 삭감의 시대이다.

영국의 재정연구소IFS가 만든 '고통의 10년'이라는 용어는, 은행을 구제하기 위해 정부가 사용한 대규모 긴급 구제금융과 그로 인해(그리고 연관된 경기침체 비용으로 인해) 발생한 연간 2,750억 달러 규모의 적자를 보통 시민들이 떠안게 되는 것을 묘사하기 위해서 고안된 단어이다. 재정연구소의 추정에 따르면, 2017~2018년까지 보통 영국 한 가계의 소득은 4,500달러 이상 감소할 것이다. 왜냐하면 정부 빚을 갚기 위해서는 그들이 내야 하는 세금이 증가하거나 사회 서비스가 감소하거나, 혹은 이두 가지가 한꺼번에 일어나기 때문이다.[24] 정치인들부터 비즈니스 분석가들까지 영국의 논평가들은 무엇이 준비되어 있어야 하는가를 묘사하기 위해서 '긴축의 10년'이라는 표현을 쓰기도 한다. 그러나 이러한 용어를 가지고 논쟁하지 말자. 왜냐하면 고통과 긴축은 서로 분리될 수 없기 때문이다. 그 대신 긴축, 즉 공공 지출의 대폭 감소가 무엇을 의미하는가를 살펴보도록 하자.

캘리포니아는 이를 살피는 데 하나의 유용한 출발점이다. 주 정부의 적자를 줄이고 균형재정을 만들기 위해서, 미국에서 가장 큰 주의 주지사인 아놀드 슈왈제네거는 빈곤층의 분담을 주장하며 사회복지 예산 중에서 수십억 달러를 삭감했다. 시골 이동병원, 빈곤 가정 임시 원조, 90만 빈곤 아동을 위한 건강보험, 가정폭력 및 임산부와 어린이 건강을 위한 서비스 등에 쓰일 기금을 포함하여 가장 불우한 사람들을 직접적으로 돕는 프로그램 예산에서 10억 달러를 삭감시켰다. 현재 미국의 45개 주가 재정 적자 상태에 있어서 미친 듯이 재정을 삭감시키고 있다. 애리조나 주는 아동 건강보험 프로그램을 폐지했고, 오하이오 주는 커뮤니티 정신 건강 서비스 관련 비용을 대폭 삭감시켰으며, 미네소타 주는 저소득 성인을 위한 건강보험제도를 폐지했다. 36개 주는 고등교육 비용을 삭감했고, 24개 주는 노인과 장애인을 위한 서비스 프로그램을 축소했으며, 심지어는 보건의료 프로그램을 공격하고 있다.[25] 특히 금융위기에서 촉발된 경제위기의 결과로 수백만의 사람들이 빈곤선 아래로 내몰려 그러한 사회 서비스들이 절실한 시점에 이 모든 것이 발생했다. 정부 관리들은 2007~2009년 경기침체를 종식시켰다고 선언했지만, 미국의 실제 실업률은 대략 17% 정도이다. 흑인과 라티노의 실업률은 불황 수준인 25%를 상회하고 있다. 정부에서 저소득층을 위해 발행하는 무료 식권 사용량이 폭발적으로 증가하고 있다는 사실은 전혀 놀랍지 않다. 성인 8명 중 1명, 아동 4명 중 1명이 생존을 위해 이 무료 식권을 사용하고 있다. 믿을 수 없을 정도지만, 미국 전체 어린이들의 절반가량이 유년기 시절 어느 한때에 무료 식권에 의존할 것이다. 흑인 어린이들과 한 부모 가족 아이들의 경우 90%가 이 무료 식권을 사용할 것이다.[26] 반면 취학 아동 100만 명 이상이 집 없는 아이들이다.[27] 보건의료, 교육, 사회부조 프로그램 예산이 삭감된다면, 어린이, 노인, 한 부모 가족, 홈리스, 실업자, 불완전고용 노동자들이 가장 크게 타격을 입을 것이다. 자본주의 체제에 닥친 가장 최근의 위기에 대처하기 위해서 그 희생자들을 벌주는 방식으로, 자본주의는 그 배를 원상복구하려 한다.

이미 살펴본 대로, 미국의 상황이 특히 부끄럽긴 하지만 이 나라만 이런 것은 아니다. 영국에서도 '고통의 10년'은 사회지출의 지속적인 삭감을 의미했다. 이는 어떤 한 경세 컨설팅 그룹이 밀한 대로, 국가의 징기적인 '전략적 구조 변화'이다. 이것은 최근 몇십 년 동안 제3세계 개발도상국에 부과된 구조조정 프로그램과 유사하다.[28] 한편 은행들에 수십억 달러를 예치해 둔 그리스 정부는 수십억 달러의 공공 지출을 삭감함으로써 가난한 사람들에게 큰 타격을 입히고 있다. 재정 적자를 줄이기 위해서 그리스 정부는 판매세를 21% 인상했다. 반면 공공 부문의 일자리, 임금 및 복지 혜택은 축소시키거나 삭감해 버렸다. 연금 역시 절반으로 줄여 버렸다. 다른 한편, 라트비아는 교사 3분의 1을 해임하고, 연금의 70% 를 대폭 삭감했다. 한때 신자유주의의 빛나는 성공 사례로 꼽혔던 아일랜드의 경우, 정부가 공공 분야를 심하게 쥐어짜서 육아수당의 10%를 삭감하고, 기초생활보장과 같은 복지비의 4%, 공무원 봉급의 22.5%를 삭감했다. 가장 역겨운 사례들 중 하나는 캐나다의 브리티시컬럼비아 주이다. 사치스런 2010년 동계올림픽에 수십억 달러를 지출한 뒤, 주 정부는 입장을 선회해서 가난한 사람들을 사정없이 내동댕이치는 예산 삭감을 결정해 버렸다. 원래 영양실조, 심각한 몸무게 감소, 현격한 신경 퇴화, 다른 치명적인 증후군들 때문에 고통받는 저소득층을 위한 월 영양 보충 기금이란 게 있었다. 그런데 주 정부에서 이 기금 마련 프로그램을 공격하면서, 기금을 받기 위해서 신청자들은 목록에 제시된 조건 중 적어도 두 가지 이상에 해당한다는 사실을 증명하는 서류를 제출해야 한다고 못박았다. 이에 질세라, 캐나다에서 가장 큰 주인 온타리오 주에서는 건강에 이상이 있는 가난한 사람들을 위한 특별 식단 프로그램 예산을 2010년에 완전히 없애 버렸다.[29]

그렇다면 우리는 도대체 이 위기의 '끝'을 어디에서 찾을 수 있을까? 은행들과 초국적기업들은 구제되는 반면에, 앞으로 수년 동안 더 많은 '고통'만이 기다리고 있을 노동자 계급 대중들을 위한 긴급 구제금융은 없다. 기업 이윤은 서서히 회복세에 있는데 일자리, 소득, 사회 서비스는 지속적으로 사라지고 있다. 자본 측에 일어나고 있는 것과 우리 풀뿌리 민중에게 일어나고 있는 것 사이엔 너무나 명백한 모순이 보인다. 다시 말해서, 전 미 재무부 장관인 래리 서머스가 인정한 대로 우리는 "회복되는 경제 통계와 후퇴하는 인간의 삶"[30] 사이에 있다. 그러나 이러한 인간의 삶의 측면에서 일어나는 후퇴도 특정한 사람들에게 더 큰 타격을 입히고 있다. 「들어가며」에서 언급했는데, 영국의 『선데이타임즈 부자 목록』 편집자가 제대로 관찰한 대로, "부자들은 위풍당당하게 경기후퇴를 견뎌" 낼 뿐만 아니라 사회 서비스 예산 삭감은 "부자들에겐 거의 영향을 미치지 않을 것이다. 왜냐하면 부자들은 공공 서비스를 별로 이용하지 않기 때문이다".[31]

다른 말로, 이 위기에 대가를 지불하는 사람들은 노동자 계급과 가난한 사람들이다. 이어지는 장들에서 설명하겠지만, 불경기는 지속될 것이고, 활기찬 성장은 불가능할 것이다. 그리스 중앙은행장이 인정한 대로, 고용과 소득을 감소시킴으로써 정부의 긴축은 오히려 경제 슬럼프를 강화할 것이다.[32] 따라서 노동자 계급과 가난한 사람들은 고실업과 재정적 고통이 꽤 오래 연장되는 고통의 시기를 맞게 될 것이다. '글로벌 슬럼프'를 환영한다! 그런데 도대체 우리는 어떻게 해서 여기까지 왔고, 왜 상황은 하루속히 개선되지 않는가, 그리고 인간의 삶의 후퇴를 가져온 체제에 대해 우리는 무엇을 할 것인가? 이런 주제들이 다음 장들에서 다루어질 것이다.

2장

신자유주의 30년, 그 음악이 멈추던 날

미국 사람들은 이제 생활수준을 낮출 것을 각오해야 한다. ─ 폴 볼커 (1979)[1]

1979년, 괄목할 만한 변화가 발표되었다. 미국 연방준비제도위원회 의
장이었던 폴 볼커가 "대호황은 이제 끝났다"라고 공표했던 것이다. 미국
인들은 이제 예전처럼 정기적인 생활수준 향상이 없을 것이란 말을 듣게
되었다. 또한 미국인들 스스로도 고통스럽지만 생활수준의 하락을 감내
해야 한다는 조언도 제시되었다. 그리고 볼커와 미국 지배계급도 이러한
상황에 대비하기 위해 신중하게 일련의 무기들을 준비했다. 그들이 전략
적으로 기획한 캠페인은 도덕 개혁 운동이었다. 다시 말해 이것은, 그들
이 보기에 보통 시민들이 앞으로도 생활이 계속해서 향상될 것이라고 너
무 자족하고 있고, 또 이미 기대를 하고 있기 때문에 이들을 상대로 일종
의 전투를 벌이려는 것이었다. 그리하여 이제 미국 사람들은 이전보다
훨씬 적은 수입으로 생계를 꾸려 가는 것에 익숙해져야 할 것이다. 이게
바로 볼커와 그 동지들이 사력을 다해 이루고자 한 것이었다.[2]

　이러한 엘리트들의 공세는 미국 시민들이 가진 방종과 게으름에 대
해 전쟁을 벌이겠다는 기획이었다. 즉 사회복지 프로그램의 축소, 임금

삭감, 노조 파괴 등 모든 공세들은 사람들을 그 옛날의 좋았던 노동윤리로 복귀시키는 데 필요한 노력들이라 치장되었다. 그러나 이 좋았던 과거의 노동윤리란 겉으로 보기에만 그럴싸한, 옛 번영의 요소에 불과했다. 엘리트들은 다시 한번 노동자들에게, 가난이란 열심히 일하지 않는 사람들이 마땅히 받아야 할 벌이라고 가르쳤다. 물론 경기침체의 책임이 결코 노동자들에게 있는 것은 아니다. 제2차 세계대전 이후 지속되던 경제호황이 1970년대에 종식된 근본 원인은 역설적이게도 초기에 경기 팽창을 유지시켰던 바로 그 집요하고 지속적인 자본축적의 동력 때문이다. 즉, 1970년대에 이르러 자본의 과잉 축적과 이윤율 하락으로 말미암아 자본주의 경제가 커다란 고장을 일으키고 만 것이다.[3] 그러나 지배자들 입장에서는 경기침체를 노동자들 탓으로 돌려 노동자들을 비난하는 것이 손쉬운 해법이었다. 이러한 노동자 비난 전술의 맥락에서 결국 미국인들의 생활수준을 낮추라는 볼커의 처방전이 쉽게 탄생할 수 있었다. 이 방식은 실제로 기업 이윤의 복원이란 목적에 걸맞은, 단순하면서도 완벽한 안성맞춤 프로그램이었다. 그리고 여기에다 제3세계의 가난한 국가들에 대한 공격 또한 가세했다. 당시 그 나라들의 채무 위기는 제3세계 경제들에 대한 약탈적 침략에 좋은 구실이 되었다. 이러한 약탈적 경제 침략은 제3세계 나라들에게 시장 개방을 요구하고, 그 나라의 땅이나 공장, 건물 등 다양한 자산을 값싸게 취득하며, 그들이 더욱 빚더미에 빠지도록 설계되었다.

사실 이는 1980년대 초, 신자유주의 초창기의 모습들이다. 이때는 더욱더 유독성이 강한 자본주의로 방향 전환이 이뤄지는 때였다. 이렇게 신자유주의는 솟구치는 사회적 불평등, 증가하는 전 지구적 빈곤, 가중되는 생활 불안정성 등의 대가를 치르고 그 위에 만들어졌다. 결과적으로 새로운 경제성장 패턴으로 등장한 신자유주의는 다시금 새로운 경기 팽창의 물결을 창출해 냈다.[4] 앞으로 살피겠지만, 이를 위해 치러야 했던 대가들이 바로 신자유주의 시대의 두드러진 특징이다. 신자유주의적 자본주의의 특질들을 살펴보기 이전에, 볼커와 그 동지들이 1970년대에 봉착했던 위기에 잠시 주목할 필요가 있다. 또 그들이 그 위기를 해결하려고 사용했던 가혹한 수단들에 대해서도 제대로 살필 필요가 있다. 그래서 우선은 제2차 세계대전 이후 서구 각국에서 전개된 자본주의가 놀라운 성장을 보인 과정부터 살펴보기로 한다. 왜냐하면 신자유주의를 낳은 그 위기의 씨앗도 결국 그 경기팽창 과정 자체에 있기 때문이다.

여기서 내 주장의 주요한 근거들을 이정표처럼 실감나게 제시하면 이렇다. 우선 급진적 정치경제학자들 사이에 널리 퍼진 하나의 경향이 있는데, 이들에 따르면 서구 자본주의는 1948년부터 1973년까지 25년간 대호황기를 거친 뒤, 위기 혹은 침체에 빠져들어 그 이래로 거의 40년 동안 결코 회복되지 않았다는 것이다.[5] 이른바 '만성적 위기론'이다. 그러나 나는 이러한 설명의 핵심 부분에 동의하지 않는다. 물론 나는 자본주의가 1970년대 초반에 경기침체에 빠졌다는 것에는 동의하지만, 그들과 달리 1982년부터 지속적인 (신자유주의적) 회복이 시작되었다고 본다. 이 주장을 뒷받침할 자료와 근거들은 아래에 제시된다. 물론 1980년대 이후의 세계 자본주의가 제2차 세계대전 이래 대호황기 때의 성장률에 미치지 못한 것은 사실이다. 반면 중국은 전후 호황기의 성장률에 도달했을 뿐 아니라 심지어 그 성장률을 넘어서기도 했다. 그러나 1982년 이래 25년간 이윤의 추세는 분명히 상승 곡선을 그렸고, 자본주의 체제는 지속적인 경기팽창 물결을 창출했다. 이를 통해서 세계경제는 그 규모 면에서 3배나 증대했고, 전 세계적 자본축적의 새로운 중심축들이 생겨났다.

중국이 그 한 예다. 앞으로 보겠지만, 세계의 노동계급 또한 1982년 이후 25년간 더욱 급격히 성장했다. 요컨대 나는 1945년 이후의 65년간을 추적한 결과 다음과 같이 시기를 구분하게 되었다.

- 지속적인 경기팽창기(1948~1973): 전후 포드주의 대호황기
- 전 세계적 경기침체기(1973~1982): 포드주의의 위기
- 지속적인 경기팽창기(1982~2007): 신자유주의적 팽창기
- 전 세계적 경기침체기(2007~?): 글로벌 슬럼프

이러한 대강의 스케치를 염두에 두면서, 이제부터 보다 자세한 이야기를 해나가고자 한다.

대호황과 그 둔화

1948~1973년과 같은 대호황은 세계경제에서 찾아보기 힘들었다. 그 사반세기 동안 유럽·일본·북미 등 세계를 지배하는 경제주체들의 경기는 급상승했다. 그 결과 매년 많은 일자리가 새로 생겨났고, 건실한 이윤 구조가 만들어졌으며, 소득이 늘어났다. 이때야말로 서구 자본주의의 황금기였고, 이 황금기가 막강한 문화적 상징이 되는 바람에 심지어 자본주의에 대한 비판가들조차 그것을 당연시할 정도가 되었다. 그런 시각에서는 만약 자본주의가 대호황을 계속 반복하지 못하게 되면 곧 자본주의가 위기에 빠졌다고 선언하게 된다. 그러나 앞으로 살피겠지만, 이 황금기는 결코 정상적인 게 아니었다. 오히려 그 황금기는 자본주의가 유례없이 역동적으로 변화·성장·활동한 시기였고, 앞으로 그런 시절이 다시 오긴 어렵다.

한 역사가의 기록에 따르면, 제2차 세계대전 이후 25년간 "전체적으

로 선진 자본주의 국가는 제1차 세계대전과 제2차 세계대전 사이 시기에 비해 3배나 빠른 속도로 성장했고, 제1차 세계대전 이전보다 2배나 빠르게 성장했다".[6] 25년 동안, 선진 자본주의 경제(유럽, 일본, 북미)의 생산량은 3배로 증대했다.[7] 몇몇 자본주의 핵심부에서는 특히 눈부신 성장률을 기록했는데, 이는 전후 복구 과정에서 나온 필연적인 것이었다. 이런 요인을 감안한다 하더라도 경기팽창, 즉 경제성장의 지속적인 지표들은 눈길을 끈다. 서유럽의 경우를 보자. 제2차 세계대전 종전 당시 서유럽 경제는 미국 경제에 비해 거의 50년 정도 뒤처져 있었다. 그러나 그 뒤 경기팽창의 물결을 타고, 1973년에 이르면 유럽과 미국의 격차는 거의 없어질 정도로 줄어든다. 일본의 경우를 보자. 1945년에 일본은 미국에 비해 100년 정도 뒤처져 있었다. 일본의 천문학적 경제성장(일본 경제는 호황기 동안에 8배 확대되었다)은 놀랍게도 단 25년 만에 미국과의 격차를 없애 버렸다. 이러한 경제성장의 대부분은 세계무역의 급증 때문에 발생한 것인데, 이러한 세계교역량은 이 호황기 동안 10년마다 2배씩 증가했다. 무역이 더욱 세계화하면서, 투자 역시 더욱 세계화했다. 특히 이 투자의 세계화는, 미국에 본부를 두면서도 국경 바깥에서 비즈니스를 시작한 다국적기업들에 의해 주도되었다. 한편, 제3세계에서 반식민주의 운동은 탈식민의 물결을 촉발했다. 이런 탈식민화로 인해 남반구 제3세계의 여러 나라들에선 개발 또는 발전이 새로운 화두로 떠올랐다. 물론 이러한 공간 역시 경제 종속을 재생산하려는 새로운 형식의 제국주의에 의해 제한되었다. 그러나 한국과 같은 독특한 경우, 자본주의 발전이라는 측면에서 일종의 대약진도 일어났다.[8]

그런데 가장 획기적인 변화는 핵심부 자본주의 국가들에서 노동자들의 생활수준이 지속적으로 향상된 점이었다.[9] 소득은 해마다 증가했고, 자동차·텔레비전·여름휴가는 선진 자본주의 나라들의 수백만 정규직 노동자들에게 평범한 일상이 되어 갔다. 반면 사실상 수백만의 사람들, 특히 인종차별적 억압이나 주변화 과정을 경험한 원주민, 아프리카계 미국인, 기타 유색인종 이민자, 불법체류자 집단들은 그러한 풍요로부터 대부분 배제되었다. 물론 그 배제된 집단 중 극히 일부는 중산층으로 상승하기도 했다.

생활수준의 향상은 당연히도 노동자 생산성의 효과적 증가 때문에 가능했다. 1952년과 1973년 사이 기술 혁신과 새로운 기계의 도움을 받아 노동자 1인당 생산량은 2배로 늘었다.[10] 사실 임금 상승이 생산성 증가보다 더 느린 한, 고용주들은 임금을 어느 정도 인상시키면서 여전히 이윤을 증가시킬 수 있다. 이게 가능했던 주된 이유는, 노동자 계급의 규모가 훨씬 커졌기 때문이다. 이로 인해 고용주들은 직장을 얻으려 발버둥치는 엄청난 규모의 노동자군을 확보할 수 있었다. 일본과 유럽에서 수백만의 농민들이 도시에서 직업을 구하려 농촌을 떠났다. 남부 유럽, 동남아시아, 라틴아메리카, 카리브 연안 국가들, 아프리카 출신의 수백만 이주노동자들 역시 핵심부 자본주의 국가들로 일자리를 찾아 나섰다. 이러한 조건들 때문에, 기업들은 지속적으로 늘어나는 노동력을 확보할 수 있었다. 1960년대 후반과 1970년대 초반, 경기호황이 절정에 다다랐을 때, 여성들이 추가로 노동시장에 대량 유입되었다. 이는 기업들의 노동력 확보라는 목적에 안성맞춤이었다. 그러나 그 이후 경제성장 동력은 떨어지기 시작했다.

1970년대 초 호황의 둔화는 이윤율 하락과 과잉 축적(3장에서 자세히 살필 것이다)이라는 친숙한 패턴에 따른 것이었다. 현격한 이윤 하락이 명백하게 드러나자, 그간 많은 측면에서 서로 동의하지 않던 다양한 분파의 급진적 정치경제학자들도, 이윤율이 1960년대 중반부터 1980년대 초기까지 지속적으로 하락했음을 모두 인정했다. 12편 이상의 심층적 경험 연구가 이러한 경향을 증명했고, 이는 이 장 후반부의 〈그림 2-1〉에 제시된다.[11]

세계적인 이윤율 하락의 원인들은 복합적이긴 하지만, 우리는 맑스가 설명한 기본적인 메커니즘이 제대로 작동하고 있음을 확인할 수 있다. 다음 장에서 보게 될 것이지만, 맑스에 따르면 노동의 속도를 높이고 경쟁에서 승리하기 위해서 자본은 기계화를 필요로 한다. 그런데 그는 이러한 기계화에서 모순을 발견했다. 이처럼 인간 노동이 기계로 대체되기 때문에 투자는 보다 더 '자본 집약적'으로 이루어져 기계와 장비에 보다 더 많이 지출하게 되고, 이에 상응해 투자는 점점 덜 노동 집약적으로 된다. 이러한 경향은 대호황기 내내 관찰되는데, 이 시기 기업이 1년간 기계설비에 투자한 비용은 총지출의 평균 4% 혹은 그 이상이었다. 더욱이 이러한 투자의 기계 편중도는 엄청 심해서 "노동자 한 명이 감당해야 할 생산수단의 양이 대호황기 동안 두 배로 늘었다. 예전 같았으면 한 명의 노동자가 한 대의 기계를 다뤘을 텐데, 이제는 한 명의 노동자가 두 대의 기계를 감당해야 하는 셈이다".[12] 게다가 노동자 1인당 기계의 양만 증가한 게 아니다.[13] 새로운 기계가 발명되고 새로운 생산과정이 공장에 도입됨으로써 산업의 기술적 토대 자체가 정기적으로 혁신되어 노동생산성이 지속적인 도약을 했다. 하지만 기계화는 해당 생산물에서 노동, 즉 이윤을 창출하는 데 결정적인 잉여노동의 기여 부분을 상대적으로 줄인다. 모든 다른 조건이 동일하다면, 이러한 기계화는 쉬운 말로 투자수익률의 하락을 의미한다. 이런 일이 실제 일어났다.[14]

이윤율이 하락하는 동안, 과잉 축적은 전형적인 과잉 투자 경향을 보였다. 실제로 경기침체 조짐이 보이기 시작할 때, 축적(신규 공장, 건물, 기계, 장비, 오피스텔 등의 증설) 속도가 점점 더 빨라졌다. 전후 호황기 동안 축적의 증가 속도가 평균 4% 정도였음에 비해, 1970년엔 연평균 5.5%까지 급증했다. 판매와 이윤을 위한 경쟁이 치열해지자 기업들은 더 급히 필사적으로 새로운 생산력 증강에 박차를 가했다. 호황기를 거치는 동안 이러한 신규 설비 투자 증대는 일본, 서유럽, 한국 등에서 특히 빠르게 진행되었는데, 이들 나라에서는 온 산업 분야가 거의 하룻밤 사이에 구축될 정도였다. 그 중에서도 일본 경제가 맨 선두였다. 일본은 자본 축적률이 12%에 이를 정도였는데, 이는 당시 일본에서 기업 투자가 국민총생산^{GNP}의 25%를 차지했기에 가능했다. 철강 생산량은 1950년 100만 톤에서 20년 후에는 1억 톤까지 급증했다. 이뿐만이 아니다. 일본 기업들은 세계적으로 최신의 기술을 도입해 최첨단 제조업체로 탈바꿈했다. 1961년에 일본 공작기계의 40%는 그 사용기간이 5년 미만일 정도로 쌩쌩했고, 영국이나 미국 등 경쟁국보다 훨씬 최신의 생산 장비를 생산해 냈다. 기술 혁신의 물결을 타고서 전자업계에서는 소니가, 자동차·트럭·오토바이 분야에선 도요타나 혼다 등의 기업이 세계적 리더로 부상했다.[15] 일본의 이러한 이례적 경제성장은 세계경제가 머지않아 과잉 축적 방향으로 흘러갈 것임을 시사했다. 사실 일본만 문제가 아니었다. 미국의 지속적 경제성장과 서유럽의 혈기왕성한 경기팽창은 역설적으로 최후 심판의 날이 머지않아 찾아올 것임을 의미했다.

유럽의 경제성장률은 일본의 경제성장률만큼 놀라울 정도는 아니지만, 그렇다고 해서 비웃을 정도는 결코 아니다. 20세기의 주도적인 제조업인 자동차 생산은 그 대표적 사례다. 폴크스바겐, 피아트, 르노, BMW, 메르세데스벤츠, 사브 등 자동차 회사들이 신규 설비에 투자를 가속화하면서, 유럽의 자동차 숫자는 1950년 600만 대에서 1973년경엔 무려 10배나 증가한 6,000만 대에 육박했다. 이는 역으로 철강 생산을 증가시켰고, 중화학공업에서 농업까지 모든 경기를 부양시켰다. 그러나 모든 좋은 것은 끝이 있기 마련이다. 최소한 자본주의하에서는 확실하다. 자본주의 역사상 가장 오래 지속된 제2차 세계대전 후의 경기팽창 물결은 1970년대 초반 들어 한계에 이른다. 설비 과잉 투자와 이윤율 하락으로 인해 세계경제는 새로운 소용돌이 시기로 빠져들었다. 앞으로 보게 되겠지만, 1970년대 중반부터 1980년대 중반 사이에 다운사이징이라는 광란의 물결 속에 자본이 공장 설비를 폐기 처분할 수밖에 없었다. 또 살아남은 자본은 자본 절약형 혁신으로 방향 전환을 하게 됨에 따라, 비록 이윤율이 약간 복원되긴 했지만 기업들의 파산은 더욱 증가하게 된다.[16]

1971~1982년: 위기의 10년

역사상 가장 많이 사용된 경제학 교과서의 저자인 폴 새뮤얼슨은 1969년 자신의 어리석은 공언들 중에서 가장 유감스러운 예언 하나를 한 적이 있다. 이제 더 이상 전미경제연구소NBER가 경기순환의 주기를 추적 조사하지 않아도 될 것이라고 선언한 것이다. 왜냐하면 경기순환은 이제 과거의 일이 되었기 때문이다.[17] 그러나 또다시 역사는 주류 경제학을 바보로 만들었다. 그 공언 이후 12년 동안 세계 자본주의는 두 차례나 심각한 사기 저하를 수반한 경기침체, 즉 슬럼프를 겪었다. 특히 미국을 포함해 많은 국가들은 세 번이나 슬럼프를 겪는다.

첫번째 경기침체는 1971년 미국을 강타했다. 그러나 전 세계적 경기침체는 1974년에야 일어났다. 이후 2년에 걸쳐 북반구 선진 자본주의 국가들의 총생산량은 10%나 줄었다. 미국 주식시장은 50%나 가치 손실을 겪었고, 미국의 프랭클린내셔널 은행과 독일의 헤르슈타트 은행이 파산하자 1930년대 대공황 이후 세계 자본주의 체제는 가장 큰 두 은행들의 실패로 휘청거렸다. 경기후퇴 시기가 도래하자 비즈니스는 급속히 위축되었고, 생산이 줄면서 실업은 급등했다. 주요 자본주의 국가들의 공식 실업자 수만 해도 800만에서 1,500만으로 거의 두 배가 되었다. 이제 자본주의 국가 정부들은 새로운 난관에 봉착했음을 알게 되었다. 다시 말해 사회복지 비용이 급상승하는 상황에서 실직과 둔화된 경제활동이 조세 재정을 갉아먹고 있음을 발견한 것이다. 이런 진퇴양난 때문에 각 정부는 재정 적자에 빠지거나 파산에 이르기도 했다. 또 다른 사례로, 1976년 영국은 IMF로부터 긴급 구제금융을 받았는데, 이것은 사회복지 서비스 지출을 공격하기 위한 방편으로 사용되었다. 또 당시 세계 금융의 중심지 뉴욕은 공식적으로 파산했고, 금융자산 관리 상태에 들어갔다.

시대가 변했다는 것을 증명하려면, IMF 이전의 영국이나 파산 법원 하의 뉴욕의 상황을 보면 확실하다. 30여 년 만에 처음으로 공식 실업률이 두 자리 숫자를 향해 달렸다. 더 좋지 않은 것은 폭발적 인플레이션이 당시 위기 상황을 더욱 난국으로 빠뜨렸다는 점이다.

인플레이션이라는 난관은 케인스주의 경제학의 모순과 직접 관련이 있다. 다음 장에서 보겠지만, 케인스는 자본주의의 경기침체 원인을 재산을 활용하기보다는 쌓아 두기 좋아하는 투자자의 심리적 경향에서 찾았다. 이러한 사태에 대한 해결책이란, 자본가들이 자기 재산을 사용하지 않을 때 정부가 나서서 돈을 쓰는 것이다. 하지만 제2차 세계대전 이후 대부분의 시기에, 정부 지출을 증가시키는 것이 쉽지는 않았다. 이는 1946년에 체결된, 브레턴우즈 협정으로 알려진 통화제도와 관련이 있었다. 브레턴우즈 협정하에선 모든 국가의 통화는 금의 가치와 연결된 미 달러에 매여 있었다. 그러나 이 체제는 1971년에 깨졌다. 4장에서 브레턴우즈 체제 붕괴라는 엄청난 사건이 지닌 역사적 의미에 대해 상술할 것이다. 1971년 이후 각국의 통화는 이제 더 이상 미 달러와 금에 고정될 필요가 없게 되었다. 그 이후로 각국 정부는 통화 공급을 증가시키고 경제위기 탈출을 위해 정부 지출을 확대시킬 수 있는 여지를 늘렸다. 1930년대 이후 최초로 발생한 세계적 차원의 경기침체의 충격에 직면한 정부들은 실제로 통화 공급 증가와 정부 지출 확대 정책을 곧장 실시했다.

1971년에 경기후퇴의 최초 신호들이 나오자, 그에 대한 대응으로 정부는 곧바로 통화 공급을 증가시켰다. 1971년 한 해만도 자본주의 중심부 국가들은 경기부양을 위해 자국의 통화 공급을 12%나 증가시켰다. 그러나 사태가 여전히 불안정하다고 판단, 각국은 정부 지출 분담금을 더 증액시켰다. 1970년에서 1973년 사이 미국 정부는 통화 공급을 40%까지 증가시켰고, 영국 정부는 단 2년 동안 통화 공급의 70% 증액을 지시했다. 이런 선도적인 통화 팽창 기획은 확실히 시간을 벌었고, 급작스런 미니 호황의 시기를 창출해 냈다. 그러나 이는 인플레이션의 증가라는 대가를 치러야 했고, 이러한 맥락에서 통화의 확대 유입은 음식과 주거부터 석유, 부동산, 금에 이르기까지 모든 가격을 올려놓았다.[18] 그런데다 금 본위제가 해체된 이후 미 달러의 가치가 하락하게 되자, 달러로 가격이 표시된 상품 판매자들이 소득과 구매력을 상실하지 않기 위해 상품 가격을 올렸다. 물가는 이렇게 점점 올라갔다. 이러한 인플레이션 현상, 미 달러의 가치 하락, 투기적 수요의 증가라는 상황하에서 원료(구리, 커피, 고무 등)와 원자재 생산자들은 하나둘씩 가격을 올릴 수 있게 되었다. 세계 주요 석유 생산국들은 1배럴당 석유 가격을 3배까지 인상시켜 버렸다. 그 당시 "석유 가격 상승이 인플레이션 물결을 창출하지는 않을 것"이라는 주류 경제학의 주장과는 반대로, 산유국들은 인플레이션과 미 달러의 가치 하락에 곧바로 민감하게 반응했던 것이다.[19] 음식부터 주거까지 모든 가격이 상승하자, 생활비를 맞추기 위해 수많은 노동자들이 파업에 돌입했다. 고용주들은 인건비 상승에 대응해 상품 가격을 올림으로써 그 상승분을 소비자들에게 떠넘기려고 갖은 방법을 동원했다. 그리하여 '임금-물가 상승'의 악순환이라는 악성 인플레이션의 소용돌이가 연출되었다. 1974년 미국의 소비자가격은 12% 상승했고, 영국은 16%, 일본은 23%나 상승했다. 그럼에도 불구하고 각국 정부들은 케인스가 조언한 대로 정부 지출을 늘림으로써 공황을 탈출하려 했다. 그러나 그 국가들이 처한 공황 상황은 케인스가 전혀 예측하지 못한 맥락에 들어 있었다. 각국 정부들은 허우적거리는 경제를 살리기 위해 수십억 달러를 투입했고 공공 부문에 수백만 개의 일자리를 창출했다. 실제로, 1971년에서 1983년 사이 핵심부 자본주의 국가들의 공공 부문에서 연간 100만 개의 일자리가 만들어졌다. 그러나 조세 재정으로는 이 공공 부문 일자리 창출 비용을 감당할 수 없었기 때문에, 주요국 정부는 지속적 재정 적자 상황에 빠졌다. 이를 해결하자고 더 많은 통화를 발행했고, 이는 인플레이션의 불덩이를 더 크게 만들었다.[20]

1970년대 말이 되자 케인스주의가 자본주의를 원상 복구하지 못했음이 명백해졌다. 실제로, 계속되는 높은 인플레이션은 케인스를 무엇보다도 괴롭혔던 바로 그것, 즉 불확실성을 부추겼다. 그는 미래에 대한 불확실성이야말로 자본가들이 재산을 투자하지 않고 저축하게 만드는 원인이라 주장한 바 있다. 그런데 솟구치는 인플레이션 때문에 미래는 더욱 예측이 불가했다. 자본가들은 인플레이션 비용이 그들의 이익을 완전히 상쇄해 버릴 것이기에, 투자해 봤자 이윤을 내기 힘들다는 것을 걱정했다. 뿐만 아니다. 인플레이션은 석유와 금 같은 상품에 대한 투기적 투자를 부추겼다. 왜냐하면 금과 석유는 다른 일반 상품 가격보다 훨씬 더 빠른 속도로 상승했기 때문이다. 인플레이션이 발생한 이 시기 대부분 동안 이런 투기적 투자는 영리한 도박사라면 반드시 돈을 걸 만한 선택지였다. 실제로 금값은 천정부지로 솟구쳤다. 1971년 금 1온스당 35달러 하던 것이, 1979년 여름에는 300달러 이상으로 껑충 뛰어올랐다. 1979년 겨울이 되기 전에는 금 가격은 1온스당 800달러까지 치솟았다. 즉, 1971년에 비해 금 가격은 2,280%나 상승한 것이다.

1979~1980년의 금에 대한 열광은 또한 '볼커 충격'의 결과로 인플레이션 소용돌이가 잦아드는 순간이기도 했다. 당시에는 이 사실을 비록 소수만이 알고 있었지만, 이 볼커 충격은 방향 전환점이었고, 인플레이션 위기의 종언이었으며, 범지구적 신자유주의의 탄생이었다.

볼커 충격과 신자유주의의 탄생

1970년대 말에 케인스주의 시대는 끝났다.[21] 그 결과 어느 케인스주의자는 치명타를 입었다. 1979년 8월 미국 연방준비제도이사회 의장으로 승진한 폴 볼커가 바로 통화론자가 아니라 케인스주의자였기 때문이다.[22] 그러나 볼커는 어느 누구보다도 실용주의적인 은행가였고, 신임 의장으로서 보수파들과 통화론자들이 가장 원하는 것, 예컨대 인플레이션 돌풍을 잦아들게 만드는 통화 충격을 가하기 시작했다.[23] 그 결과 세계경제는 다시 한번 극심한 침체에 빠졌고, 실직의 쓰나미가 발생했으며, 제3세계는 빚더미에 깔렸다. 그러나 기업의 이윤 구조를 복원시키기 위해서라면 이것들은 응당 치러야 할 작은 비용들에 지나지 않았다. 볼커는 정책 시행 전부터 그 정책이 미국인의 생활수준을 떨어뜨릴 것임을 분명히 알고 있었다. 물론 이런 예견과 함께, 그는 그의 정책으로 말미암아 남반구 제3세계 국가의 가난한 사람들의 생활이 더욱 악화할 것임도 덧붙였어야 옳았다.

물론 신자유주의는 볼커가 무대 전면에 등장하기 전부터 총연습을 실시하고 있었다. 1973년 칠레의 사회주의 대통령 살바도르 아옌데 정부를 잔혹하게 타도한 군부독재자들은 칠레 경제를 재편하기 위해 소위 시카고 보이즈라고 알려진 우파 경제학자들을 채용했다. 이들 시카고학파 학자들은 스스로를 자유주의자라 여길 것이다. 그러나 이들은 자신들의 경제정책이 현실에 적용된다는 사실에 도취된 나머지 수천 명의 민중을 학살하면서 민주적 시민권을 짓밟아 버린 칠레 군부의 품에 덥석 안기고 말았다. 실제로 신자유주의 이론가인 밀턴 프리드먼과 그의 스승 프리드리히 폰 하이에크는 칠레 군부가 시민들을 잔혹하게 탄압하는 것을 지지했다. 그러면서도 그들은 자신들의 행동에 어떠한 양심의 가책도 느끼지 않았다.[24]

통화론자로 알려진 이 신자유주의 경제학자들은 IMF와 공조하면서 공기업의 사유화에 착수했고, 칠레 경세를 외국의 다국적기업에 개방했다. 또 이 다국적기업이 칠레에서 축적한 부를 자기네들이 원하는 만큼 칠레 바깥으로 유출하는 것을 허용했다. 이런 일들은 대부분 그러하듯, 처음에는 모든 게 잘 돌아가는 것처럼 보였다. 그러나 1982년 채무 위기는 이 모든 걸 붕괴시켰다. GDP는 15% 감소했고, 실업률은 30%까지 치솟았다. 물론 이러한 칠레의 선도적인 실천은 볼커 이전에 기획된 유일한 신자유주의 사례는 아니었다. 독일 중앙은행은 물론 마거릿 대처가 이끈 영국의 새 정부 역시 통화 긴축정책을 실시했다. 따라서 볼커가 최초의 신자유주의 기획자는 아니지만, 가장 중요하게 부상하게 된 인물이었다. 왜냐하면 미국이 여전히 세계경제의 표준을 정하고 있었기 때문이다. 볼커는 이 점을 증명할 채비를 하고 있었다.

하지만 볼커와 그의 선원들에게 이 신자유주의의 항해는 순조롭지 않았다. 물가와 임금이 솟구쳤을 때, 그들은 이미 정해진 계획에 따라 물가와 임금을 억제한 게 아니라 자기네들의 직관과 판단으로 그때그때마다 임시변통으로 대처했다. 결과적으로 연방준비은행의 1979~1980년 통화정책은 어떤 경우는 성공했고 어떤 경우는 실패했기 때문에 종잡을 수 없었다고 해야 옳다. 이 수많은 실패들이 증명하는 것은 중앙은행들이 실제로 통화 공급을 통제하는 데 역부족이란 점이다.[25]

그러나 볼커가 급격한 금리 상승을 발생시킬 메커니즘을 파악해 내자 성공은 순식간이었다. 연방준비은행은 단기 금리를 10%에서 15%로 재빨리 올렸다. 그것이 기대효과에 못 미치자 중앙은행은 금리를 지속적으로 끌어올려 모두가 아연실색할 수준인 20%까지 올려 버렸다. 바로 이것이 1979년 10월의 '볼커 충격'이다. 반면 금리에서 인플레이션율을 뺀 **실질** 금리는 이전에는 마이너스를 기록했지만, 1970년대 중반에는 9%에 육박할 정도나 되었다. 볼커는 거의 3년 내내 터무니없을 정도로 높은 금리를 유지하면서 인플레이션율을 4%까지 낮추는 데 성공했지만, 대출을 많이 해야 하는 기업이나 기층 민중은 엄청난 타격을 받았다.

무려 20%라는 고금리를 특성으로 하는 볼커 충격의 핵심은 돈 빌리는 걸 금지하는 것과 다름없이 만들어 놓음으로써 경제활동량을 축소시키고 인플레이션을 억제하는 것이다. 이러한 금융 긴축정책 때문에 소비지출은 감소하고, 금리 상승 때문에 대출이 어려워져 기업들이 투자를 줄이는 것은 당연한 수순이었다. 상환할 이자가 눈덩이처럼 불어나는 사태에 직면한 채무 기업들은 우수수 파산선고를 했다. 거기다가 일반 소비자들도 주택융자 신청이나 자동차 할부 구매를 중지했고, 상환 기간도 터무니없이 연기했다. 경제는 엄청난 위축 상태로 빠져 들었다. 17개월 내내 미국 경제는 수축되었고, 1980~1982년은 1930년대 이후 가장 오래 지속된 경기침체 기간이었다. 제조업 생산량은 10분의 1 이상 감소했고, 공식 실업률만 해도 40년 만에 처음으로 11%를 상회했다. 대량 실업 그 자체만으로도 노동자들에게는 크나큰 정신적 상처였다. 그러나 미국 정부는 거기에다 심리적 공포 요소를 더 불어넣는 데 혈안이 되었다. 폴 볼커가 연방준비제도이사회 의장에 취임한 지 만 2년이 되던 1981년 8월, 로널드 레이건 대통령은 항공관제사들의 전국적 파업을 폭력적으로 진압했다. 레이건은 파업 참가자 전원을 해고시켰고, 파업 중인 노조를 해체했다. 따라서 대량 실업의 충격은 노조 해체의 정신적 상처로 이어졌다. 볼커 역시 노조 탄압의 전략적 중요성에 대해서는 의문을 품지 않았다. 그는 나중에 "반인플레이션 투쟁을 위해 미 행정부가 지원할 수 있는 단일 조치 중 가장 중요한 것은 항공관제사들의 파업을 분쇄한 것이었다"라고 논평했다.[26] 왜 그랬는가? 그 이유는 간단하다. 『이윤, 전부는 아니지만 유일한 것』이란 책에서 말한 대로 "공포야말로 가장 좋은 동기 유발 요인이다".[27] 이것이 실은 자본주의의 자명한 공식이다. 만일 노동자들 스스로가 어느 정도 당당한 자신감을 가지고 있다면, 고용주나 경영자들의 협박과 권위주의적 태도에 더욱더 강력히 저항할 것이다. 그러나 직장에 대한, 생계에 대한, 가족들의 행복에 대한 우려와 공포감은 노동자들의 저항적 추동력을 꺾는 데 기여한다. 그리고 볼커와 그의 동지들은 노동자들에게 바로 이 공포심을 주입하는 데 열을 올렸다.

그 결과들은 논쟁의 여지도 없이 명백했다. 미국의 실질임금은 1978년에서 1983년 사이 10% 이상 하락했고, 심지어는 경제가 회복되었을 때에도 실질임금은 계속 떨어졌다. 이에 대해선 나중에 또 다룰 것이다. 실제로 인플레이션 시대의 종지부를 찍기 위해, 볼커는 멕시코 채무 위기에 대처하기 위한 유예 기간 이후 1983년과 1984년에 또다시 금리를 인상했다. 볼커의 후임자인 앨런 그린스펀은 나중에는 금리를 인하하거나 신용 완화책 등으로 더 많은 통화를 발행함으로써 경제를 팽창시키려는 이지머니 맨easy money man으로 알려졌지만, 그도 실제로는 볼커의 노선을 계승했고, 1980년대 후반까지도 금리를 계속 인상했다. 다만 전임자 볼커의 노선을 반복하기 바로 직전에 발생한 1987년의 주식시장 붕괴로 잠시 중단했을 뿐이었다. 볼커는 전투에서 승리했다. 임금과 인플레이션은 하향 궤도를 따라 움직인 반면 이윤은 상향 궤적을 그렸다. 더그 헨우드가 지적한 대로 그 결과는 다음과 같았다. "중앙은행이 주도한 계급 전쟁 덕분에 1982년에서 1997년 사이 비금융기업들의 이윤율은 두 배 이상 상승했다."[28] 신자유주의적 팽창은 확실히 진척되고 있었다.[29]

그러나 이러한 주장은 특히 좌파 지식인들 사이에는 놀라울 정도로 논란의 대상이다. 내가 앞서 말했듯, 많은 비판적 분석들이 1970년 이후의 40년을 통틀어 '공황', '장기 침체', 또는 심지어 '불황'으로 간주해 버리는데,[30] 이는 실제로는 거의 별 도움이 안 되는 분석 경향들이다. 그러나 앞으로 살피게 되겠지만, 그런 평가는 길을 잘못 들어서도 한참 잘못 들어선 것이다. 이러한 분석과 평가는 자본주의 생산의 사회적·기술적·공간적 재구성을 무시하거나 혹은 철저히 평가절하했다. 실제로 이러한 자본주의 생산의 재구성은 신자유주의 시대를 관통하면서 이뤄졌고, 수익성을 획기적으로 올려놓았으며, 또한 휘발성이 강하긴 하지만 2008년 위기 이전까지 계속 자본주의 팽창 과정으로 이어졌다. 이는 대부분 동아시아를 중심으로 이뤄졌다. 이러한 지속적 자본주의 팽창 과정의 핵심적 특성을 파악하는 것이야말로 현재의 위기를 이해하는 데 필수적이다.

이러한 주장은 이견과 반론의 여지가 있기 때문에, 여기서 내 주장의 근거를 제시하고자 한다. 왜냐하면 우리가 지난 30년의 상황과 자본주의의 전개 과정을 명료하게 이해할 때만이, 현재의 슬럼프의 규모를 제대로 평가할 수 있기 때문이다. 이러한 목표를 달성하기 위해 나는 지난 25년간 세계 자본주의를 연구하는 데 필요한 세 가지 방법론적 지침을 먼저 제시할 것이다. 이를 기초로 나는 이 시기 세계 자본주의의 특징이라 할 수 있는 팽창과 위기 형성의 지속적인 전개에 대한 세 명제를 제시할 것이다. 그러면 먼저 세 가지 방법론적 원칙부터 살펴도록 하자.

신자유주의 시대를 이해하는 데 필요한 세 가지 지침

첫번째 지침은, 우리가 세계경제를 이해할 때 경제 규모가 가장 큰 몇몇 나라나 경제 대국들의 총합만을 살펴서는 안 된다는 것이다. 오히려 처음부터 세계경제 전체를 하나의 총체로 바라봐야 한다. 사실 이런 이야기는 너무 진부하고 흔해 빠진 것처럼 보일 수 있다. 하지만 얼마나 많은 연구 분석들이 "발달된 선진 자본주의 국가들의 경제행위들"[31], 즉 미국·독일·일본의 경제에만 초점을 맞추고 있는가? 놀라운 사실이다. 이러한 분석들은 세계경제를 대체로 미국·독일·일본의 합계로 간주한다. 이는 방법론적으로도 결함이 있고 경험적으로도 잘못된 방향으로 빠져버린다.[32] 민족국가들이 자본주의 체계 안에서 구심점으로 아무리 중요하다고 해도, 그것들은 비판적 정치경제학에서 기본적 분석 단위는 아니다. 이러한 사실을 고려했을 때, 자본주의는 하나의 전 세계적인 체계이고, 자본주의 동력이 작동하는 것은 세계경제 차원에서만 가능하다.[33] 더욱이 핵심부 자본주의 경제들만 갖고서는 우리 시대 세계경제의 전체 이야기를 논할 수 없다. 만약 우리가 신자유주의 시대를 거치는 동안 주요 동아시아 국가들의 경이로운 경제성장을 무시해 버린다면, 전 세계 경제 이야기의 상당 부분을 놓치게 될 것이다. 왜냐하면 이 동아시아 국가들의 경제성장률은 전통적인 핵심부 자본주의 국가들의 성장률보다 3~4배 더 큰 증가세를 보였기 때문이다. 이를 통해 우리는 다음 사실을 기억해야 한다. 세계경제에 대한 진지한 평가를 위해서는 전 세계 차원의 자본축적 과정에 초점을 맞출 필요가 있다는 것을 말이다.[34]

신자유주의 시대를 이해하는 데 있어 내가 제안할 두번째 지침은, 세계 자본주의 평가는 국민경제 지표에만 초점을 맞출 수 없다는 것이다. 자본은 GDP, 국민소득, 혹은 총국가고용을 끌어올리기 위해서 투자하지 않는다. 그리고 가능한 한 투자 지출률을 최고 수준으로 유지하기 위해 투자하는 것도 아니다. 오히려 자본은 자기 증식을 목표로 투자한다. 자본은 이러한 자기 팽창을 위해 세계경제에서 이윤 몫(혹은 잉여가치의 몫)을 최대한 많이 차지하려고 애를 쓴다.[35] 그런데 이러한 잉여가치의 점유는 국민경제의 거시경제적 성과의 관점에서 볼 때 최적이 아닌 상황에서도 발생할 수 있고 또 발생한다. 아래서도 드러나듯, 신자유주의 시대를 거치면서 세계 체제의 핵심부 경제 국가들의 자본은 더 높은 수익률을 올리기 위해 국민경제 바깥으로 투자의 방향을 바꾸면서 사회적 불평등을 증가시켰다. 이러한 정책들 때문에 핵심부 자본주의 국가들 바깥의 다른 선택된 지역에서 자본축적률은 보다 더 건실해지고 왕성해지는 결과를 초래한 반면, 세계경제의 지배적인 국가들에서 경제성장률

〈표 2-1〉 1870~2001년 국가, 지역 및 세계경제의 성장률(연평균 복합 성장률, 단위: %)

	1870~1913	1913~1950	1950~1973	1973~2001
서유럽	2.11	1.19	4.79	2.21
미국	3.94	2.84	3.93	2.94
일본	2.44	2.21	9.29	2.71
중국	0.56	-0.02	5.02	6.72
세계 전체	2.11	1.82	4.90	3.05

출처: Angus Maddison, *The World Economy: Historical Statistics*, Paris : OECD, 2003.

은 점점 더 낮아졌다.[36]

끝으로, 신자유주의 시대를 이해하는 데 필요한 세번째 지침은 다음과 같다. 1948년에서 1973년에 이르는 25년간의 독특한 전후 장기 호황이 어떤 기준점이 되어서는 안 된다는 것이다. 이 기준에 견줘서 이보다 못한 경우를 모두 하나의 '공황'으로 간주해서는 안 된다는 말이다. 우리가 살펴본 대로, 전후 25년간 대호황이 가능했던 이유는 선례 없는 경기팽창을 촉발시킨 사회·역사적 조건들 때문이었다. 이것은 역사적으로 보면 가히 예외적인 경우라고 볼 수 있다. 이 시기 동안 중심부 자본주의 국가들에서 생산량, 임금, 고용 수준이 향상되었다. 하지만 이러한 지속적이고 장기적인 팽창은 자본주의의 정상적인 모습은 아니었다. 따라서 생산량, 임금, 고용 수준이 높지 않다고 해서 항상 '위기'인 것은 아니다. 일례로 세계 혹은 한 국가의 연간 GDP 증가율이 5% 밑으로 떨어졌다고 해서 그때마다 자본주의가 공황에 빠졌다고 가정하는 것은 지극히 비역사적인 생각이다. 실제로 자본주의적 팽창 국면의 한 특징이라고 할 수 있는 임금 삭감이 일어난다면, 이것은 자본의 수익성 증대로 이어질 것이다. 반면 생활수준 향상과 연간 국민경제 성장률이라는 측면에서 볼 때는 최적의 상태는 아니다. 그럼에도 불구하고 〈표 2-1〉에 나타나듯, 신자유주의적 팽창(1982~2007) 국면은 종합적으로 대호황(1950~1973)의 절정기에는 못 미치지만, 그래도 자본주의 역사의 다른 국면들에 견주어 매우 순조로운 시기였다. 이 자료에 따르면, 1870년 이후 자본주의 팽창의 전체 역사에 비춰 놓고 봤을 때, 대호황이라는 명백한 예외 기간을 제외한 신자유주의 시기 동안 세계경제는 상대적으로 왕성하게 성장했다. 실제로 이 신자유주의적 시기 동안에 일본·서유럽·중국 경제는 1870년에서 1950년 사이 80년 동안 성장한 것보다 더 빨리 성장했다. 그리고 중국 경제는 지난 30년간 1870년 이후 그 어떤 시기보다 급성장했다. 다른 말로, 지난 25년간 신자유주의적 자본주의는 보통 정상적인 수준 혹은 그것을 상회하는 성과를 낳았다. 실제로 1982년과 2007년 사이에 세계경제는 그 규모 면에서 3배가량 성장했다. 우리가 만약 대호황기를 유일한 비교기준으로 삼지 않는다면, 신자유주의 기간을 경기 부진 시기 중의 하나라 치부해 버릴 역사적 토대는 없다. 장기 지속적 경기후퇴, 또는 자본주의 체제 위기의 역사적 토대는 더더욱 없다.

한편 어떤 분석가들은 신자유주의 시기에 발생한 급격한 경기침체(1991~1992년, 그리고 2000년)를 예로 들면서, 자본주의 체제가 1970년대 위기로부터 탈출한 게 아니라는 증거라고 주장하기도 했다.[37] 그러나 이와 같은 설명도 결함이 있어 보인다. 왜냐하면 공황이라고 진단하는 데 필수적인 요소들을 충분히 제시하지 않았기 때문이다. 경기순환(호황, 과열, 침체, 회복)은 자본주의 경제 자체에 내재되어 있는 속성이고, 그래서 경기순환은 자본주의 체제가 매우 역동적일 때조차 발생한다. 그런데 1930년대 혹은 1971~1981년과 같은 공황의 특징은 특히 투자·생산량·고용의 급락과 같은 경기침체 압력이 지속된다는 점이다(물론 이 두 위기는 각각 별개의 것이고 구별되는 특징도 있다). 또한 지속적 이윤 창출과 경제성장 회복으로 방향 전환을 하는 데서 겪어야 하는 체제 차원의 심각한 난점들은 동전의 다른 면이긴 하지만 1930년대나 1971~1981년 위기의 특징이기도 하다. 예를 들어 대공황 기간에는 두 번의 심각한 경기침체(1929~1933년 그리고 1937~1939년) 시기가 있었고, 이 두 시기 사이에 짧은 경기회복기도 있었다. 1971~1981년 사이 10년의 위기 동안에, 미국 경제는 1971년, 1974~1975년, 1979~1981년에 각각 경기침체의 충격에 빠졌다. 심각한 경기침체로 다시 빠져들기 전에 경제성장의 동력이 작동하다가 그것이 3~4년 이상 계속 유지되지 못하고 다시 하향한다. 바로 이 경제적 무능력이 입증하는 것은 내구력이 강한 경기회복으로의 방향 전환을 가로막는 체제 차원의 문제들이 상존한다는 것이다.

그러나 1981년 이후 미국 경제는 10년간 계속된 경기팽창 시기로 복귀했고, 1987년의 주식시장 붕괴도 이 팽창의 진전을 완전히 가로막을 순 없었다. 그 경기팽창의 물결은 1991~1992년에 발생한 심한 경기후퇴에 의해 단절되었다가 이후 1992~2000년 사이 8년간 경기팽창이 지속되었다. 2000~2007년 사이 경제성장 주기는 약간 짧긴 하지만, 위에서 언급한 두 차례 위기 시기보다는 더 길었다. 그런데 다른 많은 경기팽창처럼, 이 시기의 신장은 대부분 신용 팽창에 의해 지속되었다. 이런 현상은 신자유주의적 경제성장 물결도 이제 점차 잦아들고 있음을 의미한다.

결론적으로 짧게 말하면, 신자유주의적 경기팽창 동안 경기순환 주기는 3~4년이 아니라 7~10년마다 경기침체를 수반한다는 '고전적' 형태에 근접해 갔다.[38] 1971~1981년 사이 10년 위기 동안 발생한 경기회복에 견주어, 이 신자유주의 팽창 기간 동안에 발생한 경기회복은 더 내구력이 있었고 더 원기 왕성했다. 일본 경제가 1990년대에 장기 침체기에 접어든 건 사실이다. 이것이 우리에게 상기시키는 바는, 세계 체제의 모든 부분들이 모두 다 나란히 움직이는 건 아니란 점이다. 그렇다고 해서 일본의 경기침체가 전 세계적 경기후퇴를 촉발하지는 않았다. 앞으로 살필 것이지만, 이렇게 된 것은 중국의 경제성장 때문이었다. 실제로 1990년대 일본에 기지를 둔 회사들이 동아시아 다른 지역들에 엄청난 투자 물결을 일으켰고, 이는 중국의 원기 왕성한 경제성장을 촉진시켰다.

* * *

이러한 사항들을 미리 염두에 두고, 지난 25년간의 신자유주의 시대로 돌아가 보자. 나는 여기서 세 가지 주요한 명제를 통해 신자유주의 시대를 분석하고자 한다.

　제1명제. 1974~1975년 그리고 1980~1982년 경기침체 이후에, 그리고 북반구 선진 자본주의 국가들의 지배계급들이 노동조합과 개발도상국 민중들을 상대로 공세에 착수한 이후로, 가혹한 자본주의적 재구성은 자본주의의 새로운 성장 물결을 창출해 냈다. 물론 대호황 시기와 비교했을 때 이 시기의 성장은 훨씬 불균등하고 휘발성이 강하긴 했다. 새로운 팽창의 토대는 다음과 같이 정리할 수 있다. ① 노동자 계급 조직들을 공격하고 개발도상국의 주권을 훼손함으로써, ② 착취율을 증가시키고 제조업의 물리적 공간들을 재배치함으로써, ③ (가속화된 '원시적 축적'을 통해) 거대한 전 지구적 신규 산업예비군을 창출함으로써, ④ 특히 동아시아 지역에 대규모 해외직접투자를 통해, ⑤ 린 생산방식*과 같은 작업

---

* 린 생산방식(lean production system). 제조 공정의 낭비 요소를 제거하는 생산방식으로서 일본 도요타 자동차 공장의 노동 과정 분석에 기초한 개념이다. '스트레스에 의한 관리'라는 비판도 있다.

조직과 노동 강화의 새로운 체제와 신기술들(로봇공학, 컴퓨터)을 도입함으로써 등이다.

위와 같은 모든 수단들을 동원해 노동 착취는 한층 더 강화되었고, 개발도상국에서 선진 자본주의 국가로 가치의 유입(즉 부의 유입) 속도는 더 빨라지게 되었다. 그 결과 이윤율은 1980년대 초반의 최저점으로부터 급속히 상승하기 시작했다. 이러한 과정을 거치면서 전 세계적인 자본축적의 새로운 중심부들이 만들어졌다. 물론 이 모든 것은 '세계적인 격랑'을 가져왔다. 즉 산업의 신속한 재편, 주기적인 경기침체, 세계적 불평등의 심화, 국가와 지역의 위기들을 몰고 온 것이다.[39] 그러나 이 시기에도 자본주의 경기팽창은 지속되었다.

제2명제. 1980년대 초반 이후의 이윤율 상승 추세는 자본주의적 경기팽창 물결을 실증해 주었다. 물론 이런 팽창도 1997년 동아시아 위기 때문에 한풀 꺾이긴 했다. 아시아 위기는 현재의 글로벌 슬럼프를 특징짓는 과잉 축적이라는 새로운 문제의 등장을 알리는 신호였다. 아시아 위기 이후, 또 미국의 닷컴 거품의 붕괴 이후에도, 대규모의 신용 팽창은 경제성장률을 지속하는 버팀목이 되었다. 그러나 동시에 이는 금융 부문에서 심각한 불안정성의 진원지를 만들어 냈다. 따라서 1982년 이후 전 시기를 신용 창출의 관점에서 설명하기는 어렵지만, 1997년 **이후** 일반적 위기의 유예는 설명할 수 있다고 본다.[40] 10년간의 신용 폭발이 최후 심판의 날을 지연시켰다. 그러나 2007년 여름부터 시작된 신용 거품이 꺼질 때, 그 거품은 대규모 금융위기를 촉발시킨 기폭제가 되었다. 신자유주의 시기 동안 진행된 지속적인 금융화 과정들을 고려하면 이 대규모 금융위기는 아주 심각하게 전개될 소지를 안고 있었다. 그리고 1997년에 최초로 그 모습을 드러낸 과잉 축적이라는 근본적 문제 때문에, 이 금융위기는 전 세계적으로 강력한 경기후퇴의 계기가 되었다.

제3명제. 이러한 변화들과 상호작용하면서 자본주의 금융의 대대적인 재조직화가 전개되었다. 또한 이는 세계화폐의 형태 변화에 의해 촉진되었다. 대호황의 종식은 금-달러 본위제도의 붕괴, 변동환율제의 출현, 고조된 금융 휘발성과 불안정성, 불안정한 통화 거래에서 오는 위험을 회피하고자 고안된 신종 파생금융상품의 확산에 의해 완료되었다. 이러한 위험 회피용 금융상품들은 엄청난 규모의 투기장을 창출함과 동시에, 금융 서비스와 수익성을 위한 새로운 장을 활짝 열어젖혔다. 그러는 사이 금융 이득이 총이윤에서 차지하는 비중이 급속도로 커지자, 금융업자들이나 소비자 모두를 위해 새로운 신용 상품들이 대거 쏟아져 나왔다. 이러한 질적인 구조 변화로 인해 순수하게 돈놀이만 하는 금융 거래 영역들이 엄청 증가했고, 신자유주의 단계에서 자본주의의 금융화가 급격히 진전되었다. 그 결과, 비유컨대 대형 지진을 유발할 단층선들이 형성되었다. 이 단층선들은 체계적인 압력을 받으면 분명히 쩍 하고 갈라져 지진을 일으킬 것이다. 이와 관련하여 자세한 것은 4장에서 여러 관련 논거들을 제시하면서 다시 다룰 것이다.

*　　*　　*

신자유주의적 팽창과 그것이 창출한 독특한 위기 경향들을 설명하는 데 있어, 나는 서로 긴밀하게 연관된 세 가지 과정들이라는 관점에서 이 신자유주의 시기(1982~2007)를 해명하고자 한다. 여태껏 서로 다른 분석가들이 이러한 과정들의 개별적 측면을 아주 잘 조명했다. 그러나 이 분석들은 신자유주의적 팽창의 (모순적인) 동학을 포착해 내는 통합적 분석에까지 이르지는 못했다. 그래서 여기서 신자유주의 팽창 발전 단계들을 하나씩 개별적으로 설명할 때도, 그 발전 단계들은 하나의 총체적 과정의 상호 연관된 국면들임을 반드시 유념해야 한다. 특히 선진 자본주의 국가들에서 산업이 재구성되면서 동아시아 자본축적의 새로운 구심을 대거 촉진한 면이 있기 때문에, 신자유주의적 팽창의 발달 국면들은 시간적으로 상호 연관되어 있다. 이러한 전개 과정들을 나는 다음과 같은 소제목들로 설명하려 한다. ① 노동의 패배와 새로운 불평등, ② 산업의 재구성과 린 생산방식, ③ '원시적 축적', 중국, 세계 자본주의의 공간적 재조직화 등이다. 2장 이후의 장들에서는 역사적 시기의 네 가지 다른 핵심적 특징들을 해명함으로써 위 세 가지 분석을 더욱 보충하고 완성하려 한다. 그 네 측면들이란 ① 금융화, ② 사유화, 인클로저,* 소유권 박탈에 의한 자본축적, ③ 금융자본과 신제국주의, ④ 풀뿌리 저항의 토대 파괴 및 소비자 문화의 개조 등이다. 이제 앞서 말한 신자유주의 팽창의 세 가지 과정들을 자세히 살펴보자.

신자유주의 시대 1 : 노동의 패배와 새로운 불평등

1981년 항공관제사 노조인 팻코^{PATCO}의 패배가 미국에서 결정적인 전환점이라고 한다면, 다른 곳에서도 이와 유사한 볼썽사나운 사건들이 있을

---

* 인클로저(enclosure). '울타리를 치다'라는 뜻으로, 15~16세기 영국에서 시작된 공유지의 사유화 과정을 가리킨다. 양털을 팔아 얻는 이윤이 곡물 재배로부터 얻는 이윤보다 커지자, 봉건 영주와 귀족 등 토지 소유자들은 공유지나 휴한지에까지도 울타리를 쳐서 양을 길렀다. 토지를 뺏긴 농민들은 도시로 일자리를 찾아 떠나거나 유랑민으로 전락하게 되었다. 자본주의적 이해관계에 의해 생활 터전을 잃게 된 최초의 사례라 할 만하다. 토머스 무어는 이를 두고 『유토피아』에서 "양이 사람을 잡아먹는다"라고 비판했다.

것이다. 사실 1970년대 후반부터 세계 각국 정부와 고용주들은 노조의 권한, 노동자의 권리, 임금, 복지 혜택, 노동조건을 예전의 낮은 수준으로 되돌리기 위해 협공을 가하기 시작했다. 노동자들은 이러한 정부와 고용주의 협공에 저항했고, 때로는 영웅적으로 맞서기도 했다. 그러나 지배계급은 옹고집을 부리며 인정사정없었던 반면, 노조 지도자들은 너무 수동적이고 타협적이어서 그들을 설득하지도 승리하지도 못했다. 고용주들이 자기 힘으로 노동자들을 패배시키지 못할 경우에는 입법, 사법, 치안, 투옥과 감금 등 정부의 도움을 받아 소기의 목적을 달성했다. 강제적인 임금 억제와 노조의 권리 억압은 일상생활에서 당연시되었다. 레이건정부의 항공관제사 노조 파괴 및 해고 사태는 기존의 대호황기에는 아주 드물었던 대량 해고, 감옥 투옥, 파업 분쇄를 위한 대규모 경찰 동원 등 폭력적 전술을 대폭 부활시켰다. 캐나다에서는 1976년 정부가 강제적인 임금 억제를 명령했다. 이에 그전 10년간 전국에서 가장 전투적인 노조였던 캐나다 체신노조가 정부의 명령을 무시하고 파업에 돌입하자 1978년에 정부는 노조 위원장을 감옥에 가두어 버렸다.[41] 또 1985년 영국에서 대처 수상이 전국광산노조를 탄압할 때, 또는 1986년 볼리비아에서 군대가 동원되어 오랫동안 급진 노동자운동의 중추였던 주석광산노조를 분쇄할 때엔 파업 파괴자와 배신자,* 경찰들이 대규모로 동원되는 등 폭력적 방식들이 더 큰 규모로 사용되었다.

---

* 파업 파괴자 혹은 배신자를 의미하는 스캡(scab)은 노동조합에 가입하려고 하지 않는 노동자, 노동조합이 파업을 결정했음에도 불구하고 파업에 참가하지 않는 노동자, 파업이 채 끝나기 전에도 직장으로 복귀해 버린 노동자, 파업 기간에 대체노동자로 고용되거나 그 고용을 수락한 노동자, 노동조합의 단체교섭 결과로 정해진 임금보다 더 낮은 임금으로 계약을 맺은 노동자, 노동조합의 단체교섭이 아닌 방식으로 고용주와 계약을 맺은 노동자 등을 총칭하는 표현이다.

한편 정부가 위와 같은 방식으로 직접 개입하지 않은 사례들도 있다. 고용주들이 유리한 상황에서 노동자들과 노조들을 공격하고 있을 때도 정부는 직접 개입 대신 고용주들을 격려하고 지원했다. 1978년 독일 노동자들은 직장 내 노동의 질 저하, 노동 절감적 신기술 도입, 경영 친화적 노동 규율 실시 등을 계획한 기업 측에 저항해 파업에 돌입했다. 이에 맞서 경영주들은 20만 명의 기술직 노동자들을 상대로 직장 폐쇄로써 보복을 했다. 그 뒤 1979년 기술자들의 저항은 잦아들었고, 노동조합들은 협박에 못 이겨 아주 후퇴한 단체협약에 서명하고 말았다. 1년 뒤 1980년은 이탈리아 노동조합 차례였다. 33일간의 파업이 실패로 돌아가자, 피아트 자동차의 노동자들은 회사에서 요구한 2만 3,000명의 해고안을 수용할 수밖에 없었다. 중요한 대규모 노동조합이 하나둘씩 고용주들의 공격에 함락당하자 노동운동은 절망적으로 퇴각했다. 노동조합 조직률은 미국·캐나다·영국·프랑스·스페인 등에서 지속적으로 떨어졌다. 한편 칠레·페루·볼리비아·에콰도르 등 남미 국가들에서 노조 조직률은 더 끔찍한 방식으로 급격히 하락했다.[42] 경영 측은 차등 임금제를 도입하는 동시에 특히 시간제 고용과 임시 계약직과 같은 '유연한' 고용 배치를 통해 노동자들의 풀타임 임금과 복지 혜택 등을 박탈해 갔다. 이 모든 시도는 노동계급의 소득을 고통스러울 정도로 줄였다. 미국에서 실실임금은 1993년에 이르면 1978년에 비해 오히려 15% 정도 감소했다. 많은 개발도상국 노동자들의 상황은 미국보다 훨씬 더 악화되었다.

우리가 이미 본 대로, 칠레는 최초의 신자유주의 실험장이었다. 그래서 칠레의 국민소득 중 노동자 소득이 차지하는 몫이 1970년에는 47%였던 것이 1989년엔 19%로 급락했다는 사실도 별 놀랄 일은 아니다. 즉, 신자유주의 정책들이 칠레 노동계급의 소득을 심각한 수준으로 감소시켜 버렸다. 칠레와 유사한 사태가 다른 지역에서도 발생했다. 에콰도르·페루·아르헨티나·멕시코에서도 노동자 소득은 엄청난 타격을 받았다.[43] 일례로 캐나다와 미국과의 북미자유무역협정NAFTA의 '혜택'을 봤다는 멕시코에서는 가장 높은 급료를 받는 노동자 임금은 18% 감소하고 최저임금도 34%나 급락했다. 1994년 NAFTA가 체결된 지 15년 만에 멕시코 인구의 80%는 빈곤 상태에 빠졌고, 상위 0.3%의 사람들이 멕시코 전체 부의 50%를 지배하게 되었다.[44]

각국에서의 노동자 임금의 급락은 너무나 당연히도 부자들의 이윤과 소득을 증가시키는 패턴을 만들어 냈다. 실제로 신자유주의 시대를 거치면서 두드러진 하나의 지속적 경향은 불평등을 증가시키는 부의 불균등 분배다. 부의 분배와 관련된 미국의 수치와 자료는 우리에게 주는 교훈이 크다. 물론 상세 연구에선 양극화 현상이 실제보다 축소될 수 있지만, 이 조사에 따르더라도 1973년에서 2002년 사이 미국의 상위 소득계층 10%를 제외한 나머지 90%의 평균 실질소득은 9% 감소했다. 같은 시기 동안 상위 소득계층 1%의 평균 실질소득은 101%나 증가했고, 상위 0.1%의 그것은 227%나 급증했다. 최근 갱신된 자료를 보면, 미국 가계의 불평등은 더 심화하고 있다. 경제협력개발기구OECD의 최근 보고서에 따르면, 물론 주요 선진 자본주의 사회들에서도 항상 절대적인 것은 아니지만 불평등 심화와 유사한 경향이 도표상으로도 나타난다.[45]

그러나 소득 통계만 보면 실질적 불평등 수준이 실제보다 낮게 보일 수 있다. 따라서 기업 소유의 재산, 즉 주식·채권·기타 기업 금융상품들을 모두 계산에 집어넣을 때만이 실질 불평등 수준이 전체적으로 드러난다. 1991년 미국의 최상위 1% 부자들이 기업 재산의 38.7%를 소유했던 반면, 2003년에는 그 몫이 57.5%까지 솟구쳤다.[46] 미국과 유사한 경향

〈표 2-2〉 전 세계 최부유층 20%의 소득과 최빈곤층 20%의 소득 비교

1820년	1870년	1913년	1960년	1990년	1997년
3:1	7:1	11:1	30:1	60:1	74:1

출처: UN Development Program, *Human Development Report 1999*, p.38.

은 전 지구적 차원에서도 분명히 포착된다. 한 하늘 아래 20억 명의 사람들이 하루에 2달러 남짓으로 생존 투쟁하고 있을 때, 지구상의 가장 부유한 사람들(10만 달러 이상을 투자할 수 있는 전 세계 가계의 16.5% 정도)의 자산은 2000년 이후 64%나 증가해 모두 84조 5,000억 달러로 불어났다. 그 부 중에 대부분을 차지하는 것은 백만장자로 통하는 가계들이 보유한 주식·채권·현금 등의 자산이다. 이 최고 부자 가계들은 전 세계 가계의 0.7%에 지나지 않지만, 전 세계 부의 3분의 1 이상을 소유하고 있다.[47] 특히 1990년대 후반 이후 새로이 부각된 자본의 과잉 축적이라는 조건하에서, 이자를 낳는 금융자산에 대한 수요를 급증시킨 장본인이 바로 이 백만장자 가계들이다. 4장에서 보다 자세히 다룰 것이다.

『유엔 인간개발보고서』에 따르면, 신자유주의 시대는 1960년부터 1990년 사이 30년 동안 사회적 불평등을 2배로 확대시켰고, 이후로도 계속 불평등이 심화하고 있다. 〈표 2-2〉는 이러한 경향을 잘 보여 준다.

그러나 실제 문제는 이보다 더 심각하다. 이 자료가 각국 평균을 기초로 작성되었기 때문이다. 그래서 이 보고서는 실질 불평등 정도를 과소평가한다. 예를 들어 우리가 선진 자본주의 국가 상위 부자층의 소득을 조사해, 그들의 소득과 남반구 개도국 하위 빈곤층 수십억 인구의 소득을 비교한다면, 이 둘 간의 격차는 실제로 천문학적일 것이다.[48]

1979년 폴 볼커가 미리 경고 신호를 보내면서 미국인들은 생활수준

이 떨어질 것을 각오하라고 선언했을 때만 해도, 그 자신과 그 동지들은 얼마나 성공할지 상상할 수 없었을 것이다. 그 뒤 30년, 우리는 놀라 자빠질 정도로 더 불평등한 세상에 살고 있다. 그리고 향후 10년 이상의 긴축 시대는 이 불평등을 더욱 심화시킬 것이다.

신자유주의 시대 2: 산업의 재구성과 린 생산방식

노조의 저항을 패퇴시킨 뒤 고용주들은 전권을 휘두르면서 더 많은 이윤 창출을 위해 노동과정들을 재조직하고 신기술을 도입하고 노동력을 줄이고 생산 속도를 늘렸다. 1971~1982년 위기 이후 실제 자본의 재구성은 별로 일어나지 않았다고 보는 일부 논평가들이 있긴 하지만,[49] 고용주들은 실제로 자본의 재구조화를 단행했다. 실제로 우리 주변을 돌아다보면 대규모 다운사이징, 오래된 공장 및 설비의 폐기 처분, 작업 과정과 기술의 대대적 재편 등에 대한 증거를 쉽게 발견할 수 있다. 이러한 재구조화의 제1단계에서는 공장들이 문을 닫고 노동자들이 해고당하는 것과 같은 대대적인 자본 파괴가 하나의 표준으로 자리 잡았다.

> 영국은 1980년과 1984년 사이 제조업의 25%를 상실했다. 1973년부터 1980년대 후반까지 유럽 주요 6개국의 제조업 종사자 수가 700만이나 감소했고, 이는 총고용의 25%에 해당했다. 1979년에서 1983년 사이에도 대략 350만 개의 일자리가 사라졌다.[50]

미국에서도 이와 비슷한 과정들이 일어났다. 미국 철강 산업을 예로 들면, 1980년대가 끝날 때까지 일자리 35만 개가 없어졌다. 왜냐하면 대규모 제철소들이 폐업하거나 인원을 감축하거나 신기술과 새로운 작업 과정들을 도입했기 때문이다. 산업의 근본적 구조 변화가 일어나자 버밍엄철강, 누코르, 오레곤철강과 같은 소규모의 신규 제철소들은 최신 기법들을 도입함으로써 비용 절감 효과를 낳고 성장 가능한 자본축적 체제를 구축하면서 시장점유율을 높여 나갈 수 있었다.

대부분 선진 자본주의 국가에서의 일이지만, 대호황기(1948~1973) 내내 세계 철강 생산량은 1억 2,200만 톤에서 7억 400만 톤까지 꾸준히 증가했다. 그러나 1974~1975년 경기후퇴와 더불어 선진 자본주의 중심부 국가들에서도 경기 위축이 발생했다. 첫번째 다운사이징 물결이 휩쓸고 지나갔을 때, 선진국의 철강 생산량은 1억 톤 정도 감소했다. 1980년대를 거치면서 제철소 폐업과 해고는 계속되었고, 미국 내 전통적인 일관제철소에서의 고용은 1975년 52만 명에서 15년 뒤엔 16만 8,000명으로 급속히 줄었다. 반면 한국이나 브라질 같은 신흥공업국에서 철강 생산량은 꾸준히 증가했다. 1990년대 초반까지 전 세계적인 철강 산업 재편은 순조롭게 이루어졌고, 1990년대 중반에는 그 강도가 더욱 높아졌다. 예를 들어 1997~2002년 사이 미국 내 철강회사 29개가 파산했고, 그와 동시에 기업 인수와 합병의 물결이 회사 숫자를 감소시켰다. 2000년 브라질·중국·한국·인도·대만·멕시코 능에서 생산된 총철상량은 미국 생산량의 3배에 이르렀다. 게다가 철강 산업의 기술적 토대들이 구조적으로 변화했다. 순산소 전로법을 사용하는 대규모 일관제철소들은 연속주조법이나 전기로 사용과 같은 신기술을 도입한 소형 제철소로 대체되었다. 일례로 캐나다의 철강회사인 스텔코 사의 힐턴 공장이 있는 온타리오 주 해밀턴 시처럼 대형 제철소가 위치한 곳에서는, 연속주조법이라는 신공정이 도입된 반면 노동력은 두 배 이상 감축되어 1980년에 1

만 3,000명이던 노동자가 수년 뒤 겨우 5,016명으로 줄었다.[51] 더욱 결정적으로는, 전 지구적 차원에서 진행된 지리적 재배치, 임금 삭감, 인원 감축, 신기술 도입 등을 통해 압연강판 제조비가 절반으로 줄었다.[52]

철강 산업을 보면, 신자유주의 시대 동안 작업장에서 린 생산체제로의 전환이 어떠한 유형으로 전개되었는지를 알 수 있다. 이것은 단순히 일자리가 개발도상국으로 이전해 간 것만을 의미하지 않는다. 물론 어떤 산업들의 경우에는 이러한 이전이 분명히 발생했다. 더 중요한 것은 노동력의 대대적인 감축, 그리고 생산체제의 '군살 빼기'를 동반한 가혹한 구조조정이 진행되었다는 점이다. 또한 미국 북부 지방에서 남부 지방으로 공장이 도피해 가듯, 때때로 한 국가 안에서 발생하는 지리적 재조직화는 이러한 구조 개편의 일부이다. 철강 산업에서처럼 어느 한 산업에 특수한 변화들이 나오기도 하지만, 대개 우리는 일반적인 공통 패턴을 발견할 수 있다. 그것은 신기술들과 아주 오래된 전통적인 기업가 전술들, 즉 생산 속도 증가, 하청화, 노조 파괴 따위를 하나로 결합하는 공통적 흐름이다. 생산은 주로 노동력을 '유연화'하는 방식으로 보다 더 '유연'해졌다. 다시 말해 차별적 임금구조를 도입하고, 교대근무제를 도입하거나, 고용의 불안정성과 비정규 고용(임시직·시간제·계약직)을 증가시키고, 고용·해고·작업 재편에 있어 고용주의 권한을 강화함으로써 마침내 생산이 보다 유연해진 것이다.

이렇게 신기술들은 불안정성을 만들어 내는 오래된 형식들과 결합해 노동생산성을 향상시킨다. 킴 무디가 관찰한 대로, "린 생산방식에서 유연성이란 정보화 시대의 신기술과 구태의연한 노동조직 형태, 즉 하청화, 임시직화, 생산속도 증가, 장시간 노동 등을 결합시킨 것에 불과하다".[53] 그런데 이런 다운사이징, 작업 재편, 기술 혁신을 가능하게 만든 것

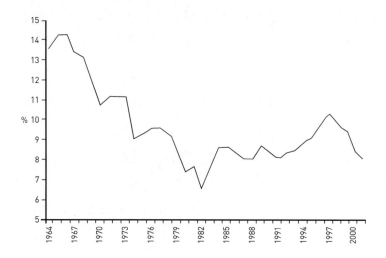

〈그림 2-1〉 1964~2001년 미국의 세전 이윤율

은 다름 아닌 노동자 계급의 조직화된 힘에 대한 집중적 공격이었다. 그 결과 자본이 노동의 조직된 힘에 더 이상 제약받지 않게 되자, 실질임금을 끌어내리고, 로봇공학과 전산화된 생산 체계 등의 신기술들을 도입하고, 작업 속도를 높이고 노동 과정을 효율화했던 것이다.

이런 과정들이 누적된 효과는 포괄적이고 완벽했다. 무엇보다도 노동자의 생산과 임금가치 간 차이를 뜻하는 착취율이 현저하고도 지속적으로 상승했다. 사이먼 모훈이 미국 경제에 대해 상세히 계산한 바에 따르면, 1979년 이후 "20세기가 끝날 때까지 노동력의 가치는 하락해서(노동생산성은 증가했지만 그에 대한 시간당 실질임금률은 증가하지 않았기 때문이다), 그 결과 잉여가치율(생산적 노동의 임금에 대한 잉여가치의 비율)이 40%나 증가했다".[54] 이렇게 된 이유는 단지 노동자 임금이 하락했기 때문만은 아니다. 추가 임금 지불 없는 생산속도 증가와 노동강도 강화 때문에 노동자들의 단위 시간당 생산량이 증가한 것이다. 노동운동의 후퇴라는 조건하에서 그러한 생산성 증가분은 대부분 자본의 소유가 되었다. 이러한 풍토는 이미 1970년대 후반부터 시작되어 그 뒤 신자유주의 시기 동안 줄곧 강화된 하나의 경향이 되었다. 실제로 미국 노동통계청의 자료에 따르면, 노동생산성은 1979년부터 2007년까지 연평균 2%씩 증가한 반면, 노동자들의 성과에 대한 시간당 실질 보상 이득은 연간 겨우 1%를 조금 넘는 정도였다.[55] 노동에 의해서 창출된 새로운 부가 자본에 귀속되는 일이 거의 30년 동안 발생한 것이다. 맑스의 용어로 말하자면, 이것은 착취율(즉 잉여가치율)의 급격한 증가를 뜻한다. 그리고 미국 제조업보다 잉여가치의 증가가 더 많이 일어난 곳은 거의 없다. 실제로 미국 제조업의 경우, 1990년대 동안 생산성이 노동자 임금보다 20배나 더 빨리 증가했다.[56]

이러한 과정들은 〈그림 2-1〉에 나타난 대로 1982년 이후 지속적인 이윤율 회복에 결정적인 역할을 했다. 그림에 나타나듯, 평균 이윤율은 1982년부터 1997년까지는 그 이전 1964~1982년의 18년간의 하락 경향성과는 반대 방향으로 지속 상승했다. 그리고 1997년부터 다시 하향곡선을 긋는다. 그러다 2001년 이후에는 일정 기간 동안 상향 곡선을 그리게 된다. 물론 금융 조작이나 회계 부정에 기초해 광범위하게 퍼진 가공이익 현상을 고려한다면, 이 자료는 주의 깊게 다뤄져야 할 것이다.[57] 그러나 더그 헨우드가 설명한 대로 1982년에서 1997년 사이 미국의 이윤율이 2배로 증가했다는 것은 의심의 여지가 없다. 신자유주의의 대표적 특징인 노동자 권력에 대한 정부 및 자본의 협공, 그리고 강도 높은 산업의 구조조정 등으로 인해 1974~1975년과 1980~1982년 두 번의 경기침체 이후, 기업의 수익성은 증가했다. 이러한 증대가 확실히 1950~1964년 수준은 아니지만, 지난 25년간(1982~2007) 세계경제를 위기로부터 벗어나게 할 정도로는 충분했다. 이런 점에서 노동운동의 패퇴와 산업 구조 조정만큼 중요한 것이 전 지구 차원에서 자본주의 생산의 지리적 재편이 었다.

신자유주의 시대 3 : '원시적 축적', 중국, 세계 자본주의의 공간적 재조직화

1974년부터 1982년 사이의 세계적 경기침체를 거치면서 강도 높은 자본 재조직화의 일환으로서 다국적기업들은 점차적으로 해외직접투자에 나섰다. 다국적기업들은 여전히 해외투자의 대부분이 이뤄지는 선진 자본 주의 국가들 내부에서는 구조조정을 단행하는 반면, 동시에 밖으로는 저임금을 지불할 수 있는 전술적 투자처들을 물색해 나갔다. 물론 초창기에 남반구 개도국으로의 해외직접투자는 상당히 낮은 수준으로 시작되었고, 그 목표상 비중도 자국 내 산업 구조조정의 그것과는 비교도 되지 않았다. 그러나 1990년대에 들어 상황이 많이 달라졌는데, 특히 동아시아에서의 해외직접투자는 대단히 중요해졌다.

　해외투자 증가에 가속도가 붙은 이유는, 그것이 1970년대 위기에 대한 대응이었기 때문이다. 1977~1981년 지미 카터 대통령 임기 4년 동안, 미국 은행들과 다국적기업들의 해외투자는 3배나 증가했다. 이러한 추세는 시간이 가면서 더욱 강해졌다.[58] 일본과 독일에 본부를 둔 자본은 미국 자본에 비해 해외직접투자로의 전환을 더 느리게 진행했지만, 1980년대 중반이 되면서 아주 빠른 속도로 그 잃어버린 시간을 만회했다. 1985년에서 1989년 사이 4년 동안에만, 일본 기업들의 해외직접투자는 3배 늘었다. 1991년부터 1995년 사이 일본 제조업의 해외직접투자는 50% 더 늘어났다. 일본 기업들은 대만·한국·중국·말레이시아 등에서 값싼 노동력의 혜택을 볼 수 있는 현지 생산 거점을 구축함으로써 생산비용을 줄이고 더 많은 이윤을 창출하고자 했다.[59] 그 결과 해외에서 생산하는 일본 다국적기업들이 일본 전체 제조업에서 차지하는 비중이 급속히 증가했다. 이와 동시에 일본과 현지 생산 상품 연결망을 통해 점차 긴밀하게 교류하게 된 동아시아의 이웃 국가들 사이에 무역량이 급증했다. 실제로 2000년에 일본 자본은 중국에만도 772개의 생산 설비를 소유할 정도였다. 그런데 이러한 중국으로의 아웃소싱 때문에 1992년에서 2001년 사이에 일본에선 무려 250만 개의 일자리가 사라졌다. 이로 인해 일본 제조업계의 고용은 1,570만에서 1,300만으로 감소했다.[60] 2001년 상반기에 한 신문기자가 관찰한 것을 보자.

> 도시바는 일본에서 텔레비전 생산을 중지하고, 공장을 중국으로 이전해 그 생산물을 일본 자국으로 되팔고 있다. 곧바로 미놀타도 일본에서의 생산을 단계적으로 접고 그 대신 상하이로부터 수입하겠다고 발표했다. …… 또 다른 몇몇 일본 제조업체들도 자사의 중국 공장들에서 생산된 자전거, 오토바이, 버스, 휴대전화들을 수입할 것이라 발표했다.[61]

일본 자본이 현지에 기지를 둔 '세계화' 전략을 공격적으로 구사하는 동안, 미국과 독일에 기지를 둔 자본들도 자신들의 앞마당과 같은 지역에 유사한 정책들을 펼쳤다. 즉, 미국의 다국적기업들은 경쟁자들에 비해 주로 멕시코 등 중남미 국가들에 더 많은 투자처를 확보했다. 그러나 지난 10년간 중국도 새로운 무대로 떠올랐다. 이에 비해 독일 자본은 동아시아뿐 아니라 상대적으로 임금이 낮은 중부·동부 유럽 등으로 진출해 나갔다. 그리하여 독일 기업들의 해외직접투자는 1985년에서 1990

년 사이 4배나 증가했고, 1995년에 다시 2배 더 증가했다.[62]

다국적기업들이 선진 자본주의 국가들로부터 제3세계 국가들로 생산 설비들을 재배치하게 된 핵심 동기는 무엇일까? 그것은 바로 남반구 개도국의 거대하고 값싼 산업예비군 때문이다. 다국적기업들은 이 저렴한 노동력 덕택에 획기적으로 인건비를 감소시킬 수 있었다. 신자유주의 시대를 거치면서 일어난 강도 높은 원시적 축적 과정들 —— 토지 사유화와 인클로저, 이를 통한 플랜테이션 농업, 광산업, 친환경 관광산업, 벌목업, 거대한 댐 건설, 도시 부동산 투자 등이 전개되었다 —— 때문에 수억 명의 사람들이 자기 땅으로부터 쫓겨나게 되었고, 재산 없는 프롤레타리아트로 전락했다.[63] 5장에서 토지와 재산의 박탈 과정에 대해 보다 자세히 설명할 것이다. 여기서 매우 중요한 문제는 토지에서 쫓겨난 수억 명의 사람들이 거대한 산업예비군을 형성하게 된 것인데, 이는 세계의 자본에게는 매우 매력적인 착취 대상이다. 실제로 1980년에서 2005년 사이 25년 동안 세계시장에 진출할 수 있는 노동자 수는 4배나 증가했다. 그 대부분은 1990년대 이후에 증가했고, 절반 이상이 동아시아 지역에서 증가했다. 그 규모를 보면, 동아시아에서 노동자 계급은 1억 명에서 9억 명으로 무려 9배 증가했다. 남아시아에서도 제조업과 산업노동자 수가 모두 엄청 증가했다. 실세로 전 세계 노동력이 내략 30억 정도인데, 15억의 노동자 계급이 오늘날 동아시아와 남아시아에 살고 있다.[64]

재산과 토지의 박탈에 의한 자본축적이 전 세계적으로 강화되고 수억 명의 사람들이 자기네 땅으로부터 떠남에 따라, 우리는 지금 사상 최대 규모의 이주 물결을 목도하고 있다. 이 대규모 이주는 역사상 최초로 인구 대부분이 시골이 아니라 도시와 도회지에 살게 되었다는 점에서 주목할 만한 인구학적 변화로 기록될 것이다.[65] 세계 최다 인구를 보유한

지난 30년간 중국 경제성장의 기관차 역할을 했던 저임금 중국 제조업 노동자들. 지금도 1억 5,000만 명의 중국 농민들이 도시로 일자리를 찾아 나서고 있다. 이 산업예비군의 값싼 노동력을 바탕으로 중국은 세계 자본주의의 새로운 중심축으로 떠오르고 있지만, 사회 불평등은 갈수록 심화되고 있다.

중국에서 이러한 구조 변화가 가장 대규모로 발생했다. 중국은 "이제 세계 역사상 최대규모 이주의 한복판에 있다".[66] 대략 1억 5,000만 명의 중국 농민들이 이미 시골을 떠나 도시로 일자리를 찾아 나섰다. 2050년까지 3억 명가량의 농민들이 이러한 대열에 합류할 것으로 보인다. '농민공'이라고도 불리는 이러한 중국 이주노동자들은 대규모의 불안정한 프롤레타리아트에 속한다. 중국의 호구 제도(가구 등록제)하에서는 농촌에서 도시로 간 이주자들은 도시에서 정규직 계약을 맺을 권리가 없다. 이들은 중국 제조업 일자리의 75%를 차지할 정도로 많지만, 복지 혜택을 받을 수 없다. 그 자녀들도 공립학교에 다닐 권리가 없고, 열악하기 짝이 없는 주택에 빼곡히 깃들어 산다.[67]

오늘날 중국의 노동자 계급은 7억 5,000만 명 정도로 추정된다. 이는 OECD의 부자 나라 30개의 노동력을 다 합친 것보다 1.5배 더 큰 수치

<표 2-3> 여러 국가들의 제조업 노동자 임금 비교

국가	미국 노동자 임금을 100으로 했을 때의 비교 임금
미국	100
일본	91.4
한국	80.4
아르헨티나(2001)	28.9
체코 공화국	21.1
칠레	14.9
터키(2001)	14.8
멕시코(2004)	11.8
페루	8.2
중국(2004)	4.9
필리핀(2004)	3.4
인도네시아(2001)	1.9
인도(2003)	0.8

출처: ILO, *Yearbook of Labour Statistics*, 2006.

다. 중국의 **잉여노동**은 OECD 국가들의 전체 제조업 노동력보다 3배 정도 더 크다.[68] 30년간의 시장 주도 경제성장 이후 중국 제조업 노동자들의 임금이 미국 수준의 대략 5% 정도밖에 되지 않는 핵심적 이유가 바로 여기에 있다. 〈표 2-3〉은 이 임금 격차를 보여 주며, 또한 왜 선진 자본주의 국가에 본사를 둔 다국적기업들이 남반구 개도국으로 자본 투자를 그렇게 재배치하고 싶어 하는지를 잘 보여 준다.

신자유주의 시대 자본주의 세계화의 핵심 열쇠는 바로 이러한 현실, 거대한 규모의 저렴한 산업예비군에 있다. 물론 해외직접투자의 대략 75%는 선진 자본주의 국가 내부에서 발생하기 때문에, 이 국가들 사이의 상호 투자가 여전히 세계화를 주도하는 건 사실이다.[69] 이것은 다국적기업들이 선진 자본주의 국가들에 현지 생산 및 유통 거점들을 개척한 직접적 결과다. 그러나 1970년대의 이윤 위기에서 벗어나기 위해 자본은 선진 자본주의 국가들에서 노조를 공격하고 생활수준을 낮췄을 뿐 아니라, 또한 남반구 개발도상국의 전략적 거점들에서 값싼 노동력을 십분 활용함으로써 이윤을 창출하는 섬세한 전략을 고안했다. 그 결과 세계 자본주의에 중대한 공간적 재편이 일어났고, 섬유·전자·가구 제조·철강과 같은 산업들이 핵심 자본주의 국가들 바깥으로 이동해 새 구심을 구축했다. 이미 살핀 대로, 1975년 개발도상국의 철강 생산이 세계적 규모에서 차지하는 비중은 거의 미미했다. 그러나 2000년에 이르면 중국·한국·브라질·인도·멕시코·대만 등에서 생산된 총철강량은 미국의 그것보다 3배나 더 많다. 한 세대 만에 놀라울 정도로 구조 변화가 일어난 셈이다.[70] 이것을 가능케 했던 원인은 국가 주도 또는 공동 투자 중심의 산업정책에 있다. 각국은 이를 통해 철강 생산력을 높일 수 있었다. 여기서 하나 잊지 말아야 할 것은 대부분의 남반구 개발도상국들이 이러한 과정에서 소외되었다는 사실이다. 그럼에도 불구하고 세계 자본주의의 이러한 지리적 재편은 세계 자본축적의 새로운 중심지들을 창출해 냈다. 우리가 만약 과거 오래된 핵심부 선진 자본주의 국가들에만 주목한다면, 이는 아주 간과하기 쉬운 사실이다. 이러한 변동의 보폭과 규모는 자본 형성(새 공장, 광산, 제철소, 복합 사무실 빌딩 등의 건설, 새 기계와 설비의 도입 등)에 관한 자료들을 보면 쉽게 알 수 있다. 예를 들어 1990~1996년 사이 단 6년의 기간에 (일본을 제외한) 동아시아에서 형성된 총자본은 거의 300% 가량 증가했다. 같은 시기 동안 미국과 일본의 자본은 40%, 그리고 유럽은 겨우 10% 증가했다.[71] 엄청 중요한 구조 전환이 세계경제를 재편한 셈이다. 특히 중국이 그 전환의 중심축이 되고 있다.

중국이 세계경제의 중심으로 성장하게 된 것은 세계 상품 생산에서 중국이 차지하는 역할과 관련이 있다. 이제 글로벌 경제에서 하나의 상품은 여러 나라들에서 동시적 노동 과정을 통해 생산되는데, 중국은 이런 세계적 생산 고리에서 빠져서는 안 되는 중요한 연결자 역할을 한다. 예를 들면 개인용 컴퓨터를 한 대 생산할 때, 10~20개 국가에서 1,000가지가 넘는 노동 분업이 진행된다. 구체적으로, '일본제' 컴퓨터는 미국·싱가포르·일본·말레이시아·한국·중국 등에서 행해진 노동의 생산물이지만, 이 노동 과정의 25%는 중국의 저임금 이주노동자에 의해 완성된다.[72] 중국을 세계 제조업의 중심축으로 만든 것은 다름 아닌, 이러한 가혹한 억압과 통제 체제 아래 투입된 중국의 대규모 저임금 예비군이다.

중국의 전환점은 1978년에 찾아왔다. 당시 중국의 지도자들은 중국인민의 경제생활을 조직하는 데 핵심 메커니즘으로 시장을 극적으로 채택했다. 토지는 사유화되고, 국영기업들은 개인들에게 매각되었으며, 의료보험과 같은 사회 서비스는 거의 폐지되었다. 회사 경영자들은 노동자를 해고하고 훈육할 권한을 대폭 부여받았고, 노동자들의 파업권도 폐지되었다. 해외 다국적기업들이 우대받는 경제특구들이 생겨났고, 시간이 갈수록 그 특구들이 증가했다. 1980년대 초반 외국 자본의 지속적 유입은 중국 경제의 구조를 바꿔 놓기 시작했다. 특히 중국 정부가 순수 외국인 소유 회사들에 대해 보다 더 관대한 태도를 보였기 때문에, 1990년대를 거치는 동안 이러한 외국 자본의 중국 진출은 지속 증가했다. 이후 더 설명하겠지만, 1997년 아시아 경제위기 이후 외국 자본은 중국에 마치 폭포수처럼 흘러들었다. 마침내 2002년, 중국은 세계 최대의 해외직접투자 유치국이 되었다. 그 해외 자본의 규모는 1985년 10억 달러에서 2002년 500억 달러로 증가했고, 이는 17년 만에 50배가량 증액된 셈이다. 실제로 중국 경제 각 부문마다 세계 최대 기업들이 연이어 투자해 왔다. IBM, 모토로라, 제너럴모터스, 인텔, 삼성, 필립스, 휴렛팩커드, 폴크스바겐, 도요타, 지멘스, AT&T, 파나소닉, 노키아, 다임러크라이슬러, 제너럴일렉트릭, JVC를 비롯한 수백 개의 회사들이 그랬다. 2000년에만 해도 세계 500대 기업들 중 거의 400개가 중국에서 전자제품, 자동차, 약품, 원거리 통신장비, 석유화학제품 등 수많은 품목들을 생산하고 있었다.[73]

중국이 전 세계적 투자에서 차지하는 비중이 점점 더 커짐에 따라 중국의 GDP는 1978년에서 2005년 사이에 12배나 증가했다. 연간 자본형성률(국내총생산 중 기업투자의 몫)은 45%를 기록했고, 이는 일본·대만·한국이 호황기에 기록한 것을 능가하는 역사적 기록이다.[74] 그 결과 바로 중국이 세계 자본축적의 주요한 새 중심지가 되었고, 이는 세계 자본주의 지도를 다시 그리는 것이었다. 그러나 중국의 경제성장 궤도 속에서도 심각한 모순과 불안전성이 눈에 띄게 부각되었다. 이에 대해선 앞으로 살필 것이다. 그럼에도 불구하고 중국 경제는 가치 사슬에서 자기의 입지점을 넓혀 왔고, 점차 복잡해지고 정교해졌다. 중국 경제가 신발, 의류, 스포츠 용품, 장난감과 같은 산업들을 장악하면서 저비용 제조업체의 세계적인 본거지가 된 것도 사실이다. 그러나 최근 중국은 전자제품과 정보기술 하드웨어의 세계 최대 수출국 대열에 합류했다.[75] 나아가 중국에 대규모 연구 개발 단지들을 건립하고 있는 다국적기업들의 숫자도 증가 추세다.[76]

1990년대 이후 북반구 선진 자본주의가 세계 제조업에서 차지하는 지분의 감소(85%→73%)는 거의 대부분 중국 제조업 지분의 증가(2%→18%)와 동전의 양면이다.[77] 생산의 연결망을 통해 수백 개에 이르는 다국적기업의 국제적 경영 체제와 긴밀히 연결된 이후, 중국은 산업혁명을 경험 중이며 중국의 모든 얼굴이 엄청 변화 중이다. 십수만 마일

<표 2-4> 중국과 G7 국가들의 제조업 노동자 수(2002년)

중국	G7 국가들
1억 900만 명	5,300만 명

출처: Judith Banister, "Manufacturing Employment in China," *Monthly Labor Review*, July 25, 2005.; Bureau of Labor Statistics, *Comparative Civilian Labor Force Statistics: Ten Countries, 1960-2004* (Washington D.C., 2005).

의 도로, 수천 마일의 철도, 대형 공항들, 수백 개의 고층 건물, 헤아릴 수 없을 정도로 많은 신규 주택들과 빌딩 사무실이 새로 만들어져 세상에 쏟아져 나왔다. <표 2-4>는 중국이 세계 제조업의 중심지로서 차지하는 중요도를 보여 준다. 2002년 중국의 제조업 종사 노동자 수는 세계 최대의 산업국가들, 즉 G7(미국, 독일, 일본, 영국, 프랑스, 이탈리아, 캐나다)의 노동자 수를 다 합한 것보다 2배가량 더 많다.

여기서 우리는 특히 (일본을 제외한) 동아시아, 그리고 중국의 제조업이 세계경제에서 얼마나 큰 비중을 차지하고 있는지 알 수 있다.[78] 중국 국영기업들이 이 시기 동안 거의 3,500만 명을 해고한 것까지 포함하면, 이러한 제조업 노동자 수는 놀라운 수준이다.[79] 2002년 중국의 제조업 노동자 수는 지난 10년간 꾸준히 감소세를 보여 온 G7 국가들 제조업 노동자 수의 2배에 이르렀다. 이것이 뜻하는 바는, 신자유주의 시대를 거치면서 세계경제에 중요한 구조 전환이 발생한다는 것이다. 이 세계경제의 구조 변화가 지닌 핵심 의미에 대한 이해 없이는, 우리는 근래 수십 년 동안 전개된 자본주의 체제의 핵심 동학을 파악할 수 없을뿐더러 현재 새롭게 지속되는 위기의 중요 특질 또한 이해할 수 없을 것이다. 이 주제를 다루기 전에, 중국의 호황이 얼마나 신자유주의적 패턴에 잘 순응했는지 보도록 하자. 모든 상황을 고려해 봤을 때 결국 중국의 경제성장은 잔인한 모순들과 불안정을 동반했고, 이것은 정확하게 신자유주의적 모델에 철저히 순응한 결과다. 5장에서는 중국에서 벌어진, 소유권 박탈에 의한 자본축적과 연관된 주제들을 자세히 다룰 것이다. 여기선 우선 중국의 사회적 불평등이 어느 정도 심각하게 전개되었는지 살피기로 하자.

『이코노미스트』의 자료에 따르면, 임금 및 봉급 생활자들에게 돌아간 국민소득 몫이 전 세계적으로 감소하고 있을 때, "중국에서 그 낙폭이 가장 컸다".[80] 1990년에서 2005년 사이에 노동소득, 즉 중국 노동계급의 총소득은 GDP의 50%에서 37%로 감소했다. GDP에서 노동소득 비중의 감소란 노동자들과 기업가·은행가·부자들 사이에 부의 이동이 현기증이 날 정도로 급속히 발생했다는 것이다. 신자유주의 시대를 거치면서 어디서나 그랬듯, 중국의 사회적 불평등의 심화는 중국 내 아파르트헤이트라는 새로운 양상을 만들어 냈다. 중국 부자들은 비싼 나이트클럽과 최고급 식당가, 디자이너 쇼핑몰, 테마파크, 엘리트 사립학교를 중심에 끼고 있는, 사설 경비소가 딸린 고급 주택단지와 사치스러운 호화 소비 구역에 살면서 자신들을 보통 대중들과 차별 짓는다. 중국 인구의 0.4%를 차지하는 백만장자 25만 가구가 중국 전체 부의 70%를 장악하고 있다. 이에 비해 1억 명의 중국인들은 하루 1달러 남짓의 생활비로 생계를 유지한다. 겨우 중국 인구의 4%만이 공공 의료 서비스를 받는다. 이러한 까닭에 중국은 에이즈 같은 세계적 유행병과 2003년 중증급성호흡증후군SARS 위기에 쉽게 노출될 수밖에 없었다. 농촌에서 도시로 이주한 수억 명의 중국인 노동자들은 주택이나 사회 서비스와 같은 기본적 권리를 누리지 못한다. 아시아개발은행ADB에 따르면 중국은 아시아에서 두번째로 불평등한 국가로 전락했다.[81] 이러한 사회적 모순의 증대로 인해 파업, 폭동, 토지 투쟁 등과 같은 격렬한 사회적 투쟁의 흐름들이 생겨났다. 그러나 지금까지 이러한 운동들은 대부분 일시적이고 특정 지역에 국한되어 발생했다. 물론 이런 현상들이 오래 지속된다면 이건 분명히 중국 지배자들에게 깊은 우려를 자아낼 것이다. 더군다나 2010년 5월과 6월, 지금보다 더 단결된 노동자들의 파업 물결이 공장 지대를 휩쓸고 지나간 사실을 고려할 때 더욱 그러하다.[82] 또한 중국 지배자들이 우려하고 있는 것은 중국의 시장 주도 경제 발전의 핵심적 특질인 자본의 과잉 축적 경향과 이윤율 하락 경향이다. 그러나 이 경향들은 중국에 국한되는 게 아니라 오늘날 세계 자본주의 전체가 나아가는 방향을 규정하고 있다.

동아시아 그리고 세계적 과잉 축적: 신자유주의 모순의 증가

"'중국 가격.' 이 단어는 미국 산업계가 가장 무서워하는 말이다." 2004년『비즈니스위크』특별판이 이렇게 썼다.[83] 전 세계적으로 1990년대 중반 이후 제조업 상품 가격들은 지속적으로 하락하고 있다. 이러한 가격 하락은 중국 경제의 동학과 연관되어 있다. 특히 중국의 저임금과 앞뒤 가리지 않는 급속한 자본축적에 그 원인이 있다. 실제로 소비재 가격 변동을 측정하는 이른바 소비 디플레이터에 따르면 스테레오·휴대전화·냉장고·오븐·자동차 등 내구소비재의 가격은 미국에서 1995년 가을부터 하락하기 시작했다. 유엔과 유럽연합 국가들에서 사용되는 지표들을 보아도, 미국과 비슷하게 1996년 이후 제조업 상품 가격의 절대적 하락 현상이 나타났다.[84] 즉, 1990년대 중반 이후 전 세계적으로 제조업체들은 상품 가격의 내림세에 직면하게 되었다. 마침내 후기 자본주의 시기에 이윤율이 현저히 하락하는 상황에 봉착한 것이다. 실제로 〈그림 2-1〉을 다시 보면, 미국의 이윤율은 가격과 동시에 하락한다.[85] 논평가들은 중국의 저임금을 지적하며 이 과정을 이끌어 가는 추동력이라고 발 빠르게 설명해 버리고 마는데, 이는 진실의 한 부분일 뿐이다. 왜냐하면 중국 임금이 가격 하락에 지속적 압력을 가할 때, 산업 전반에 걸쳐 자본의 과잉 축적의 문제 또한 발생하고 있었기 때문이다. 하나의 구체적 사례를 들어 보자. 대만의 신규 반도체 회사들이 세계시장으로 진입하면서 설비 과잉이 더욱 심해졌다. 상황이 이렇게 되자 반도체 회사들은 가격을 인하해 난관을 탈출해 보려 했다. D램은 과잉 생산으로 인해 1997년까지 가격이 18% 떨어졌고, 아시아 경제위기가 터졌던 1997년에는 더더욱 폭락했다.[86] 결국 전 세계적 과잉 생산이라는 조건하에서 많은 기업들은 생산품 판매 부진으로 인해 공장 건설 비용, 구입 설비 비용, 부품 구매 비용, 임금 등 수지타산을 맞추지 못했다. 이런 상황이 발생하자 경쟁업체들끼리 앞다퉈 가격을 인하하면서 박리다매로 수익을 창출해 보려 했다. 1997년 태국, 말레이시아, 한국, 필리핀, 인도네시아를 비롯하여 여러 동아시아 국가 경제가 대규모 경기 위축 상태에 빠졌을 때, 이 위기의 핵심 원인은 사실 자본의 과잉 축적이었다.

대부분 논평가들은 이런 점을 놓친 채 1997년 아시아 경제위기를 단순히 세계적인 금융위기로만 간주했다. 즉, 생산 영역에서 과잉 설비와 가격 경쟁과 같은 요소들을 연관지어 설명하지 않고, 그 당시 그 지역에 있던 세계 자본들이 한꺼번에 빠져나가 버려 아시아 경제위기가 초래됐다는 것이다. 앞으로 살펴겠지만, 물론 이러한 금융자본의 흐름은 그 지역 경제위기의 주요한 원인이었다. 그러나 당시에도 내가 주장했듯이, 이러한 금융자본의 유출은 자본의 과잉 축적 위기와 압력을 뚜렷이 반영한 것이었다.[87] 산업 투자 지출이 GDP의 40%에 육박할 만큼, 동아시아에서 투자 열풍이 있었다. 이러한 투자열은 컴퓨터칩·자동차·반도체·화학·철강·석유화학·섬유광학 등에서 엄청난 규모의 시설 과잉과 생산 과잉을 유발했다. 세계은행이 당시 관찰한 바에 따르면, "지속적 생산 과잉"이 "가격 전쟁과 격심한 경쟁"의 원인이 되었다.[88] 엄청 높아진 국내 자본축적률은 이러한 설비 과잉을 발생시킨 반면, 엄청난 규모의 해외투자 흐름은 이러한 설비 과잉 경향을 더욱 악화했다. 적절한 사례로, 1997년 위기가 맨 먼저 발생한 태국으로 유입되었던 일본의 투자는 1986~1991년 사이 5년 동안 16배 이상 증가했다.[89] 공장들 이외에도 공항·고속도로·쇼핑몰·호텔이 미친 듯이 건설되었다. 1990년대 초반, 부동산과 주식가격을 폭등시킨 투기적 투자 물결은 과열된 거품을 더욱 부풀렸다. 짧은 시간 안에 횡재가 발생하자 국제적 단기 금융자본, 즉 투기성 자본인 핫머니가 끊임없이 유입되었다. 그러나 제조업 상품 가격이 1995~1996년에 하락하기 시작하자 호황이 더 이상 지속되지 않을 것이라는 게 점차 명백해졌다. 다시 말해 시장 수요, 판매, 이윤에 비해 생산 설비가 과잉이라는 것이 확실시된 것이다. 맨 먼저 일부 투자자들이 빠져나가자, 그 뒤를 따라 충동적으로 다른 투자자들도 우르르 빠졌다. 1990년대 해외투자자들이 태국·말레이시아·한국·필리핀·인도네시아 경제에 950억 달러를 쏟아부었던 반면, 1997년에는 이러한 추세가 역전되어 200억 달러의 순수 자본 **유출**이 발생했다. 외국 자본이 도망가 버리자, 환율은 폭락하고 무역은 곤두박질쳤으며, 그 지역은 충격적인 혼란에 빠졌다. 이러한 몰락 과정에서 가장 비참했던 순간은 매일 수천수만 명의 한국 노동자들이 정리해고를 당해 일자리를 빼앗길 때였다.

1997년 아시아 경제위기는 세계화 시대 최초의 대규모 위기였다. 이것은 과잉 자본축적의 압박과 이윤율 하락이라는 조건하에서 1982년에 시작된 신자유주의적 호황이 그 끝을 향하고 있음을 의미했다. 바로 이런 관점에서 동아시아라는 세계적 자본축적의 새로운 중심지에서 그런 위기가 발생한 것이 놀랍진 않다. 아시아 경제위기 이후에도 여진은 계속되었다. 1998년 러시아, 그리고 미국의 롱텀캐피털매니지먼트 헤지펀드, 1999년 브라질, 2000년 미국 닷컴 기업들, 2000~2001년 아르헨티나에서의 파산들이 그것이다. 그러나 4장에서 살피겠지만, 이러한 파산들은 세계 중앙은행들의 강력한 경기부양책과 중국으로의 투자의 급속한 이동에 의해 보상되었다. 그러나 경고장이 이미 오래전에 통보된 상태였다. 신자유주의적 팽창이 이제 거의 막바지에 다다랐다. 중앙은행들의 조치들은 단지 신자유주의적 팽창의 둔화를 지연시킬 뿐이다. 물론 이러한 지연으로 인해서 자산 거품이라는 댓가를 치를 것이고, 이 자산 거품이 꺼지면 세계 금융체제는 소용돌이 속으로 휘말려 들 것이다.

많은 논평가들이 말하듯 현재의 위기를 단지 지난 1970년대 이후 40년간 진행된 위기 중 가장 최근의 것으로 파악해서는 곤란할 것 같다. 2007년 이후 발생한 위기의 참된 의미는 신자유주의라는 한 시대의 마감과 새로운 시대의 시작이란 것이다. 이것은 파열구를 내는 전개 과정이고, 지난 25년의 신자유주의적 팽창과는 질적인 단절을 뜻한다. 사회의 근본적인 변혁을 위해 헌신하는 사람들은 이러한 구조적 변화와 그것의 새로운 측면들을 이해할 필요가 있다. 따라서 여태껏 신자유주의적 질서를 규정해 온 세계 금융이라는 새로운 세계에 대한 이해 역시 중요하다. 그러나 우리가 이 주제를 본격적으로 다루기 전에, 자본주의 위기들을 끊임없이 창출해 내는 근본 모순들을 재검토하는 것이 큰 도움이 될 것이다.

3장

조울증에 빠진 자본주의: 위기의 재발

설사 지금 진행 중인 경제위기가 극복된다 할지라도,
그리고 새로운 번영의 시대가 다시 온다 하더라도, 심층적인 문제는 여전히 남아 있다.
현대 자본주의는 쇼를 계속하는 것 외엔 아무 다른 목적이 없다. ― 조앤 로빈슨[1]

100년에 한 번 올까 말까 한 위기라는 앨런 그린스펀의 엉터리 논리와는
달리, 2008~2009년과 같은 대공황은 눈에 띌 정도로 확연하게 규칙적
으로 발생한다. 일찍이 찰스 킨들버거도 1930년대의 대공황에 관한 대
표적 연구에서 "대공황들은 일정한 간격을 두고 주기적으로 반복된다"
라고 상기시키기도 했다.[2] 물론 각각의 공황은 독특한 측면이 있다. 그렇
다고 해서 파국들이 아무렇게나 발생하는 것이라 보면 안 된다. 오히려
반대다. 이미 수많은 정치경제학 대가들이 오랫동안 확인해 온바, 자본
주의 경제성장은 늘 그 체제 내부에 큰 고장을 일으킨다.[3] 그 결과 자본
주의는 마치 사람들이 들숨과 날숨을 쉬듯 호황과 침체를 번갈아 겪는
다. 다시 말해, 팽창과 수축의 주기는 자본주의 체제 안에 단단히 결합되
어 있다. 팽창과 수축은 체제를 비춰 주는 유기적인 거울인 셈이다. 그러
나 어떤 위기들은 다른 것들보다 훨씬 더 깊고 오래 간다. 예컨대 우리는
1873~1896년의 경기침체나 1930년대의 대공황 같은 것을 떠올릴 수 있
을 것이다. 하지만 비록 모든 암이 각각 다르다고 해도 그것들 사이에 어

느 정도 공통된 특질들이 있듯이, 주기적으로 반복되는 자본주의 경제의 위기들 역시 구체적 양상은 다르지만 공통적인 특징을 가진다.

물론 모든 위기 중 으뜸은 단연코 1930년대 대공황이다. 현재의 글로벌 슬럼프가 터졌을 때, 많은 논평가들은 1930년대 위기와 직접 비교를 하곤 했다. 그들은 자신이 알건 모르건, 이미 오래전 하이먼 민스키가 『'그것'이 또 일어날 수 있을까?』란 책에서 던진 질문을 반복했다.[4] 여기서 민스키가 말하는 '그것'이란 1930년대의 위기처럼 자본주의 경제가 파괴적이고 지속적으로 와해되는 것을 가리킨다. 그러나 만일 우리가 대공황 기간에 실제로 무슨 일이 일어났는지, 또 근본 원인이 무엇인지 제대로 알지 못한다면 그 질문에 올바른 답을 하기 어렵다.

사실 세계 자본주의 입장에서는 1929년에 다가온 심각한 경기후퇴조차 전혀 새로운 것은 아니었다. 그러나 규모와 강도의 측면에서, 그 격렬하고 범지구적인 경련은 역사상 전례가 없었다. 예컨대 미국에서만도 공황기 첫 4년 동안 GNP가 3분의 1이나 줄어들었고 산업 생산은 절반으로 줄고 말았다. 실업자 수는 순식간에 150만에서 1,280만으로 폭등했다. 기업의 신규 투자는 88%나 줄어들어 거의 사라져 버린 듯했다. 주식시장과 부동산시장이 붕괴했고 은행들이 덩달아 파산했다. 절반 이상의 농민들이 은행에 주택융자금을 제때 상환하지 못해서, 공황 발생 단 1년 만에 수십만 채의 주택이 차압당하고 말았다. 이런 상황은 미국에만 국한된 것이 아니었다. 세계경제의 2위를 달리던 독일에서도 공황 개시 3년 만에 산업 생산이 거의 절반 수준으로 추락했다. 특히 1932~1933년 무렵 공황이 가장 깊은 골에 빠졌을 때, 독일의 실업률은 공식적으로도 44%에 이르렀다. 한편, 미국 은행의 절반 정도가 파산했고, 동시에 유럽의 주요 금융기관들도 파산에 직면하고 말았다. 1931년엔 상반기에만도

18개나 되는 전국 규모 은행이 긴급 구제금융을 받아야 했다. 세계무역은 머리가 핑핑 돌 정도로 추락해 그 규모가 60%나 줄었다. 한편 아르헨티나, 인도, 파라과이처럼 농산물 수출에 많이 의존하는 나라들은 더욱 큰 재앙을 겪었다. 세계무역이 붕괴함에 따라 그들의 주요 수출품인 밀이나 차의 가격이 3분의 2나 떨어졌고, 비단의 원사 가격도 예전의 4분의 1 수준으로 추락했다. 요컨대 남반구의 가난한 나라들에서는 커피에서 쌀에 이르기까지 모든 농산물 수출 가격이 폭락하는 바람에 사회 전체가 황폐화할 정도였다.[5]

따라서 1930년대의 대공황이야말로 글자 그대로 '글로벌 슬럼프'라 해야 옳을 터이다. 세계시장에 편입된 나라는 예외 없이 막대한 영향을 받았다. 그러나 일반적인 이미지와는 달리, 대공황 때조차 모든 경제 활동이 완전 중단된 건 아니었다. 실제 자료를 잘 검토해 보면, 1930년대를 통틀어 상당한 경제성장이 있었음을 알 수 있다. 일례로 미국 경제도 1930년대에 평균 5% 이상 성장을 나타낸 분기가 무려 20차례나 되었다. 그렇게 부분적인 성장 기미가 보일 때마다 일부 지배층은 "이제 경기침체가 끝났노라"고, "이제 경제가 회복 중"이라고 선전을 해댔다. 그러고서 그들은 자기들이 반복해서 했던 말들을 철회해야 했다. 왜냐하면 10년간 20회의 경제성장 분기들 사이사이에 13회나 되는 경기위축기가 끼어 있었기 때문이다. 이 시기들은 그 이전 분기들에서 쌓아 올린 경제성장을 무로 되돌려 버렸다.[6] 결국 짧은 '회복' 국면이 있긴 했지만, 그것은 결코 길게 가거나 지속 가능한 성장 물결이라 할 수는 없는 것들이었다. 그리고 1932~1933년에 침체의 바닥을 친 뒤에 전반적으로 경제는 4년 정도 상승세를 보였다. 그리고 또다시 1937년에 새로운 후퇴 국면이 왔다. 세계경제가 또 하강 곡선을 그리며 추락했다. 그로 인해 바로 그 직전

몇 년 동안 애써 닦아 놓은 기반이 순식간에 사라졌다. 이것은 자본주의 체제에 관한 진실을 알려 준다는 점에서 대단히 의미심장하다. 그 진실이란, 1939년에 시작된 제2차 세계대전과 그를 위한 군수 산업이라는 파괴적 돌파구 없이는 자본주의적 번영이나 경기 회복이 불가능했다는 사실이다.

과잉 투자, 투기, 그리고 슬럼프: 1920년대로부터 얻는 교훈

모든 자본주의 호황기의 결정적 특징은 그것이 늘 터무니없는 승리주의의 찬가를 동반한다는 점이다. 소위 경제 전문가들은 곧잘 우리가 '신경제' 시대에 살게 되었다는 식으로 말한다. 신경제란 경제활동이 전혀 멈춤이 없이 계속 확장하며 일종의 영구 자동 기계처럼 돌아간다는 것이다. 그들은 경기침체란 과거의 일, 즉 쫓겨난 고대의 악령이라고 반복해서 마법의 주문을 외운다. 2008년의 파산 직전에도 우리가 이러한 주술을 반복해서 들었듯이, 1929년 대공황의 전야에도 경제 전문가라는 작자들은 자신들의 확고한 신념을 소리 높여 쏟아 내었다. 그 당시 앨빈 한센이란 경제학자는 자본주의가 그 "소아병의 고통"을 잘 "완화했다"는 의견을 내놓았다. 이에 뒤질세라 경제학의 대가 어빙 피셔는 대공황이 발발한 그달, 바로 1929년 10월에도 "나는 주식시장이 향후 몇 개월 이내에 지금보다 훨씬 더 좋아질 것이라고 생각한다"라고 선언했다.[7] 피셔의 예측은 적중하지 않았다. 왜냐하면 주가가 그 수준을 회복하는 데는 3개월이 아니라 25년이 걸렸기 때문이다.

원래 호황기가 끝날 무렵에는 투자자들을 사로잡는 광적인 정신상태에서 바보 같은 예측이 나오게 마련이다. 일례로, 1925년에서 1929년 사이에 미국 등 세계의 여러 나라 경제들은 확실히 호황기를 맞았다. 그 4년 동안 세계의 광업 및 제조업 생산고는 거의 20%나 증가했다. 1920년 대의 10년 동안 미국의 전력 생산은 두 배 이상으로 되었다. 자동차 제조 업 같은 몇몇 분야는 팽창 물결로 출렁거렸다. 게다가 기업가들의 노조 파괴 작전과 노동악법들이 노동자들의 발목을 잡기 시작하면서 이윤은 더욱 높이 치솟았다. 이와 대조적으로, 해외로부터 들어온 이민자들, 그 리고 국내의 농촌 지역에서 도시로 이주한 사람들 덕에 기업들은 잉여노 동력을 마음대로 골라잡을 수 있었다. 이윤이 급증하면서 기업들은 앞다 투어 공장을 지어 댔고 신기술에 투자도 많이 했다. 이 모든 노력은 당연 히도 나중에 더 많은 이윤을 얻으려는 것이었다. 그런데 새 공장을 많이 짓는다는 건 결국 상품을 더 많이 만들어 낸다는 뜻이다. 예컨대 자동차, 세탁기, 냉장고, 라디오 등이 갈수록 더 많이 생산되었다. 1914년 무렵 미 국 디트로이트 일대 헨리포드 자동차 공장에 컨베이어 라인이 도입되자 자동차 생산 단지들은 포효하기 시작했다. 미국 내 등록 차량 수는 10년 만에 무려 세 배로 늘었다. 자동차 산업이 활황을 맞으면서 그와 연관된 업종들이 하나씩 호경기를 맞았다. 1929년까지 미국에서 생산된 철판의 절반 이상은 죄다 자동차 공장에 납품되었고, 양철과 주석의 20%, 판유 리와 고무의 75%가 자동사 공장으로 들어갈 정도였다. 그리하여 누군가 "불과 15년 전까지만 해도 거의 존재조차 없던 그런 산업이 …… 이제는 전체 경제를 주름잡고 있다"라고 할 정도였다.[8]

그런데 이 모든 자동차나 가전제품, 그리고 새 주택에 대한 수요들 은 도대체 어디서 나왔겠는가? 신상품들에 대한 수요가 창출되기 위해 서는 소득이 증대되어야 한다. 흥미롭게도, 1990년대의 팽창기 때와 마 찬가지로 1920년대의 호황기 때도 미국인의 90%는 소득이 **줄어들었다**.[9]

설상가상으로, 기업과 정부의 노조 탄압 공작과 노동악법들이 노동자의 발목을 잡던 바로 그 시기에 소득 분포는 전례 없이 불평등해졌다. 그러나 20세기 초 자본주의엔 하나의 해법이 있었다. 그것은 빚을 내는 것이었다. 하지만 이건 단기적 응급조치다. 사람들은 소득수준이 하락하는 상황에서 자동차나 주택, 세탁기 등을 구매하려면 소비자 신용, 즉 부채에 의존해야 한다. 그리하여 1920년대만 해도 가구당 부채가 두 배로 늘었다. 은행 융자의 팽창은 역으로 주택 경기 등 부동산 분야를 뜨겁게 달구었다. 그 대표적인 진원지는 미국 중에서도 플로리다였다. 수백만 채의 집들이 건축되고 수백만 대의 자동차가 도로에 쏟아져 나오자 행복의 물결이 온 나라에 넘쳐흘렀다. 소위 경제 전문가들은 불가능은 없다고 공언하면서 우리 삶의 터전, 상상할 수 있는 모든 곳에서 투기 열풍을 조장했다. 그리하여 마치 엄청난 대규모 투자가 평범한 일상인 것처럼 느껴질 정도였다. 당시에 지어진 건물로 가장 대표적인 예는 시카고에 있는, 아르데코 장식이 화려한 시카고상품거래소와 시민 오페라하우스, 뉴욕의 록펠러센터나 엠파이어스테이트 빌딩을 들 수 있다. 1920년대 후반에 설계되어 공황이 지나고 나서야 완성된 이 대형 건물들은 수요 부족으로 인해 분양이 잘 되지 않았다. 실제로 당시 세계 최고층 건물이었던 엠파이어스테이트 빌딩은 입주자가 모자라 '엠티(텅 빈)스테이트 빌딩'이란 별명을 얻기도 했다.[10]

그러나 진짜 광적인 현상이 제대로 벌어진 곳은 주식시장이었다. 1924년 5월에서 1925년 12월 사이의 기간 동안 주가는 무려 80%나 올랐다. 1926년에 잠시 소강상태에 빠졌다가 다음해에 다시 고공행진을 했다. 그리고 나서 "1928년 초부터 경제의 분위기가 심상찮게 흐르기 시작했다. 그런데 흥미롭게도 대중들은 자기들만의 상상의 세계 속으로 도피해, 현실은 그렇지 않은데 마치 상황이 잘 돌아가는 것처럼 움직이기 시작했다. 그래서 오히려 진짜배기 투기판이 본격적으로 벌어지기 시작했다. 그렇게 법석을 떨면 다시 경기가 좋아질지 모른다고 소망하면서 말이다".[11] 그 결과 1928년엔 주식시장이 30%나 성장하기도 했다. 그러나 실물경제의 '기초 조건들', 예컨대 수익성·평균소득·고용 등의 지표는 그런 성장을 정당화할 정도로 좋은 게 전혀 없었다. 그러나 이런 건 그들에게 중요하지 않았다. 그들 눈에는 손에 거머쥘 돈다발만 보였기에 그 절호의 기회를 놓쳐서는 안 되었다. 그도 그럴 것이 1929년 여름에만도 주가가 25%나 올랐다. 불과 석 달 동안에, 전년도 한 해 동안 거둔 이득과 맞먹을 정도를 거머쥔 셈이다. 이런 투기판에서 돈을 최대한 많이 따기 위해 갈수록 많은 투자자들이 은행에서 돈을 빌려 주식시장에 돈을 집어넣었다. 그런 은행 융자가 한 달에 4억 달러나 될 정도로 치솟았다. 그러면서도 사람들은 만약 주가가 떨어질 경우 그 빚을 어떻게 갚을지에 대해선 하나도 걱정하지 않았다. 이런 나쁜 상황에 대해선 누구도 생각하기조차 싫어했기 때문이다. 그러나 당연히도, 바로 그 생각하기 싫었던 일이 실제로 일어나고 말았다. 그 엄청난 거품이 꺼지기 시작했고, 그에 이어 안 그래도 몇 달 전부터 하락하고 있던 공장의 생산고가 더욱 떨어졌다. 1929년 10월 23일이 되자 주식시장은 그 직전 4개월 동안 거두어들인 모든 이득을 물거품으로 만들면서 폭락했다. 그다음 날 공포의 팔아 치우기 작전, 즉 패닉 투매가 시작되었다. 사태가 걷잡을 수 없이 악화하자 전국의 대형 은행가들이 급히 회합을 가졌다. 이들이 "모든 사태를 완전히 통제할 수 있게 되었다"라고 선언하자 사태가 수습되는 듯했다. 그러나 그렇게 안심을 시키는 것도 잠깐뿐이었다. 바로 그다음 주부터 사태가 본격적으로 나빠지기 시작했다. 그리고 1929년 10월 29일 목

요일, 주식시장이 그 전년에 거둔 모든 이득을 다 까먹으면서 마침내 파산이 선고되었다. 이제 뉴욕의 은행가들조차 빈털터리가 되었고 완전한 참패가 드러나고 말았다. 그 나머지는 이미 잘 아는 이야기들이다.

이 주식시장 공황은 오만과 그 오만에 대한 응징이라는 전통적인 주제를 다루는 극적인 서사 구조로 되어 있기 때문에, 경제 대공황 이야기가 나올 때마다 이 부분은 단골 메뉴로 등장한다. 그러나 생각이 깊은 경제사가들은 우리에게 정작 슬럼프는 다른 곳에서 시작되었다고 말한다. 그것은 1925년에서 1929년까지 있었던 투자 붐이 꺼지기 시작한 때부터란 말이다. 왜냐하면 경제를 상승 국면으로 떠받쳤던 바로 그 원동력이 나중엔 되레 불황과 폭락으로 이끌기 때문이다. 그 원동력은 바로 기업의 투자다. 어느 경제사가가 정확하게 지적했듯 "1920년대의 호경기를 종식시킨 썩은 사과의 핵심 요인은 과잉 투자"라 할 수 있다.[12] 달리 말해, 기업들은 가전제품 공장이나 자동차 공장, 철강 공장, 철도 부설 등에 대대적인 투자를 했다. 결국 이 모든 게 과잉 투자였다. 즉, 그들은 충분한 수익을 거둘 정도의 생산 설비보다 훨씬 넘치는 투자를 했다. 예컨대 1925년에서 1929년 사이에 미국의 제조업체 수는 무려 2만 3,000개나 늘었다. 이것보다 더 중요한 것이 있다. 고용된 노동자들의 생산성이 증가함에 따라 공장 규모가 엄청나게 커졌다는 점이다. 일례로, 루지 강에 위치한 포드 자동차 공장은 당시 세계에서 가장 큰 공장으로, 대공황 직전인 1928년에 완공되었다. 사실 공장 규모보다 중요한 것은 노동생산성이다. 예를 들어 포드 T-모델 자동차의 차대 하나를 만드는 데 걸리는 시간은 단 90분이었다. 불과 몇 년 전만 하더라도 12시간 소요되던 것을 고려하면 노동시간이 엄청나게 단축된 셈이다. 1929년까지 미국의 자동차 공장 노동자들은 약 20년 전에 비해 평균 10배나 많은 자동차를 생산하

미시간 주 루지 강변에 위치한 포드 자동차 공장의 1915년경 모습. 1928년 완공 당시 세계에서 가장 큰 조립 라인을 갖추고, 아메리칸 드림과 중산층의 상징인 포드 자동차 모델 T를 생산해 냈다. 그러나 과잉 설비 투자는 주식시장의 거품을 형성하는 데 기여했고, 결국 대공황을 피해 갈 수 없었다.

게 되었다.[13] 그리고 한동안 이 과잉 투자의 규모나 과잉 생산의 위험은 눈에 잘 띄지 않았다. 그것은 크게 두 가지 요인 탓이었다. 하나는 노동자 고용이 계속 증가한 점이다. 당시 이것은 주택 건설이나 공장 건설 등 대형 사업이 많이 생기면서 나타난 결과다. 또 다른 하나는 갈수록 은행 융자가 증가한 점이다. 두 배나 증가한 은행 융자로 인해 소비자들은 공장에서 시장으로 마구 쏟아지는 자동차나 세탁기, 주택 등을 거리낌 없이 구매할 수 있었다. 그러나 이는 과잉 투자가 부채 증가와 연결되어 있음을 뜻할 뿐인데, 이것은 지속 불가능한 일이었다. 우리가 2008년에 다시 배운 대로 과잉 투자와 빚, 이 두 가지는 완전한 유독성 조합일 뿐이다. 그러나 그 당시 흥분의 열기가 고조된 상황에서는 엉터리 같은 겉치레 번영이 주식시장의 거품을 미친 듯 부채질할 수밖에 없었다. 그리고 마침내 당연히 터져야 할 거품이 파열하면, 마치 그 거품이 모든 고통의 원인인 것처럼 보이게 된다. 그러나 실은 그 거품조차 과잉 투자가 만들어 낸 고전적 순환의 결과에 불과했다.

1920년대의 과잉 투자 붐은 1927~1928년 무렵, 실제로 자본의 이윤율을 떨어뜨리기 시작했다.[14] 앞으로 살피겠지만, 자본주의 아래서 생사를 다툴 만큼 중요한 이윤율의 관점에서 볼 때, 기업들은 이미 너무 많은 공장을 지었고 철도 또한 너무 많이 깔았다. 자동차도 너무 많이 생산했고 주택도 너무 많이 지었다. 전력 생산 설비도 너무 많이 구축했다. 그래서 수익성이 떨어지면 기업들은 투자를 줄인다. 그와 더불어 주주들에게 지불하던 배당금도 줄어든다. 이윤이 하락하고, 투자가 축소되고, 해고 행렬이 시작되면, 주가 상승은 이제 무의미하게 된다. 사실 주식이란 배당금 형식을 띠지만, 궁극적으로는 기업 이윤에 대한 몫을 청구할 권리다. 기업 이윤이 줄어드는 상황에서 그 배당을 받기 위한 주식을 사느라 비싼 돈을 지불하는 것은 매우 어리석은 일이다. 바로 이것이 주식시장이 필연적으로 폭락할 수밖에 없는 배경이다. 기업 이윤이 떨어지는 국면에서 주가가 계속 상승할 수 없는 것과 마찬가지로, 기업의 투자 또한 계속 증가하기 어렵다. 이윤이 감소하면, 전체 자본주의 경제가 추락하게 될 것이다. 물론 이 두 가지 사건들의 발생 사이에 시간차가 있긴 하겠지만. 이것이 바로 자본주의 체제의 주요한 공황들에서 발견된 자본주의의 하나의 기본 법칙이다. 이제 이것이 왜 그렇게 되는지 한번 살펴보자.

이윤 체제에 깃든 경제적 불안정성

자본주의 경제가 불안정하게 호황과 불황을 반복하는 경향이 있다는 것은 수많은 정치경제학자들이 설명해 왔던 사실이다. 특히 칼 맑스나 존 메이너드 케인스는 기업의 투자 패턴이 어느 정도로 자본주의 경제의 패턴을 규정하는지 설명했다. 주류 경제학은 개인의 소비를 자본주의 경제의 주축이라고 고집한다. 그러나 현실의 실제 경험에 따르면, "투자 지출이야말로 경기순환을 설명하는 변수다".[15] 그렇지만 케인스는 자본 투자의 순환적 변동을 대체로 심리학적으로 설명했다. 사람들이 소비하기보다는 저축하려는 성향이 강하면('유동성 선호') 경제성장은 둔화된다는 것이다. 그런데 이러한 저축 성향을 유발시키는 것은 사람들의 기대와 예측의 변동들 때문이다. 케인스는 자본 투자의 순환적 변동이 이러한 사람들의 기대와 예측의 변동 때문에 발생한다고 설명했다. 즉, 자본가들은 미래에 대한 비합리적인 불안감 때문에, 부를 투자하는 게 아니라 오히려 축장한다는 것이다.[16] 맑스 이론의 위대한 독창성은 다음과 같은 주장에 있다. 사람들의 필요와 행복을 위해서가 아니라 이윤 창출을 목적으로 하는 생산에 의해 추동되고 강제되는 경제체제 그 자체가 비합리적이라는 것이다. 맑스에 따르면 자본가들은 서로 많은 이윤을 획득하기 위해서 과잉 투자(또는 과잉 축적)를 할 수밖에 없다. 그러나 전체 경제의 관점에서 보면, 바로 과잉 투자 때문에 자본가들은 이윤율을 떨어뜨리고 있다. 자본주의를 공황으로 내몰아 가는 것은 심리적인 결함이 아니라 이윤 극대화를 목표로 하는 시장 생산에 기초한 경제의 동력 그 자체다.

맑스에 따르면, 자본주의 경제야말로 인류 역사상 시장 판매를 주목적으로 재화를 생산하는 최초의 체제다. 물론 역사상 많은 사회들이 사치품 등 재화의 교환을 위해 시장을 활용했다. 그러나 오로지 자본주의 사회에서만 사람들이 자신이 소비할 물품의 대부분을 시장에서 구매한다. 예컨대 아침식사용 커피나 차·주택·옷·오락·교통·음식 등 일상생활에 필요한 대부분을 시장에서 사게 된다.

그런데 자본주의 이전에 대부분의 사람들은 땅에서 일하며 먹고살 았다. 땅은 전체 공동체에 속했다. 땅에 대한 접근성이 있는 한 인간의 생계는 보장되었다. 즉, 생활에 필요한 거의 모든 것을 땅으로부터 얻었다. 그리고 집을 짓거나 난방을 위해 나무나 짚, 진흙, 바위 따위를 구하려고 공유지를 활용하기도 했다. 자기 땅이나 공유지에다 곡식을 경작했고 가축도 길렀다. 그들은 옷이나 가구, 비누와 양초 같은 것도 스스로 만들었다. 땔감을 줍기도 했으며, 들이나 숲에서 산딸기를 따고 산나물과 약초 따위를 캤다. 호수나 연못, 강과 개울 같은 곳에서 고기도 잡고 물도 길었다. 이 모든 것을 공동체 구성원들이 자유롭게 구할 수 있었다. 바로 이런 식으로 그들은 생활수단에 대한 직접적인 사용권이 있었다. 그러나 이런 얘기가, 그들의 삶이 편했다고 말하는 건 아니다. 또 그들이 착취로부터 자유로웠다고 이야기하는 것도 아니다. 왜냐하면 실제 그들도 대개 지주나 성직자, 족장 또는 국가에 지대나 세금을 냈기 때문이다. 그럼에도 그들 대부분은 가뭄이나 전쟁 때를 제외하곤 의식주 등 기본 생계를 해결하는 데 큰 지장이 없었다. 그것은 그들에게 임대지이건 자기 소유지이건 일정한 땅이 있었기 때문이다. 특히 숲이나 들판, 강과 호수 등 광대한 공유지, 즉 공동체가 집단적으로 소유한 땅들도 그들의 생계유지에 큰 도움이 되었다.

그런데 자본주의가 발달하면서 농민들은 그런 땅으로부터 축출되었다. 또 공유지가 사유화되면서 그 모든 것이 죄다 사라지고 말았다. 지주나 부농들이 그런 땅에 돈 되는 건물 같은 것을 짓게 되면서 마침내 농민들은 자신들이 살던 곳에서 쫓겨나 도시의 임금노동을 찾아 나설 수밖에 없었다. 갈수록 토지는 대규모 농장에 집중되었고 이런 농장에서는 땅이 없는 농업 노동자들이 일을 하게 된다. 이 농업 노동자들은 시장에 내다 팔 '현찰 곡물'을 생산하기 위해 지주나 마름의 지시를 받으며 일했다. 한편 영국에서만도 수만 제곱킬로미터에 이르는 광대한 공유지에 울타리가 쳐졌고 마침내 부유한 지주의 사유지로 돌변했다. 이제 땅을 잃어 생계유지가 곤란해진 사람들은 먹고살기 위해 어쩔 수 없이 시장 교환 메커니즘, 즉 구매자와 판매자의 거래 관계 아래로 들어가야 했다.[17] 물론 일부 사람들은 노는 땅을 무단으로 점거하거나 (불후의 전설인 로빈 후드 이야기처럼) 부자들한테 좀 뺏기도 해서 겨우 생존을 유지하기도 했다. 경우에 따라서는 바다에 지나가는 큰 배를 납치하여 그 약탈품으로 일종의 해적 마을을 이뤄 살기도 했다.[18] 그러나 이런 얘기들이 아무리 영웅적이고 때로는 고무적이라 하더라도, 대부분의 가난한 사람들에게는 그림의 떡이었다. 결국 대부분 대중들은 생계를 위해 자신의 노동력을 사 줄 사람을 찾아 나서야 했다. 그렇게 노동력을 팔아 받은 돈으로 생활에 필요한 모든 걸 샀다.[19] 이것은 18세기 영국만이 아니라 세계 대부분의 나라에서, 또 바로 오늘날의 중국에서도 생생하게 볼 수 있는 현상이다. 최근 중국에서는 땅으로부터 쫓겨나 무일푼이 된 수백만의 농민들이 일자리를 찾아 도시 지역으로 대거 이주하고 있다.

요컨대 자본주의가 등장하면서 사람들은 시장 의존적이 되고 말았다.[20] 자신의 삶에 필요한 것을 *스스로* 조달할 수 있는 능력, 즉 경제 자립의 능력을 상실하면서 사람들은 이제 생존을 위해 시장에 매달려야 했다. 이건 결국 사람들이 자기 노동력을 임금과 교환할 수 있는지 여부가 생계유지에 결정적 요인이 되었다는 것이다. 더 나쁜 것은 자신의 의지가 아닌 타자의 강제로, 폭압적으로 노동시장에 끌려가는 경우였다. 초기 자본주의 시절엔 수백만의 사람들, 예컨대 아일랜드 청소년들, 영국 죄수들, 인도나 중국의 가난한 아이들, 스코틀랜드 북부 산악지대에 사는 이들, 아메리카 원주민들이 그랬다. 그리고 아프리카에서 대량으로 납치당한 사람들은 더욱 비참하게도 아예 시장에서 거래되는 인신매매 대상물로 전락했다. 이들은 하인이나 노예라는 이름의 상품으로 거래되었다. 그와 더불어 수백만에 이르는 원주민들은 원래 그들이 살던 땅에서 쫓겨나거나 살해당했다. 어떤 경우엔 식민지 지배자들에게 끌려가 금이나 은을 캐는 광산에서 일하다 과로사하기도 했다.[21] 이렇게 다양한 방식으로 자본주의 시장경제는 수백만 사람들에게 폭력을 통해 강제로 이식되었다.

이 체제에선 모든 경제활동의 기본이 시장의 통제에 놓인다. 누가 돈을 많이 벌어 잘살게 되고 누가 굶어 죽을지를 온통 시장이 결정한다. 이제 대다수의 사람들은 자신의 노동력을 시장에 내다 팔 상품으로 들고 나가야 한다. 흥미롭게도 최근 신자유주의 시대에 들어와 과거의 인신구속이나 노예 상태에 놓인 사람들이 오히려 많이 늘어났다.[22] 그렇지 않은 대부분의 가난한 사람들도 시장의 압력 아래 강압이나 불안정 속에 살아야 한다. 이 경제적 강제란, 이를테면 당신이 노동력을 팔지 못한다면 당신은 생필품을 사지 못할 위험이 커진다는 것이다. 이제 당신은 더 이상 가족이나 씨족, 부족 등이 소유한 땅으로 먹고살 수가 없다. 오늘날 세상은 모두 사고파는 관계를 중심으로 돌아간다. 그래서 시장이 우리의 모든 생활 과정에 밀착해 따라다닌다. 한마디로 시장이 인간 행복을 좌우하는 통제자가 된 셈이다. 자본주의는 우리에게 생활용품을 시장에서 구입하는 것 외는 다른 기회를 주지 않는다. 이제 생필품을 시장에서 사려면 당신도 뭔가 팔아서 현금을 가져야 한다. 요컨대 독립적으로 먹고살 수 있는 수단을 갖지 못한 대다수에게 이것은 자신의 노동력을 팔아야 함을 뜻한다.

그런데 도대체 무엇이 이러한 시장경제를 추동하는가? 자신이 사용하기 위해서가 아니라 시장에 내다 팔 목적으로 상품을 생산한다 함은 과연 무엇을 뜻할까? 과연 기업가들은 무슨 이유로 투자를 많이 해서 곡물이나 휴대폰, 자동차, 철강, DVD 같은 것을 대량으로 시장에 내다 팔려 하는가?

바로 이 지점에서 이른바 주류 경제학은 아무런 답을 내놓지 못한다. 왜냐하면 그들은 자본주의 경제에선 소비자 수요가 무엇이 생산될지를 결정한다고 보기 때문이다. 그들은 마치 자본주의가 인간의 효용을 위해 생산하는 것처럼 말한다. 그러나 수백만의 사람들이 홈리스로 사는 반면 수백만 채의 주택이 텅 빈 채 서 있는 모습, 이것 하나만 해도 지금의 사회경제가 인간의 필요를 기준으로 돌아가는 게 아님을 말해 준다. 집 없는 사람들이 이러한 빈 집들에 대한 사용가치를 아무리 많이 가지고 있다 하더라도, 자본주의 시장은 돈을 내고 구입한 것만 당신이 소유할 수 있지, 당신이 필요하다고 해서 다 소유할 수 있는 것은 아니라고 명령한다. 그럼 이제 본질을 은폐하는 모호한 주류 경제학자들의 이론은 이 정도에서 접기로 하자. 그 대신 철강 회사인 US스틸의 전임 최고경영자가 솔직히 내뱉은 발언에 한번 귀 기울여 보자. 그는 자기 회사가 철강 공장을 폐쇄하고 수천 명의 노동자를 해고하는 것을 이렇게 설명했다. "US스틸은 이윤을 추구하는 기업이지 철강 자체를 만드는 게 목적이 아니다."[23] 얼마나 명쾌한가! 자본주의 현실을 누가 이보다 더 명쾌하게 표현하겠는가? 다시 말해, 자본주의 아래서는 효용 같은 건 별로 중요하지 않다. 오직 이윤이 최고다. 사실 자본주의 기업들은 자신의 생산물에 특별한 애착이 있는 게 아니다. 그것이 압연 철판이건, 빵 덩어리건, 한 벌의 청바지건, 물품 그 자체가 중요한 게 아니다. 자본주의 기업들은 이러한 물건을 생산함으로써 이윤을 창출할 수 있다는 판단이 설 때만 이러한 물건들을 생산한다. 큰돈이 눈에 보일 때만 생산한다. 예컨대 그들이 빵집에 투자를 하는 경우 진정한 목표는 빵을 만드는 것이 아니다. 혹시 그들이 옷 공장을 인수한다고 치자. 그 최종 목적은 바지를 만드는 게 아니다. 같은 논리로 철강 공장을 짓는다 해도, 그 목적은 결코 철강 생산 자체가 아니다. 자본가들에게는 빵이나 옷, 철강 또는 그 외 모든 것도 더 궁극적인 목적, 즉 이윤을 위한 수단에 불과하다. 바로 이것이 자본주의는 직접적 소비가 아니라 교환을 위한 생산체제라 말할 때 진정으로 뜻하는 바다. 즉, 자본가들은 궁극적으로 그들이 시장에 내놓는 물품의 사용가치에 대해선 별 관심이 없다. 그러니 그들이 철강의 내구성에 무슨 관심을 가지겠으며, 코트의 따뜻함이나 감촉 같은 것, 나아가 빵의 맛이나 영양가에 무슨 깊은 흥미가 있겠는가. 그들이 진짜 관심을 갖는 건 이런 물품의 구체적인 쓸모나 품질, 즉 내재적 특성이 아니라 그 상품의 순수한 추상적 특성, 즉 그것이 얼마나 많은 화폐로 바뀔 수 있는가 하는 측면이다. 맑스의 표현을 빌리자면, 자본에게 궁극적으로 중요한 것은 재화의 사용가치가 아니라 가치다.[24]

맑스의 가치 개념*이 의미하는 것은, 한 상품이 화폐나 다른 재화들과 교환될 때 이러한 교환을 가능하게 해주는 상품의 추상적 교환 가능성이다. 말하자면 이렇다. 자본주의에서는 서로 다른 재화 사이에 공통된 물리적·화학적 성질이 없다 하더라도(예컨대 탁자나 청바지에서 빅맥

---

* 하나의 상품은 인간의 노동력을 통해서 만들어졌기 때문에 그 상품 안에는 인간의 노동이 축적되어 있는 셈이다. 그런데 여기에서 인간의 노동은 고립된 개인의 그것이 아니라, 공동체 안에서 사회적인 노동을 의미한다. 따라서 맑스가 말한 상품의 가치는 이러한 인간 노동이 지니는 공동체적이고 사회적 속성의 결정체로서 생산물을 의미한다.

햄버거나 이발에 이르기까지, 또 컴퓨터나 비행기에서 커피나 유람선에 이르기까지) 서로 교환되거나 화폐로 교환이 가능하다. 그러나 이러한 교환이 가능하려면, 시장은 구체적인 특성들과는 분리된 별개의 어떤 측정 기준, 즉 추상적인 측정 표준에 따라 상품들을 측정해야 한다. 따라서 시장은 구체적인 상품들을 수치로 환원시켜 모든 상품들을 하나의 단위로 취급한다. 바로 이런 이유로, 자본주의 경제에선 양이 질을 이긴다. 즉, 모든 질적으로 다른 것들이 반드시 (화폐로 표시되는) 동일한 것의 양적인 단위로 환원되어야 한다. 시장은 어떤 방식으로든지 빅맥 햄버거나 청바지 같은 것을 동일한 측정 기준으로 환원해 수치화할 수 있어야 교환이 된다. 예컨대 빅맥 햄버거는 3달러의 가치 크기를, 청바지 한 벌은 45달러의 가치 크기를 가졌다는 식으로 말이다. 이 경우 시장은 우리에게 특정 상표의 청바지 한 벌이 빅맥 햄버거 15개와 동일한 가치를 지녔다는 것을 알려 준다.

그런데 도대체 어떻게 해서 이런 등식 자체가 가능할까? 완전히 다른 인간적 필요를 충족시키는 전혀 다른 물품들끼리 어떻게 서로 교환이 가능하게 되었을까? 어떻게 해서 그것들이 모두 같은 기준의 숫자로 표시될 수 있을까? 당연하게도 이것은 어떤 물품의 물리적 속성과는 아무 상관이 없다. 햄버거와 청바지 자체가 무슨 공통점이 있겠는가? 또, 컴퓨터와 이발 사이에 무슨 공통분모가 있는가? 그런데 잘 살펴보면, 이 모든 것은 인간 노동의 산물이란 점에서 동일하다. 물론 노동의 구체적인 행위는 완전히 다르다. 예컨대 햄버거를 만들기 위해 준비하고 요리하는 행위, 옷감을 떠서 자르고 재봉틀로 박고 천 조각을 붙여 청바지를 만드는 일, 또 누군가의 머리카락을 자르고 감겨 주는 일 따위는 서로 완전히 다르다. 그러나 이 모든 일들도 결국엔 인간 노동력이 하는 것이란 점에서 공통분모가 있다. 즉, 무슨 일을 하려면 그게 어떤 일이건 사람은 자신의 근육을 써야 하고 에너지를 써야 하며 머리를 굴려야 한다. 이렇게 인간의 보편적 에너지가 소모되어야 무언가가 창조되거나 생산된다. 따라서 각 상품들이 제아무리 다른 구체적 노동의 결과라 할지라도, 그 모두는 인간 노동의 보편적 행위가 만들어 낸 결과물이란 점에서 동일한 것이다. 바로 이 점이 맑스가 말한 추상노동이다. 이 추상노동이야말로 노동의 모든 구체적 형태들로부터 분리된 일반적인 힘으로서 모든 상품의 공통분모다. 자본주의 시장 체제는 상품들 간, 또 상품들과 화폐 간 추상적 교환 가능성을 결정하기 위해서 상품들의 구체적인 형식을 분리하고 나서 그것들의 가치 크기를 측정한다. 이와 마찬가지로, 시장은 또한 노동의 모든 구체적인 행위들을 동일한 측정 기준으로 환원시킨다. 이러한 환원을 통해서 빵 만들기, 용접하기, 미용실에서 머리 손질 등 각각의 노동 과정은 서로 교환 가능하고 시장가치의 추상적인 표현인 돈을 단지 다른 방식으로 버는 것으로 간주된다. 다시 한번, 노동 행위를 포함한 모든 것이 양적인 것으로 환원되고 일련의 숫자들로 표시된다.

따라서 자본주의는 앞에서 설명한 것처럼 가치의 추상화에 의해 지배된다고 할 수 있다. 자본주의는 유용한 특정 사물을 취득하려는 동기가 아니라 단 하나의 추상적인 것, 즉 모든 것과 교환 가능한 돈을 취득하려는 열망에 의해서 통제된다. 빵, 철강, 물, 집, 청바지, 책, 컴퓨터, 자동차 등 모든 것들은 자본주의 기업에게는 단지 잠재적인 돈 덩어리에 지나지 않는다. 부를 축적하려는 자들에게 인간의 구체적인 욕구 충족은 별 관심 사항이 아니다. 이들에게 중요한 것은 매출액이나 이윤과 같은 수치들의 증가뿐이다. 기업들이 폭탄이건 빵이건, 담배건 비타민이건 가리지 않고 투자와 생산을 하는 것도 모두 이런 이유 때문이다. 돈으로 표시되는 추상적인 부만 늘려 준다면 그 무엇이든 못할 일이 없다.

뒤에서 보겠지만, 마찬가지 논리가 주택담보부증권MBS과 같은 금융 '자산'에도 적용된다. 그들에겐 금융자산이 얼마나 부실 채권에 오염되어 있는지 하는 문제는 별로 중요하지 않다. 그들에게 중요한 것은 그런 것이 돈을 더 많이 버는 데 도움이 되는가 하는 점이다. 그러니 그들은 그런 걸 사는 게 인류를 위해 좋은 일인가 하는 질문은 던질 필요가 없다. 어느 캐나다 투자 전문가에 따르면 "사업이란 건 어떠한 감정도 갖고 있지 않아요. 그것의 DNA는 곧 돈벌이랍니다".[25] 바로 이 점이 왜 기업들이 환경오염도 거리낌 없이 자행하는지, 오존층을 파괴하면서도 죄책감을 못 느끼는지, 암 유발 물질이 든 제품도 파는지 등을 잘 설명한다. 이윤에 토대한 경제체제에서는, 돈 버는 데 혈안이 된 기업들에게 이런 사회적 폐해들은 별로 심각하게 여겨지지 않는다.[26] 자본가 관점에서 보면 모든 재화들은 전부 교환 가능하다. 그것은 단지 추상적 부를 담아 놓은 그릇일 뿐이다. 특히 우리가 식량 문제를 찬찬히 보면 이 점을 분명히 알 수 있다.

최근 들어 원자재를 다루는 무역상들은 서로 교환 가능한 상품을 매우 다양하게 창조했다고 말한다. 그 주장에 따르면 그들은 한 상품의 기능을 이쪽에서 저쪽으로 변경하는 기술을 완벽하게 터득했다. 물론 이 모든 노력은 교환가치, 즉 수입이나 이윤을 극대화하기 위한 것이다. 그들에 따르면, 동일한 원료가 돈벌이만 된다면 얼마든지 음식이 될 수도 있고 연료가 될 수도 있으며 플라스틱이나 또 다른 어떤 것도 될 수 있다. 예컨대 옥수수는 음식이지만 얼마든지 바이오연료가 될 수도 있다. 물론 더 많은 옥수수가 바이오연료로 변해 시장에 나온다면 식용 옥수수는 더 적어질 것이다. 그렇게 되면 옥수수로 만든 식품 가격은 오를 것이고 더 많은 사람들이 굶주릴 것이다. 그러나 이런 문제는 자본주의 기업 체제에겐 전혀 중요하지 않다. 어느 사업가의 말을 들어 보자.

당신이 무슨 상품을 사건 우리는 상관하지 않아요. 우리 눈에는 '곡물이나 석유나 서로 맞바꿀 수 있는 칼로리'로 보이죠. 어디 옥수수를 한번 봅시다. 그건 이제 난방이나 운송에도 쓰이는 연료가 되었죠. …… 게다가 석유로 플라스틱도 만들 수 있고 농사용 비료도 만들죠. 우리는 판매를 위해서라면 어떤 상품이건 관계없이 다 사들입니다.[27]

그러나 자본주의 기업이 구체적으로 무엇을 생산하는지, 그것이 어디에 쓰일지에 대해 무관심하더라도, 대부분의 사람들에게 그건 매우 중요한 문제다. 예컨대 앞서 말한 옥수수가 식량으로 쓰일지 아니면 트럭이나 공장을 위해 쓰일지 하는 것은 대단히 중요하다. 2007년의 경우, 전세계 곡물 생산의 절반 미만이 사람들의 식량으로 소비되었다. 그해 세계 곡물 생산은 21억 톤이었는데 사람들이 소비한 것은 불과 10억 톤이었다. 나머지는 바이오연료나 육류 생산용 동물 사료로 소비되었다.[28] 지구상에 10억 명 이상이 굶주림의 문턱에서 비틀거릴 때 세계 곡물의 절반 이상이 그들로부터 멀리 도망쳐 버린다. 그게 더 돈벌이가 되니까. 결국 돈벌이 시스템이 그렇게 만든다.

바로 이것이야말로 이윤을 위해 생산하는 경제의 자기모순적 논리를 이해하는 데 핵심이다. 대개 자본가들이 시장에 진입할 때 그들의 목적은 보통 사람들의 필요나 욕구와는 전혀 다르다. 우리들 대부분에게 돈이란 단지 생활에 필요한 물품을 구하기 위한 수단에 불과하다. 우리는 대개 노동력이라는 상품을 팔고 그 대신 돈을 받는다. 또 그 돈으

자본주의적 생산체제하에서는 더 많은 부, 자본축적 그 자체가 목표가 되어 버렸다. 이것은 우리의 일상에서 돈이 공동체와 인간관계로부터 분리되어, 거꾸로 사람을 노예로 만들고 있음을 의미한다.

로 우리가 소비할 상품을 구입한다. 이것을 간단한 공식으로 나타내면 C-M-C라는 순환 속에 우리가 산다. 여기서 C는 상품이고 M은 돈이다.[29] 우리가 시장에 참여하는 행위의 핵심은 결국 삶의 유지에 필요한 상품을 조달하는 것이다. 자본주의 기업의 관점에서 보면 사정은 아주 달라진다. 기업으로서는 가장 중요한 작동 공식이 M-C-M′이 된다. 자본가들은 돈으로 출발해서 상품을 구입한다. 기계나 원료, 노동력 따위가 모두 상품으로 구입된다. 이 모든 것을 적절히 결합해 그들은 새 상품을 만든다. 빵이나 청바지가 그런 것이다. 그리고 이 상품이 다시 돈으로 교환된다. 그렇다. 바로 이 돈, 생활상의 소비를 위한 물품이 아닌 이 돈이야말로 생산의 최종 목적이다. 여기서 M′이 M보다 크게 될 때 자본가는 보람을 느낀다. 그래서 그냥 M이 아니라 M′이라 쓴 것이다. 그렇지 않고 원래 투자한 돈과 같은 정도만 얻게 된다면, 어느 자본가가 군이 투자를 해서 상품을 생산해 팔려고 하겠는가? 바로 여기에 분명히 뭔가 다른 게 작용한다. 그게 바로 더 많은 부를 축적하려는 무한 이윤 추구의 동기다.

이윤 추구를 향한 이러한 욕망은 단순히 투자자 개인의 특이성만은 아니다. 자본가들이 모두 경쟁적인 환경에서 살고 있기 때문이다. 빵 공장 주인들, 옷 공장의 투자자들, 철강 회사의 CEO 등은 각기 수많은 이들과 경쟁한다. 각자는 시장에 낼 상품을 같은 것이라도 더 싸게 만들려 애쓴다. 그래야 더 잘 팔리고 이윤도 더 많이 얻는다. 그리고 이것은 이윤의 일부를 가장 최신의 기술·기계·설비를 사기 위해 재투자함을 뜻한다. 그래야만 기업이 더 효율적이 되어 같은 제품이라도(또는 더 좋은 제품을) 더 빨리 더 싸게 만들어 판다. 그런데 그런 투자를 많이 하려면 기업은 돈을 많이 벌어야 한다. 한편, 기업은 자신이 쓴 돈보다 더 많은 수입을 얻을 경우에만 투자한 대가를 찾는다. 그 결과 판매를 위한 경쟁은 각 기업에게 비용은 최소화하되 이윤은 극대화하도록 압박을 가한다. 그리고 모든 이윤의 원천은 부불노동, 즉 맑스의 표현에 따르면 잉여노동이기 때문에, 이윤을 올리려면 기업은 노동자들이 일을 더 빨리, 더 집중해서 일하게 만들어 노동생산성(시간당 산출량)을 올려야 한다.[30]

그러나 이윤 극대화를 향한 자본가의 열망은 두 가지 힘든 장애물을 만난다. 하나는 노동자들이고, 다른 하나는 다른 자본가들이다. 우선 노동자 측면을 보자. 자본주의 사회의 노동자들은 임금이나 복지 등을 개선하는 데 관심을 둔다. 그리고 일을 하면서 육체적·심리적 스트레스를 가급적 적게 받으려 한다. 그러니 이들은 자신들로부터 더 많은 이윤을 뽑아내려는 기업의 시도에 종종 저항하기도 한다. 결국 노동자들의 저항이 더욱 성공적일수록 기업이 추구하는 생산성이나 수익성은 제한된다. 다음으로 경쟁 회사의 측면을 보자. 다른 자본가들은 경쟁사가 차지한 시장점유율이나 매출액을 자기 쪽으로 당겨 오는 데 관심을 둔다. 시장에서 구매자의 수가 일정한 상황에서 자본가들은 어쩔 수 없이 다른 경쟁자들과 시장점유율 싸움을 해야 하는 것이다. 이러한 두 가지 제약 조건들은 모든 자본가들에게 신기술에 개발 투자비를 증액하라는 지상 명령을 내린다. 신기술을 도입하면 노동자 저항을 효과적으로 잠재울 수 있고 노동강도를 높이기 쉬우며 다른 회사와의 경쟁에서 우위를 점하기 쉽기 때문이다.

물론 신기술이 생산성이나 수익성을 높이는 유일한 방법은 아니지만, 여러 방식 중 가장 효과적인 것 중의 하나인 것만은 분명하다. 사실 실무에서는 단순히 단위 시간당 노동을 더 많이 하게 압박을 가해 생산의 속도를 높이기도 한다. 그러나 이건 한계가 뻔하다. 우선 노동자의 육체적 능력이 무한할 수 없다. 계속 빨리 일하도록 재촉을 받게 되면 나중엔 분명히 불량률이 높아지거나 지치기 쉽다. 다음으로, 노동자의 태도 측면에서 노동자들이 항상 노동강도 강화를 수용할 것이라 생각하면 오산이다. 이런 배경을 생각할 때, 신기술은 이런 문제를 대부분 해결해 준다. 기계는 노동과정을 자동화하고 노동효율을 높이도록 업무를 재편한다. 특히 기계는 수많은 노동자를 대체하면서 실업률과 불안감을 높여 노동자의 저항을 잠재우는 데 아주 좋은 도구가 된다. 실제로 최근 수십 년 사이에 자동화 기계, 로봇, 컴퓨터 시스템 같은 것들이 바로 이런 목적으로 대거 도입되었다. 신기술은 또한 자본가들이 시장점유율을 높이기 위해서 서로 경쟁할 때 유리한 고지에 올라서는 것을 도와준다. 단위 시간당 생산량은 늘리고 비용은 줄여 주기 때문이다. 예컨대 포드 자동차 공장의 컨베이어 라인이 T-모델 차대의 생산 시간을 예전의 12시간에서 불과 1시간 반으로 줄였던 사실을 생각해 보라. 이 생산성 향상은 기업가에게 매우 중요한데, 그것은 같은 상품도 더 싸게 생산할 수 있는 기업이 시장점유율 경쟁에서 유리한 고지를 차지하기 때문이다. 다른 조건이 일정하다면, 바로 이런 이유로 시간이 흐름에 따라 상품 가격이 하락하는 경향이 있다.[31] 실제로 지난 10년 내지 20년간 개인용 컴퓨터나 디지털카메라, 노트북, 휴대전화 등의 가격 변화를 잘 보라. 이 점이 보다 확실해질 것이다.

이런 맥락에서 기업들은 갈수록 신기술에 대한 투자를 늘리려 하고, 또 그렇게 하기 위해 더 많은 매출과 이윤을 올려야 한다. 실은 신기술에 대한 투자만이 아니다. 새 공장, 광산, 제철소, 사무실 등 새로 투자해야 할 곳이 참으로 많다. 그러려면 돈을 더 많이 벌어야 한다. 이런 식으로 기업이 받는 압박은 끝이 없다. 게다가 어느 기업이 완전 최신의 기계 시스템을 도입하게 되면, 어제까지만 해도 최신 기술이던 것이 벌써 쓸모가 없어진다. 경제적 생존 경쟁은 이런 식으로 아직도 쓸 만한 시설을 서둘러 교체하게 만든다. 이런 식으로 새로운 생산수단을 도입·축적하기 위해서라도 자본가들은 이윤 극대화의 압력에 부단히 시달린다.[32] 이런 이유로 자본주의 체제의 특징은 정신없이 빠르고 불안감에 의해 추동되는 성장의 추구라 할 수 있다. 최소한 위기가 닥쳐올 때까지는 말이다. 그런데 이 위기조차 실은 바로 그 광적인 성장 추구에 의해 초래된다. 왜냐하면 극심한 경쟁 상황에서는 가만히 서 있는 기업은 망하기 쉬우므로, 기업들은 경쟁력 향상을 위해 끊임없이 팽창하도록 압박을 받기 때문이다. 이미 아는 바처럼, 자본주의적 성장은 인간의 필요를 더 잘 충족시키려는 것이 아니다. 그것은 경쟁에서 승리하는 데 도움이 된다면 무엇이든 하려고 한다. 결과적으로 각 성장 주기는 또 다른 성장 주기를 요구하기에, 결국 살인적인 무한 경쟁이 부단히 일어난다. 이것은 기업가들이 자유의지로 선택할 수 있는 사항이 아니다. 체제의 명령이기 때문이다. 어느 인상적인 구절에서 맑스는 자본주의에서 신앙처럼 된 팽창의 명령을 조롱하고 있다. "축적하고, 또 축적하라! 그것이 구세주 모세요 예언자니라."[33]

이런 분석 내용이 말하는 것은 자본주의 시장 체제가 어느 누구도 통제할 수 없는 메커니즘으로 짜여 있다는 사실이다. 모든 행위자들이 그 명령에 순응해야만 잘 돌아간다. 한마디로 이윤을 충분히 획득하지 못하는 기업은 망하고 만다. 시장은 결국 마치 독자적인 규칙을 지닌 컴퓨터 프로그램처럼 돌아간다. 불행히도 그런 규칙들은 종종 대파국을 부른다. 어느 유럽의 은행가가 말하듯, "우리는 마치 비행기 조종사 같은 면이 있어요. 비행기가 곧 추락하고 말 것이라는 걸 아는 조종사 말이죠. 그런데 그 컴퓨터 통제 시스템이 도통 말을 안 듣는 거 아니겠어요? 우리가 바로 그런 신세랍니다. 컴퓨터가 내 말을 듣는 게 아니라 자기 규칙대로만 움직이는 거죠. 지금 시장 체제도 이것과 꼭 마찬가지입니다."[34] 미국의 1930년대 대공황기에 존 스타인벡이란 작가는 『분노의 포도』라는 명작에서 바로 이런 논리를 명쾌하게 서술한다. 그 소설 속에서 한 등장인물은 왜 은행이나 지주들이 소작농으로부터 토지를 뺏어 가는지 이렇게 설명한다.

끼니를 해결하고 세금을 치를 수만 있다면 땅을 가지고 있어도 되겠죠. …… 그런데 말이죠, 은행이나 회사는 그럴 수가 없어요. 그놈들은 공기를 호흡하지도 않고 고기를 먹지도 않거든요. 그놈들은 이윤이 있어야 숨을 쉰단 말입니다. 밥 대신 이자를 먹고 살아요. 공기가 없거나 고기가 없을 때 당신들이 죽는 것처럼, 그놈들도 이윤을 얻지 못하면 죽어요.[35]

이런 식으로, 사람들에게는 토지가 필수적 생활수단이지만 자본가에게 그것은 이윤 획득 또는 재산 증식의 수단에 불과하다. 자본가들은 토지나 공장이 우리들의 생활을 충족시키는 필수품만을 생산하는 것만으로는 만족하지 않는다. 왜냐하면 이들이 원하는 것은 갈수록 재산이 쑥쑥 불어나는 것이기 때문이다. 바로 이런 지속적 팽창에 대한 열망이 2008년 경제위기의 핵심적인 원인이다. 사실 모든 자본주의 기업은 비용을 줄이고 매출과 이윤을 올리기 위해 다양한 투자를 한다. 그래서 앞을 다투어 광적으로 공장을 짓고 사무실, 광산, 제철소, 호텔, 쇼핑센터를 지어 댄다. 물론 이미 있는 시설은 계속 새로운 장치나 기술로 업그레이드를 하면서 말이다. 이 모든 것은 처음 한동안은 경제 활성화에 도움이 된다. 그러다가 사태가 조금씩 꼬이기 시작하면, 기업들은 경쟁력을 높이기 위해 금융기관으로부터 대출을 해 추가로 투자하기도 한다. 필요시 정부에 이자율을 낮추라고 압박하기도 한다. 그래야 소비자들도 은행에서 돈을 빌려 소비를 더 많이 할 것이라 말하면서 말이다.

바로 여기서 중요한 질문은 도대체 왜 사태가 꼬이기 시작하는가 하는 것이다. 어떻게 해서 자본주의의 성장 과정은 자본주의의 토대 자체를 허물어뜨리게 되었는가? 이에 대한 맑스의 대답은 자본주의의 팽창 과정이 과잉 축적과 이윤율 하락을 초래하기 때문이라는 것이다. 이를 보다 자세히 살펴보자.

과잉 축적 및 이윤 하락

사실 과잉 축적이란 우리가 앞에서 말한 과잉 투자를 달리 표현한 것이다. 과잉 축적이 현실화하는 것은 같은 상품을 생산하는 공장이나 설비가 시장 수요에 비해 너무 많아졌기 때문이다. 생산물이 빵이건 청바지

건 자동차건 모두 마찬가지다. 서비스 업종도 마찬가지다. 일례로 레스토랑이나 카리브 해 여행 상품 같은 걸 파는 여행사 등 서비스 회사도 너무 많다. 그런 상황에서는 일부 사업체들은 전혀 이윤을 남기지 못하기도 한다. 즉, 임대료나 직원 월급, 원재료비나 각종 설비비, 나아가 은행 융자 상환 등 기본적으로 들어가는 돈조차 벌지 못하기 일쑤다. 이들도 처음에는 살아남기 위해 미친 듯이 은행 융자를 더 받을 수도 있다. 만약 투자에 비해 획기적인 이익 증대가 없다면 마침내 그들은 파산하고 만다. 바로 이것이 과잉 투자 자본이 위기에 빠지게 되는 경로다. 이런 상황이 지속되면서 투자 대비 수익률, 즉 이윤율은 갈수록 떨어진다. 이 상황을 더욱 악화시키는 또 다른 요인도 있는데 그것은 기계화가 가진 모순적 영향이다.

한번 생각해 보시라. 원래 기계화는 생산을 가속화하기 위해서, 또한 가격 경쟁에서 이기기 위해 필요하다. 그리고 이윤의 원천이 노동이라는 사실도 기억하시라.[36] 그렇다면 바로 여기서 우리는 하나의 모순에 직면한다. 기업이 경쟁력을 높이기 위해 기계화를 하면 할수록 뜻하지 않게 그 이윤율이 줄어든다는 모순이다. 사실 기계화라는 것은 예전에 노동자들이 하던 일을 기계로 대체하는 것에 다름 아니다. 결과적으로 기업은 기계나 장비 같은 데 더 많은 돈을 쓰는 반면, 노동에는 더 적은 돈을 쓰게 된다. 이를 달리 표현하면, 단위 설비당 노동력의 양이 줄어드는 것이다. 같은 이야기를 주류 경제학에서는 기업의 투자 양상이 갈수록 '자본 집약적'으로 된다고 말한다.[37] 일례로 미국의 100대 기업을 기준으로 볼 때, 제2차 세계대전 이후 1949년에서 1962년 사이에 노동자 1인 대비 설비 투자액은 두 배로 늘었다.[38] 이것은 다른 모든 조건이 동일하다면 잉여가치와 이윤의 원천(즉 살아 있는 노동력)이 시간이 갈수록 줄어들게 된다는 이야기다. 이와 같이, 흥미롭게도 기계화는 생존경쟁을 위한 비용 절감을 가능하게 하는 반면, 기업 이윤의 유일한 원천인 인간 노동력 구매를 위한 지출마저도 줄인다. 그 결과 수학적으로도 명백하듯이, 총투자 대비 노동의 비중이 떨어짐에 따라 총투자 대비 이윤율도 하락하는 경향이 생긴다.[39] 물론 그렇다고 해서 모든 기업이 수익률 하락을 경험하는 건 아니다. 당연히 일부 가장 효율적인(대개 가장 기계화가 잘된) 기업들은 시장점유율도 오르고 이윤도 증가하게 된다. 반면 효율성이 낮은 기업들은 희생양이 되어 망하기 쉽다.[40] 이런 개별적 상황을 초월해 크게 보면, 체제 전반적으로 이윤율이 하락하는 '경향'이 있음을 알 수 있다(물론 이것은 경향성이지 철의 법칙은 아니다). 즉, 기계화라는 것은 혁신가의 입장에서 볼 때는 대단히 바람직한 일이지만, 자본주의 체제 전체적으로 볼 때는 모순적인 결과를 초래하고 만다.

이것을 경향성으로 이야기하는 또 다른 이유는 맑스도 이미 말한바, 기계화란 것이 기계 자체의 값도 싸게 만드는 경향이 있기 때문이다. 이것은 이윤율의 하락 경향에 반작용을 가해 그 일부를 상쇄할 수도 있다. 종종 실제로도 그렇게 된다. 그러나 이것은 대규모 위기 시에, 그리고 기업들이 낡고 비싼 설비를 보유한 채 가격이나 시장점유율을 둘러싼 생존경쟁을 치열하게 할 때 잘 그렇다. 하지만 기업들의 수익성이 갈수록 떨어짐에 따라, 또한 기존의 시장점유율을 유지하게 위해 자꾸 가격을 내리게 되면서, 낡고 비효율적인 기술 체계를 가진 기업가들은 더 이상 버티기 어렵다. 많은 경우, 채 본전을 뽑기도 전에 망하고 만다. 많은 기업들이 이렇게 해서 살아남기 어려워진다. 결국 그들은 아직도 예전의 기계 값을 더 갚아 나가야 함에도 불구하고 눈물을 머금고 낡은 기계 설비들을 해체해야 한다. 아직 본전도 뽑지 못한 설비를 버려야 하니 엄청난

손해를 감수하는 셈이다. 이 부분도 자본가의 이윤을 더욱 극적으로 하락시키는 요인이 된다.[41]

이런 면에서 기계화란 것이 자동적이고 단선적인 방식으로 이윤율을 저하시킨다고 볼 수는 없다. 사실은 앞서 보았듯, 일부 혁신적인 자본가들에게 상당한 수익성을 보장하기도 한다. 그러나 최소한 상대적인 의미에서 노동을 신기술로 대체해 나가면서 이윤에 하향 압박이 가해지는 것만은 분명하다. 이 과정에서 가장 비효율적인 기업가들은 갈수록 취약해지고 마침내 경쟁에서 탈락하거나 경제적 슬럼프에 빠진다. 이렇게 많은 기업들은 매우 극적으로 슬럼프에 빠지고 이윤율이 떨어지면서 파산 위기에 내몰린다. 크게 보면 용케 살아남은 기업들에게는 그런 파산조차 수익성 회복에 도움이 된다. 상당한 기업들이 파산하는 현실 자체가 전체적으로 새로운 경기 회복의 기초가 되기도 한다. 물론 이 과정은 필연적으로 체제 전반의 경제적 위축이라는 고통과 역경을 수반한다.

과잉 투자 및 이윤 하락이라는 이 두 경향이 맞물려 작동하는 한, 자본주의는 위기를 향해 치닫는다.[42] 여기서 그 위기의 심각도를 결정하는 두 요인은 첫째, 활황기 동안에 금융 부문이 얼마나 무분별하게 문어발식으로 확장했는지, 둘째, 이것이 은행이나 신용 체제 전체를 얼마나 취약하게 했는지 하는 것이다.

금융, 신용, 그리고 위기

"사람이 돈을 굴리는 게 아니라 돈이 세상 사람들을 굴린다." 얼핏 그럴싸하지만, 이게 잘 들어맞는 것은 오직 자본주의 사회에서뿐이다. 실제로 자본주의 사회에서 죽느냐 사느냐를 결정하는 것은 돈이기 때문이다.

이 세상의 가장 가난한 사람들에게 이 말은 공포스런 진리지만, 실은 거대한 기업들도 마찬가지다. 물론 거대 기업이 망하는 것과 가난한 자가 굶어 죽는 것은 성질이 전혀 다르다. 앞서 살핀바, 자본주의 생산과 교환의 순환(M-C-M′)은 화폐에서 시작해 화폐로 끝난다. 자본에게 가치 있는 것이란 물품 자체의 내재적 특성 때문이 아니라 그것이 화폐와 교환될 가치가 있기 때문에 그런 것이다. 더구나 기업 입장에서 보면, 돈을 벌기 위해서라도 돈이 절실히 필요하다. 그리고 기업들이 경쟁에서 버티기 위해 필요한 투자를 제대로 하려면 은행 등에서 돈을 빌려야 하는 경우가 많다. 이런 이유로 현대 자본주의는 고도로 발전한 신용 체제 없이는 제대로 돌아가지 못한다. 이 신용 체제는 대개 은행, 증권거래소, 기타 금융기관을 포함한다. 이런 것들이 자본가들로 하여금 막대한 자금을 조달하게 돕는다. 사실 자본가가 조금씩 번 돈만으로는 충분한 재투자를 해 경쟁력을 유지하기 어렵다. 그러나 기업이 돈을 빌리려면 당장 필요한 투자 자금을 빌려 가는 대신 장래 벌어들일 이윤의 일부를 주겠노라 약속을 해야 한다. 그 약속의 형태는 주식일 수도 있고 채권이나 어음일 수도 있다. 이때 약속된 장래의 이윤은 애초에 빌린 원금은 물론 정기적으로 지불해야 할 이자까지 모두 낼 정도로 많아야 한다. 그런데 은행과 같은 채권자가 돈을 빌려 주면서 받는 건 기업이 나중에 돈을 주겠다는 약속뿐이다. 이것은 기업이 이윤을 벌면 그 중 일부를 가져갈 수 있는 권리다. 결국 채권자가 받는 것은 일종의 가공자본이다. 이것은 실제 건물이나 기계, 상품 따위와는 달리 종이 한 장의 약속에 불과하다. 기업 등의 채무자가 나중에 주기로 약속한 이윤은 경우에 따라서는 영원히 현실화하지 못할 수도 있는 것이기에 허구적이다. 이런 '금융자산'을 소지한 이들이 진짜 소유한 것은 부채, 즉 법적인 차용증이다. 그런데 만일 은행에

서 돈을 빌려 간 기업이 망하게 되면, 그 돈의 일부는 몰라도 결코 완전히 다 갚기는 어렵다.[43]

실제의 상품더미들이나 생산수단과는 달리 가공자본은 **미래** 부에 대한 청구권이기에 그 자체로 위험하다. 그런데 만일 이 가공자본 자체가 또 다른 상품으로 사고 팔리게 되면 사태는 더욱 위험해진다. 우리 현실은 그런 것을 거래하는 금융시장이 이미 왕성하게 성장해 버린 상태다. 이제 금융자산은 가공 상품이 되어 버렸다. 게다가 투기 붐이 한창 일게 되면 그런 금융상품은 미래의 이윤에 비해 엄청 부풀려진 가격으로 거래된다. 원래 합당하게 청구되어야 할 액수에 비해 상당한 거품이 끼게 되는 것이다. 예를 들어 닷컴 붐이 한창일 때, 일부 신생 기업의 주가는 실제 그들이 버는 것보다 수백 배나 부풀려져 거래되기도 했다. 실제로 2000년 초 시스코시스템즈의 주가는 그 회사가 정작 벌어들이는 수준에 비해 160배나 높게 팔렸다. 이를 좀 달리 표현하면, 만일 당신이 시스코 주식을 구입한 뒤 그 기업의 실제 배당금을 받아 애초 투자한 본전을 찾으려 한다면 무려 160년이나 걸릴 것이란 말이다. 다른 누군가가 그 주식을 더 비싼 값으로 살 거라고 기대하는 투기꾼이 아니라면, 제정신이 있는 어떤 사람이라도 그런 노름은 하지 않을 것이다. 그런데 주식시장에 거품이 많이 끼어 이른바 '비합리적인 과열'이 발생하면 투자자들이 합리적인 투자가가 아니라 광기 어린 투기꾼으로 돌변한다. 많은 투자가들이 주식이나 다른 금융자산을 사기 시작하는데, 그것은 해당 기업이 향후에 이윤을 많이 획득할 것이라 기대해서가 아니라 단지 그 가공자산 자체의 가격이 오를 것이라 기대하기 때문이다. 요컨대 그들은 **순전**히 투기적 거래에 빠진 셈이다.[44] 그러나 기대와는 달리, 마치 1929년에 그랬던 것처럼, 투자자들은 본전마저도 찾기가 힘들었다. 다시 말해 실물경제는 기대했던 수준의 이윤을 창출해 내지 못했다. 그렇게 되면 경제 현실이 투기 바람에 역공을 가함으로써 복수한다. 이제 투기 열풍은 공황 상태로 돌변한다. 2001년 엔론 사 주식의 경우가 대표적이다. 그 주식은 거품이 한창일 때 주당 90달러였으나 거품이 터지자 (250분의 1 수준인) 주당 36센트로 폭락하고 말았다. 그리하여 2001년 그 회사가 무너져 내리는 동안, 주주들이 소유했던 가공자본 600억 달러가 순식간에 물거품이 되고 말았다.[45]

앞서 살핀바, 생산수단(공장·기계·건물 등)의 과잉 축적도 이미 위기를 내포하고 있는데, 이제 이러한 가공자본까지 엄청 과잉 축적되면 위기 상황은 더욱 증폭된다. 왜냐하면 이 가공자본은 대개 주식, 채권, 부채담보부증권^{CDO} 같은 것으로 표시되는데, 공황이 닥치면 이 모든 것이 완전 쓰레기 취급을 받기 때문이다. 게다가 금융자산을 헐값에 팔아치우는 것은 한 회사 자체를 파는 것보다 훨씬 쉽기 때문에, 위기는 바로 이 분야에서 가장 자주 그리고 폭력적으로 발생한다. 투자자들이 마침내 잔치가 끝났음을 알아차리자마자 그들은 그 종이 청구권에 불과한 주식을 서둘러 팔아 치우려 한다. 그 '가치'가 모두 증발해 버리기 전에 말이다. 이런 일은 실제로 1929년에 일어났고, 보다 최근엔 주택담보부증권의 경우가 그랬다. 사태가 이 단계까지 진척되면, 2008년의 경우처럼 대개 금융위기가 폭풍의 핵이 된다. 그리하여 은행들이 마구 쓰러졌고 세계 주식시장도 주가의 절반을 날려 버렸다. 이처럼 금융 부문의 과잉 축적은, 이미 체제 전체를 관통하여 불안정한 단층선을 그어 놓은 상태이기 때문에, 마침내 생각보다 심각한 파국을 부른다. 바로 이것이 "체제의 전반적인 위기가 얼핏 보면 …… 단순히 금융 및 화폐 공황인 것처럼 보이게 되는" 배경이다.[46] 그러나 사실은 1929년의 경우가 그랬던 것처럼, 글로벌 슬럼프의 근본적 원인은 단순한 금융 불안이 아니라 자본주의 체제 전체의 이윤율 저하이다.

이 모든 것에도 불구하고, 어느 자본주의 위기도 영원하지는 않다. 1930년대를 우울하게 만든 대공황조차 결국엔 끝이 났다. 비록 대규모 전쟁과 어마어마한 인간적 고통을 수반하긴 했지만 말이다. 나아가 최근의 위기 또한 최소한 10년 내지 그 이상 우리에게 과도한 고통을 요구할 것이기에, 우리는 자본주의가 공황으로부터 탈출하기 위해서 어떤 메커니즘을 동원하는가를 설명해야 한다. 이게 우리들 앞에 놓인 시급하고 절실한 학습 과제이다

'창조적 파괴': 자본주의가 사람들을 빠뜨려 배를 바로 세우는 방식

'창조적 파괴'란 말은 일찍이 조지프 슘페터가 자본주의 성장과 위축의 역동적 과정을 서술하기 위해 쓴 용어다. 이것은 공장 폐쇄나 기계 해체, 대량 해고 등 파괴를 통해 자본이 궁극적으로 새로운 성장 주기의 기초를 닦는다는 뜻이다. 슘페터의 용어는 대단한 통찰력을 지니고 있다. 왜냐하면 자본주의가 그 위기를 해결하는 데 필요한 광란의 파티를 잘 보여 주기 때문이다. 그러나 '창조적 파괴'란 말은 진실을 호도하기도 한다. 왜냐하면 이 말 자체가 우리로 하여금 오랜 고뇌 끝에 자신이 빚은 도자기를 깨부수어 버리는 도공이나 자신이 그린 그림을 찢어 버리기조차 하는 피카소를 쉬이 연상시키기 때문이다. 피카소는 자신의 작품이 가진 엄청난 힘과 인간적 의미를 드러내기 위해 캔버스를 부수어 버리는 화가로서 '창조적 파괴'의 전형을 보여 준다. 그런데 자본주의의 파괴성은 도공이나 피카소처럼 자신을 희생시키는 영웅적인 결단과는 거리가 멀다.

자본주의 경제가 돌발적으로 붕괴되면 무자비하고 살벌한 무차별적 폭력이 한바탕 잔치를 벌인다. 그 와중에 사람들은 홈리스가 되고 우울증 같은 각종 질병도 난무한다. 아이들도 고통을 당하거나 죽기도 하며, 온 사회에 육체적·정신적 트라우마가 전염병처럼 번진다. 우리는 이런 자본주의 폭력이 초래하는 비인간적 결과들을 정직하게 보아야 한다.

그럼에도 불구하고 위기란 것이 자본주의의 성장을 다시금 꾀하는 데 도움이 되는 메커니즘인 것도 확실하다. 이미 슘페터 이전에 맑스가 말한 바 있듯, 자본이 과잉 축적이나 이윤율 저하 위기를 극복하려면 '과잉 자본'을 파괴하는 것이 가장 좋은 방법이기 때문이다. 그래서 자본은 매출액이나 수익성이 낮은 사업들을 과감히 파산시켜 버린다.[47] 물론 이런 것이 일어나는 때는 불경기나 공황기처럼 경제가 깊은 골짜기로 빠지는 때다. 궁극적으로는 그런 위기를 지나면서 자본이 새로 투자하거나 성장할 수 있는 여건들이 다시금 마련된다. 그러나 이 자본의 파괴란 해당 기업이나 그 투자자들에겐 엄청난 금융적 손실을 의미하고 또 그 노동자들에게는 대량 해고를 뜻하기에, 그것의 직접적 효과는 심대한 경제적 트라우마일 수밖에 없다. 생각해 보라. 기업들이 망하고 그들에게 돈을 빌려 준 금융기관이 파산한다. 노동자들은 대량으로 실직하고 구매력은 급격히 떨어진다. 이 모든 것이 서로 얽혀 나선형을 그리며 아래로 추락한다. 마찬가지로 중요한 사실은 경제위기가 노동자 임금을 전반적으로 하향 평준화하는 데 기여한다는 점이다. 일시 해고와 실업, 빈곤이 늘어남에 따라 기업가들은 노동자의 임금수준을 정하는 데 더 강력한 힘을 행사할 수 있게 된다. 그래서 자본주의 역사상 모든 경제위기는 언제나 노동자 실질임금의 하락을 수반했다.

그런 식으로 자본주의적 위기는 공장, 사무실, 광산, 제철소 같은 것을 폐쇄함으로써 과잉 자본을 청소해 버린다. 동시에 위기는 살아남은 기업들에게는 여러 비용을 많이 절감해 준다. 인건비만 떨어지는 게 아니라 원재료 가격이나 다른 부품 가격도 같이 떨어진다. 나아가 경제위기 동안엔 살아남은 기업들이 이미 파산한 다른 기업들로부터 건물이나 기계 같은 자산을 헐값으로 살 수도 있다. 더욱 중요하게는, 이 살아남은 기업들이 이 시기에 완전히 새로운 기술과 생산체제를 도입함으로써 이윤율을 급격히 높일 수도 있다는 점이다. 이것은 경쟁 기업들이 대거 시장에서 축출되고 전반적인 비용들이 하락하면서 가능해진다. 2장에서도 이미 살핀바, 1970년대 후반과 1980년대 초반 동안에 있었던 철강 산업의 구조조정 과정은 대표적 사례가 될 것이다.

금융위기는 이 과정에서 그런 자본의 파괴가 일어나도록 돕는 데 매우 핵심적인 역할을 한다. 어떤 기업의 주가가 극단적으로 폭락하면 그 기업은 오히려 쉽게 망하거나 팔릴 가능성이 높아진다. 그렇게 되면 기존 투자가들은 서둘러 돈을 뽑아 가려 하고 흔들리는 기업들은 신용도가 추락하여 더 이상 돈을 빌릴 수 없게 된다. 그런 위기가 대규모로 진행되면 완전한 공황 상태가 도래하여, 은행과 기업들은 서로 급하게 돈을 빌려 주고 빌려 받음으로써 결국 금융 경제가 전체 경제를 장악하게 된다. 바로 이 지점에서 태풍의 핵은 주식시장이나 화폐시장이 된다. 맑스는 그런 파괴의 물결이 진행되던 상황을 이렇게 묘사하고 있다.

중대한 단절은 ······ 자본의 **가치**와 연관해서 일어난다. 잉여가치 또는 이윤에 대한 청구권의 형태로 존재하는 자본가치 부분, 다른 말로 대출·주식·채권 등 다양한 형태로 표시된 지불 약속 증서는 자본의 미래 예상 수입이 하락함과 동시에 철저히 평가절하되고 만다. ······ 미래의 특정한 날에 지불하기로 한 약속들이 서로 맞물려 수십 수백 군데서 어긋나고 만다. 나아가 이 것은 얼마 지나지 않아, 그동안 자본의 발달과 함께 융성하게 된 금융체제 자체의 붕괴를 부른다. 결국 이 모든 것이 폭력적이고 고통스런 위기 상황 을 초래한다. ……[48]

그런데 자본주의가 나이를 먹으면서 위기 또한 갈수록 그 파괴성이 심해진다. 그래야 새로운 팽창을 위한 조건들이 다시금 마련될 수 있기 때문이다. 자본의 단위들, 즉 그 체제의 핵심을 이루는 기업이나 은행들 이 갈수록 대형화하면서 그들은 자신의 죽음을 예방하고 더 오래 살기 위해 갈수록 더 많은 자원을 동원해 왔다. 사실 위기 상황이 닥쳐와 웬만 한 중소기업들이 파산을 면치 못하게 되는 경우에도, 많은 자본들은 목 숨이라도 부지하기 위해 수단과 방법을 가리지 않는다. 대표적인 방법으 로, 적자를 보면서도 억지로 사업을 계속하며 상황이 좀 나아질 때까지 시간을 벌어 보는 것, 아예 경쟁 업체와 합병을 해버리는 것, 한 은행에서 빌린 돈을 다른 은행에서 빌려 갚아 나가는 것 등이 있다. 이와 동시에 정 부가 자주 개입하여 그런 기업을 도와주기도 한다. 실제로 2008~2009년 위기 때도 미국과 유럽의 국가들은 자동차 기업들과 주요 은행을 구원하 기 위해 그렇게 했다. 그 명분은 만약 이들 기업이나 은행이 망하면 전체 경제에 대파국이 올 것이라는 논리였다. 그러나 흥미롭게도, 그런 대형 기업들이 망하지 않게 만들어 준 전술이 결과적으로는 전체 체제가 다시 금 팽창하는 데 필요한 '창조적 파괴'를 못하게 가로막았다. 이미 오래전 인 1931년에 바로 그런 역설적 현상을 연구한 러시아 경제학자 프레오브 라젠스키는 이런 주장을 폈다. 이 새로운 자본주의 역학은 "위기로부터 불경기로 전환되는 과정에서 일종의 혈전증"을 유발했다는 것이다. 즉,

국가의 개입으로 말미암아 체제에 내재한 파괴적 경향성 자체가 억압되어 버린 것이다.[49] 그 결과 위기의 고통은 좀 덜할지 몰라도 위기 자체는 연장되고 말았다. 요컨대 자본의 파괴를 방지함으로써 불경기가 덜 잔인해진 대신, 파괴를 통해 새로운 자본 증식의 조건을 재창조한다는 긍정적 효익 또한 훨씬 줄고 말았다. 사실 우리가 대공황을 볼 때 굉장히 특이한 점 중 하나는 평균 실업률이 20% 이상에 이를 정도의 불황 내지 슬럼프가 10년 정도 지속되었는데도, 그것이 자본주의 체제를 정상화하지 못했다는 사실이다. 즉, 야만적인 살육과 문명 파괴를 동반한 제2차 세계대전이 없었다면 위기에 빠진 자본주의는 새로운 성장의 기초를 닦을 수 없었을 것이다.

사실 제2차 세계대전만큼 무자비하게 파괴적인 사태는 인류 역사상 존재하지 않았다. 대량 학살은 전례 없었다. 수천만 명이 죽임을 당했다. 나아가 그보다 더 많은 이들이 집을 잃고 고향을 떠났다. 그러나 사악하게도, 그 전쟁 와중에 자행된 경제적 파괴는 소기의 목적을 달성했다. 예컨대 일본의 경우 전 공장의 4분의 1이 파괴되었고 기계나 장비의 3분의 1을 잃었다. 독일의 경우는 총자본량의 약 20%가 파괴되었으며, 이탈리아의 경우 철강 산업의 4분의 1이 날아가 버렸다.[50] 바로 이런 방식으로 자본의 과잉 축적 문제는 일거에 해소되었다. 우리가 상상할 수 있는 가장 야만적인 방식으로 말이다. 나아가 저항적인 노동 또한 고분고분한 자세로 돌려져야 했다. 사실 전쟁 기간 내내 반파쇼 민주주의 운동의 열기가 전쟁이 주는 고통에 대한 분노와 결합했고, 전후에도 유럽, 미국, 동아시아 전역의 노동자들은 반자본주의적·민주주의적 저항을 계속했다. 세계 곳곳에서 대중 파업, 점거 운동, 노조 조직화 운동 등이 활성화했다. 사태가 심상치 않게 돌아가자, 일본과 한국에는 미군이 점령군으로 들어가 저항적인 노동자들을 진압했고, 미국에서는 1947년의 태프트-하틀리 법*과 같은 노동악법이 노동계급 저항의 축을 꺾어 버렸다. 드디어 1940년대 말경이 되자 그간의 과잉 축적도 해소되고 노동은 확실히 장악되었으며 이윤율도 회복되기 시작했다. 특히 유럽과 일본의 재건을 위한 수요가 대량 창출되었다. 이제 오랜 암흑기를 지나, 마침내 자본주의 경제의 새로운 에너지가 꿈틀거리기 시작한 것이다. 사후적으로 판단해 보면, 이 전후의 새로운 활황이야말로 자본주의 역사상 가장 오래 지속된 팽창 국면이다. 그러나 수십 년 뒤 그것이 끝나면서, 이제 무대는 1980년대 이후의 신자유주의 시대를 위해 만반의 준비를 갖추었다. 그리고 바로 이 신자유주의도 2008년 이후 위기에 빠져 허우적거린다. 바로 이 신자유주의 시대의 대공황이 우리가 살고 있는 현주소다.

---

* 미 공화당 상원의원 로버트 태프트와 하원의원 프레드 하틀리가 통과시킨 대표적인 노동악법. 신규 채용 노동자가 자동적으로 노동조합원이 되는 클로즈드숍 제도를 폐지함으로써 노동자가 노동조합에 의무적으로 가입하지 않아도 되게 만들었다. 이 외에도 기업주의 부당 노동행위 조항을 축소시키고 노동조합의 부당 노동행위 조항들을 확대한 것으로 악명이 높다. 예를 들면 파업 돌입 시 60일 이전 파업 예고 의무, 노조의 정당 정치자금 기부 금지, 노동조합 간부의 공산당 가입 금지 등의 조항을 통해 노동운동을 위축시켰다.

4장

금융 대혼란:
후기 자본주의에서의 화폐, 신용, 불안정성

1971년 8월 15일, 국제 금융 세계는 완전히 변하고 말았다.[1]

갈수록 고조되는 금융위기가 2008년 대불황의 도래를 알렸다. 은행들은 무너졌고 금융자산의 가격이 폭락함에 따라 은행 대출 거래는 일시에 정지되었다. 이런 것은 늘 자본주의에 재앙이다. 왜냐하면 부단한 신용의 흐름, 즉 서로 자금을 빌려 주고 빌려 가는 것이야말로 그 전체 체제가 원활히 작동하는 데 필수적이기 때문이다. 날이면 날마다 수천 개의 기업과 은행들이 그 사업을 계속하기 위해 늘 돈을 빌려야 한다. 그래서 만일 신용 흐름이 중단되면 그것은 곧 경제 전체가 심장마비에 걸리는 것이나 다름없다. 이런 이유로 소위 경제 전문가들은 이 공황을 '신용 공황'이라고 이름 지었다. 그러나 신용 기능 마비라는 드라마를 보면서 논평가들은 이 모든 트라우마를 오직 금융 용어만으로 설명하려고 했다. 따라서 우리는 금융체제의 붕괴 현상이 2008년 공황에만 고유한 것이 전혀 아니라는 사실을 기억할 필요가 있다. 앞서 살핀바, 맑스는 이미 1860년대에 "체제의 전반적인 위기가 얼핏 보면 …… 단순히 금융 및 화폐 공황인 것처럼 보이게" 된다고 쓰고 있다.[2] 맑스는 공황에 대한 이러한 피상적 이해를 넘어, 우리가 3장에서 살펴본 대로 자본주의 체제의 동학에 대한 심층적인 파악이 필요하다고 끊임없이 주장했다. 아쉽게도 대불황을 다룬 대부분의 토론들은 자본주의 체제가 직면한 위기 상황에 대한 전체 그림을 보여 주지는 못한 채 당면한 불황기, 즉 슬럼프를 단지 금융위기로만 해석하고 만 것이다. 이러한 편향은 첫째로, 어느 정도 주류 경제학이 가진 내재적 성향에 기인한다. 왜냐하면 그들은 주로 교환 영역, 즉 재화나 화폐를 사고파는 영역에 초점을 맞추기 때문이다. 그러다 보니 그들은 종종 공장·건물·설비 등 '경성' 자산의 생산과 축적 측면은 제대로 다루지 않는다. 그러나 이보다 더 중요한 두번째 이유가 있다. 주류 경제학의 편향은 신자유주의적 자본주의의 일련의 질적인 구조 변화와 관련이 있다는 점이다. 이러한 신자유주의적 자본주의의 변형의 특징을 총칭해서 부르는 용어가 바로 '금융화'이다.

확실히 금융 부문, 특히 이윤 획득을 위한 부채(신용대출)의 창조는 최근 수십 년 사이에 돈벌이 되는 사업으로 떠올랐다. 자본주의 역사상 부채 관련 거래들이 전체 경제활동에서 이처럼 큰 비중을 차지한 적은 없었다. 이 점은 금융기관들의 수익률이 갈수록 높아졌다는 사실을 보면 잘 알 수 있다. 예컨대 1973년으로 돌아가 보자. 당시 미국 경제에서 금융 수익은 전체 이윤의 16% 정도밖에 되지 않았다. 그런데 2007년의 경우 금융 수익은 미국 경제의 총이윤 중 무려 41%나 차지하게 되었다. 그리고 미국 경제의 이윤이 이러한 신용대출로부터 나온 것이기 때문에, 그 이윤 급상승이란 경제 전반에 걸쳐 오히려 총부채가 상승했다는 것을 의미한다. 바로 이 급증하는 부채의 부담은 신자유주의 시대의 핵심적 특징이기도 하다. 일례로 앨런 그린스펀이 연방준비제도이사회 의장으로 재직하던 동안(1987~2005), 미국의 부채 총액은 10조 달러를 조금 넘던 수준에서 무려 4배나 증가한 43조 달러가 되었다. 이런 현실을 두고 대개 주류 학자들은 소비자들의 과소비를 탓하는 경향이 있다. 사실 소비자들인 일반 국민들의 GDP 대비 은행 부채가 1980년에서 2007년 사이에 두 배로 증가한 사실을 감안한다면 이것도 틀린 말은 아니다. 그러나 미국 전체를 빚더미로 만든 주범은 금융 부문 그 자체임을 잊어선 안 된다. 실제로 같은 기간 동안 소비자 부채가 두 배 증가한 반면, 금융 부문 부채는 GDP 대비 25%에서 121%로 무려 **5배나 증가했다**.[3] 다시 말해 은행들은 다른 은행들, 그리고 헤지펀드 같은 '그림자 은행들'로부터 천문학적인 액수의 돈을 꿔다가 대출을 늘려 나갔다. 자금 조달과 운용 그리고 채무에 기반한 경제가 마치 경제성장의 새로운 동력인 것처럼 대중들에게 간주되자, 돈을 꾸는 것이 유행이 되었고 그러한 차용 경쟁에 불이 붙었다.

일반 소비자들이 주택융자, 신용카드, 마이너스 통장과 같은 신용대출, 자동차 할부 등을 통해 사상 유례 없는 돈을 빌리게 되자, 또한 금융기관들이 부채담보부증권[CDO]과 자산담보부증권[ABS] 같은 갖가지 이색적인 채무 금융상품들을 시중에 출시하게 되자, 그리고 은행들 스스로가 기업들에 더 많은 자금을 대기 위해 갈수록 더 많은 차용 잔치를 벌이자, 상당히 많은 경제 논평가들이 경제의 '금융화'가 진전되고 있다고 떠들어 대기도 했다. 그러나 그들은 이 숭대한 경제구조의 변화들을 설명할 때 금속, 철강, 석유화학과 같은 전통적인 경성 상품들보다는 지식, 정보, 상징적 자산(예컨대 브랜드 이미지) 등에 기반한 신경제의 탄생이라는 측면만 부각시켰다. 소위 경제 전문가들은 기업들이 더 이상 생산 설비를 구축하거나 각종 장비를 살 필요가 없을 것이라 단언했다. 낡은 물질세계는 이제 빛이 바랬다는 것이다. 그래서 기업들은 이제 이미지나 상징 같은 것, 예컨대 로고, 브랜드 이름, 광고 등을 잘 만들어 낼 수 있는 상상력만 갖고도 돈을 벌 수 있다고 호언장담했다.

　일례로 미국계 에너지 대기업 엔론의 회장 제프리 스킬링은 '가상' 기업에 관한 그럴듯한 논리에 넘어가 마침내 헛소리까지 하게 되었다. 즉, 미래의 에너지 회사는 "파이프라인이나 전선, 발전 설비 같은 것에 의존하지 않을 것이다. 그 대신 지적 자본에 의존하게 될 것이다"라고 말이다. 그렇게 해서 엔론의 중역들은 광섬유 사업에 뛰어들게 되었고, AT&T 같은 기업이 여전히 전통적인 통신망을 깔고 있는 걸 비웃기도 했다. 그러면서 엔론은 다른 사업자들이 깔아 놓은 통신망에 대한 접근권만 구매함으로써 실제 인프라 구축의 진전을 가로막았다.[4]

　기업들이 신경제라는 과대포장 광고를 진실이라고 믿어 버리는 것처럼, 최신 유행의 사회이론도 마찬가지다. 프랑스의 문화이론가 장 보드리야르는 "화폐는 딱 하나뿐인 진짜 인공위성이다"라고 말한다. 그에 따르면 이제 화폐는 "생산 또는 그 조건들로부터 완전히 분리되어 나와" 자유로운 상태가 되어 "진짜 별처럼 유동하면서 …… 이제 하나의 인공 태양처럼 뜨고 진다". 그의 주장은 여기에서 그치지 않고 더 나아간다. 이제 우리는 다양한 기호나 이미지에 의해 지배되는 경제적 우주 공간 속에서 "노동의 종말, 생산의 종말, 정치경제의 종말을 목격하고 있다"라고 말이다.[5]

　이에 대부분의 급진적 비판가들은 그런 신경제의 과대포장을 반박했고, 후기 자본주의를 '금융 기생충'이라는 새로운 집단이 전면에 등장한 시기로 보는 입장이 널리 퍼져 나갔다. 여기서 금융 기생충이란 화폐와 신용을 자기들 마음대로 주물러 우리 모두를 손쉽게 착취하는 집단이다. 어떤 논평가들은 이미 1970년대 말에 '금융 쿠데타'가 일어났다고 규정한다. 그리하여 그 이후로는 은행가들이 정부나 사회보다 우위에 서게 되어 금융 규칙들을 다시 작성했다는 것이다.[6] 확실히 이 시기에 광범위한 금융 탈규제화가 전개되었다. 그러나 막강한 은행가들이 자본주의를 통제하고 그들 입맛대로 재편한다는 이야기는 진실 파악에 별 도움이 되지 않는다. 오히려 그것은 우리에게 착시현상을 불러일으킨다. 예컨대 권력을 가진 남자들이나 특출한 여자들이 마치 자기 집 텔레비전 채널을 돌리듯이 우리 사회가 굴러가는 방식을 맘대로 조정한다는 식이다. 그러나 자본주의란 마치 프랑켄슈타인이 만들어 낸 괴물처럼 더 이상 통제가 불가능해진 하나의 소외된 체제이다. 누가 권력을 얼마만큼 많이 쥐고 있느냐에 따라, 어떤 사람은 이윤을 챙기기도 하고 또 어떤 경우는 막대한 이윤을 독점하기도 하지만, 어느 누구도 자본주의를 실제로 통제할 수는 없다. 만약 지배계급이 이 모든 경제-정치 상황을 정말 잘 통제한다면, 경제를 약화시키는 공황이 발생할 이유도 없을 것이다. 그런 공황이 한 번 닥치면 은행이나 증권시장은 순식간에 수십조 달러를 날려 버리는데 도대체 그 누가 경제위기가 좋다고 일부러 불러들이겠는가? 따라서 만일 우리가 금융화 현상의 깊은 뿌리를 진실로 이해하고자 한다면, 우리는 그 금융화의 표면 아래에 있는 심층을 파악할 필요가 있다. 그러한 심층적 탐사를 통해 우리는 비로소 (그동안 적응해야만 했으나 계획되지는 않았던) 구조적 변화들을 제대로 포착할 수가 있다.

금융화 현상을 살피는 것은 얼핏 보면 순수한 학문적 노력으로 비치기 쉽다. 그러나 꼭 그렇지만은 않다. 예를 들어 우리가 후기 자본주의를 지배하는 것이 은행이라는 견해를 갖고 있다면, 진보 진영의 경제적 시야는 금융을 길들이고 규제하고 통제하는 데로 좁혀질지도 모른다. 그렇다면 우리 머릿속에 떠오르는 사회적 투쟁이란, 기생 계급과 생산 계급 (여기엔 제조업 공장 소유주들까지 포함된다) 사이의 투쟁이 될지도 모른다. 다른 한편 금융화를 (보드리야르 같은 이들의 견해와는 반대로) 여전히 일터에서 노동력의 착취에 의존하고 있는 자본주의 경제 안에서 발생한 하나의 변형된 형태라고 묘사한다면, 은행에 대한 저항 투쟁은 자본주의적인 착취 공간을 문제 삼고 비판하는 정치 활동의 한 부분임에 틀림없다. 그리고 예를 들어, 그 노동력 착취의 변형된 형태는 대형 오피스 빌딩 청소 노동자, 들판의 기업농 노동자, 빽빽한 칸막이 사무실의 정보처리기사 노동자, 뒷골목 영세 의류 공장에서 저임금으로 장시간 노동하는 미싱사, 거대한 조립 라인의 자동차 조립 노동자 등에서 찾아볼 수 있다.

그러나 이렇게 말한다고 해서 후기 자본주의가 눈에 띌 정도로 확연하게 금융화했고, 그 결과 자산 거품이나 금융 파산 조짐을 보인다는 걸 부정하는 것은 아니다. 문제는 왜 이것이 그렇게 되었는가를 제대로 설명하는 것이다. 그래야만 우리는 비로소 금융이라는 회로와 노동 착취 사이의 상호 연관성을 설득력 있게 설명할 수 있다. 바로 이 목적을 위해 이제부터 금융화 현상에 대해 나름의 독특한 설명을 해보고자 한다. 오늘날 금융 부문이 다른 부문에 비해 더 중요하고 지배적이라는 주장을 무비판적으로 수용하기보다는 실제 진행된 역사적 변화를 설명하고자 한다. 나의 분석은 제2차 세계대전 이후 자본주의 안에서 전개된 일련의 체계적 변화들부터 검토한다. 이 후기 자본주의 시대를 특징짓는 핵심은 무엇보다 세계 화폐 체제에 근본적인 변형이 일어났다는 사실에 있다.

세계 금융이 영원히 변화한 날

자본주의 대부분 시기 동안에 화폐는 상품들과 분리되지 않고 연결고리처럼 서로 결합되어 있었는데, 보통 금이나 은과 같은 귀금속과 연결되어 왔다. 물론 지폐 또한 널리 사용되어 왔다. 그러나 화폐의 안정성은 대개 그런 지폐조차 귀금속으로 교환될 수 있다고 보장이 되어 있기 때문에 유지되는 것이다. 여기서 화폐의 안정성이 중요한 까닭은 투자가들이 장래의 투자를 결정하는 데 있어 가격 변동을 예측할 수 있어야 하기 때문이다. 자본주의 역사에서 1870~1880년대는 세계경제가 제도적으로 공고화한 결정적 시기로 평가되는데, 이 무렵에 대부분의 선진 자본주의 경제들은 영국의 선례를 따라 금 본위제를 채택했다. 이것은 통용 화폐가 법적으로 금과 직접 교환이 가능하게 한 제도이다. 나머지 많은 나라들도 19세기가 끝나기 전에 이 제도를 채택했다. 그리하여 19세기 말경이 되면 모든 주요 통화들은 금과 교환이 가능하게 되었다. 국가 간 결제에 있어서도 요청 시 금을 주고받을 수 있었다. 이 금 본위제는 1930년대까지 잘 작동되었는데, 세계 대공황이 닥치자 흔들리기 시작했다. 그 이전까지는 가격 체제를 놀라울 정도로 안정적으로 유지하는 데 큰 역할을 한 셈이다.[7]

대공황과 제2차 세계대전 등의 혼란기를 거친 뒤, 주요 강대국들은 새로운 달러-금 본위제를 만든다는 데 합의했다. 이제 미국 달러가 세계 무역이나 국제 결제에 있어 기준 통화로 쓰이게 되었다. 대신 미국 달러는 반드시 금과 교환이 가능하도록, 다시 말해 금 보유량만큼 미국 달러 발행이 가능하도록 규칙을 정했다. 당시의 기준은 금 1온스당 35달러였다. 이렇게 금 1온스를 미국 35달러에 고정시켜 놓고, 또한 고정환율제도를 채택함으로써 다른 모든 통화들을 미국 달러에 고정시켜 놓았다. 1944년 유엔 통화금융회의에서 미국 달러를 기축통화로 하는 금 본위제도를 승인한 장소가 바로 미국 뉴햄프셔 주의 브레턴우즈라는 지역인데, 그 이름을 딴 브레턴우즈 체제는 1945년부터 1971년까지는 상당히 안정

적으로 잘 작동되었다.[8]

결국 1945년부터 세계 각국은 국제 거래를 하려면 달러-금 태환제 외엔 합리적 선택을 할 수 없게 되었다. 그도 그럴 것이, 제2차 세계대전이 끝날 무렵, 미국 경제가 세계 전체적으로 전례 없는 지배력을 행사할 정도로 막강해졌기 때문이다. 실제로 유럽이나 일본은 전쟁 중에 인명 피해는 물론 생산 설비 또한 막대한 손상을 입은 반면, 미국 경제는 피해를 하나도 입지 않았다. 1939년에 처음 전쟁이 터졌을 때, 미국 경제 규모는 유럽, 일본, 소련 등을 합친 것의 절반 정도밖에 되지 않았다. 그러나 전쟁 기간 동안 미국의 공장들은 막대한 양의 철강, 전투기, 탱크, 전기·전자 제품, 폭탄 등을 생산했다. 이러한 전시 호황이라는 특수를 누리고 난 이후, 종전 후에 미국 경제의 규모는 위 세 나라의 총합을 능가해 버렸다. 그리하여 제2차 세계대전이 끝났을 때 미국에 생산 입지를 둔 제조업의 총생산액은 당시 전 세계 총생산의 절반을 차지할 정도가 되었다. 이것이 의미하는 바는 거의 모든 국가는 미국산 제품을 사서 쓴다는 것이고, 이 미국 상품들을 구매하는 데 달러 역시 필요하다는 것이다. 그러나 자본주의하에서는 어느 것도 변하지 않고 그대로 고정되어 있는 것은 없다. 그리고 1960년대 중반에 이르자, 새로운 흐름들이 전 세계 자본주의 체제를 재조직화하기 시작했다. 미국 경제에 도전하는 제조업 경쟁 국가들이 생겨나기 시작했고, 기축통화로서의 미 달러의 역할까지도 뒤흔들기 시작했다.

제2차 세계대전 이후 자본주의의 지속적인 팽창 시기 동안, 북반구의 다른 선진 자본주의 국가들의 경제는 미국에 비해 급성장을 이뤘다. 왜냐하면 미국의 경제성장 속도는 막대한 군사비 지출로 인해 제약을 받았기 때문이다. 예를 들어 일본과 독일 경제는 미국의 성장률을 훨씬 앞지를 정도로 급성장했다. 2장의 〈표 2-1〉에 제시된 것처럼, 1950년에서 1973년 사이에 미국의 경제성장률은 매년 평균 4% 미만이었다. 한편 서유럽은 그보다 좀더 높았고, 일본은 놀랍게도 미국보다 두 배나 더 빨리 성장했다. 그렇게 해서 독일과 일본의 철강 산업은 얼마 지나지 않아 미국이 점유했던 세계시장을 잠식해 나갔다. 게다가 독일의 폴크스바겐과 일본의 도요타가 광대한 미국 자동차 시장을 점점 더 장악해 나갔다. 실제로 1968년 무렵 미국은 자동차 수출보다 수입을 더 많이 하게 되었다. 이러한 수출입 역전 현상은 전자제품, 화학제품, 사무용 기계 분야에서도 발생했다. 1960년대 동안 미국이 수입한 물품의 총액은 수출액보다 두 배나 더 빨리 늘었다. 마침내 1971년에 이르러서는 제2차 세계대전 후 처음으로 미국이 무역 적자를 기록했고, 미국 경제는 휘청거렸다.

세계무역 흐름의 역사적 전환은 미국의 대규모 경상수지 적자와 동시에 발생했다. 미국의 해외직접투자의 급증과 해외 미군기지 및 무기구입 등 국방비 지출의 증가로 인한 미 달러의 지속적인 유출은 이러한 구조적인 국제수지 불균형을 초래했다. 해가 갈수록 들어오는 것보다 더 많은 달러가 해외로 나갔다. 1970년대 초 상품 수입량이 수출량보다 더 많아지자, 미국은 달러가 기축통화라는 점을 이용해 달러를 더 발행함으로써 그 무역적자액을 메웠다. 그러나 매년 더욱더 많은 달러가 해외로 유출되었다. 그 돈의 대부분이 다른 국가들의 중앙은행에 예치되자, 국제 통화시장에서 가치 하락을 염려해 미 달러를 팔아 버리는 소위 '달러런' 가능성까지 높아졌다. 그럼에도 불구하고 미국의 주요 무역 상대국들은 당장 필요하지 않은 미 달러들을 외환 보유액으로 쌓아 두기 시작했다. 그 결과 미국이 아닌 다른 나라들의 미 달러 보유액은 1968년 1,500억 달러에서 1971년에는 3,000억 달러로, 불과 3년 사이에 2배로 급증했다. 1960년대 초기에, 다른 나라들의 미 달러 총보유액이 미국 연방준비은행의 금 준비량을 초과해 버렸다.

이제 세계 각국으로 유입되어 넘쳐흐르게 된 미 달러는 소위 유러달러 시장의 탄생을 촉진시켰다. 유러달러 시장에서는 미국 혹은 다른 어떤 국가의 규제도 받지 않고 미 달러를 대출하고 빌릴 수 있었기 때문에, 보통의 다른 통화시장과는 확연히 구별되는 독특한 공간이었다. 이런 이유로 이 유러달러 시장은 특히 미국의 초국적기업들에게 매력적이었다. 미국 본토에서보다 훨씬 유리한 조건으로 자금을 조달할 수 있었기 때문이다. 이 '무국적' 달러를 거래하는 대부분의 은행들은 초기에는 법적으로 런던에 거점을 두고 있었다. 그러나 시간이 지나면서 미국 등 여러 나라의 금융기관들은 바하마 군도나 케이만 군도 같은 역외 은행* 지점들을 개설하면서 무국적 달러 거래에 본격적으로 뛰어들었다. 그런데 사실이는, 유러달러 자체는 미국에 보관되어 있는데 은행의 회계장부나 컴퓨터 안에서는 미국의 온갖 규제를 회피하기 위해 그 돈이 마치 역외 은행의 자산인 것처럼 처리된 것이다. 이런 식으로 1960년대 내내 기묘한 금융 거래가 팽창하면서, 갈수록 대형화하고 영향력이 커지는 금융시장에 대해 미국 정부는 효과적인 통제력을 상실했다. 이러한 금융시장은 1960년대 중반, 그 보유액이 약 100억 달러 정도였는데, 1984년이 되면 무려 200배나 더 덩치가 커졌다.[9]

이 모든 것의 영향은 실로 막대한 것이었다. 왜냐하면 바로 여기서

---

* 역외 은행(offshore bank). 예금주의 국가가 아닌 다른 나라에 개설된 은행으로서 조세 회피 및 경감, 부정부패와 관련된 돈 세탁 등이 이뤄진다. 주로 영국과 프랑스 해협 사이에 위치한 데서 오프쇼어(offshore, 해안가) 은행이라고 불린다.

우리는 금융화의 구조적 토대를 알 수 있고, 금융화와 동시에 발생했던 탈규제되고 자유화된 시장을 발견할 수 있기 때문이다. 탈규제화가 먼저 발생한 다음에 금융 폭발이 뒤따른 것이 아니다. 진실은 이렇다. 아무런 통제도 받지 않은 역외 금융시장의 대규모 성장과 더불어 탈규제화된 통화시장들의 격렬한 폭발이 먼저 발생했던 것이다. 정부의 금융 탈규제화 노력은 바로 이렇게 이미 변하고 있던 현실을 뒤따라 잡으려는 것에 불과했다. 규제 당국이 그런 추세를 뒤따르기 시작하면서 그들은 은행이나 기업과 같은 채무자들이 싫어하는 각종 규제들을 철폐했다. 이런 규제 철폐는 역외 은행과 같이 당국의 관할 구역 바깥으로 도피해 버린 금융 회사들의 자금을 다시 관할지로 끌어들이기 위한 눈물겨운 노력이었다. 예컨대 미국에서는 '금융기관 규제 철폐 및 통화 관리법'이 1980년에야 비로소 도입되었는데, 이때는 이미 유러달러 시장이 성장할 만큼 다 성장한 뒤였다. 게다가 유럽에서는 1980년대 말에 가서야 비로소 은행 자유화를 위한 주요 법안들이 의회를 통과했다.

비록 1971년이 전환점이긴 하지만, 달러-금 태환제의 모순은 그 이전부터 오랫동안 누적되어 온 것이다. 이미 1958년에 미국의 금 보유량은 무려 23억 달러어치나 줄어들었다. 그것은 외국 중앙은행들과 금융기관들이 달러를 주고 금으로 바꿔 갔기 때문이다. 1968년이 되자 드디어 미국 정부는 더 이상 외국 중앙은행들이 달러를 갖고 와 금을 달라고 요구하지 못하게 제한하기 시작했다. 그러나 그런 조치조차 금이 자꾸 흘러 나가는 것을 완전히 막지는 못했다. 닉슨 대통령이 마침내 1971년에 달러와 금의 교환, 즉 금 태환을 완전히 중지시키기 전까지, 해마다 미국은 10억 달러어치에 해당하는 금을 계속 잃어 갔다.[10] 바로 그 1971년 시점에서 해외 여러 나라들이 보유한 달러는 총 3,000억 달러에 이르렀는

데, 이것은 당시 미국 정부가 보유하고 있던 모든 금의 가치의 무려 20배이상이나 되는 돈이었다. 사실 그해에 최초로 미국 무역적자가 발생하기 시작하자 서로 앞을 다투어 달러를 금으로 바꾸려 달려들었다. 특히 닉슨 대통령이 곧 미 달러의 금 태환을 중지시킬 것이란 소문이 돌면서 그해 여름 석 달 사이에 약 90억 달러의 금이 유출되었다(1971년의 교환액은 350억 달러에 달했다).[11] 당시 문제는 미 달러의 금 태환 중지 시점이 언제가 될 것이냐였지, 중지할 것이냐 존속할 것이냐 하는 것은 아니었다. 그런 속도라면 얼마 지나지 않아 미국이 가진 금이 바닥나고 더 이상 달러와 금을 교환해 주지 못하게 되면 달러의 신용이 완전히 땅에 떨어져 총체적인 달러 위기가 닥칠 수도 있었다. 따라서 당시 미국 대통령의 몇몇 자문위원들은 국가가 먼저 선수를 치는 것이 더 낫다고 주장했다. 물론 그래도 많은 이들은 금-달러 태환을 중지시킨다는 것은 생각조차 하기 어려운 일이라 보고 있었다. 당시 닉슨의 구상을 막 들은 한 재무성 고위 관리는 당황한 나머지 두 손으로 머리를 감싸면서 "믿을 수 없다!"라며 괴로워했다. 그리고 닉슨 대통령이 드디어 금 태환 중지를 선언하던 날 IMF의 한 연구원은 다음과 같은 부고 기사를 배포했다. "부디 편히 잠드소서! 안타깝게도 우리는 브레턴우즈 체제가 오랫동안 지병을 앓아 오다가 예기치 않게 오늘 세상을 뜨고 말았음을 널리 알려드립니다".[12] 미국의 고위 관리들은 이러한 조치가 일시적인 것이라고 다독거렸지만, 1973년이 될 무렵, 분위기는 더 이상 미 달러를 금으로 바꿔 주는 금 태환 체제로 복귀하지 않을 것임이 확실시되었다. 그리하여 마침내 화폐의 세계는 근본적으로, 그리고 더는 바뀔 수 없을 정도로 완전히 변하고 말았다.[13]

불안정한 화폐, 휘발성이 높은 금융

자본주의 역사상 처음으로 이제 자본주의는 공식적으로 탈상품화된 화폐, 즉 하나의 기초 상품(예컨대 금)과 연결고리가 끊어진 국제 통화 체제 하에서 작동하게 되었다. 이제 화폐는 한 상품 안에 녹아 들어가 있는 과거 노동과의 직접적인 연결고리를 끊어 버리고 화폐 스스로 독립해서 분리되었다. 1971년 닉슨의 달러의 금 태환 중지 선언으로 세계 금융은 금(혹은 다른 상품)에 닻을 내려 정박할 필요가 없게 되었다. 그리하여 국제 금융도 단지 한 국가의 신용-통화 체제(한 국가의 법과 규칙에 의거해 그 가치가 인정되는 불환지폐 체제)처럼 되었다. 브레턴우즈 체제하에서 다른 나라 통화들은 미 달러와 연결된 고정환율제를 채택했는데, 이제는 금과 미 달러의 연결고리로부터 떨어져 나오게 되었다. 이러한 불안정한 상태에 있는 각국 통화가치의 변동폭은 몇 주 단위로, 몇 개월 단위로 심하게 요동치기 시작했고, 국제 통화시장 수면 위로 '표류'하게 되었다. 변동환율제 시대가 도래한 것이다. 실제로 1971년 이후 얼마 지나지 않아 주요 통화 간 환율 변동 폭이 그 이전의 브레턴우즈 체제에 비해 세 배나 증가했다.[14] 이제 한 치 앞을 내다보지 못할 정도가 되었다. 당시 서독 수상 헬무트 슈미트의 표현을 빌리자면, 세계 화폐는 '표류하는 비非체계'하에서 거래되기 시작했다.[15] 그러나 이 **표류**라는 표현도 금융시장을 할퀴고 간 파괴적인 회오리를 생각한다면, 너무 친절한 표현인지도 모른다. 일례로 1970년대 내내 미국 달러는 다른 주요 통화에 비해 그 가치가 자그마치 30% 이상 폭락했다. 반면 다른 통화들은 그만큼 또는 그 이상으로 가치가 올랐다. 이렇게 세계 금융 환경이 변덕스러워지면서 기업들, 특히 다국적기업이나 여러 나라 통화를 사용해야 하는 사업가들 입장에서

<표 4-1> 세계 외환시장의 하루 평균 거래량 (1973~2007)

연도	총액(달러)
1973	150억
1980	800억
1985	1,500억
1995	1조 2,000억
2004	1조 9,000억
2007	3조 2,000억

출처: Bank for International Settlements, *Triennial Central Bank Survey*, 각 연도.

는 투자비용 또는 영업수익 따위의 규모를 예측하기가 점점 힘들어졌다. 따라서 투자자, 은행, 나아가 투기꾼들은 이러한 환율 변동이 심한 새로운 환경에 직면, 발 빠르게 새로운 시장을 확장해 나갔다. 그 새로운 시장이란 각국 나라 화폐를 24시간 내내 사고팔 수 있는 외환 거래 시장을 말한다. 그러나 이러한 외환 거래의 폭발적 증가로 인해 국제 통화시장의 불확실성은 오히려 더 커졌다. 왜냐하면 투자가나 국제 투기꾼들은 가치가 떨어지는 통화들을 재빨리 팔아 치우고 가치가 올라가는 통화들을 사재기했기 때문이다. 얼마 지나지 않아 이제 다양한 외국 화폐를 거래하는 외환시장이 다른 것과 견줄 수 없을 정도로 단연 가장 큰 세계시장이 되었다.

〈표 4-1〉에서 보는 바와 같이, 우리가 탈상품화한 화폐 체제라는 새로운 세계로 막 진입한 뒤인 1973년의 하루 평균 외환 거래량은 150억 달러였다. 그런데 12년 뒤 이것이 무려 그 10배인 1,500억 달러로 뛰었다. 당시 많은 논평가들은 너무 놀라 할 말을 잃기도 했다. 그리고 다시 10년 뒤, 이 수치는 자그마치 1조 2,000억 달러로 솟구쳤고, 기존의 기록은 새 발의 피가 되고 말았다. 그러고도 그 가파른 증가세는 멈출 줄 몰랐다.

2004년엔 하루 평균 거래 규모가 거의 2조 달러에 육박했고, 2007년엔 3조 2,000억 달러를 넘어섰다.

사실 이렇게만 말하면 도대체 이것이 어느 정도인가 감이 잘 오지 않는다. 그래서 외환시장의 상대적 규모를 파악하는 한 가지 방법이 있는데, 그것은 세계무역의 규모와 서로 견주어 보는 것이다. 예컨대 1973년의 경우 하루 평균 기준, 세계 외환시장에서 거래된 통화가치는 상품무역 거래액의 두 배였다. 그런데 1995년엔 그것이 70배로 폭등했다. 이것은 대부분의 외환 거래가 재화나 서비스의 실물 거래를 촉진시키는 도우미 역할이 아니라 순전히 투기 목적으로 이뤄지는 것임을 뜻한다.[16]

그러나 이러한 전통적 외환시장에서 이뤄진 대규모 거래를 확인했다고 해서 변동환율제로의 전환 이후에 점화된 금융 폭발의 진면목을 아직 본 것은 아니다. 주목할 것은 표준적인 외환 거래 시장 바깥에, 외환 관련 금융상품(파생상품)을 거래하는 장외시장이 더 큰 규모로 들어섰다는 점이다. 이러한 장외시장의 규모는 1992년에 1조 2,000억 달러에서 15년 뒤엔 무려 4조 2,000억 달러로 급성장했다. 이는 놀랍게도 전통적인 표준 외환시장보다 1조 달러나 더 큰 규모다.[17] 이런 외환 연계 파생상품의 발달로 인해서 휘발성이 강한 변동환율제의 폭발 위험성은 한층 더 높아졌다.

이렇게 통화 불안정성이 일상화함에 따라 자연스럽게 다양한 '위험 관리' 기법들도 새로 등장하게 되었다. 다국적으로 활동하는 기업들은, 전통적으로 한 국가의 특정 시장에서 많은 이윤을 거두어들이던 일이 과거의 일이 됨에 따라 마침내 새로운 위험에 직면하게 되었다. 그것은 특정 나라의 돈을 많이 벌어 봤자 그 통화가치가 갑자기 폭락하면 말짱 도루묵이 되기 때문이다. 예컨대 독일의 한 다국적기업이 예전에 미국에서 판매 영업을 통해 10%의 수익을 올렸다 치자. 그런데 마르크화(또는 유로화)에 비해 미국 달러의 가치가 3분의 1 떨어지면 그 수익은 3분의 2로 줄어들게 된다. 가만히 앉아 손해만 보는 기막힌 일이 벌어지는 것이다. 글로벌 기업들은 이러한 통화 변동으로부터 자기들을 보호해 줄 울타리, 즉 '헤지'hedge를 찾아 나서기 시작했다. 그들은 파생상품이라고 하는 복잡한 금융상품에 눈을 돌리기 시작했다. 왜냐하면 파생상품은 가변적인 금융시장과 통화 변동으로 인해 발생할 손실을 미리 회피하기 위해 출시된 것이기 때문이다. 정말 타이밍이 기가 막혔다. 1972년 시카고상업거래소CBME가 국제 금융시장을 개설했을 때 금융 선물로 알려진 파생상품 거래가 시작되었다. 그리고 1973년 시카고선물옵션거래소CBOE에서는 미래 특정 시점에 특정 환율로 통화를 매입하는 통화 선물 거래가 개시되었다. 그 뒤 1980년대를 지나면서 다양한 통화 옵션이 런던증권거래소나 런던국제금융선물거래소에 등장했다. 결국 통화 헤징이야말로 1972년 파생상품의 폭발적 성장의 핵심 추동력인 셈이다.

여기서 잠시 파생상품의 독특한 성질을 보다 자세히 살펴보기로 하자. 그런데 우선 우리는 다음과 같은 사실을 기억할 필요가 있다. 변동환율제하에서 발생할 손실에 대비해서 새로운 금융상품들이 쏟아져 나왔다. 반면 이러한 금융상품의 성장 속도와 비례해서 투기꾼들이 활개를 칠 공간이 더욱더 활짝 열리게 되었다. 실제로 1990년대 중반 무렵 **일평균** 통화 거래량이 놀랍게도 **월평균** 상품 거래량에 맞먹을 정도였다. 이것은 투기성 거래의 급증이 아니고서야 도무지 설명이 안 되는 부분이다. 그리하여 1990년대 말이 되면 범지구적 외환 거래는 세계 전체의 연간 GDP보다 무려 10배 이상이나 큰 공룡이 되고 말았다.[18] 통화 거래는 고조된 금융 불안정 시대에 없어서는 안 될 만큼 중요해진 반면, 점차 그 자체가 목적이 되어 버렸다. 목적과 수단이 뒤바뀌어 버린 것이다. 외환 거래자들이 어떤 통화가 약세이고 강세인가를 정확히 예측만 할 수 있다면, 그들은 공장 건설, 기계 구입, 노동자 고용, 공급과 유통망 구축과 같은 장기 투자 위험을 감수할 필요도 없이 막대한 이윤을 챙길 수 있을 것이다. 이런 점에서 통화시장이란, 말 그대로 돈이 돈을 버는 자본주의의 유토피아를 구현하는 것처럼 보였다. 이제 문제는 어떤 통화가 승자가 되고 어떤 통화가 패자가 될 것인가를 잘 알아맞추는 것이었다. 따라서 외환 거래 시장의 급성장은 후기 자본주의의 금융화를 가속화했다. 이러한 금융화의 촉진 과정에서 파생상품이 아주 중요한 요소로 떠올랐다.

그러나 파생상품 자체는 탈상품화한 금융이라는 신자유주의적 세계에서만 통용된 것은 아니다. 사실 매우 오랫동안 파생상품은 대체로 농업 분야에 국한되어 존재해 왔다. 예컨대 미국 농부들은 그해의 농사를 시작할 때부터 자신의 곡물 가격을 안정적으로 보장받고 싶어 했다. 그전 해 가격이 1킬로그램당 1달러라 치자. 그 정도를 보장받고 싶은 것이다. 그런데 어느 곡물상이 자신의 판단에 곡물 수요가 증가하면서 곡물가가 오를 것이라 예측이 된다면, 조용히 그 농부에게 다가가 그 농부가 생각하는 전년도 가격에 그 곡물을 (추수 뒤에) 반드시 살 것이라며 한 사코 계약을 체결할 것이다. 다시 말해, 계약을 맺는 시섬에서 미리 정한 가격으로 미래의 일정 시점에 거래 대상물을 반드시 주고받기로 약정을 하는 것이다. 이렇게 농부와 곡물상이 서로 각자의 이해관계를 갖고서, 오늘 현재 계약 시점에 서로 합의한 가격으로 미래 시점, 즉 추수 후에 곡물을 사고팔 것이라는 미래 계약, 즉 선물 계약을 맺게 되는 것이다. 그렇게 되면 농부 입장에서는 미리 안정된 소득을 확보할 수 있고 곡물상 입장에서는 추수 이후 곡물가가 예컨대 킬로그램당 1.4달러로 오르게 되면 그 가격 상승만큼 이득을 보게 된다. 물론 그 농부는 꼭 1달러가 아니라 미래 시점 가격으로 곡물을 팔 수 있는 옵션 상품을 구매할 수도 있다. 그럴 경우 그 농부는 미래 시점에 킬로그램당 1달러로 꼭 판매하지 않아도 되고, 그 가격이 마음에 들 때만 팔 수 있는 선택권을 갖게 된다.

이런 식의 계약은 오늘날 파생상품으로 더 잘 알려져 있다. 비록 협상과 계약이 이뤄질 시점에는 실제의 상품이 교환되지 않는다 할지라도, 그 교환의 조건들은 실제 상품의 가격으로부터 **파생되어** 나온 것이기 때문에 그렇게 부른다. 이러한 파생상품은 미래의 불확실성을 회피하기 위해 없어서는 안 될 보호장치로 설계된 것이다. 농부는 그해 곡물 농사를 짓는 게 이득이 될 것이라 확신할 수 있게 되는 반면, 곡물상은 판매할 수 있는 곡물을 농부와 미리 정한 가격에 확보했다고 확신하게 된다. 이렇게 해서 농부와 곡물상의 위험성은 서로 상쇄된다.

원리상으로는 이러한 농부–곡물상 간의 선물 계약이 통화와 금융의 불확실성 세계에도 적용될 수 있다. 그래서 1970년대 이래 파생금융상품이 금융시장의 휘발성 때문에 발생할 위험을 줄였다는 바로 그 이유 때문에, 그 상품들은 날개 돋친 듯 급속히 팔려 나갔다. 그것은 금융 불안정성으로 말미암아 위험이 커졌기에 이를 상쇄할 필요가 생겼기 때문이다. 앞서 말한 사례를 다시 보면, 미국에서 활동하는 독일 다국적기업은 일종의 파생상품을 구매할 수 있다. 그리하여 미국 달러를 독일 화폐에 견주어 미리 정한 환율로 팔 수 있는 옵션을 일찌감치 사 놓는 것이다. 그렇게 되면 비록 달러 가치가 떨어지더라도 그 기업이 거두어들인 이윤에 어떤 손실도 생기지 않는다. 일례로, 계약 이후 달러 가치가 10% 떨어지는 경우를 상정해 보자. 그 기업은 이미 정해 놓은 가치대로 달러를 팔고 마르크나 유로화를 받을 권리를 확실히 확보한 상태다. 그러니 10%

떨어진 시세를 생각한다면 그만큼 이득을 보는 셈이다. 그렇게 해서 달러를 유로화로 바꾼다 하더라도 이미 확보된 이윤에 어떤 손실도 생기지 않는다. 그런데 반대로, 달러 가치가 오르거나 그대로 유지된다면, 그 기업은 그 옵션을 실제로 행사하지 않을 수도 있다. 다시 말해 단지 그 계약 비용만 지불하고 말 수도 있다. 그렇게 되면 그 옵션 판매자만 이득을 본다(물론 달러 가치가 오르니 독일 기업도 좋다). 그러나 만약 달러가 떨어지는 경우, 그 독일 기업은 미국에서 벌어들인 이윤을 별다른 비용 부담 없이 확실히 보호받게 된다. 이미 약정한 환율로 바꿀 수 있기 때문이다.

선물 거래나 옵션과 비슷한 방식으로, 한 국가의 은행 금리가 인하되고 다른 국가의 은행 금리는 인상될 것으로 예측하는 경우 그 기업은 스왑 거래 상품을 구매할 수 있다. 스왑이란 말이 교환을 뜻하는 데서도 알 수 있듯, 이 경우 스왑 계약이란 한 나라에서 이자 부담이 더 높게 예상되면 이를 더 낮아질 것으로 예상되는 것과 맞바꾸는 거래다. 만일 거꾸로 이자가 붙는 주식이나 채권의 경우라면, 앞으로 이자 수입이 떨어질 것으로 예상되는 것을 앞으로 오를 거라 예상되는 것과 맞바꾸는 것이 스왑 계약이다.

여기서 주의해야 할 점은 파생상품의 가격 결정에 대한 것이다. 원래 '파생'이란 용어는 일종의 금융 계약을 의미한다. 그리고 이 금융 계약에서 결정된 가격은 자의적으로 형성된 게 아니라 기초 자산으로부터 파생된 것이라고 볼 수 있다. 하지만 염두에 둘 것은, 그럼에도 불구하고 실제로 그 기초 자산의 가격은 대부분 미래 가치의 예상치라는 점이다. 6개월 후의 곡물 1킬로그램의 가격도 예측하기 힘들듯이, 향후 통화들의 가치가 어떻게 변화될지 역시 예측하기 매우 어렵다. 따라서 1973년 이후의 시기는, 외환 거래의 폭발 외에도 통화시장과 금융시장의 불확실성이 커지면서 그에 대처하는 파생금융상품들의 거래가 쓰나미처럼 폭증한 시기라 볼 수 있다. 파생상품 시장의 규모는 순식간에 주식시장이나 채권시장의 규모를 능가해 버렸다. 2006년에 이르러서는 전 세계 주식시장에서 40조 달러가 거래되고 채권시장의 경우 65조 달러가 거래된 반면, 파생상품은 무려 450조 달러 이상 판매될 정도로 파생상품시장은 주식시장과 채권시장을 현격한 차이로 압도해 버렸다.[19]

결국 달러-금 태환제의 중지와 그로 인한 변동환율제의 도입(이른바 '표류하는 비체계'의 전개)이 후기 자본주의를 어마어마하게 금융화한 셈이다. 이제 각종 다양한 형태의 시장들에서 가격 차이를 발견하거나, 그 가격차를 이용해서 자본을 투자함으로써 막대한 이윤을 챙길 수 있게 되었다. 일례로, 한 경제에서의 이자율과 다른 경제에서의 이자율이 다른 경우, 눈치 빠른 이들이 이런 기회를 적절히 활용하면 큰돈을 벌게 되었다. 이와 유사하게, 선물 시장에서 미래 예측만 정확하게 해서 돈을 잘 걸면 한꺼번에 뭉칫돈을 벌 수 있게 되었다. 예컨대 석유 값이나 금값, 아니면 유로화의 가치나 일본의 이자율 따위가 앞으로 오를지 내릴지 정확하게 예측만 잘해 내면 천문학적인 돈을 벌 수 있게 된 것이다. 그 결과 새로운 파생금융상품들이 끊임없이 출시되었고, 이 모든 금융상품들은 그런 예측 게임, 내기 놀음에 돈을 걸 수 있도록 설계되었다. 이에 주요 은행가들이나 주류 경제학자들은 이 모든 것이 세계시장의 효율성이 증대한 것이라고 입에 거품을 물면서 칭찬했다. 하지만 많은 비판적인 정치경제학자들은 후기 자본주의의 금융화 증대로 인해 글로벌 시장의 안정성을 엄청난 규모로 뒤흔들어 버릴 경향들이 터져 나올 것이라고 경고했다.

부채, 증권화, 그리고 금융 공황

이러한 후기 자본주의의 금융화가 급속도로 진행되고 있는 동안, 신자유주의 경제에서 다른 변화들은 금융 폭발을 가져왔다. 금융 폭발 초기 단계들에서 두 가지 경향들은 아주 결정적인 역할을 했다. 첫번째 경향은 미국 바깥에서 유통되는 달러량의 지속적인 증가이다. 두번째는 1970년대를 거치면서 전 세계적으로 통화 공급이 급증했다는 점이다. 두번째는 주기적으로 경기침체에 빠진(1970~1971년, 1974~1975년, 1980~1982년) 경제를 구제하기 위해 정부가 경기부양책을 강구했기 때문에, 1970년대 동안 전 세계 통화 공급이 급격히 증가했다. 그 돈의 상당 부분은 불가피하게 은행으로 흘러들어 갔다. 그러나 경기후퇴로 인해 판매와 수익이 저조한 만큼 기업들이 투자를 꺼리는 상황에서, 과연 그 은행들은 그 막대한 자금으로 무엇을 할 수 있겠는가? 그래서 기업들의 은행 대출 수요는 통화 공급 증가 속도를 따라잡지 못하게 되었다.

그런데 때마침 우연히 글로벌 은행들은 제3세계 국가 정부들이 다급하게 돈을 빌리려는 것을 알게 되었다. 당시 '검은 황금'이라고 불리는 석유 가격이 4배나 폭등함에 따라 석유 수입국들은 급전을 구할 수밖에 없었다. 오일 쇼크로 인해서 하루아침에 석유 수입 결제 비용으로 4배나 더 많은 달러가 필요했던 것이다. 서방 은행들은 마냥 기쁜 나머지 이러한 안성맞춤 고객들에게 대출 잔치를 벌이기 시작했다. 그리하여 1968년에서 1980년 사이에 제3세계 국가들의 외채는 475억 달러에서 12배 증가하여 무려 5,600억 달러까지 솟구치게 되었다. 1979년 미 연방준비제도이사회 의장 폴 볼커는 6~7% 하던 금리를 20%로 인상시켜 버렸다. 이렇게 이자율이 갑자기 폭등하게 되자 제3세계 국가들은 서방 은행들로부터 빌린 빚을 갚을 수가 없게 되었다. 이렇게 '볼커 충격'은 제3세계에서 '더러운 임무'를 완벽히 수행했다. 1982년 멕시코가 미국에 파산선고를 알려 왔다. 채무불이행을 선언해 버린 것이다. 그 이후 몇 달 사이에 브라질, 폴란드, 아르헨티나, 칠레 등이 채무불이행 위험 상황에 빠져 버렸다. 이른바 제3세계 '부채 위기'가 터졌다. 서방 은행들로서는 큰 재앙이었다. 특히 체이스맨해튼, 뱅크오브아메리카, 시티은행 같은 초대형 은행들은 브라질, 아르헨티나, 베네수엘라, 칠레 등 여러 나라들로부터 막대한 돈을 하나도 받지 못하게 되었다. 실제로 1982년 무렵, 미국의 9대 은행들은 그들이 가진 총자본금의 2배나 되는 규모의 돈을 제3세계에 대출해 놓은 상태였다.[20]

마침내 IMF, 세계은행, 그리고 미국 정부가 무대 전면에 등장한다. 이 모두는 합심해서 그 은행들을 구제하기 위한 답을 찾아낸다. 이른바 구제금융이다. 그 과정에서 제3세계 경제의 문을 활짝 열어젖히고 신자유주의적 구조조정 프로그램을 강제한다. 그리하여 이제 남반구 제3세계의 가난한 나라들로부터 북반구 선진 자본주의 국가의 투자자들 및 금융기관들 손아귀로 매년 막대한 부가 흘러들어 간다. 요컨대 부채가 마침내 남반구 전반을 신자유주의적으로 재편하는 효과적 수단이 되었다. 그 구체적 과정에 대해선 다음 장에서 보다 자세히 살필 것이다.

한편 제3세계 국가들로 대출에서 큰 재미를 보지 못한 서방 은행들은 이제 다른 돈벌이를 찾아 나서기 시작했다. 이제는 온 세상에 신자유주의 시대가 활짝 열렸기 때문에 그렇게 멀리 갈 필요도 없었다. 마침 지구상에서 최고 부자층에 속하는 이들은 그 소득이 하늘 높은 줄 모르고 치솟는 바람에 주체할 수 없는 돈뭉치들을 어디에 투자할지 몰라 헤매고 있었다. 한편, 볼커 쇼크로 인해 인플레이션이 한풀 꺾이고 나서 은행 금리도 하락하는 상황이었다. 그러니 글로벌 부자들도 미 정부 국채처럼 정기적으로 이자를 받는 전통적인 투자 방식보다는, 더 많은 수익을 올릴 수 있는 방식들을 찾기 시작했다. 부자들뿐만 아니라 연금기금이나 뮤추얼펀드*의 매니저들도 은행 이자보다 수익성이 높은 금융상품들을 찾고 있었다. 그리고 은행가들은 고수익을 보장하는 흥미롭고 이색적인 다종다양한 파생금융상품들을 출시해 내는 상황에 기쁜 마음으로 적응하기만 하면 되었다. 증권화의 시대가 우리들 앞에 펼쳐진 것이다.

한마디로 말해서 증권화란 주택융자금, 기업 대출, 신용카드 빚, 학자금 대출 등과 같은 부채를 취득해서, 그것들을 주식이나 채권 등의 형태를 띤, 즉 판매 가능한 '담보 증권' 투자상품으로 재포장하는 것을 말한다. 주택융자는 대부분의 미국 시민들이 은행으로부터 받는 가장 큰 규모의 대출이고, 증권화가 이 주택융자에서 시작되었기 때문에, '담보'라는 용어도 주택융자와 직결되어 있다는 것을 알 수 있다. 그러나 실제로 증권화는 재포장되어 판매될 수 있는 모든 부채 형태들에도 적용된다. 물론 주식도 따지고 보면 그러한 '담보' 증권 중에 가장 오래된 것일 뿐이다. 주식 또한 일종의 부채이다. 한 회사의 주식을 구매한다는 것은 그 회사의 미래 수익(즉 배당금) 일부를 받을 것을 기대하면서, 내가 그 회사에 돈을 빌려 주는 것을 의미하기 때문이다. 만일 우리가 신용카드 빚과 연계된 부채담보부증권을 산다 해도 마찬가지 원리가 적용된다. 예컨대 내가 1,000개의 신용카드 체납금으로 구성된 부채담보부증권 1주를 구매

---

* 뮤추얼펀드(mutual fund). 개별 자본 투자자로부터 돈을 끌어와 주식, 채권, 단기 금융상품, 기타 증권들을 구매하는 일종의 투자 신탁 회사. 투자자는 수익자인 동시에 주주가 되며, 회사의 운영 및 투자 정책에 대한 의결권을 가진다.

했다고 가정하고, 최초의 채무자가 채무불이행 상태에 빠지지 않는다면, 나는 이러한 신용카드 체납금에 부과되는 이자를 내 소득으로 계속 보장받게 된다. 신용카드에 부과되는 금리가 국채의 이자율보다 훨씬 높기 때문에, 이러한 새로운 채무 상품들은 신자유주의 시대의 억만장자들뿐만 아니라, 연금기금과 뮤추얼펀드와 같은 대형 기관투자자들에게 미친 듯이 팔려 나갔다. 그 결과 증권화라는 광풍이 금융계를 휩쓸고 지나가면서, 은행 업무를 과거와는 질적으로 다르게 변화시켜 버렸다.

우리가 아는 전통적 은행이란 사람들로부터 예금을 모아 돈이 필요한 이들에게 심사를 거쳐 대출해 주는 기관이다. 일례로 한 은행 지점은 1,000명의 사람들과 40개의 지역 기업들로부터 예금을 받는다. 그리고 은행은 주택융자, 소규모 사업자 대출자금, 자동차 구매 등을 위해 수백 가지 대출을 할 것이다. 대출 결정을 내리기 위해서 은행은 그 지역 사람들에 대해 파악하려고 할 것이고, 신용도를 측정해서 상환 능력에 맞게 돈을 빌려 주려고 할 것이다. 은행의 가장 전통적인 수익 모델은 예컨대 대출이자를 5% 받고 돈을 빌려 주는 대신, 돈을 맡기는 이들에게는 예금이자를 2%만 줌으로써 그 차액을 챙기는 것이다. 그런데 앞서 말한 증권화가 진행되면서 이러한 은행의 수익 모델이 완전히 바뀐다.[21]

이제 은행은 25년 상환 주택융자를 고객들에게 대출하고 나서, 그 대출 상환을 회계장부에 기입하지 않게 되었다. 그 대신 은행은 주택담보부증권 같은 '금융상품' 개발 전문 투자기관에다 바로 그 25년 상환 주택융자를 판매하고, 대가로 수수료를 챙기기 시작했다. 이러한 체제하에서 은행은 고객들에게 주택융자 대출을 해줌과 거의 동시에 회계장부에서 그 대출 기록 역시 빼버린다. 이렇게 대출이 회계장부 외 거래가 되면서, 은행들은 주택융자 대출을 투자은행 혹은 유사 투자기관에 판매할 때마다 수수료 수입을 챙긴다. 이렇게 주택융자 대출을 금융상품으로 전환시켜 팔아 버림으로써, 은행들은 만약 그 주택융자 대출 고객들이 융자금을 다 갚지 못하거나 채무불이행을 했을 경우에 그 책임을 지지 않아도 된다. 채무자가 대출받은 돈을 상환하지 않는다고 하더라도 맨 처음에 주택융자(혹은 신용카드, 학자금 융자)를 준 사람은 자금 경색에 빠지지 않게 된다. 이제 채무 상환 불이행 위험은 이러한 부채의 새로운 소유주, 즉 부채담보부증권을 구매한 돈 많은 개인들과 투자기관으로 전가된다. 이러한 맥락에서 증권화가 진행되면서 은행들의 이윤은 더 이상 기존의 형태, 예컨대 주택융자 같은 것을 해주고 수년 혹은 수십 년 동안 이자를 받아 챙기는 것이 아니라, 그러한 주택융자 대출을 서둘러 다른 투자자들에게 파는 대가로 생기는 수수료 수입에서 더 많이 생기게 된다. 이제 채무불이행 위험 부담도 더 이상 떠안지 않아도 되기 때문에, 은행들은 너도나도 주택융자 대출을 늘리고 확장시켜 나갔다. 물론 이것은 은행들이 자기들이 판매한 그 주택융자 대출 채권을 다시 구매하지 않을 때에야 그러는 것인데, 나중에 보겠지만, 어리석게도 꽤 많은 은행들이 그런 실수를 저지르게 된다.

이렇게 해서 지금까지 잘 알려지지 않았던 부채-증권을 발행하고 판매한 금융기관들은 막대한 이윤을 쓸어 담을 수 있었다. 일례로 주택담보부증권을 처음으로 만든 샐러먼브러더스 은행 같은 경우가 대표적이다. 그러나 그렇게 돈을 많이 번 이 은행도 다른 금융 혁신가들과 마찬가지로 얼마 지나지 않아 수많은 모방 경쟁업체들과 겨루어야 했다. 그 결과 그 은행이 챙길 수 있던 수수료도 다른 은행들의 경쟁 압박이 심해지면서 서서히 줄어들었다. 이러한 수수료 할인 경쟁으로 인해 다종다양한 증권화 기법들이 발전하면서 희한한 증권화 상품들이 쏟아져 나왔다.

그 결과 증권화된 금융상품들의 거래 속도는 더 빨라졌고, 그 규모도 엄청나게 증가했다. 이윤 마진이 줄어들고 수익 창출 기간이 짧아진다면, 그 금융상품 거래를 "더 빠르게 더 많이" 해버리면 만사형통인 것이다.

바로 이때, 전산화된 거래 프로그램이 하나의 해법으로 등장했다. 이 프로그램의 도입으로 인해 금융기관들은 100만분의 1초 차이로 "팔자 혹은 사자" 주문을 함으로써 시장가격 변동 신호에 즉각 대응을 할 수 있게 되었다. 바로 이런 적시 대응을 위해 복잡한 수학적 모델들이 만들어졌다. 이러한 수학적 모델에 기초해서 전산 프로그램은 통화·주식·채권의 가격 변동 추이에 따라 언제 사고팔 것인가를 알려 준다. 그리하여 1980년대 내내 은행들은 이러한 전산 프로그램을 광적인 속도로 추가 도입했다. 이러한 전산 시스템 도입으로 인해서 컴퓨터, 소프트웨어, 통신망 장비 구축 비용이 매년 19%가량 증가했다. 이것은 미국 자동차 산업의 경우보다 무려 4배나 빠른 속도였다.[22] 그 결과 이제는 24시간 내내 전자 거래 및 교환이 가능하게 되었다. 글로벡스, 소펙스, 캣츠, 폭스 등과 같은 24시간 전자거래 플랫폼이 금융상품 시장에 도입되었다. 이제 주식·채권·화폐·선물 거래를 위한, 마치 컴퓨터 운영체제와 같은 자동화된 플랫폼이 구축된 것이다. 드디어 최첨단 머니그리드*가 세계 금융계를 지배하기 시작했다. 이 머니그리드의 구성요소는 "위성, 광케이블, 컴퓨터칩 등이다. 이 모든 것들은 복잡한 금융 이론의 명령에 따라 움직이고, 기술적으로는 전류로부터 에너지 공급을 받는다".[23]

---

* 머니그리드(moneygrid). 금융시장에서 거대 전자망을 의미한다. 전산화된 통화 거래 기계인 이 전자망을 통해 세계 통화시장에서 수십억 달러를 수 초 내에 사고판다. 이 머니그리드는 마치 문어 촉수를 장착한 것처럼 세계 곳곳에 퍼져 있는 돈 냄새를 감지하고 그 망 안으로 빨아들인다.

주식이나 금융파생상품을 다루는 금융기법 전문가(퀀트)들은 수리 금융과 금융공학 모델에 근거해 만들어진 머니그리드를 통해 초당 수억, 수십억 달러를 '사고팔고' 있다. 그야말로 선진 금융기법의 상징이라고 할 수 있다. 그러나 그래프와 수치는 인간의 고통과 행복을 담을 수 없다.

최근 수십 년 사이에 자본주의 금융화를 가속화시킨 추동력은 증권화된 새로운 부채 상품들의 대량 출시와 거래였다. 그런데 이러한 증권화된 부채 상품들은 난해한 수학 공식들과 고도의 계산 능력 없이는 만들어질 수 없었을 것이다. 이러한 신비한 수학 공식들과 계산에 능통한 사람들은 막대한 돈을 자루에 쓸어 담을 수 있었다. 그러나 그 공식들에 결함이 있다면(앞으로 보겠지만, 실제로도 그렇다) 2007~2008년 금융 공황과 같은 대혼란이 발생할 수도 있다.

사실 2007~2008년은 금융체제 전체가 폭삭 망할 것처럼 보였던 최초의 시기는 아니었다. 그러나 예전 같으면 금융체제에 오작동이 생기는 경우, 곧장 중앙은행이 그 고장을 수리하고, 그 결과 돈 버는 기계들은 다시 척척 이윤을 산출해 낼 수 있었다. 그러나 전산화된 머니그리드는 정기적으로 **자산 거품**을 만들어 냈음이 분명해졌다. 즉, 합당한 수준의 금융자산 가격보다 터무니없이 올려 버리는 거대한 투기 열풍을 조장했던 것이다.

이런 거품이 처음으로 크게 끼게 된 것은 1980년대 중반이다. '기업 사냥꾼' 패거리들이 기존 기업을 인수할 자금을 조달하기 위해 배당률은 높지만 위험부담이 큰 채권인 정크본드를 주식시장에 상장하기 시작할 때였다. 그때 생긴 거품은 1987년 주식시장 붕괴와 더불어 터지고 말았다. 당시 월스트리트 5대 투자은행 중 하나였던 드렉셀 번햄 램버트의 마이클 밀켄과 같은 불법 사기 인수합병 사냥꾼들이 감옥에 구속되었다. 그다음은 이른바 '인터넷 혁명'으로 촉발된 거품으로, 1990년대에 한창 부풀어 오르기 시작했다. 그때는 투자자들이 앞을 다투어 아직 한 번도 이윤을 내지 않은 신생 닷컴 기업들의 주식이나 채권을 서로 사려고 몰리던 시기였다. 주가를 주당 순이익으로 나눈 것을 의미하는 주가수익비율^{PER}은 당시 미국 주식시장에서 5년 만에 2배가 되었고, 2000년에 이르러 이 비율은 44까지 치솟았다. 이 말은 주가가 주당 순이익의 44배로 주식시장에서 팔리고 있다는 것을 의미하므로, 앞으로 44년을 기다려야 그 주가의 본전만큼 이익을 벌어들일 수 있다는 것을 뜻한다.* 특히 닷컴 기업들의 주가수익비율은 하늘을 찌를 듯이 솟구쳤다. 일례로 시스코시스템즈의 주가수익비율은 160까지 올라갔다. 이 닷컴 거품이 2000~2001년에 터졌을 때, 블룸버그 미국인터넷지수에 상장된 280개 주식이 불과 7개월 만에 무려 1조 7,550억 달러어치나 날아가고 말았다. 그 위기가 2년 반 지속되는 동안, 시장가치로 온전히 5조 달러가 사라졌다.[24] 나스닥 지수도 완전 폭락했다. 2000년 3월의 최고점이 5,000을 넘었는데 불과 7개월 뒤인 10월엔 1,114로 추락한 것이다. 그 와중에 미국 경제는 사상

---

* 한국의 2010년 주가수익비율은 11.6, 2011년은 10.3 정도이고, 선진 자본주의 국가의 단순 평균치가 12.4 정도인 것을 고려한다면, 당시 미국 주식시장의 거품이 얼마나 심각했는지 알 수 있다.

최대의 기업 파산을 겪었는데, 그 대표적 사례가 엔론과 월드콤의 몰락이었다. 이들은 리먼브러더스 투자은행이 등장하기까지 최대의 기업으로 통했다. 그런데 2000년 이후 연방준비제도이사회 의장 앨런 그린스펀은 닷컴 불경기에 대응한답시고 여러 차례에 걸쳐 이자율을 낮추었다. 그 결과 부동산 분야에서는 치명적인 거품이 부풀어 오르기 시작했다.

이를 좀더 자세히 보자. 닷컴 붕괴의 악영향이 번질 것을 두려워한 나머지, 그린스펀은 2001년 1월, 처음으로 이자율을 6%로 낮추었다. 그 뒤로도 2년여에 걸쳐 그는 계속 이자율을 내렸다. 마침내 2003년엔 역사적으로 가장 낮은 금리인 1%가 되었다. 그렇게 함으로써 그는 부동산 거품을 일으킬 이상적 조건을 만든 셈이다. 이자율이 아주 낮은 만큼 주택융자 비용 부담이 매우 작아졌기 때문이다. 그러나 보통 주택융자 상환 기간이 20~30년임을 감안할 때, 6년짜리 주택융자 광풍이 불게 된 것은 아무리 생각해도 결코 만족할 줄 모르는 금융권의 탐욕이 아니고서야 달리 설명할 길이 없다. 그들은 무한 이윤이라는 탐욕을 위해, 또 다른 투자 기관들과의 경쟁에 지지 않기 위해 부단히 새로운 금융상품을 개발할 수밖에 없었다.

비록 주택융자를 증권화한 것은 이미 1970년대 이후부터 있어 온 것이지만, 그것이 본격적으로 금융상품으로 출시된 것은 1990년대 초부터라 할 수 있다. 이때가 되면 부채의 모든 형태들, 예컨대 신용카드에서 자동차 할부에 이르기까지 모든 게 증권이라는 금융상품으로 변모했다. 그러다가 이것이 진짜 고삐 풀린 듯 폭증한 것은 닷컴 거품이 터지던 2000년부터다. 바로 그해에 월스트리트가 취급한, 즉 다양한 종류의 부채들을 매입한 후 이것들을 패키지로 묶어 판매했던 신상품의 규모는 자그마치 1조 달러에 이르렀다. 2005년에 그 수치는 2조 7,000억 달러로 늘었는데, 단 5년 만에 무려 270%나 증가한 셈이다. 그리고 이것은 급속히 세계화했다. 독일의 은행들이나 일본의 연금기금들이 미국의 선례를 따라 같은 방식으로 증권 상품을 만들어 팔기 시작했다. 파산 직전 미국에서 네 번째로 컸던 투자은행 리먼브러더스도 부채 증권화 사업에 대규모로 투자했고, 해외 매출액 증가율 600%를 기록하기도 했다.[25] 은행들의 탐욕은 그칠 줄 몰랐다. 달이 갈수록 그들은 더 많은 부채를 매입하여 새로 포장한 뒤 거든하게 팔아 치웠다.

이제 새로운 계층의 미국 시민들이 주택융자를 대대적으로 신청하지 않는 한, 충분한 양의 증권화된 정크 채권을 만들어 낼 다른 방법이 없었다. 따라서 새로운 과업이 부각되었다. 그것은 상대적으로 가난한 자들, 흑인들, 남미 출신의 가정에 다가가 은행에 주택융자를 신청하라고 권하는 일이었다. 이것이 바로 우리가 잘 아는 비우량 주택융자 및 비표준적 주택융자가 판을 치게 된 출발점이다. 빈곤층을 잘 설득해서 주택융자를 판매 촉진용 미끼 금리로 신청하게 한 다음, 그 주택융자를 다시 포장해서 새로운 증권화된 금융상품으로 판매하더라도, 여전히 주택융자는 가난한 사람들이 신청할 수 있다는 식이었다. 그런데 나중에 이자율이 치솟으면 주택융자 상환을 제때에 하지 못하는 사람들이 늘어나면서 불가피하게 주택융자 연체율도 솟구칠 것이다. 그러나 이러한 상황이 발생했을 때에는 이미 그 주택융자를 준 금융기관은 그 돈을 모두 회수했을 것이고, 그 주택융자를 증권화시켜 만든 금융상품은 다른 사람 손에 넘어간 상태일 것이다. 그런데 실제로는 만약의 사태가 벌어지는 경우까지 대비할 정도로 영리한 은행들은 많지 않았다. 다음에 잠시 살펴보겠지만, 그들은 근거 없는 수학적 모델에 현혹되어 자신들이 팔고 있는 악성 채권을 맹신했고, 은행 창고에 산더미처럼 쌓아 두었다. 위기가

주택융자를 갚지 못해 압류된 주택. 금융 공황 시기 주택융자 상환금의 연체율은 5배나 높아졌고, 250만 채이 주택이 압류되었다. 피해자들 중에서 흑인과 라티노의 비율이 높았는데, 이들의 실업으로 인한 실질소득 감소가 주택 압류의 직접적인 원인이 되었다.

폭발한다면 그 창고 역시 완전히 산산조각 날 참이었다.

여기서 잠시 대단히 중요한 것 하나만 지적하고 넘어가자. 주류 논평가들이 자주 퍼뜨리는 이야기와는 달리 사태의 진실은, 빈곤층 사람들이 집을 사기 위해 별 가진 돈도 없으면서 과도한 대출을 하려고 은행에 가서 자신의 경제 상황을 거짓말로 포장하는 게 사실이 아니라는 점이다. 오히려 반대로 은행들이 먼저 나서서 신규 고객 사냥에 나섰다. 은행들은 가난한 사람들을 붙잡아 이번 기회에 주택융자를 꼭 신청하라고 감언이설로 설득했다. 은행 직원들과 중개업자는 빈곤층 가계들이 주택융자 신청서에 서명하게 만들기 위해서 미끼 금리를 제시했다. 또 그들은 집 없는 사람들이 지금 주택융자를 신청하면 집도 살 수 있고 꽤 쏠쏠한 이득을 보는 것처럼 숫자를 조작하기도 했다. 이 모든 과정은 사실상 속임수와 조작이 태반이다.

바로 여기서 우리는 다시 한번, 인종차별적인 미국 자본주의의 성장 동력을 발견하게 된다. 이 부분은 다음 장에서 보다 자세히 살필 것이다. 재차 강조하지만 은행들이 주택담보부증권을 식탁 들린 강아지마냥 게걸스럽게 무한정 먹어치웠기 때문에 이러한 광풍이 불어닥친 것이다. 2000년 당시만 해도 미국에서는 비우량 주택융자가 1,300억 달러였는데, 그 중 550억 달러 정도만이 주택융자 채권 상품으로 포장되었다. 그러던 것이 2005년에 이르러서 은행들은 비우량 주택융자를 6,250억 달러어치나 팔았고 그 대부분인 5,000억 달러어치가 주택융자 채권, 즉 증권화 상품으로 변모했다. 이것은 단지 5년 만에 비우량 주택융자에 기초한 채권 상품의 규모가 거의 10배로 급성장했음을 뜻한다. 2005년 한 해만 해도 그 규모가 5,000억 달러라니, 놀라운 숫자가 아닐 수 없다.[26] 마치 갈수록 습관이 더 나빠지는 마약중독자처럼, 월스트리트도 중독성이 강한 것들을 더욱더 많이 개발해 냈다. 그래서 설사 그럴듯한 속임수 같은 말에 더 이상 넘어갈 사람이 없는 경우를 대비해, 그들은 또 새로운 금융 상품을 개발해 냈다. 그것이 바로 신용부도스왑[CDS]이다. 이 신용부도스왑에 기초한 채권의 등장으로 인해 마침내 월스트리트는 넘지 말아야 할 선을 넘어 완전한 광기의 세계로 빠져들었다. 처음에는 돈다발이 쏟아지는 광기의 세계였지만, 그건 2008년 금융 대지진이 모든 것을 앗아 갈 때까지만이었다.

　　그러면 이 신용부도스왑이란 도대체 무엇이 문제인가? 가장 기본적인 차원에서 보면 신용부도스왑은 일종의 보험 상품에 불과하다. 가령 당신이 제너럴모터스의 채권 100만 달러어치를 갖고 있다고 가정해 보자(물론 실제로 그렇다면 아마 이 책을 읽고 있지는 않겠지만). 그런 상태에서 행여 그 기업이 지급 불능 사태에 빠질지 모른다면, 그래서 당신이 투자한 걸 모두 날릴 것 같은 불길한 예감이 되는 경우 어떻게 해야 할까?

바로 이런 경우를 대비해 금융 회사들은 예컨대 1년에 2만 달러 정도의 돈만 내면 그런 위험부담을 '스왑'하겠노라고, 즉 대신 위험을 부담하겠노라고 제안한다. 이렇게 금융 회사가 마음이 불안한 고객으로부터 일정한 돈을 받고 대신 위험을 부담하겠노라며 건네주는 것이 곧 신용부도스왑이다. 결과적으로 금융 회사는 신용부도스왑을 일정한 가격에 팔아먹는 셈이다. 이로써 그 금융 회사는 만일 제너럴모터스가 부도가 나는 경우 그 신용부도스왑을 가진 고객에게 원래 투자한 돈에서 하나도 손해를 보지 않게 모두 보상해 주겠다고 약속한다. 물론 그 금융기관은 제너럴모터스 같은 회사가 부도가 날 가능성이 상당히 낮다고 믿기 때문에 과감하게 그런 위험부담을 떠맡는다. 그렇지 않다면 돈 벌기 힘들 것이기 때문이다. 물론 그런 위험부담이 크면 클수록 그들이 신용부도스왑을 건네주면서 받는 수수료도 더 올라간다. 2000년부터 2007년 위기가 시작하기 전까지 오랜 기간 동안, 소위 경제 전문가들이 영원한 '골디럭스 경제'가 도래했다고 입에 거품을 물며 떠들어 댈 때만 해도 경제 전반에 심각한 부도 위험이 올 가능성은 지극히 낮아 보였다. 그들이 말한 '골디럭스 경제'란 너무 뜨겁지도, 너무 차갑지도 않은 최적의 경제 상태를 말한다. 다시 말해 높은 경제성장률을 기록하면서 물가 상승의 압력을 거의 받지 않는 이상적인 경제 상황이다. 그 결과 AIG 같은 세계 최대의 보험 회사는 주택담보부증권에 대한 보험용 성격을 띤 신용부도스왑이라는 금융상품을 만들어 자격심사도 하지 않고 아무에게나 대량으로 팔았다. 그러나 미국의 부동산 붐이 역사적 추세와는 완전히 역행하고 있다는 징조를 소수의 역행 투자자*들이 서서히 깨닫기 시작했다.

---

* 남들이 주식을 내다 팔 때 사들이거나, 반대로 남들이 주식을 매도할 때 매입하는 투자자들을 말한다.

역사적으로 보면, 1895년 이후 미국의 주택 가격 상승률은 물가 상승률과 비례해 왔다. 그리하여 주택 가치는 대체로 예전 그대로 유지된 셈이다. 즉, 주택을 갖고 있다고 해서 특별히 많은 돈을 벌 수 있는 건 아니었다. 그런데 1995년부터 금융위기가 닥친 2007년까지 주택 가격은 놀랍게도 일반 소비자물가지수보다 70%나 더 빨리 올랐다. 그리하여 미국의 주택 소유자들은 일단 장부 가치만으로도 8조 달러나 이득을 보게되었다. 이것은 지금까지의 역사적 패턴과는 근본적으로 단절하는 것이면서도, 명백히 지속 불가능한 일이었다. 더욱 아슬아슬하게도, 2006년경에는 모든 주택융자 중에서 40%가 '관례에 어긋난' 것이었다. 왜냐하면 신용도가 좋지 않은 사람들에게까지도 거의 강요되다시피 판매되었기 때문이다. 그러나 은행들은 전혀 개의치 않았다. 그들은 딴생각은 하지도 않고 증권화할 수 있는 것이면 무엇이든지 증권화하여 새로운 금융 상품으로 변모시켜 세계 각국의 투자자들에게 팔아넘겼다. 이 과정에서 은행들은 엄청난 이득을 챙겼다. 그러나 역행 투자자들은 곧 들이닥칠 금융 대붕괴의 낌새를 벌써 알아차렸다. 그래서 그들은, 2000년부터 투자자들이 자신들은 갖고 있지 않은 자산에 대한 신용부도스왑을 합법적으로 살 수 있게 된 이후, 그런 광기에 반대로 투자할 새로운 무기도 마련해 놓고 있었다. 달리 말하면, 만일 당신이 제너럴모터스가 부도가 나거나 주택융자 채권이 휴지 조각이 될 수 있다고 생각할 경우, 당신은 그 위험에 대비해 일종의 '보호막'을 살 수 있는 것이다.[27] 이것은 곧 부동산 과장광고를 믿고서 주택융자를 신청한 사람이 아닌 경우, 즉 머리가 잘 돌아가는 투기꾼들은 미국 주택융자 시장의 몰락을 둘러싸고 어마어마한 내기를 걸 수도 있음을 뜻했다. 그런데 그런 일이 실제로 일어났다. 투기꾼들은 수십억 달러에 또 수십억 달러의 내기를 계속 걸어 나갔다. 심지

어 극히 일부의 투기꾼들은 월스트리트의 대형 투자은행들 내부에서도 나왔다.[28]

또한 신용부도스왑은 부적절하게 사용되었다. 주택담보부증권에 대한 탐욕이 너무 컸기 때문에, 월스트리트는 그것을 아무리 많이 만들어도 성에 차지 않았다. 달리 말하자면, 주택융자 기반 부채담보부증권에 대한 투자자들의 수요를 충족시킬 만큼 주택융자 신청자 수가 급속도로 늘지는 않았다. 바로 이때 저 월스트리트의 생리에 능통한 금융기법 전문가들이 등장한다. 그들은 실제 주택융자와 직접 연관을 맺고 있지 않더라도, 그 주택융자로부터 '파생된'(혹은 그와 연계된) 신용부도스왑을 패키지로 묶어 놓은 금융상품, 즉 합성 부채담보부증권*을 고안해서 금융시장에 출시했다. 이런 경우 투자자가 '소유'하게 되는 것은 주택융자 신청자들이 채무불이행 상태에 빠지지 않을 것이라는 내기이다. 합성 부채담보부증권 소유주들은 실제 주택융자를 했던 사람들이 채무불이행 상태에 빠지지 않는 한, 혹은 그런 사태가 발생하더라도 그 숫자가 적은한, 신용부도스왑 구매자들이 지불하는 수수료를 챙길 수 있다. 그러나 채무불이행 숫자가 증가하게 되면, 합성 부채담보부증권 소유자들은 자신들이 실제로 갖고 있던 것이 엉터리였음을 금방 알아차리게 된다. 만

---

* 합성 부채담보부증권이란, 예를 들어 주택융자와 연계된 부채담보부증권의 보험용 금융상품인 신용부도스왑을 다시 묶어 만든 금융상품이다. 2008년 미국 금융 공황 당시 이 합성 부채담보부증권 시장 규모는 1조 2,000억 달러였고, 그 중 1조 달러의 손실액이 발생했다. 원래 신용부도스왑은 부채담보부증권에 대한 보험용 성격의 금융상품인데, 이것을 재가공해서 만든 또 다른 형식의 부채담보부증권이 '합성' 부채담보부증권이다. 부채담보부증권 → 신용부도스왑 → 합성 부채담보부증권으로 연쇄적으로 형성된 금융파생상품 시장은 이러한 연결 사슬 때문에 파산 위험성이 극도로 증대되었다. 특히 신용부도스왑은 장외시장에서 거래되었기 때문에 거래 규모가 폭증했고, 이를 기반으로 하는 합성 부채담보부증권 시장 역시 확장되었다. 2008년 9월 파산한 리먼브러더스의 총부채 6,350억 달러 중 신용부도스왑 잔액이 4,000억 달러를 넘을 정도였다.

약 주택융자 신청자가 채무불이행 상태에 빠지면 주택융자 채권 가치는 하락할 것이고, 채권 소유자는 손실을 보게 될 것이다. 이런 상황에서 신용부도스왑을 담보로 상품화된 합성 부채담보부증권이란 그 주택융자 채권 소유자의 손실액을 보상해 줄 의무를 가진 계약증서를 의미한다. 그러나 결산일이 다가오기 전까지, 즉 2007~2008년의 금융위기라는 심판일이 오기 전까지만 해도, 월스트리트는 주택 경기 붐을 맞아 새로운 투자처를 찾는 이들을 위해 새로운 '자산'을 만들었노라고 자화자찬을 아끼지 않았다.

여기서 특이한 것은 주택담보부증권 연계형 신용부도스왑 발행 숫자는 이론적으로 무제한이라는 점이다. 주택담보부증권에 대해 보험을 들고, 신용부도스왑 판매자의 수입원인 수수료를 내고자 하는 투자자들이나 구매자들이 있는 한 신용부도스왑 거래 시장은 무한대로 확장될 수 있었다. 이런 이유로 신용부도스왑 거래는 폭증했고, 2006년에 가서는 주택담보부채권 연계형, 즉 이 채권에 대한 보험 성격인 신용부도스왑의 가치가 주택담보부채권의 실제 가치보다 무려 8배나 더 커지는 지경에 이르렀다. 이제 무한 경제의 시대가 도래한 것 같았다. 비록 실제로 주택담보부증권을 소유하지 않더라도, 그 주택융자로부터 파생된 합성 부채담보부증권을 무한정 사람들이 구매할 수 있는 것처럼 보였다. 그런 것을 만든 금융기관들이 아무 탈 없이 해마다 천문학적인 수수료만 차곡차곡 챙길 수 있었던 기간 동안에는 이건 아주 멋진 것이었다. 그러나 그것은 동시에 최악의 경우 닥칠 수 있는 충격의 규모를 천문학적으로 키우는 일이기도 했다. 이 최악의 상황이란 주택융자 신청자들이 주택 상환금이나 이자를 제 시기에 내지 못해 대규모로 채무불이행 상태에 빠지는 경우다. 이렇게 주택융자 채무자들이 파산해 버리면 그 주택융자와 관련된 주택담보부증권은 휴지 조각이 되기 때문이다. 만약 주택담보부증권 파산 규모가 5,000억 달러에 이른다면, 이 주택담보부증권과 연계된 신용부도스왑과 이 신용부도스왑 패키지로 구성된 합성 부채담보부증권 손실 액수는 5,000억 달러의 8배, 즉 4조 달러나 될 것이라는 계산이 나온다.[29]

이제 곧 우리가 살펴보겠지만, 모든 종류의 증권의 창조(맑스의 용어로 '가공자본'의 폭발) 때문에, 주택융자 대출 회사로부터 주택융자를 구매해서 창고들(다양한 종류의 은행 기관들) 안에 저장해 두고서, 그 주택융자를 포장해 다른 금융상품으로 둔갑시킨 다음 새로 가격을 매겨 금융시장에 내다파는 은행들의 파산 위험성은 엄청 커졌다. 그런데 마침내 그 좋던 꽃노래도 다 흘러가고 무대가 막을 내리면, 이제 그 은행들은 판매할 수도 없는 수십억 달러의 정크본드만 끌어안고 홀로 남은 신세가 되고 말 지경이었다. 그럼에도 불구하고, 그 은행들은 여전히 그 상품들이 엄청난 이윤을 가져다줄 것이라 믿은 채, 그런 걸 갈수록 더 많이 보유하려고 눈이 벌겋게 될 정도였다. 좀 뒤에 완전히 폭삭 망할 줄도 모르고 말이다.

그 은행들(그리고 헤지펀드와 같은 '그림자 은행'들)의 핵심 문제 역시 자본주의의 고전적인 딜레마인 이윤율의 서하였다. 수많은 은행들이 똑같은 상품들을 너무나 많이 만들어 내다 보니 이윤 마진도 갈수록 떨어질 수밖에 없었다.[30] 그에 대한 거의 보편적인 대응 방식은 은행들이 재무 레버리지를 높이는 것이었다. 여기서 재무 레버리지란 외부에서 부채를 얻어 빌린 자금을 가지고 갈수록 더 많은 사업들에 자금을 대는 것이다. 그를 통해 가능한 한 사업 규모를 더 확장해서(즉 정크본드 같은 것을 산더미처럼 판매해서) 이윤율을 만회하려고 한 것이다. 예를 들어 보자.

2001년에 메릴린치의 레버리지 비율, 즉 자기자본에 대한 대부자본의 비율은 16대 1이었다. 즉, 자신이 보유한 자본이 1달러라면 무려 16달러를 빌려 사업 자금으로 썼다. 그런데 2007년이 되면 메릴린치의 레버리지 비율은 32대 1로 증가한다. 당시에 모건스탠리는 베어스턴스와 마찬가지로 그 비율이 33대 1이었다. 리먼브러더스의 비율은 29대 1이었는데, 마지막에 가서는 정신이 아찔할 정도인 44대 1이 되었다.[31] 레버리지 비율이 이 정도 된다는 것은 파산 위험을 극단적으로 높이는 일이었다. 어느 기업의 레버리지 비율이 33대 1인 경우, 만약 채권자들이 그 대부 자금의 3%만 되돌려 달라고 요구해도 그 기업은 금방 망하게 되어 있는 셈이다. 바로 이것이 2008년에 베어스턴스, 리먼브러더스, 그리고 다른 은행들에게 일어난 일이다. 더구나 그 광기에 휘말린 것은 미국 금융계만이 아니었다. 영국·아이슬란드·스페인·한국·아일랜드 같은 나라의 은행들도, 각기 자기 나라의 부동산 거품에 발동이 걸리는 바람에 훨씬 더 광기 어린 대출 잔치로 흥청댔다. 그리하여 이들 나라는 전체적으로 부채 수준이 오히려 미국보다 훨씬 높았다.[32]

바로 여기서 우리는 주류 경제학이 위기 담론과 관련해 대체로 놓치고 있는 점 한 가지를 확실히 할 필요가 있다. 대개 주류 경제학자들은 2008년의 금융 대폭락이 소비자들 또는 노동자 대중들의 과도한 부채 탓이라 주장하는 경향이 있다. 그들이 갈수록 더 많은 빚을 지면서까지 과도한 소비를 했다는 것이다. 그러나 이미 살핀 것처럼, 특히 이자율이 떨어진 2001년 이후로 사람들이 더 많은 돈을 빌리도록 열심히 부추긴 것은 바로 은행권이었다. 그리고 이보다 더 중요한 것은, 숱한 금융기관들이 개인들보다 훨씬 더 빠른 속도로 부채를 늘려 간 점이다. 일례로, 미국의 GDP 대비 소비자 부채는 1980년에서 2005년 사이에 2배로 증가했음에 비해, 금융 부문의 부채는 같은 기간에 5배 이상 증가했다. 그 결과 약간의 경제 충격만 생겨도 금융체제 전체가 금방 깨질 정도로 매우 위험한 상태가 되었다.[33] 요컨대 은행 부채, 즉 레버리지가 금융위기의 핵심에 놓여 있었다.

많은 비평가들은 금융위기의 탓을 위험 관리를 잘하지 못한 것으로 돌리기도 했다. 앞으로 보게 되겠지만, 물론 이것도 대단히 중요한 문제다. 그러나 진짜 문제는 더 깊은 곳에 있었다. 그것은 금융권 전체의 이윤 마진을 줄이도록 압박하는 체제 전반의 문제가 근본이기 때문이다. 앞서 살핀 부채담보부증권처럼 각각의 '상품'에서 나오는 수익이 갈수록 작아지다 보니, 은행들은 갈수록 더 많이 팔아야 손실을 보충할 수 있다고 보았다. 다른 사업들과 마찬가지로 은행 또한 더 많이 투자하기 위해선 더 많이 빌려야 했다. 결국 레버리지 비율이 갈수록 높아졌다. 그리고 경쟁이 극심한 환경이다 보니, 은행이 빌리는 자금은 갈수록 많아졌다. 그리하여 리먼브러더스의 회장이자 CEO인 리처드 풀드는 어느 날 회사 중역이 지금 회사의 레버리지 비율이 지나치게 높은 게 아니냐고 지적하자 이렇게 반박했다. "첫째도 성장, 둘째도 성장, 셋째도 성장이다. …… 바로 그것이 우리가 원하는 것이고 절실히 필요한 것이다." 이 말은 마치 오래전 맑스가 풍자적으로 한 말인, "첫째도 축적, 둘째도 축적이다! 그것이 구세주 모세요 예언자이니라!"를 흉내 내는 것 같았다.[34]

또 이와 유사하게 많은 비판자들은 은행들이 순진한 투자자들에게 유독성 쓰레기류 상품을 교묘한 방식으로 마구 팔아먹었다고 비난을 했다. 물론 여기에도 일말의 진실은 있다. 속임수와 조작이 널리 행해진 것은 의심의 여지가 없다. 그러나 만일 이 부분에만 초점을 맞추면 우리는 더 큰 핵심을 놓치게 된다. 그것은 은행들이 사실상 자기들만의 계산 공식에 갇혀 있었다는 점이다. 달리 말해, 그들은 자신의 어리석은 위험 평가 모델이 만든 덫에 스스로 걸린 셈이다. 그리하여 전 세계 금융체제를 붕괴 직전까지 몰고 갈 1,000억 달러의 주택담보부증권을 구매하고 보유하고 있었다. 요컨대 어느 논평가의 말처럼 "사기꾼보다 멍텅구리가 더 많았다".[35]

"사기꾼보다 멍텅구리가 더 많아": 위험, 숫자 물신주의, 범지구적 대폭락

월스트리트나 전 세계 금융계가 얼마나 어리석은지 제대로 알려면, 그들이 회계장부에 얼마나 많은 악성 채권을 보유하고 있었는지만 보면 된다. 물론 금융권이 어떤 기술적 문제 때문에 주택담보부증권을 보유할 수밖에 없는 경우도 있긴 했다. 그 기술적 문제란 대개 한 증권을 어떻게 포장하여 다른 것과 잘 엮을 것인지 하는 문제와 연관된다. 주택담보부증권 대부분은 '최고 선순위' 부채로 분류되어 위험부담이 거의 없는 것으로 취급되었다. 그런데 금융 공황이 발생했을 때 스위스의 대표적인 거대 투자은행 UBS는 500억 달러 상당의 주택담보부증권을 장부에 올려놓고 있었다. 시티그룹과 같은 다른 은행들은 그들이 판매하는 주택담보부증권을 맹신한 나머지 상품 계약 내용 속에 '유동성 판매 조항'까지 포함시켰다. 이것은 주택담보부증권 시장이 얼어붙는 등 비상 상황이 닥치는 경우, 판매한 은행이 그 증권을 도로 사주겠다는 약속이다. 아닌 게 아니라 시티은행은 자기 덫에 걸려 결국 250억 달러에 이르는 쓰레기 악성 증권을 되사야 했다. 주택담보부증권의 원래 가치의 3분의 2는 휴지 조각이 되어 날아가 버렸고, 결국 시티은행은 160억 달러 이상 손실을 입고 말았다.

그런데 놀랍게도 어떤 은행들은 막 시장이 확실히 붕괴되고 있는 와중에도 주택융자를 계속 사서 증권으로 포장한 뒤 시장에 다시 내다 팔고 있었다. 리먼브러더스는 800억 달러어치나 되는 주택담보부증권을 보유하고 있다가, 정작 위기가 닥치자 옴짝달싹도 못하고 당하고 말았다. 그리고 다른 은행들은 시장이 추락하고 있는데도 부채담보부증권에 대한 신용부도스왑을 계속 만들어 팔았다. 달리 말해, 간 크게도 모든 부도 위험을 기꺼이 떠맡겠다고 굳이 애를 쓰는 것이나 다름없었다. 또 다른 투자은행 모건스탠리의 경우, 2006년 9월부터 2007년 1월 사이, 주택융자 연체율이 높아져 채무불이행 사태가 속출하고 있다는 것을 누구나 다 알고 있을 때에도, 비우량 주택융자를 160억 달러어치나 구매했다. 다음으로 상식을 뛰어넘는 AIG의 기막힌 사례가 있다. AIG는 신용부도스왑을 4,000억 달러어치나 팔아먹었다. 그 대가는 잔혹했다. 2007년 금융위기가 터졌을 때 AIG를 회생시키기 위해 긴급 구제금융 비용으로 미국 정부는 1,750억 달러를 쏟아부었다. 이 돈은 전부 국민의 세금이었다.[36]

이 모든 사태가 말해 주는 것은 세계적 은행들의 최고위층에 눌러앉아 있는 자들은 정말 한 치 앞도 내다보지 못하는 진짜배기 '멍텅구리들'이라는 사실이다. 그리고 이보다 더 중요한 건, 그런 금융기관들이 위험을 측정한답시고 사용하는 그 복잡한 수학 공식들이 죄다 멍청한 숫자 놀음에 불과하다는 점이다. 정말 믿기지 않는 일이긴 하지만, 이들 금융기관들은 하나같이 거의 대부분 수천만 내지 심지어 수억 달러를 그런 계량 분석이나 전산 프로그램, 그리고 거래 및 위험 평가에 대한 수학적 모델 개발 따위에 투자했다. 그러나 이 모든 난리법석에도 불구하고 그것들은 시장 붕괴를 예측하는 데도 실패했을 뿐 아니라, 오히려 사태를 더욱 악화하는 데 기여하고 말았다.

변동환율제 도입 이후 통화와 외환 변동성이 최고조에 달했을 때 이러한 현대적인 수학적 위험 관리 기법들은 엄청나게 빠른 속도로 발달하기 시작했다. 당시는 투자가들이 위험을 최소화하기 위해 파생금융상품 쪽으로 눈을 돌리고 있을 때였다. 그러나 앞서 살핀바, 이런 파생금융상품들은 기업의 투자 위험을 줄이는 데만 사용된 게 아니라 아주 공격적인 투기 전략을 구사하는 데도 십분 활용되었다. 이러한 투기 전략은 오히려 위험을 극도로 **증가**시키는 결과를 초래하고 말았다. 왜냐하면 그 공격적 투기 전략은 상품이 되는 것이면 모든 것의 미래 가격 변동을 예측해서 내기를 할 수 있게 만들었기 때문이다. 이러한 예측 전쟁에 막대한 양의 투기 자본이 투하되었고, 그 내기 게임에서 이기기 위해 대규모의 차입금과 전산 프로그램까지 동원되었다. 파생상품들이 엄청난 투기적 성격을 띠는 근거는(그리하여 사태를 불안정하게 만들 가능성이 높은 이유는) 그것이 세계시장에서 몇 초 몇 분 며칠 등 시간의 이동을 잘 이용해서 이윤을 극대화하기 때문이다. 이미 살핀 것처럼 파생상품들은 미래 가치와 관련하여 이미 내기를 전제로 하고 있다. 그 대상이 통화든, 금리든, 주식이든, 채권이든 아무 상관이 없다. 이런 점에서 파생상품은 글로벌 화폐의 신세계를 보여 준다. 예전에는 화폐가 인간의 노동(이러한 인간의 노동은 금에 구현되어 있고, 이 금은 재무부와 중앙은행에 비축되어 있다)에 기초한 가치와 결합되어 있었다면, 오늘날의 화폐 대부분은 가공자본과 결합되어 있다. 미 재무부가 파는 어음이나 채권과 같은 연방 부채가 바로 이러한 가공자본에 속한다. 그 결과 이제 자본가들은 화폐나 다른 증권 자산 따위에 가격을 매길 때 그 미래 가치를 가지고 매긴다. 다시 말해 당장 하루 뒤건, 일주일이나 한 달 뒤건 향후 일정 시점에 예상되는 가격을 계산해 가격을 매기는 것이다.

그러나 도대체 미래의 가격 변동을 어떻게 제대로 예측할 수 있겠는가? 현대 재무금융 이론은 물리적 세계의 임의 운동에 기초한 공식들과 효율적 시장 가설의 균형 가정을 적절히 결합시키기만 하면 답을 얻을 수 있다고 본다. 그런데 효율적 시장 가설에서는 모든 가격은 실제 가치를 합리적으로 반영한다고 본다. 현재의 가격들이 합리적이라 보기 때문에, 이 이론에 따르면 작고 임의적인 가격 운동은 그 중심 가격을 향해 운동할 것이다. 만약 그렇지 않다면 그것은 현재 가격이 합리적이지 않다는 것을 의미한다. 그러나 이러한 문제는 애초부터 배제되어 있다.

재무금융 분야에서 쓰는 수학 모델은 장기적인 가격 변동을 추적함으로써 이런 결론을 내린다. 즉, 작은 가격 변동은 곧 예측 가능한 반작용 운동들에 의해 이전의 합리적 가격 수준을 향해 다시 움직여 금방 상쇄되고 말 것이라 본다. 그런 가정들로 무장한 상태에서 이 모델들은 고전적인 종 모양의 정규분포 곡선을 그리는데, 이에 따르면 가격들은 늘 현존하는 표준을 향해 수렴하는 경향이 있다. 만약 당신이 성인 1,000명의 키를 그래프에 점으로 찍으면, 아마도 대부분의 점들은 서로 가까이 모여 일정한 집단을 이룰 것이다. 그런 상황에서는 키가 아주 작거나 아주 큰 사람 한둘이 추가된다고 하더라도 그 전체 모양은 별 변화가 없다. 수리 금융이라는 것도 바로 이와 동일한 원리를 가격 변동에 적용한 것일 뿐이다. 그러다 보니 가격들은 늘 현존하는 표준 주위에 몰려 있게 된다. 이렇게 수리 금융은 방법론적 측면에서 자연 세계에 기초한 모델을 그대로 사용하고 있다. 따라서 이 수리 금융은 금융시장조차 자연세계와 같은 규칙성과 안정성을 지니고 있는 것으로 가정한다.[37]

그런데 인간의 사회생활과 자연세계가 동일한 작동 원리에 의해 움직이는가? 경제 현실이 수리 금융이 가정한 것처럼 안정적이지도 않고 규칙적이지도 않다면, 그 수리 금융 모델들은 경제위기가 발생할 때면 제대로 작동하지도 않을 것이고, 이 위기로 인해 가치와 가격은 걷잡을 수 없을 정도로 심하게 변동할 것이다. 달리 말하자면, 주류 경영·경제학은 균형이 완전히 무너지는 경우를 설명할 이론적 능력이 없다. 이와 대조적으로 급진적 정치경제학은 경제위기의 발생을 정확히 내다보고 있다. 그것이 가능한 이유는, 급진적 정치경제학의 시각이 주류 경제학의 입장과 달리, 시장이 내재적으로 안정적이고 효율적이며 합리적이라 가정하지 않기 때문이다. 그러나 주류 경제학과 그 계량적 분석을 전문으로 하는 금융기법 전문가^{quant}들은 그들의 균형 모형에 따른 예측을 무색하게 하는 현상들이 나타날 가능성 자체를 거의 인정하지 않는다. 실제로 1987년에 미국 주식시장이 폭락했을 때, 금융기법 전문가 두 명은 그 폭락은 '통계적으로 불가능한 것'이라고 증언한 바 있다. 다시 말해, 그들에 따르면 도무지 일어날 수 없는 사태가 실제로 일어나고 말았다는 것이다![38] 바로 이것이 그들 주류 학자들이 할 수 있는 설명의 전부다.

그런 식이다 보니 은행들이 빚을 더 많이 내어 광적인 투자를 하며 주택융자를 증권화해 만든 부채담보부증권을 수십억 달러어치씩이나 사재고 있을 때조차, 금융기법 전문가들은 그 잘난 위험 계산용 공식을 읊어 가며 모든 것이 잘 돌아가고 있다고 장담했다. 그 계산 공식들은 '투자 가치 위험도'^{VaR}란 개념을 써서 경제에 나타나는 모든 다양한 위험들을 환원시켜 단 하나의 숫자로 표시한다. 이것은 현대적인 위험 관리란 것이 그 본질에 있어 추상적인 위험 개념을 갖고 작동됨을 뜻한다.[39] 마치 자본주의가 노동의 모든 구체적 행위들을 단순한 추상 노동으로 환원하듯이, 또 마치 자본주의가 모든 고유한 사용가치를 (화폐단위로 그 크기가 표시되는) 단순한 추상적 가치로 환원시켜 버리듯이, 현대적 위험 관리도 위기를 측정할 때 동일한 것, 즉 위기 일반의 특정 양만을 계산한다.

실제로 금융 파생상품의 본질은 단일한 측정 단위를 사용해서 모든 가능한 위험들의 가격을 표시하려고 시도한 데 있다. 그러려면 모든 종류의 위험들이 질적으로 구별되지 않는 위험 일반의 특정한 양으로만 환원되어 계산될 수 있어야 한다. 그러나 실제 현실의 구체적인 위험은, 예컨대 기후변화가 플로리다의 오렌지 수확에 미치는 악영향이라든지, 볼리비아의 에보 모랄레스 정부가 탄화수소 산업을 국유화할 가능성이라든지, 아니면 미국에서 주택 경기가 추락할 가능성 등과 같이 모두 질적으로 다르다. 그러나 세계의 금융권은 이 모두를 하나의 동질적인 숫자로 압축하고 만다. 이러한 환원 방식을 사용함으로써 파생금융상품을 비롯한 선진적이고 현대적인 금융공학 기법은 모든 '위험'을 상품화한다. 그 기법은 구매할 수 있는 상상 가능한 모든 자산들에 가격을 매긴다. 이러한 가격을 매길 때 그 자산이 가지고 있는 위험의 크기를 측정해서 수치로 표시하는 것이다.

이런 모델이 너무나 널리 퍼진 결과, 투자 가치 위험도라는 개념은 오늘날 모든 금융기관이나 투자자들이 그 다양한 투자의 위험 분포가 어떤지 평가하는 가장 기본적인 도구로 쓰인다. 실제로 지난 10년간 각 은행들은 자신의 자본 구성 요건들을 설정하는 데 있어서도 이 위험 가치 개념을 기준으로 삼았다. 투자 가치 위험도란 동일한 수학적 틀에 기초한 여러 모형들을 활용하여, 글자 그대로 각 금융자산을 그 상황과 조건에 따라 잠재적 위험도를 평가한 뒤 가치를 매기는 것이다. 이 위험 가치 측정을 하는 데는 대단히 중요한 한 가지 가정이 전제되어 있다. 그것은 모든 시간적 위치, 즉 모든 시점들이 본질적으로 동일하다고 보는 것이다. 그렇기 때문에 예컨대 내일은 어제나 오늘과 동일할 것이라 본다. 그 결과 위험 가치 측정이 이뤄지는 시간적 틀은 대개 길어 봐야 몇 주를 넘지 못한다. 대단히 단기적 시각으로 상황 판단을 한다는 말이다. 그러니 '역사적인 투자 가치 위험도'라고 부르는 '장기적 시각'에 의한 평가조차 기껏 1~2년 전부터의 데이터를 사용할 뿐이다. 일례로 2007년 여름, 그런 모형들은 미국의 주택 가격이 추락은커녕 더 이상 오르지 않을 가능성에 대해서조차 전혀 예측하지 못했다. 마침내 그 수학적 모델은 모든 자료를 그 안에 다 입력했던 최근 기간 내내 거의 예측력을 상실하고 말았다. 대표적인 신용평가기관의 하나인 스탠더드앤푸어스도 바로 그런 수학 모형에 기초해 위험 가치를 평가했는데, 악성 부채담보부증권조차 양질의 투자 상품이라며 AAA를 줄 정도였으니 할 말 다한 셈이다. 이런 상황이니 어떻게 마이너스가 붙는 수치를 용납이나 할 수 있겠는가? 즉, 누가 봐도 뻔했던 미국 주택 가격의 추락 가능성조차, 그들에게는 글자 그대로 전혀 인지조차 불가능한 대상이었던 것이다.[40]

결국 그런 수학적 모델에 따르면 시간은 본질적으로 사물이 되어 버린다. 이러한 시간의 사물화란 시간을 양화 가능한 변수로 간주함을 의미한다. 이 수리 금융 모델에 따르면, 시간은 항상 연속적이고 반복적인 것으로 간주된다. 따라서 시간의 연속선상에서 질적인 중단이나 단절 같은 건 아예 상상조차 불가능하다. 시장 균형 가설과 결합된 이러한 사물화된 수학적 시공간 개념을 사용함으로써, 금융파생상품 가격 측정과 투자 가치 위험도 측정을 지시해 온 이러한 수리 금융 모델들은 2008년 금융위기가 터져 나올 때 자멸할 운명을 지녔다. 실제로 전산화된 거래 프로그램은 시장이 이제 막 폭락하기 시작했는데도 기업들에게 "마구 사자" 주문을 지시해 버려서, 금융시장이 대폭락할 때에는 그 손실이 엄청나게 불어나고 말았다.

여기서 정말 놀라운 것은, 금융시장에서 이런 위기의 전조들이 이미 오래전부터 나타나고 있었다는 사실이다. 일례로 1998년엔 롱텀캐피털매니지먼트가 몰락해 세계시장이 심하게 동요한 적이 있다. 흥미롭게도 이 롱텀캐피털매니지먼트는 두 명의 노벨상 수상자인 마이런 숄즈와 로버트 머턴이 운영하는 수십억 달러짜리 헤지펀드였다. 이 회사는 파생상품의 가격 설정에 관한 숄즈의 유명한 공식을 사용하여 어마어마한 내기를 감행했지만 결과는 참담했다. 1998년 8월, 회사는 자그마치 19억 달러를 한 달 만에 다 날려 버렸다. 불행인지 다행인지, 연방준비은행의 주도로 세계 각국 14개 거대 은행들이 신속히 합동 대응해 적극 개입함으로써 체제 전체가 손상을 입는 것은 간신히 막을 수 있었다. 그러나 2년 뒤 또다시 최대의 에너지 기업인 엔론이 망하고 말았는데, 그 주된 이유도 결국 극도로 잘못된 파생상품의 덫에 걸린 탓이었다. 그럼에도 불구하고 여전히 은행들은 그 잘난 수학 모델을 신봉하고 위기 가능성을 부정하면서 금융파생상품에 손을 댔다. 그리고 또다시 2007년 8월, 헤지펀드들이 천문학적 손실을 입고 흔들렸을 때, 그 오만한 금융기법 전문가들은 우스꽝스럽게도 이런 위기는 "1만 년 만에 한 번 닥칠까 말까 한 사태"라고 주장하면서 자신들의 무오류를 억지로 입증하려 했다. 그러나 위기는 2008년까지 계속 이어졌고, 그런 엉터리 이론들은 완전히 박살나 버렸다. 마침내 세계 증권시장 전체로 35조 달러가 공중 분해되었다. 사태가 이렇게 돌아가자 그 완고한 앨런 그린스펀조차 기가 죽은 채 현대 재무금융 경제학이라는 "지식 체계 전체가 무너져 내렸다"라고 인정했다.[41]

그러나 소수의 사람들만 이해할 수 있는 어떤 이론, 그 이상의 것이 붕괴했다고 말해야 옳을 듯하다. 왜냐하면 사람들이 그동안 평생 저축한 것, 일자리, 희망, 꿈 등이 모두 같이 붕괴했기 때문이다. 소위 금융기법 전문가들이 온통 관심을 기울여서 관찰하고 있는 차트에 그려진 수치와 가격 등락폭을 나타내는 지그재그 선들 속에 사람들이 실제로 느끼는 고통이 잠복해 있었던 것이다. 가끔씩은 월스트리트에서 일하는 전문가조차 실제 현실의 단면을 흘깃 알아차릴 때도 있었다. 일례로 리먼브러더스의 한 브로커는 다음과 같이 쓴 적이 있다.

> 하루는 지그재그로 휘어진 선들을 보다가 갑작스레 이런 생각이 떠올랐다. **오르고, 내리고, 얻고, 잃고, 이윤, 폭락, 문제, 해결, 장기, 단기, 사고, 팔고.** 이런 걸 가만히 들여다보다가 불현듯 사람들이 어렴풋이 보이기 시작하는 게 아닌가. 오르고 내리는 모든 움직임에는 사실 나름의 의미가 있으니 말이다. 그러다 보니 내가 잘 아는 사람들과 그 가족들이 자꾸 머릿속에 떠오르는 것이다. 그들의 삶이 어떻게 황폐화하는지, 또 한평생 모은 재산이 어떻게 날아가 버리는지…….[42]

그러나 이 브로커가 경험한 황폐함이란 불감증에 빠진 다른 자들에 비해선 훨씬 인간적인 면이 있긴 하지만, 그 역시 자신의 인식 한계에 갇혀서 풀뿌리 민중의 처참한 실상을 다 이야기할 수는 없었다. 한마디로, 그 정도로는 사태의 표면조차 제대로 다룰 수 없었다. 월스트리트와는 전혀 다른 세계에 살아가는 사람들, 즉 한 장의 주식조차 살 수 없었던 사람들, 한 끼 식사에 200달러나 하는 음식을 구경조차 하지 못한 사람들, 또 자녀들을 고급 사립학교에 보내는 건 꿈조차 꾸기 어려웠던 사람들을 한번 들여다보라. 이들은 신자유주의 시대 내내 상상하기 어려울 만큼 가혹한 고통과 역경을 겪어야만 했다. 신자유주의 시대에 극소수가 누려

온 천문학적인 부는 바로 이런 가난한 시민들의 희생에 기초한 것이 아니던가. 그들 극소수의 최고 부자들은 신자유주의 시대에 '우주의 지배자'가 되어 갈수록 더 많은 걸 누릴 수 있었다. 다시 말해, 일하는 시민들로부터 더 많은 노동을, 그들로부터 더 많은 희망을, 더 많은 꿈을, 더 많은 땅과 천연자원을 빼앗아 자기들만의 왕국을 만들 수 있는 새로운 세계를 맞이한 셈이다. 그러나 세상은 2008년 이후 글로벌 슬럼프에 빠져 허우적거린다. 과연 앞으로 이러한 글로벌 슬럼프로부터 어떤 세상이 새롭게 탄생할 수 있을 것인가? 그것은 이 고통받는 민중들이 신자유주의 시대의 극소수 기득권층의 온갖 종류의 박탈 공격에 얼마나 체계적으로 맞서 싸우는가에 달려 있다.

5장

채무, 규율과 처벌, 박탈:
인종, 계급 및 글로벌 슬럼프

최첨단 기술을 동원한 현대전은 신체적·물리적 접촉 없이도 가능하다.
그래서 15킬로미터 상공에서 폭탄 투하를 해도 자신이 무슨 일을 저지르고 있는지 '실감'하지 못한다.
현대 경제 경영도 이와 비슷하다.
다른 사람들의 고통과는 유리된 호화스런 고급 호텔에 머물면서,
전문가적 권위로 여러 경제정책들을 제출하고 집행한다.
그러나 우리가 그 정책들 때문에 삶이 피폐해진 사람들의 생활을 잘 안다면,
우리는 그 정책들을 재고해야 한다.
— 조지프 스티글리츠, 전 세계은행 수석 경제학자[1]

다른 무엇보다도 자본주의 시장은 규칙 준수와 명령 복종을 강제하고 이를 이행하지 않으면 처벌하는 규율의 체제다. 사람들이 돈이나 자본주의 시장 없이는 생활수단을 취득하지 못하게 함으로써, 자본주의 시장은 규율과 처벌을 통한 현대적 노동 통제의 토대를 창출해 냈다. 효율적이고 규칙을 준수하고 명령에 복종하는 노동자로 기능하라. 만일 그렇지 않으면 실업과 가난이 닥쳐올 것이고, 또 그로 말미암아 불안·병·궁핍에 시달릴 것이다. 자본주의 시장은 우리들에게 이렇게 명령한다. 이러한 협박들을 통해 자본주의 시장의 강제는 노동자들에게 정기적이고 고정적인 착취에 필수적인 기본 습관들을 반복적으로 가르치고 훈계한다. 예를 들면 시간 관리(작업장에 정시에 출근하기), 복종(고용주·경영자·감독자의 지시를 준수하기), 근면(열심히, 빨리 일하기), 금전적 책임(지불해야 할 청구서에 대해서는 신속히 전액을 지불하기) 등이 그것이다. 물론 노동자들은 다양한 방식으로 이러한 강제적 의무 부과에 저항하기도 한다. 예컨대 집단행동(파업이나 태업, 또는 대규모 정치적 투쟁 참여 등)이나 소규모

단위의 저항 행동들, 예컨대 오만하고 잘난 체하는 관리감독자들에 대한 농담 따먹기나 비공개 저항에 이르기까지 다양한 방법들을 강구한다.

이런 사실들을 다른 말로 표현하면, 자본주의란 어떤 특정한 경제 체계일 뿐만 아니라 총체적 사회관계를 일컫는 체계란 것이다. 이 자본주의 사회관계의 핵심 특성은 바로 노동자들의 소유와 점유를 박탈하는 데 있다. 다시 말해 노동자들은 생활 물자와 재화를 스스로 생산하는 데 필요한 땅·기계·작업장 등의 생산수단을 소유하고 있지 않다. 결국 자본주의는 하나의 시장 강압 체제가 된다. 그 강압 체제에서는 노동자가 배고픔과 가난의 협박에 못 이겨 자신의 노동력을 고용주들에게 판매할 수밖에 없다. 이런 이유로, 노동자가 생산한 재화와 서비스를 자본가 계급이 배타적으로 가져가게 된다. 생산수단의 소유자로서 자본가들은 노동자들이 만든 생산물에 대한 법적 권리가 있다. 이런 배경에서 노동자들은 스스로 삶을 영위하는 데 필요한 생산수단이 결여되어 있음을, 즉 소유와 점유에서 박탈 상태에 있음을 끊임없이 발견하게 된다. 그래서 자본주의를 소외의 체제라 부른다. 왜냐하면 첫째, 노동자가 생산한 것을 그들로부터 분리시켜, 생산수단을 소유하지만 노동하지 않는 사람들에게 그 소유권을 배타적으로 넘겨주기 때문이다. 둘째, 노동과정 또한 소외되어 있기 때문이다. 노동자들은 생산수난 소유자들을 위해 봉사하는 경영자, 관리감독자, 공장장 등에게 명령을 하달받고 규제를 받는다. 셋째, 자본주의는 노동자들끼리 서로 소외시키도록 조장하는 데 최선을 다하기 때문이다. 다시 말해 자본주의는 노동자들을 서로 갈라놓고 파편화시켜, 노동자들이 서로 하나로 단결해 집단적 공동행동을 하지 못하도록 미리 차단한다.[2]

자본주의 사회관계는 또한 이러한 소외된 사회관계들을 재생산하는 데 필요한 습관과 행동들, 즉 문화적 생활양식을 체득하게 한다. 어렸을 때부터 노동자들은 명령을 하달받고 복종하기를 배운다. 예를 들어 종소리에 의해 통제되는 두 개의 사회제도들, 바로 공장과 학교를 생각해 보자. 아이들이 시계 종소리에 따라 자기들 생활을 통제하고, 권위에 순응하고 들은 대로 행동하라고 배우는 곳이 바로 학교다. 권위에 순응하는 방식으로 아이들이 배우는 것은, 선생님의 말과 행동을 의심해서는 안 되고, 경찰은 찬미의 대상이며, 정치인이나 부자나 연예 산업의 '스타'들은 언젠가 죽을 수밖에 없는 인간적 존재라기보다 불멸의 신적인 존재로 추앙받아야 한다는 사실이다. 여자아이들과 동성애자는 물론이고, 가난한 아이들(특히 유색인종 빈곤층 자녀들)은 자신들이 '열등한 사람들'이라는 것을 계속해서 머릿속에 각인시키게 된다. 가난한 동네, '길 건너편의' 빈민가 출신, 더 어두운 피부색 사람들, '정상이 아닌' 섹슈얼리티, '남자'가 아니라는 사실, 이 모든 것은 결점이자 오점으로 낙인찍힌다. 노동자 계급 자녀들은 부자들이 가진 옷, 문화적 자원, 공손한 태도나 말씨, '가정교육' 등을 충분히 갖지 못했기에, 자신들이 상위층이 아니라는 사실을 금방 알아차린다. 우리 사회는 바로 이 노동자 계급 자녀들을 미련하고 교양 없고 비정상적인 이들로 취급하면서, 그들의 존엄성을 훼손하고 자아 정체성에 상처를 내기도 한다.[3] 우리 사회는 그들에게 세상을 경영하는 복잡한 업무는 노동자 계급 자녀들보다 '더 나은 사람들'에게 맡겨야 한다고 가르친다. 그러고 나서 또 다른 방어선으로, 지배적 제도들은 독립적이고 비판적인 사고들에 대해선 조롱하는 반면, 규칙 준수를 거부하는 저항이나 권위에 도전하는 반항에 대해선 벌을 주고 범죄시한다. 이 모든 방식으로 자본주의는 가족·학교·언론·사법을 동원하여 자본주의 체제의 원활한 작동을 위해 필요한 문화적 관행들과 규범들을 반복해서 가르치고 사람들 마음속에 각인한다.

그런데 신자유주의는 규율과 처벌에 의한 시장의 통제를 작동시키고 끊임없이 가르치는 모든 경제적·사회적·문화적 작동 체계들이 점차 그 효력을 잃자 이에 대한 대응책으로 등장했다. 사실 1930년대의 대공황과 그 이후 노동운동이 급부상하면서 노동계급의 압력이 커지자, 각국 정부는 꽤 괜찮은 실업 및 빈곤 대응책들을 도입했다. 그러나 1970년대 들어 전후의 대호황이 종료되자, 이른바 신자유주의 전문가들은 실업보험, 사회부조, '완전 고용'에 대한 신념과 철학 등이 노동자들의 두려움과 불안감을 제거해 버렸다고 주장하기 시작했다. 한술 더 떠 그들은 1960년대의 사회운동들, 즉 시민권 운동, 흑인 해방운동, 여성운동, 원주민 운동, 전투적 노동운동, 동성애자 권리 운동, 제3세계 해방운동 등이 모두 일종의 범죄적 저항성을 촉진했다고 주장했다. 그들은 이 모든 걸 고치겠다고 선언했다. 신자유주의 전문가들 눈에 사회복지 정책은 질병이고 새로운 사회운동은 범죄였던 것이다.

경제 영역에서 '볼커 충격'(그리고 영국에서 볼리비아에 이르기까지 모든 국가들에서의 유사한 정책들)은 대량 해고, 공장 폐쇄, 공공 부문 일자리 축소, 정규직의 비정규직화 등을 통해 노동자들의 고용을 보다 불안정하게 만들어 버렸다. 영국 수상 마거릿 대처의 수석 경제자문이었던 앨런 버드는 놀랍게도 이 문제에 대해서 노골적으로 말했다. "실업 상승은 노동계급의 힘을 약화시킬 수 있는 매우 바람직한 하나의 방법이다. 대처 내각 당시 우리가 만들어 낸 기획이, 맑스주의자들이 말하는 바로 그 공황이었다. 그 공황을 통해 산업예비군이 재창출되고, 이로 인해 자본가들이 더 많은 이윤을 남길 수 있었다."[4] 한마디로 말하자면, 실업을 유발시켜라, 그러면 노동자 저항을 한풀 꺾을 수 있을 것이다! 이런 방법들로 노동자들의 고용 불안정이 조성되자, 다시금 규율과 처벌에 의한 시장의 통제를 강화하기 위해 새로운 정치적 시도들이 등장했다. 즉, 언론과 정치인들의 각종 선언을 통해, 기성 질서에 순응하지 않는 행동이나 태도, 권위에 대한 도전과 저항에 대해선 비난이 쇄도했다. 반면, 권력자들에 대한 복종과 존경을 칭송하는 문화적 분위기가 조장되었다. 앞으로 보겠지만, 법과 질서 체제는 권위에 도전하는 사람들을 협박한다. 경찰을 칭송하는 텔레비전 프로그램은 인기가 치솟았다. 이런 방법들이 동원되어 경영자에 대한 저항, 노동조합의 조직, 파업 참여 같은 것에는 상당한 위험이 따른다는 것을 사람들에게 경고했다. 이 모두는 우리에게 다음의 사실들을 다시 상기시킨다. 시장 의존에 의해 확립된 경제적 강제력에도 불구하고, 자본주의는 늘 국가를 통해서, 또 국가 내부에 조직된 촘촘히 짜인 사회적·정치적·법률적 그물망을 필요로 한다는 점이다.

강화된 국가적 강제에 필수적인 것은, 보다 전투적인 경찰이 뒷받침하는 강경한 '법과 질서' 체계다. 빈곤층 유색인종 동네에 자행되는 경찰 단속은 더욱 가혹하고 폭력적이었다. 급진적 정치 운동들은 공격당했고, 운동 조직들은 정보기관원들에 의해 잠입당하고 정보가 노출되고 파괴당하기도 했다. 정치조직의 운동가들은 범죄 사실이 날조된 죄목을 뒤집어쓰고 투옥당하기도 했다. 흑표범당* 같은 정치조직의 경우, 일부 당원

---

* 흑표범당(Black Panther Party). 1965년에 암살당한 맬컴 엑스 등 흑인 민권 운동의 영향을 받아 미국 흑인 청년들이 1966년에 창설한 사회주의 조직이다. 심금을 울리는 대중 연설과 전투적 가두시위로 흑인들의 열렬한 지지를 받아 한때 조직원 수가 1만 명에 달했으며, 1960년대 미국 저항운동의 한 상징으로 부각되었다. 하지만 그만큼 탄압도 심해서, 미 연방수사국(FBI) 국장 에드거 후버는 흑표범당을 미국 질서를 가장 위협하는 조직으로 지목하기도 했다. 연방수사국은 당 내부의 분열을 책동하고 지도부에 대한 투옥과 테러를 가함으로써 흑표범당을 대중들과 고립시키고 무장단체로 몰아가는 데 성공했다. 결국 1982년에 해산했다.

들은 소름 끼칠 정도로 무참히 살해당하기도 했다. 빈곤층 동네의 학교들은 더욱 심한 감시 대상이 되어 경찰이 상주하게 되었다(미국에는 학교 안에 감옥이 있을 정도다). 길모퉁이에서 특별히 하는 일 없이 시간을 보내거나 친구들과 길거리를 우르르 몰려다니거나 신자유주의 시대의 규율을 잘 지키지 않는 사람들은, 즉시 위험인물이나 불법행위자로 의심받아 경찰의 조사를 받기도 한다. 다시 말해, 그들의 삶의 양식 자체가 불신의 대상인 것이다. 사실 이건 전혀 새로운 게 아니다. 빈곤층과 노동계급을 통제하는 과거의 오랜 관행들의 강화 또는 복원이기 때문이다. 그래서 말 그대로 진짜 **신**자유주의, 즉 고전적 자유주의 단계의 자본주의를 특징짓는 정책들과 관행들의 부활이 이루어진 셈이다.

영국에서 처음 자본주의가 발생했을 때, 일례로 토지를 박탈당한 노동자들은 가혹한 임금-노동 체계를 아무 생각 없이 수용해 버리지 않았다. 쫓겨난 자들은 공유지를 점거하고 정주해 살기도 했다. 여기에서 그들은 사냥도 하고, 물고기도 잡고, 딸기도 따먹고, 땔감도 모으고, 살 집도 짓고, 때로는 부잣집에 들어가 물건을 훔쳐오기도 했다. 이것은 바로 옛날 로빈 후드 이야기 그대로다. 때로 그들은 행상, 음유시인, 광대, 유랑노동자로 구성된 무리를 이루어 다 같이 국경을 넘나들고, 야외에서 숙박하기도 했다. 어떤 때는 공공장소 아무 데니 주저앉아 주변 사람들로부터 음식·옷·돈 등을 구걸하기도 했다.

영국의 지배자들은 이러한 대규모 집단의 독자적인 행위들을 보고 겁을 먹었고, 또 다른 한편으로는 그들의 이러한 생존 전략들을 폭력적으로 깨부수려고 단단히 벼르고 있었다. 그 지배자들은 이렇게 와자지껄 떠들고 다니며 동네마다 문제를 일으키는 토지 박탈자들의 공동체들이 공장에서 실행되는 규율과 처벌에 의한 노동 통제 양식을 수용하도록 강압적 조치를 취했다. 그래서 영국 지배계급은 가혹한 법률 체계를 확립했다. 이 법은 이웃에게 구걸하거나 물건을 훔치거나 천성적으로 '게으른' 사람들을 체벌하고 채찍질하고 낙인찍고 사슬로 묶고 귀를 자르고 감옥에 처넣는 것을 허용했다. 이 모든 과정을 맑스는 다음과 같이 관찰한 바 있다. "농촌에 사는 사람들이 맨 먼저 자기 토지를 박탈당하고, 자기 집으로부터 쫓겨나 고정된 일자리와 집도 없이 이리저리 떠도는 유랑민으로 전락했다. 그리고 그들은 공격적이고 폭력적인 법률에 의해 채찍질당하고 낙인찍히고 고문당했다. 마침내 그들은 임노동에 필수적인 규율과 처벌에 의한 통제를 수용할 수밖에 없었다."[5] 물론 나중에 자본주의적 시장 관계들이 사회 곳곳에 모두 퍼져 일상적인 관행이 되었을 때, 국가는 노동자들을 통제하기 위해 더 이상 그런 잔인한 방식을 계속 쓸 필요가 없게 되었다. 이제 노동자 통제는 대체로 시장경제라는 고요한 폭력이 담당한다. 그리하여 이 자본주의 경제체제에서는 (노동할 능력 외에는 다른 생산적 자산이 없는) 토지를 박탈당한 사람들은 매우 엄격한 규율과 처벌에 의해 작동되는 임노동 체제를 수용하지 않을 수 없었다.

사회생활의 상당 부분은 규율과 처벌에 의한 시장 통제의 처분에 맡겨졌지만, 모든 인간의 삶의 영역들을 시장이 통제할 수는 없다. 이런 이유로 법률, 경찰, 감옥, 직접적 폭력이 동시에 존재한다. 실제로 신자유주의 시대의 강화된 규율과 처벌을 통한 통제(예를 들어, 공원에서 구걸하거나 잠자는 것을 처벌하는 법, 소량의 마약을 소지한 사람을 구속하는 것, 보다 더 엄격해진 경찰들의 가두 심문과 높아진 형량, 늘어나는 죄수 숫자)는 우리들에게 다음과 같은 사실을 확실히 일깨워 준다. 즉 '노동 윤리'와 규율과 처벌에 의한 사회 통제가 약화하고 효력이 떨어지면 언제나 국가의 강제 권력이 주기적으로 동원된다는 사실을 말이다.

이러한 국가의 노력에 필수적으로 동반되는 것은 노동시장의 바깥에서 생존하는 것을 점점 더 불가능하게 만드는 전략들이다. 전형적 사례로, 그런 전략들은 "우리 지역의 거리를 보다 더 안전하게 만든다"라는 식으로 추진된다. 이 논리에 따르면, 마땅한 여가 선용의 기회도 갖지 못한 채 길거리를 배회하는 실업 청소년들이 골칫거리가 된다. 캘리포니아 주에서는 1980년대 중반에 청소년 폭력배 소탕을 위한 특별 수사대가 등장, 실업 청소년 문제를 '길거리 테러리즘'으로 규정했다. 그리고 이로 인해 생겨난 1988년 법은 불길한 징조를 띤 '길거리 테러리즘 단속 및 예방법'이란 이름으로 탄생했다.[6] 캐나다에서 가장 큰 주인 온타리오에서도, 지극히 야비한 신자유주의 정부는 이와 동일한 수사학을 그대로 빌려 왔다. 주 정부는 모든 사회 공공주택을 없애 버리고 사회복지 지출을 22.6% 삭감하면서, 이른바 '안전한 거리 법'을 도입했다. 이 법안은 이른바 시민 안전을 보호한다는 명목으로 제정되었는데, 일례로 도로에서 시민들의 자동차 유리를 닦아 주고 푼돈을 받는 유리닦이들이나 길거리 구걸인들이 시민 안전을 위협할지도 모른다는 것이다. 그런데 실제로 이 길거리 유리닦이들이 운전자들의 안전에 방해되고 공공 안전을 해칠까? 오히려 이러한 경찰의 과잉 반응은 임노동에 대한 대안적 시도를 하는 모든 사회집단을 범죄시하는 노력일 뿐이다. 무엇보다도, 규율과 처벌에 의한 임노동의 통제에 순응하지 않는 이들은 신자유주의적 도시의 공간적 관계들을 함부로 침범하는 것으로 규정된다. 노숙자, 걸인, 자동차 유리닦이들은 주로 공공장소로 몰리는 경향이 있다. 그리하여 이들은 신자유주의적 도시에서 자기들만의 고유한 족적을 새기려 한다. 그러나 그 과정에서 이들은 불가피하게 도시의 안전·위생 담당자들과 충돌한다. 이 신자유주의 과업 담당자들은 대중들에게 도시란 투자나 부동산 개발을 위한 공간, 또 고급 식당가들에서 고가의 소비를 하거나 나이트클럽·박물관·갤러리 같은 것을 위한 공간일 뿐이라 말한다. 이런 식으로 사람들에게 신자유주의적 도시 형태를 자연스럽게 수용하도록 강제한다. 바로 이런 배경에서 신자유주의적 도시정책urbanism은 가난한 사람들을 분리시켜 숨기고, 그 정책에 순응하지 않는 자들을 범죄시키기 바쁘다. 신자유주의적 도시 공간, 즉 부동산 가치와 호화 사치 소비의 공간은 결국 가난한 사람들을 망명시킴으로써 완성될 수 있었다. 빈곤층, 주변부로 쫓겨난 사람들, '정상과 다른' 사람들을 분리시켜 내는 사회적 청소의 토대 위에 구축되었던 것이다. 법과 경찰의 치안 유지는 그러한 분리를 실행하는 데 있어 결정적 수단일 뿐이다.

바로 이런 맥락, 즉 임노동에 대한 대안들을 차단하고 부르주아 관점에서 볼 때 '원치 않는 사람들'을 제거하기 위해 여러 새로운 법률이 제정되고, 경찰이 동원되며, 벌금과 구속이 집행된다. 신자유주의자들이 '자유'를 말할 때 그들이 선호하는 통제 제도가 바로 감옥이란 점은 시사점이 크다. '군기 풀린 자들', 특히 유색인종 청년들은 자본주의 생산이라는 기계장치에 복무하는 톱니바퀴로 기능하지 않으면 어떤 대가를 치를지 바로 이 감옥에서 배운다. 이러한 신념 속에 '법과 질서'라는 십자군전쟁과 같은 성전이 탄생한 것이다. 이는 상당수의 미국 주들에서 나타난, '삼진아웃제'*와 같은 가혹한 정책들을 포함한다. 이와 더불어 보석이나 집행유예에 대한 조건도 더 까다로워졌고, 감옥에 가두는 기간도 더 길어졌다. 다른 한편에서는 경찰과 안전요원들이 학교에 집중 배치되어 특히 유색인종 학생들을 제압하는 특수 임수를 맡았다. 이것은 우리에

* 그 이전 판결의 심각성 정도와 무관하게 세번째 판결을 받는 경우 무조건 감옥에 감금시키는 법.

게 다시 한번 교육이 아니라 규율과 처벌에 의한 통제가 자본주의 사회에서 더 중시됨을 상기시킨다. 마침내 이런 통제가 다음과 같은 지경에까지 이른다. 즉, 학생 대부분이 흑인인 뉴올리언스의 한 고등학교에는 교사 숫자는 21명인데, 안전 요원은 무려 34명이나 배치된 것이다.[7] 이런 식으로 저임금 노동 착취 공장sweatshop과 삼엄하게 경비하는 학교에서부터 교도소에 이르기까지 다양한 제도들이 규율과 처벌에 의한 시장 통제를 강제로 작동시키도록 고안된 프로그램에서 서로 만나게 된다.[8]

신자유주의자들이 이러한 임무를 수행하는 과정에서 해당 법의 집행 예산은 증액되었고, 경찰 병력은 무장은 더욱 강해져 헬리콥터, 공격용 무기, 전기충격기 등을 보유하게 되었다. 정부의 감옥 유지 비용은 꾸준히 증가한 반면, 사회복지 관련 예산은 대폭 삭감되었다. 범죄율은 감소한 반면 교도소 건설업은 호황을 누렸다. 캘리포니아 주는 신자유주의 시대를 거치면서 "세계 역사상 가장 큰 교도소 건설 프로젝트를 추진했고 구속률은 솟구쳤다".[9] 소위 '마약과의 전쟁'이란 미명하에, 무장 경찰의 심문이 멕시코나 콜롬비아 같은 국가들뿐만 아니라 미국 전역에 걸쳐 빈곤층과 유색인종 동네에서 강제로 실시되었다. 루스 윌슨 길모어의 연구가 아주 생생하게 보여 주듯, 감옥에 구속 감금시키는 것이야말로 점차 신자유주의가 선호하는 사회 통제 양식이 되었다. 그래서 감옥은 인종적으로 차별당하고 격리된 '잉여인구'를 사회적으로 통제하는 신자유주의의 방편이다. 즉, 신자유주의의 규율과 처벌에 의한 통제 철학을 실제 구현하는 곳은 학교도 공장도 아닌 바로 감옥이다. 그 결과 1980년 이후 미국의 범죄율은 낮아진 반면, 감금자 수는 450%나 증가했다.[10]

신자유주의 시대를 거치면서 감금자 수는 놀라울 정도로 급증했다. 1972년에 미국의 감옥-산업 복합체는 30만 명의 죄수를 수용하고 있었다. 2000년에 이르러 그 수는 200만에 육박했고 요새는 700만도 족히 넘는 인구가 감옥에 있거나 집행유예, 가석방 평결을 받았다.[11] 캐나다 정부 역시 실제로 범죄율이 떨어짐에도 불구하고, 캘리포니아 방식을 따라 빈곤층 지원 예산은 대폭 삭감하는 반면 100억 달러짜리 감옥 확장 계획에 착수했다. 이는 수감자 수의 증가와 장기 수감에 대비, 감옥 시설과 장비들을 혁신하려는 것이다.[12] 이 모든 것이 추구하는 바는 규율과 처벌에 의한 계급적 통제, 그리고 인종차별과 억압이다. 사실 자본주의 사회에서의 계급은 식민주의, 노예제, 원주민 학살 등을 통해 형성되었다. 이러한 역사적 사실을 고려할 때, 자본주의하에서 계급의 형성은 인종 및 차별주의의 사회적 조직화와 떼려야 뗄 수 없다. 아프리카인, 아시아인, 아일랜드인, 아메리카 원주민들은 무자비하고 살인적인 약탈과 야만적 폭력 체제의 지배를 받았다. 이러한 폭력과 약탈의 통치는 인종적 열등감이란 논리에 의해 끊임없이 정당화되었다. 맑스는 이에 대해 다음과 같이 설명했다. "아메리카 대륙에서 금과 은의 발견, 이 대륙의 광산들에서 원주민들을 절멸하고 노예로 만들고 매장한 것, 인도의 정복과 약탈, 아프리카 대륙을 흑인 사냥을 위한 상업적 보호 구역으로 용도 변경하기, 이 모든 것들이 자본주의적 생산 시대를 알리는 새벽의 본질적 특성들이다."[13] 그러나 맑스는 백인 우월주의의 한 양식, 즉 체계적인 인종차별주의의 구성이 어떤 방식으로 이러한 공포물들의 본질적 요소를 이루고 있는지 명료하게 설명하진 못했다. 실제로 이러한 인종차별주의와 백인우월주의는 인종차별과 분리에 근거한 자본축적의 방법들을 유지하고 강화시켰다.[14] 더욱이 꽤 많은 사회 비판가들이 보여 줬듯이, 이러한 소유와 점유의 폭력적 박탈 과정들은 자본주의 역사를 통해 끊임없이 반복되었다.[15] 이런 폭력적 박탈 과정들은 세계 권력의 신식민주의적이고 제국주의적인 회로 안에서 발생하기 때문에, 끊임없이 인종차별주의를 발생시킨다. 또한 이 인종주의는 새로운 형식을 띠고 변화하는 사회 관행들과 실천들을 활용해 집행된다. 실제 미국의 현재 '형사재판' 체제는 신자유주의 시대에도 체계적인 인종차별주의가 아직 건재함을 알리는 가장 주요한 지표 중 하나다. 오늘날 미국 감옥에 갇힌 사람들 3명 중에 2명은 흑인이거나 남미 출신이다. 그리고 흑인 남자 3명 중 한 명꼴로 감옥에 구속되어 있거나, 집행유예나 가석방 등 범죄적 감시 상황에 놓여 있다. 이와 유사하게, 캐나다 원주민 출신 남성들도 비원주민에 비해 감옥에 수감되는 비율이 25배가량 높고, 여성의 경우에는 비원주민 여성에 비해 131배나 더 높다.[16]

결국 경찰 단속과 심문, 그리고 투옥은 후기 자본주의가 가장 명백하게 보여 주는 인종차별과 격리의 특성들이다. 그러나 이것들은 빙산의 일각일 뿐이다. 그 빙산 아래엔 각 인종별로 조직화된 사회적 관행들의 광범위한 망이 존재한다. 실제로 채무 시장이 어떻게 사회적으로 구성되고 조직되었는가라는 문제는 신자유주의의 현재 위기를 파악하는 데 있어서 매우 중요하다. 그리하여 이 채무 시장은 인종차별과 분리에 근거한 자본주의적 착취가 실제로 추진되는 또 다른 핵심 영역을 이룬다.

'강탈적 편입': 인종, 채무, 소유권 박탈

물론 채무는 가장 오래된 형식의 경제적 착취 방식 중 하나다. 지난 수천 년간 가난한 자들은 부자들로부터 돈을 빌려야 했다. 특히 가뭄, 흉작과 기근, 그리고 전쟁 시기엔 돈을 빌려야만 음식물, 파종 씨앗, 가축, 도구들을 구할 수 있었다. 그러나 그 돈을 되갚을 수 없는 이들에겐 극심한 고통이 따랐다. 계급 기반 사회에서는 돈을 빌려 준 채권자들이 돈을 갚지 않는 사람들을 가혹하게 징벌할 법적 권리를 갖고 있었다. 고대 이집트, 그리스, 로마에서는 빚을 갚지 못한 사람은 채무 노예가 되었다. 채무자들은 체포되어 채권자의 손에 넘겨졌다. 고대 로마의 지주들은 빚을 갚지 못한 사람들을 가두는 사설 감옥까지 보유하고 있었고, 그 채무자들에게 쇠고랑을 채워 가둬 놓는 것이 합법적으로 허용되었다. 실제로 그 시대 로마법은 채권자들이 채무자들의 몸을 토막 내고 몇 부분들로 찢어 버리는 것까지 허용할 정도였다.[17]

그런데 자본주의는 채무 관계의 질적 구조를 현저히 바꿔 놓았다. 이제 돈을 빌려 준 채권자들은 주택, 개인 재산과 미래 소득 등 자산을 압수할 수는 있지만, 채무자들의 신체는 압류할 수 없다. 그럼에도 불구하고 사람의 다리를 부러뜨릴지도 모를 전당포업자들과 고리대금업자들은 은행 대출도 할 수 없는 가난한 자들을 끊임없이 먹잇감으로 삼는다. 가장 중요하게는, 이제 지주들이 아니라 은행과 같은 대규모 기관들이 주요 채권자가 되었다. 은행의 대규모 대부는 기업 중심으로 이뤄지고, 기업의 자금 투자를 지원한다. 이 경우 은행들은 다른 자본가들이 노동력을 착취하고 상품 생산을 하기 위해 쓸 자금을 대출해 준다. 그리고 나서 은행들은 자본가들이 거둘 이윤의 일부를 대출이자로 보상받는다. 이것은 바로 은행 대출이 이자를 낳는 자본의 한 형식임을 보여 준다.[18] 그러나 자본주의 신용 체계들이 보다 더 정교해짐에 따라 신용카드 사용과 같은 소비자 신용과 주택이나 토지 구매를 위한 융자, 즉 모기지 대출 제도 등을 통해 노동자들은 점점 더 깊숙이 그 신용체계의 궤도에 빨려 들어간다. 신자유주의 시기 동안, 특히 북반구 선진 자본주의 노동자들은 그런 금융이라는 회로에 유례가 없을 정도로 깊숙이 편입되었다. 다시 말해서 선진 자본주의 국가에서 노동자 계급 가계의 재생산이 신용카드, 주택과 토지 구매를 위한 융자, 그 외 은행대출 등에 더욱 의존하게 됨에 따라, 그들은 금융시장에 보다 더 깊이 통합되었다. 신자유주의 시대에 노동자 계급의 소득이 정체된 이유도 노동자들의 금융시장 편입과 어느 정도 연관이 있다. 자본주의적 팽창으로 인한 모든 이익이 거의 자본과 부자들에게 돌아가고, 가계소득은 정체되거나 줄어듦에 따라, 노동자들은 살림살이의 수지를 맞추기 위해 자주 돈을 빌리게 되었다. 이와 동시에 의료, 교육, 연금, 공공 주택 등 사회복지 서비스 프로그램에 대한 신자유주의적 삭감으로 인해 노동자들은 그 서비스를 받기 위해서 더 많이 시장에 편입될 수밖에 없었다. 민간 의료보험과 개인연금 상품이 급격히 증가했고, 노동자들은 살 집을 마련하기 위해 주택융자를 선택해야 했다. 주택융자 이외에도, 거의 미친 듯 급속히 퍼진 신용카드 사용은 가계의 금융화를 보이는 대표적 지표였다. 예를 들어 2009년 말까지, 미국에서 사용되는 신용카드 숫자는 5억 7,600만 개였는데, 이는 한 명의 신용카드 소지자가 평균 3.5개의 카드를 소유한다는 뜻이다. 이러한 과정 속에서, 미국의 경우 가구당 평균 1만 5,788달러 정도의 빚을 안고 있고, 다양한 종류의 카드 사용료를 지불함과 동시에 터무니없이 높은 이자를 물고 있다.[19]

그러나 가계 수지를 맞추기 위해 노동자 계급이 빚에 의존한다는 것은 진실의 일부에 불과하다. 노동자들이 생활수준을 유지하기 위해 은행에서 돈을 빌려야 할 뿐 아니라, 우리가 살핀 대로, 은행들 역시 더 많은 수익을 발생시키기 위해 더 많은 대출자들을 필요로 하기 때문이다. 최근 수십 년 동안 은행들은 개인들에게 더욱 공격적인 방식으로 높은 이자율의 대출 상품들을 강매해 왔다. 실제로 많은 세계적 대형 은행들의 대출 포트폴리오 절반 이상이 신용카드나 주택융자, 소비자 대출 등 개인들을 대상으로 한 것이다.[20] 이를 두고 어떤 논평가는 '투자 주체'가 새롭게 탄생하고 있다고 순진하게 평가하기도 했다. 그것은 사람들이, 실제로는 그렇지 않지만 겉으로 보기에는, 이제 그들의 '자산'을 어떻게 관리할지 배우게 되고, 마치 소규모 사업가처럼 살아간다는 것이다.[21] 그러나 이 순진한 평가는 개별 임금 소득자들과 거대한 금융기관들 사이의 구조적 불평등을 놓치고 있다. 현실은 다음과 같다. 이 양자 간 관계란, "노동 유연화의 대상, 인원 감축의 대상, 이 일터 저 일터로 옮겨 다니는, 민간 위탁이나 아웃소싱의 대상인 노동자"가 "이윤을 극대화하기 위해 돈의 흐름을 통제하는 전문가"와 맞서 싸우는 관계에 다름 아니다.[22] 이러한 게임 과정에서, 스트레스를 받고 지쳐 버린 노동자들은 필사적으로 추가 자금을 요청하게 되고, 고율의 이자와 서비스 사용료를 통해 일종의 금융적 박탈을 경험한다.[23] 따라서 이른바 '투자 주체'란 금융적으로 수탈된 주체에 불과하다. 이렇게 스트레스 받고 지쳐 버린 노동자들은 은행들 입장에서는 엄청난 이윤의 원천이기 때문에, 은행들은 가능한 한 더 많은 노동자(소비자이자 투자자)들을 찾아 나서게 되었다.

그러나 개인에 대한 대출을 늘리려는 시도들은 인종차별 및 배제의 끊임없는 역사와 충돌했다. 특히 미국에서 그 충돌이 심했다. 미국에서 주택융자는 역사적으로 인종차별적 성격을 띠는 암묵적인 약속하에서 이루어졌는데, 백인 주택 소유자들은 서로 공모해서 그들의 주택을 유색 인종들에게 팔려 하지 않았다. 주택 판매자들의 이런 근거 없는 차별권을 옹호하는 법률마저 제정되었다.[24] 이러한 분리는 은행들의 '금융 지원 거부' 관행과 한통속으로 잘 들어맞았다. 은행들은 지도상에 빨간색으로 표시된 지역에 사는 개인 및 가계에는 돈을 빌려 주지 않았는데, 그 지역

미국 자본주의의 인종차별은 경제뿐만 아니라 대중문화에서도 여실히 드러난다. 과거 선풍적 인기를 끌었던 텔레비전 시트콤 「프렌즈」나 최근 「가십걸」에 이르기까지, 풍요로운 도시 속 주인공들은 모두 백인 중산층이고, 유색인종들이나 이주민들은 여전히 들러리이거나 배제된다.

엔 대부분 흑인과 라티노들이 주로 거주하고 있었다.[25] 설상가상으로, 금융 서비스 산업은 여성에 대한 체계적 차별의 역사였다. 은행은 대개의 여성을 부적격 대출자로 간주했다. 따라서 유색인종 여성들은 은행들로부터 이중 삼중의 냉대를 받았다. 이 주제에 대해선 나중에 다시 살핀다.

사실 미국 은행들은 개인 대출자에게 대출을 증액시키자는 방침을 정해 놓고 나서, 이러한 남녀 차별과 분리, 백인과 비백인 간 차별과 분리에 근거한 대출 관행으로는 이윤 창출에 한계가 있음을 새빨리 깨닫게 되었다. 최근 2002년까지, 미국 가계의 20%(이들 중 절반은 백인)는 은행계좌가 없는 상태다. 이 엄청난 수의 개인들이 은행을 이용하지 못하기 때문에 노동자들은 수표를 현금으로 바꾸거나 '월급날 대부'를 받기 위해 소위 스토어프런트 서비스를 이용하는데, 여기서는 수수료로 평균 18% 정도를 떼어 간다.[26] 이 액수가 매년 600억 달러 이상이다. 이러한 은행계좌 없는 사람들로 은행 비즈니스를 확장시킬 수 있음을 깨달은 은

은행계좌가 없는 사람들이 수표를 현금화하거나 돈을 급하게 빌리는 스토어프런트 서비스.
북미 대도시에 급증한 이러한 가게들은 한 해 거래량이 600억 달러에 육박할 정도로 성행
하고 있다. 한국에서 대부업체의 성행과 유사한 맥락에 있다.

행들은 약탈적 편입 방식을 사용하기 시작했다. 이 방식을 통해 특히 빈
곤층 유색인종들은 과거에는 받지 못했던 금융 서비스들을 은행들로부
터 받기 시작했지만, 터무니없이 높은 계약 조건들을 감수해야만 했다.
그 결과 피부색을 가리지 않고 거의 모든 노동자들이 금융기관에 의한
'금융적 수탈'의 새로운 차원을 경험하게 되었고, 특히 유색인종 노동자
들은 더욱 강탈적인 금융화 방식들 속에 편입되고 말았다.

남녀 차별과 분리, 백인과 비백인 간 차별과 분리에 근거한 금융 서
비스 산업의 기준에 따르면, '신용 자격'이 가장 없는 이들에겐 강탈적 추
가 조치가 시행된다. 즉, 징벌적인 신용카드 이자율이 더 부과되고, 대금
연체나 부도수표에는 엄청난 수수료가 부과된다. 실제로 2003년의 경우,
금융기관들에서는 부도수표 징벌로 200억 달러를 벌어들였고, 연체료
부과로 570억 달러의 추가 수입을 올렸다.[27] 또 금융기관들은 신용카드
채무 때문에 엄청 많은 돈을 갈퀴로 긁어 담았다. 이로 인해 가난한 유색

인종들은 경제적으로 상당히 타격을 받았다. 이들은 식료품과 생필품 같은 '생계형 지출' 때문에 대부분 신용카드에 의존하기 때문이다.[28] 그러나 라티노와 흑인들을 상대로 펼쳐진 비우량 주택융자의 기만적 기법은 이 순수한 금융적 갈취와는 비교가 안 될 정도다.

여기서 우리가 잊지 말아야 할 것은, 이 비우량 주택융자를 가장 원했던 것은 흔히 말하듯 이들 가난한 자들이 아니라 높은 수수료 수입을 노린 은행들이었다는 점이다. 금융기관들은 과거 전통적 방식의 주택융자를 받을 수 있는 자격을 갖춘 사람들에게까지도 아주 공격적 방식으로 비우량 주택융자 상품을 팔았다. 실제로 비우량 주택융자 대출자의 60%는 법적 의무조항이 덜한 일반 주택융자 대출을 받을 자격이 있는 사람들이었다.[29] 그런데 이 강탈적인 대출은 유색인종들에게는 매우 불균형하게 이뤄졌다. 예를 들어 1998년에 흑인 주택융자 신청자의 3분의 1, 라티노 주택융자 신청자의 5분의 1 정도가 비우량 주택융자를 받았다. 그런데 이 숫자는 지속 증가했다. 2005년 워싱턴 D.C.의 비우량 주택융자 신청자의 70%는 흑인이었다. 2006년 뉴욕의 경우, 흑인은 전체 비우량 주택융자 신청자의 41%를 차지했고, 라티노는 29%를 차지했다. 유색인종 여성들은 더욱더 비우량 주택융자의 갈취적 공격에 쉽게 노출되었다.[30] 비우량 주택융자에서 상환 금리, 즉 모기지율이 높아지면, 필연적으로 대출자들은 은행에 돈을 갚기가 힘들어진다. 특히 유색인종의 경우 실업률이 상승하면, 상환 능력은 현저히 떨어지게 마련이다.

그러나 이제 주택융자를 해준 은행이나 모기지 회사 같은 원래의 대부자들도 걱정하지 않을 수 없게 되었다. 결국 상황이 안 좋은 쪽으로 흘러가자, 그 주택융자들은 투자은행들에 증권 형식으로 팔려야 했고, 그것은 다시 포장되어 부채담보부증권이란 상품으로 팔려 나갔다. 그 결과 주택담보부증권 소유자들은 부도 위험을 떠안게 되었다. 그래서 그들은 신용부도스왑이라는 보험 상품을 구매함으로써 그 주택담보부증권의 일부를 되팔 수 있었다. 그러나 심판의 날이 올 때까지는, 비우량 주택융자 관련 부채담보부증권은 매우 매력적인 상품으로 보였다. 왜냐하면 비우량 주택융자 신청자는 우량 주택융자 신청자보다 보통 5~10만 달러 정도를 더 지불해야 하는데, 이 금액이 비우량 주택융자 관련 부채담보부증권 소유자의 호주머니 속으로 고스란히 들어갔기 때문이다.[31]

사태는 악화되었다. 이러한 비우량 주택융자 신청자는 점점 더 가난해져 가는 흑인 사회에서 더 늘어 갔다. 결국 신자유주의의 핵심 특성 중하나는 노동자 계급 소득의 점진적 감소다. 그리고 이로 인해 인종차별을 받는 노동자 계급 집단이 가장 많은 타격을 입었다. 실제로 '2000년대의 대번영'이라고 행복감에 도취된 말들을 많이 했지만, 이는 미국 흑인들과는 거리가 먼 이야기였다. 2000년에서 2007년 사이의 위기 시에, 흑인 고용률은 2.4% 정도 떨어졌고, 그 소득은 거의 3% 하락했다. 동시에 1998년에서 2006년 사이 비우량 주택융자를 신청한 흑인 가계들은 710~930억 달러를 지불해야 했다. 라티노 가계들도 비슷한 타격을 입었다. 1980년대 후반에서 1996년 사이 라티노 중위 계층의 소득은 3,000달러 정도 줄어들었다.[32] 주택융자 파산의 뿌리는 바로 여기에 있었다. 즉, 그 뿌리는 본질적으로 금융시장 자체라기보다는, 유색인종 노동자 계급의 고용과 소득의 하락에 있었다. 그리하여 이제 그들은 비우량 주택융자의 터무니없이 비싼 지불 조건들을 충족시키려 갖은 애를 써야 했다. 빚이 많은 노동자들과 실직자들, 그 중에서도 특히 유색인종의 실질소득은 격감하고 있는 상황에다 이들에게 주택융자를 남발한 상황까지 겹쳐 마침내 위기가 터졌다. 경기침체가 시작되면 실업이 증가하고, 상황은 걷잡을 수 없이 빠른 속도로 악화했다. 2009년 주택 압류의 60%는 실직의 직접적 결과였다. 그리고 주택 압류의 증가는 주택 가격을 더욱 하락시켰고, 주택담보부증권 가치는 폭락했다. 이로 인해 은행들은 더 큰 타격을 입었다. 그런데다 실직이라는 쓰나미는 순식간에 우량 주택융자 신청자까지도 소용돌이 한가운데로 집어삼켜 버렸다. 이 쓰나미가 얼마나 강했던지, 2010년 중반까지 우량 주택융자를 갚지 못한 이들의 40% 정도는 신용도가 높은 대출자들이었다.[33] 다시 말해서 빚덩이를 더 크게 만드는 소비지출을 조장하는 신자유주의적 자본주의에서, 심층적이고 구조적인 문제는 서로 다른 범주인 인종과 계급의 변증법*에서 터져 나온다. 같은 맥락에서 '글로벌 슬럼프'로 인한 손실과 상처에서도 편차가 있다. 가장 많은 고통을 받는 사람들은 유색인종 노동계급이다.

실직 및 빈곤 관련 자료를 보면, 이러한 전 세계적 경기침체가 인종별로 얼마나 다르게 영향을 미치는지 알 수 있다. 놀랍게도 2008~2009년의 대침체기에 미국 흑인 10명 중 4명이 실직했다. 2010년 상반기를 거치면서 흑인 공식 실업률도 16%를 넘었고, 라티노의 실업률도 대략 13%였다. 미국의 35개 대도시에서, 흑인 공식 실업률은 30~35%였고, 이는 1930년대 대공황에서 최악의 시기와 비슷한 수준이다. (풀타임 직장을 구하지 못해 파트타임 혹은 계절적으로 고용된) 비사발적 불완전고용 노동자 수까지 더하면, 흑인과 라티노의 25%는 불완전고용이나 실업 상태에 처해 있다. 흑인과 라티노 가계의 소득은 백인의 3분의 1 수준이다. 더

---

* 이 책의 열쇳말이기도 한 인종과 계급의 변증법(상호 교차)이 지니는 정치적 실천의 의미는, 인종차별과 계급차별 문제가 서로 착종되고 결합되어 있다는 것이고, 또한 그 둘 간의 차이와 긴장이 있음을 인식해야 창조적인 저항과 대안 창출이 가능하다는 것이다.

욱 충격적인 사실은 미국 어린이의 50% 정도는 유년기의 특정 시기 동안 무료 식권에 의존한다는 것이다. 더욱 놀랍게도, 흑인 어린이의 경우이 비율은 무려 90%에 육박한다. 차별적인 빈곤은 필연적으로 부의 분배에서 드러난다. 백인의 순자산을 1달러라고 했을 때, 흑인의 순자산은그 10분의 1인 10센트, 라티노의 순자산은 12센트에 불과하다. 다시 강조하지만, 이러한 불평등으로부터 가장 심각한 고통을 겪고 있는 이들은유색인종 여성들이다. 미국 흑인 미혼여성의 순자산은 100달러이고, 남미계 미혼여성의 순자산은 120달러인 반면, 백인 미혼여성 순자산의 중간값은 4만 1,500달러였다(전부 차량을 제외한 수치이다). 그런데다 위기로 인한 자기 집의 상실은 상황을 더욱 악화했다. 2006년에 주택을 구입한 미국 흑인 중 무려 56%가 자기 집을 압류당하고 말았다.[34]

이 모두에서, 빈곤층 유색인종이 금융시장에 편입된 사실이야말로 금융의 약탈성을 말해 준다는 점이 확실해진다. 미국의 유색인종 노동자들은 고금리와 높은 수수료라는 금융적 강탈 형식들로 경제적 고통을 받으면서 다른 집단보다 더 빠른 속도로 집을 압류당하고 있다. 한마디로, 부채는 소유권 박탈의 무기가 되어 버렸다. 이런 맥락에서 미국의 유색인종 노동자들은 신자유주의 시대를 관통하면서 남반구 개발도상국 주민들이 공통적으로 겪어야 했던 것과 비슷한 것을 경험하고 있다.

남반구 개발도상국에서 채무, 규율과 처벌을 통한 통제, 소유권 박탈

앞서 살핀 대로, 이미 1960년대에 통제되지 않은 국제적 금융 거래의 성장으로 제3세계 정부들에 대한 대출이 급격히 증가했다. '국적 없는' 수천억 달러가 유러달러 시장에 유통되었고, 그 돈을 가진 은행들은 대출자를 발 벗고 찾아 나섰다. 이것이 금융 세계화의 초창기 모습이다. 예를 들어 1960년대에는 겨우 8개 미국 은행들이 해외 지점을 보유하고 있었고, 그 해외 지점들의 자산 규모는 총 35억 달러에 불과했다. 그러나 1978년에 가서는 140개 미국 은행들이 750개 해외 점포들을 운영했고, 그 은행들의 총이윤의 절반은 해외에서 나왔다.[35] 은행의 해외 대출은 매년 25% 이상 증가했고, 그 대부분은 제3세계 정부들을 대상으로 이뤄졌다. 외채 규모는 5배 증가했고, 거의 5,000억 달러에 육박했다. 그 뒤 1979년에 볼커 충격이 터졌다. 금리가 솟구침에 따라 제3세계 국가들은 하나둘씩 지불 불능에 빠졌다. 멕시코가 채무불이행 선언을 했고, 몇 개월 뒤 아르헨티나·폴란드·칠레·페루·베네수엘라가 뒤를 이었다. 바로 이때 미국 정부와 IMF가 등장한다. 일련의 '부채 구조조정'을 통해 제3세계 정부가 민간은행에게 지고 있던 채무가 IMF, 세계은행, 서방 정부들로 이전되면서, 채권자인 민간 은행들은 자기 돈을 효과적으로 되돌려 받았다. 이것이 대개 '구제금융'이라 부르는 것의 핵심이다. 이런 와중에 서방 금융 권력들은 '채권주식스왑', 즉 출자전환 기법을 도입, 채권자들이 회사들에게 대출해 준 돈 대신 실제 자산들, 즉 회사들의 소유권 혹은 주식을 소유할 수 있게 만들었다. 이런 방식을 통해 소유권 박탈에 의한 자본축적은 명시적 정책이 되었고, 개발도상국에서 계속 생산된 부가 세계적 금융기관들에 의해서 점점 더 많이 박탈당하게 되었다.[36]

외채는 소유권 박탈과 수탈의 놀라운 수단이 되었다. 예상과는 반대로, 개발도상국이 채무를 상환해도 총부채액은 갈수록 증가했다. 1980년에서 2002년 사이 개도국은 4조 6,000억 달러의 채무를 상환했는데, 이는 초창기 부채액(1980년 5,800억 달러)의 8배에 달한다. 이러한 상환에도 불구하고, 이자의 마술 때문에 개도국 부채는 다시 2조 4,000억 달러에 육박한다. 다시 말해 22년 동안 4조 5,000억 달러가 넘는 돈을 상환했음에도, 최초 부채액에 비해 4배나 증가하고 만 것이다.[37] 이것이 개도국 사회에 미친 영향은 가히 충격적이다. 최근 몇십 년 동안, 세계에서 가장 빈곤한 지역인 사하라 사막 이남 아프리카는 1987년에서 2000년 사이 1인당 소득이 25%가량 감소했다. 비통하게도, 국민들이 에이즈·말라리아·결핵 등으로 인해 높은 유아 사망률과 전염병 사망률로 고통받는데도, 이들 나라는 **매일** 5억 달러의 외채를 상환해야 한다. 반면 이 지역 사람들은 15달러 정도밖에 안 되는 6개월짜리 결핵 치료비도 감당하지 못해 매년 50만 명이 결핵으로 사망한다.[38] 그럼에도 이 나라들은 외채를 수십억 달러씩 계속 상환해야 한다.

이런 식의 공포가 제발 끝났으면 좋겠다고 희망하는 것만으로 문제가 해결될까? 그러나 사정은 그렇지 않다. 이러한 외채를 상환하기 위해 개도국 정부들이 IMF와 세계은행으로부터 계속 돈을 빌려야 했기 때문이다. 이 기관들은 IMF 구제금융 조건과 같은 엄격한 조항을 전제로 개도국에 돈을 대출했다. 시장 중심의 구조조정을 강제하는 이런 조항들로 인해 이 채무국과 그 민중은 막대한 피해를 당해 왔다.

IMF 구제금융 조건은 남반구 개도국들을 황폐화시킨 그 악명 높은 구조조정 프로그램 형식을 띠었다. 보통 이 구조조정 프로그램 내용들은 IMF 관리들이 해당국 재무 장관에게 명령하는 것인데, 그 전형적 조항들은 다음과 같이 혹독한 신자유주의적 정책들을 포함한다. 그것은 ① 공공 자산(수자원·광산·항공·전기 등)의 사유화, ② 가난한 사람들에게는 생명줄과도 같은 사회복지 서비스 지출의 대폭적 삭감과 수천 명의 교사·간호사·사회복지사 해고, ③ 생필품(쌀·곡류·난방유 등)에 대한 정부의 지원 철폐, ④ 금융 부문의 해외 개방(이는 몇 년 후에 금융위기로 귀결

〈표 5-1〉 1960~1979년과 1980~2005년의 1인당 연평균 소득 성장률 비교

	1960~1979	1980~2005
라틴아메리카	+4%	+0.7%
사하라 사막 이남 아프리카	+1.8%	-0.75%

출처: Center for Economic Policy Research, *The Scorecard on Development* (Washington, 2005).

되었다), ⑤ 토지의 사유화(그 결과 소작농들은 기업농, 친환경 관광산업, 광산 회사와 석유 회사에게 자신들의 생활 터전을 내주게 되었다), ⑥ 노동시장의 '개혁'들로 인한 최저임금의 인하, 복지 혜택의 감소, 연금의 축소, 노동조합의 약화 등이다.[39]

그 결과들은 충분히 예측 가능했다. 노동자들의 임금은 감소하고, 가난한 사람들은 더 가난해지고, 고용은 더욱 불안정해졌다. 다국적기업들은 공공 자산들을 더 싼 값에 구매할 수 있게 되고, 해외 은행들이 금융을 통제하게 되었고, 지역과 세계 엘리트들은 그 나라 바깥으로 재산을 이동시킬 수 있게 되었으며('자본 도피'), 경제성장은 하향곡선을 그렸다. 한편 교육과 보건의료 수준은 급격히 추락하고, 유아 사망률은 증가했으며, 시골 빈민들은 토지를 잃고 도시로 내몰리게 되었다. 1980~1990년대 동안에 100여 개국이 IMF의 구조조정 프로그램들을 경험했다. 거의 모든 국가들에서 그 구조조정의 유형은 동일했다. 그럼에도 불구하고 IMF, 세계은행, 서방 선진 자본주의 정부들은 그 구조조정으로 인해서 경제 발전이 이뤄졌다고 끊임없이 주장한다. 그러나 〈표 5-1〉이 말해 주듯, 사실은 딴판이다.

이 표가 분명히 보여 주는 것은 신자유주의적 구조조정 정책들은 남반구 개도국의 경제성장률이 급격히 감소한 사실과 긴밀한 연관이 있다는 것이다. 라틴아메리카의 경우는 급격히 하락한 반면, 사하라 사막 이

남 아프리카의 경우는 25년 동안 계속 장기적인 위축 상태에 빠졌다. 사실 아프리카에서 나타난 결과는 참혹한 재앙이었다. 1975년 이후 15년 간 아프리카에서 1인당 보건의료비 지출은 절반으로 줄었다. 질병 발병률은 솟구쳤고, 이로 인해서 수많은 어린이들이 죽었으며, 주민들의 수명은 잔인할 정도로 단축되었다. 100만 명의 아프리카 주민들이 매년 말라리아로 죽어 나갔고, 그 중 70%는 5세 이하 어린이들이었다. 2010년까지 8개의 아프리카 국가들(케냐, 남아프리카공화국, 모잠비크, 잠비아, 르완다, 말라위, 짐바브웨, 나미비아)에서 평균수명은 이전에 비해서 17년 정도 줄어들었다. 남부 아프리카 7개국의 경우, 평균수명은 40세 이하로 떨어졌다.[40]

남미의 통계수치는 아프리카처럼 재앙적이진 않지만, 신자유주의 시대를 거치면서 거기에서도 대다수 사람들이 실질소득 감소를 동반한 빈곤의 세계화를 경험했다. NAFTA를 통해 미국 및 캐나다와 경제통합이 되면 엄청난 혜택을 볼 수 있다고 약속받은 멕시코의 경우를 보자. 희망찬 미래의 약속과는 달리, 최저임금이 40% 정도 인하되었다. 임금수준이 가장 높았던 노동자들도 18% 정도 임금을 삭감당했다. 수십만 명의 사람들이 자기네들 땅에서 쫓겨 나갔다. 이제 8,000만 명이 넘는 멕시코 주민들이 빈곤선 아래에 산다. 반면 멕시코 인구의 상위 0.3%는 전체 멕시코 부의 50%를 장악하고 있다.[41]

멕시코의 사례가 예외일 수 있기 때문에, 아르헨티나의 사례를 보도록 하자. 아르헨티나의 생활수준은 한때 소위 상당수의 '선진 자본주의 국가들'과 경쟁할 정도로 높았다. 국제 은행들이 제3세계 정부에 엄청 많이 돈을 빌려 주던 그 대출 열풍 기간에, 그들이 가장 선호하는 고객이 바로 아르헨티나를 지배한 군부독재자들이었다. 군부독재가 시작된 1976

년 3월에 80억 달러였던 아르헨티나의 외채는 25년간 무려 20배 가까이 늘어 2001년엔 1,600억 달러에 이르렀다. 그러나 이 돈은 그들의 번지르르한 말처럼 아르헨티나 '경제 발전'에 기여한 게 아니라 군부독재자들과 그 대기업 동지들이 해외투자와 은행계좌를 통해 빼돌려 버렸다. 그래서 25년간 1,500억 달러가 아르헨티나로 흘러들어 간 것처럼 보이지만, 실제로는 미국에 있는 민간은행의 계좌들에 예치되었다. 이 돈 대부분은 아르헨티나 군부독재자들이 국가를 대표하여 계약을 맺고 빌리긴 했지만 중앙은행에 차입 기록도 제출하지 않은 채 사적으로 빼돌린 것이다. 그럼에도 불구하고, 아르헨티나 민중은 그 빌린 돈을 상환하기 위해 쪼들린 생활을 하며 구조조정을 당해야 했다. 예를 들어 1970년 이후 20년간, 임금이 국민소득에서 차지하던 비중이 40%에서 25% 미만으로 줄었다. 빈곤율이 솟구치는 것은 불 보듯 뻔했다.[42] 사유화의 영향력은 막대했다. 국영 항공사와 공영 광산이 원래 제값에도 미치지 못하는 헐값에 팔려 나갔다. 1990년에서 1992년 사이 일어난 공기업의 사유화 결과 발생한 재무 손실 추정액은 600억 달러에 육박했다. 그러나 이보다 더 좋지 않은 일이 몰려왔다. (월스트리트의 투자은행인 메릴린치가 감독했던) 1997년 국영 항공사 매각에서는 8억 달러 가치가 있는 노선운항권이 원래 가격의 10분의 1도 안 되는 6,000만 달러에 양도된 반면, 보잉 707 비행기들은 겨우 1달러 50센트에 매각되었다. 그러나 이것으로는 아르헨티나 군부 장군들과 그 친구 기업인들이 계약을 체결해 빌린 채무를 상환하기엔 불충분했다. 그다음으로 2002년 초에 노동자들의 급료와 연금이 30%가량 삭감되었다. 이 시기까지 실업률은 20%에 육박했고 아르헨티나 주민 절반은 빈곤선 아래서 생활할 정도로 생활수준이 악화했다.[43] 이것은 무엇을 의미하는가? 이 장 도입부에서 인용한 스티글리츠의 말대로, 호화로운 고급 호텔 방에서 신자유주의적 관료들은 민중에게 구조조정이라는 경제 폭탄을 투하해 버린 것이다. 그러나 이번엔 그 신자유주의적 관료들의 계산이 빗나갔다. 이 시기에 민중 대봉기, 즉 사회적 대격변이 아르헨티나를 휩쓸고 지나갔기 때문이다. 수개월 사이에 세 명의 아르헨티나 대통령이 물러나야 했다. 이 이야기는 6장에서 다시 다룬다.

　제3세계에서 있었던 사유화에 대한 상세한 설명과 그 서글픈 이야기는 채무가 소유권 박탈의 무기로 사용됨을 다시금 상기시킨다. 남미 대륙에서, 공영 석유광산 회사들과 그 엄청난 광물·석유·천연가스 매장 광구들이 해외 자본가들의 수중으로 넘어갔다. 군부독재자들과 반민주적 정치가들이 서명한 채무를 상환하기 위한 주요 세입원들인 전기, 수자원공사, 철도, 항공, 심지어 병원들까지 해외 자본가들에게 헐값에 매각되었다. 요컨대 개도국의 가난한 노동자들, 소작농들, 원주민들은 이러한 반민주적 독재자들이 차입한 채무의 희생자들이 되었던 것이다. 실직, 임금 삭감, 보건의료·교육·사회부조 등에 필요한 예산의 삭감, 이에 수반된 생활상의 역경과 고통은 그들이 짊어져야 했다. 그런데 지금, 글로벌 슬럼프가 지속되자, 선진 자본주의 국가 역시 구조조정을 당한다. 이제 선진국 민중 역시 그 구조조정의 희생물이 된다. 『파이낸셜타임즈』의 칼럼니스트 마틴 울프는 2008년 금융위기 초창기에 "IMF가 활동을 재개했다"라고 쓴 바 있다.[44] 이미 라트비아, 아이슬란드, 헝가리, 파키스탄, 우크라이나, 그리스 등 20개국이 IMF의 구제금융을 받는 조건으로 그 규율과 처벌에 의한 경제 통제, 즉 신자유주의적 구조조정을 수용해야 했다. 반면 다른 서방 선진 자본주의 국가들은 예방 차원에서 선수를 치면서 구조조정을 스스로 단행했다. 1장에서 아일랜드, 미국, 스페인, 그리고 다른 나라들에서 얼마나 야만적으로 연금·일자리·보건의료·교육 등 복지예산을 삭감해 버렸는지 이미 살핀 바 있다. 그러나 공공 자산의 소유권 박탈을 포함하여 삭감해야 할 항목들은 여전히 쌓여 있다. 실제로 2010년 6월, 그리스 정부는 철도 회사, 국영 체신부, 두 개의 수자원 공사들을 팔아서 세계의 은행들에 진 빚을 갚을 것이라 발표했다.[45]

경제적 자산과 자원들을 수탈하기 위해 빚을 볼모로 삼는 것은 1982년 남미의 채무 위기로부터 본격 시작되었다. 그러나 이러한 채무 기법은 1997년 아시아 경제위기와 더불어 개인 자산에 대한 강탈로까지 확장되었다. 아시아 경제위기 이후 1998~1999년엔 러시아와 브라질의 경제위기가 발생했고, 2000~2002년엔 아르헨티나와 터키로 위기가 이어졌다. 2008년, 그 위기는 전 세계적 금융 파산으로 절정에 달했다. 각 위기가 세계의 시장들을 뒤흔들면서 혼란에 빠뜨릴 때, 외채에 대한 금리는 급상승했다. 채무국의 부는 더욱 많이 해외로 빠져나갔다. 실제 1998년에서 2002년 사이에만 5,000억 달러 이상이 개도국에서 빠져나와 선진 자본주의 국가의 은행들 손으로 들어갔다.[46] 채무국 국가 재정에 대한 약탈이 오래전에 나타난 하나의 일상이라면, 1997년 동아시아 경제위기 때 다국적기업들은 민간 기업들의 불건전한 재무구조라는 약점을 이용, 이들을 아주 싼 값에 매입해 버렸다. 특히 다국적기업들은 한국의 철강·자동차·건설장비·전자 회사들을 마치 광폭한 독수리가 먹잇감을 탐욕스레 집어삼키듯 매입했다. 한국 기업들의 이러한 해외 매각은 "지난 50년간 세계 어디서도 찾아볼 수 없을 정도로 평화로이 진행된, 국내에서 해외로의 자산 소유권 이전이었다".[47] 그런데 나는 여기에 '아마도'라고 덧붙여야 할 것 같다. 왜냐하면 중국과 러시아에서 발생한 더욱 잔인한 소유권 박탈 과정은 한국의 사례들을 무색케 할 수도 있기 때문이다.

1997년 동아시아 경제위기 이후, 러시아는 그다음 대규모 지역적 위기의 발생지였다. 이는 세계시장을 큰 혼란에 빠뜨렸다. 물론 자산 수탈이 대거 이뤄졌으나 이때 비로소 시작한 건 아니다. 그건 이미 1989년, 동유럽의 추악한 스탈린주의 체제가 붕괴하면서 시작되었다. 러시아 민중은 그 체제 붕괴를 민주적 변화의 계기로 삼고자 한 반면, 선진 자본주의 출신의 '약탈 자본'*은 이를 대박을 터뜨릴 기회로 삼고자 했다. 그런데 이 서방에서 온 약탈 자본의 투자를 돕고 조장한 세력은 다름 아닌 과거 스탈린주의 시기에 권좌에 있던 국가 관료들이었다. 러시아에서 자산 약탈을 위한 습격은 1992년 시장 지향적 '충격요법'의 도입과 더불어 개시되었다. 이러한 충격요법은 IMF, 미국 정부, 그리고 배타적인 하버드대 경제학파에 의해 아주 공격적으로 판촉되고 선전되었다. 가격 규제는 철폐되었고 공장·광산·기업은 아주 빠른 속도로 사유화되었다. 모든 중기업, 대기업들의 75%는 3년도 채 되지 않아 모두 경매에서 팔려 나갔다. 금광, 석유와 천연가스 매장지, 시베리아 삼림, 철강과 전기 공장, 다이아몬드 광산 등은 새로운 비즈니스 엘리트의 소유가 되었다. 이 엘리트들은 그 기업들을 해외 자본가들에게 매각했고, 총 1,500억 달러를 해외 은행계좌에 쌓아 두었다.[48] 자산들은 약탈당하고 돈이 해외로 유출되자 러시아 경제는 소름 끼칠 정도로 곤두박질쳤다. 1992년에서 1995년 사이 러시아의 GDP는 42% 감소했고, 국민소득 역시 그 정도 줄어들었다. 공업경제 국가는 거의 하룻밤 사이에 천연자원 수출국으로 전락해 버렸다. 1998년 러시아 인구의 40%는 하루 4달러 미만으로 생계를 유지해야 했고 평균수명도 뚝 떨어졌다. 놀랍게도 다른 동유럽 국가들의 상황은 더

---

* 약탈 자본(vulture capital). 파산한 기업이나 경영이 부실한 회사 등을 저가에 인수해 경영을 정상화시킨 뒤 매각해 단기간에 고수익을 올리는 자본을 가리킨다.

욱 열악했다. 예를 들어 2000년에 우크라이나에서도 러시아와 유사한 자산 수탈 및 해외 유출이 발생했는데, 이로 인해 우크라이나의 GDP는 10년 전의 3분의 1 수준으로 격감해 버렸다.[49]

그러고 나서 1998년 위기가 찾아왔고, 러시아 경제는 마치 엘리베이터 케이블이 고장나 수직 낙하하는 것처럼 나락으로 떨어졌다. 대출자들이 러시아로부터 탈출해 버리자 러시아 정부는 정부 발행 채권 담보에 기초해 빌린 차관의 150%를 이자로 지불해야 했고, 달러-담보 차관에는 50%를 이자로 지불해야 했다. 그 뒤 IMF는 국제 대부 프로그램을 가지고 러시아 경제에 개입했다. 그 결과는 불을 보듯 뻔했다. 러시아 경제는 더욱 악화했고, 외채는 더 불었으며, 자본의 해외 유출은 계속되었다.[50]

러시아 사례에서 드러난 것은 온갖 불명예스런 행동과 수치스런 행위들을 다 보여 준 '조폭 자본주의'의 모습이었다. 자본주의적 시장 개혁이라는 '충격과 공포' 프로그램에 기초해 러시아의 '새로운 부르주아지'의 이익을 위한 자산 약탈 체제가 만들어졌다. 이를 통해 러시아의 새 부르주아지는 약탈 전리품들을 서방 은행의 비밀계좌에 챙겨 넣거나, 프랑스 리비에라 해변의 빌라나 요트를 구입하는 등 호화 생활을 향유했다.[51] 이런 행태가 매우 실망스럽고 불쾌하긴 하지만, 러시아의 약탈 사례는 아직 약과다. 즉, 중국이 시장 자본주의로 전환할 때 발생한 상상을 초월하는 대규모 소유권 박탈에는 아직 근접도 못한다. 도대체 중국은 어땠을까?

중국이 자본주의 시장경제로 전환할 때 당연히도 광범위한 사유화 프로그램이 중심 역할을 했다. 이 사유화 과정은 엄청난 약탈 기회를 제공했다. 국영기업들이 매각될 때, 정부 관료나 해당 기업의 경영자 같은 내부자들이 그 알짜배기 자산들을 서둘러 매입했다. 그리고 이들은 자신의 채무를 정부와 은행에 떠넘겼다. 근거 있는 계산에 따르면, 공공 부문 자산 손실액이 하루에 500억 달러에 이를 정도다.[52] 이 과정에서 홍콩 자본가들과 교류하는 중국 재계의 거물들은 국가재산을 막대한 사유재산으로 바꿔 버렸다. 이 모든 것 중 가장 큰 것은 토지였다. 영국 자본주의가 태동하던 시기처럼 토지의 사유화, 즉 자본에 의한 인클로저는 농민들의 소유권을 박탈하고 그들을 프롤레타리아트로 만들어 버렸다.

중국의 경우, 토지 사유화는 말 그대로 공유지 인클로저였다. 중국 경제의 시장화 이전에는 인민공사가 경작지 대부분을 소유했다.[53] 시장 개혁 과정은 이러한 토지의 공동 소유 체제를 종식시켰다. 농업 생산은 탈집단화했고, 시장가격 제도가 도입되면서 토지의 사유제가 장려되었다.[54] 동시에 농촌 지역의 보건의료제도와 교육 체제는 내적으로 붕괴했다. 이로 인해 농촌 지역 주민들은 과거에 정부로부터 받던 공공재를 이제 현금을 주고 시장에서 구입해야 한다. 자본주의적 시장 관계들이 온 중국으로 확대되자 활발한 토지시장이 출현했고, 이는 강탈과 이윤 창출의 새 공간을 만들었다. 토지의 상품화로 인해 공장 소유주들, 도시 계획자들, 부동산 개발업자들, 야비한 투기꾼들, 해외 자본과 한패를 이룬 정부 관리들은 농촌 토지의 수탈 대열에 동참, 가치가 점점 더 오르는 자산들을 쌍끌이라도 하듯 긁어모았다. 이러한 토지 수탈 대부분은 사실상 불법이지만, 18세기 영국 농촌에서 발생한 인클로저 운동 당시 영국 의회가 그랬던 것처럼, 중국 법률과 법원은 그런 도둑질을 합법화해 주었다.[55] 이와 동시에 토지 강탈 및 강제 퇴거, 그리고 농촌의 빈곤화는 중국의 수억 명 민중을 농촌에서 쫓아냈다. 실제로 2004년 중국 정부 통계에 따르면 1억 1,400만 명이 가난과 수탈을 피해 도시에서 일자리를 찾고자 농촌을 떠났다. 어떤 행정 관료 전문가들은 이렇게 농촌 지역을 떠나야 했던 무토지 노동자들의 숫자가 2020년까지 3억 명에 육박할 것이고 나중엔 5억 명에 이를 것이라 보았다.[56]

토지 소유권 박탈, 인클로저, 전쟁, 삶의 터전으로부터의 강제 퇴거 및 난민화

우리가 중국에서 목격한 것은 요컨대 세계사에서 가장 거대한 자본의 '원시적 축적' 과정이다. 선례가 없을 정도로 어마어마한 수의 농민들이 소유권을 박탈당하여 도시 프롤레타리아트로 변했다. 그 숫자만 해도 수억 명에 육박하고, 영국 초기 자본의 원시적 축적 과정에서 발생한 프롤레타리아트 규모를 훨씬 능가한다.[57] 1978년 이후 25년간, 중국의 고용된 노동자 수는 1억 2,000만에서 3억 5,000만으로 3배 증가했다.[58] 이 노동자들의 상당수(아마도 현재 1억 5,000만 명 정도)는 농촌에서 도시로 이주해 왔다. 그러나 이 농민공들은 도시에서 일하고 있지만, 주거·교육·의료보험의 권리와 혜택을 누리지 못한다. 그리고 우리가 이미 살핀 대로, 시장 관계들이 중국 농촌 지역을 계속 재편하면서, 앞으로 수년간 수억 명의 농촌 인구가 도시로 이주할 것이다.

물론 이런 난민화는 중국 농촌에서만 발생하는 건 아니다. 부동산시장이 들썩거리고 토지 가격이 상승하자 도시 중심가에 오랫동안 살아오던 노동자 계급이 외곽으로 쫓겨나기 시작했다. 1990년에서 2007년 사이에 150만 명이 수도 베이징의 서민 주거단지로부터 강제 퇴거당했다. 그 자리엔 최고급 주택, 쇼핑몰, 값 비싼 식당가, 올림픽 건축물 등이 들어섰다.[59] 이와 유사한 강제 퇴거 과정은 상하이에서도 발생했다. 2010년 상하이 엑스포 준비를 위해 전통 가옥들이 철거당했다. 어떤 경우에는 그 자리에 스타벅스나 크리스피크림 도넛 매장이 들어서기도 했다.[60] 이런 식의 소유권 박탈은 당연히 저항을 불렀고, 토지 점유를 둘러싼 갈등을 가속화했다.

중국에 이어 우리 시대의 또 다른 경제 성공담으로 알려진 인도 역시 토지와 강제 퇴거를 둘러싼 심각한 전쟁이 벌어진 각축장이다. 인도의 '기적'에 대해 이야기할 때 반드시 기억해야 할 점이 있다. 인도는 '슈퍼 갑부'를 배출했는데, 단 40명의 최상위 부자가 2007년 기준 무려 3,500억 달러나 소유, 1인당 거의 90억 달러를 보유하는 셈이다. 이와 대조적으로 인도 인구의 75% 이상은 하루 2달러 미만으로 생활을 유지한다. 『2008 세계기아지수』에 따르면 인도 민중 2억 명이 기아로 고통받는다. 인도 경제에 대한 모든 과대 선전에도 불구하고, 인도의 유엔 인간개발지수는 오히려 하락했고, 지금은 세계 134위를 차지한다.[61] 이런 맥락에서 토지 수탈은 펀자브, 자르칸드, 오리사, 마하라슈트라, 구자라트 같은 주에서 대규모 충돌을 불렀다. 오리사 주의 칼링가나가 마을 부족민들은 보크사이트 회사에 맞서 용감히 투쟁했고, 자가트싱푸르에서는 한국 포스코의 토지 수탈에 맞선 투쟁이 벌어졌는데 그 회사 간부들을 납치하기도 했다. 한편 나르마다 강에 댐을 건설하는 사업과 관련하여, 그 강 주변에 모여 살던 수십만의 민중들도 강제 퇴거에 맞서 가장 오래되고 용감한 투쟁을 벌이고 있다. 지난 50년간 대규모 댐 건설 때문에 자기 토지를 박탈당한 이들은 약 5,000만 명에 달한다. 이들 대다수는 원주민인 아디바시족이다. 나르마다 강 개발 규모는 어마어마해서 30개의 대형 댐, 100개의 중형 댐, 3,000개의 소형 댐을 건설하는 계획이다. 이 모든 개발로 인해 2040년까지 20만 명의 주민들이 그 지역으로부터 강제 퇴거해야 한다. 이에 '나르마다 살리기 운동'의 깃발 아래 주민들이 조직되었고, 그 지역 여성들이 주로 앞장을 섰다. 이 조직화된 주민들은 20년 이상 점

거 농성, 시위, 법원 제소, 단식투쟁을 전개하면서 강제 퇴거 계획을 철회 시키려 노력 중이다.[62]

인도에서 강제 퇴거를 둘러싸고 가장 논란이 많았던 투쟁은 서벵골 주에서 발생했던 것이다. 이는 좌파전선 정부에게 큰 상처를 남겼다. 왜 냐하면 좌파전선 정부가 국내 및 해외 자본에 의한 산업 '발전'을 장려했 고, 이러한 정부 정책에 맞서 신구르와 난디그람 지역 농민들이 저항했 기 때문이다. 그들은 자기 농장, 학교, 사찰, 모스크 등이 있는 땅에서 쫓 겨나는 데 반대했다. 이 투쟁들은 간간이 격렬해져 심지어 폭력 양상까 지 띠었다. 2007년 3월 정부가 수천 명의 경찰을 난디그람 농촌 지역으 로 급파했을 때, 투쟁이 가장 비극적으로 전개되었다. 이러한 경찰 파견 은 농민을 격분시켜 더욱 과격한 투쟁을 유발했고, 마침내 투쟁 와중에 14명의 농민이 사망하기에 이르렀던 것이다.[63] 이 모든 투쟁들은 신자유 주의적 자본주의하에서의 '경제 발전'의 대가가 무엇인지 또렷이 보여 준다. 왜냐하면 심지어 선거로 당선된 좌파 정부조차 투자 유치를 위해 선 기업들의 입맛을 맞추는 데 공을 들여야 하기 때문이다. 특히 투자 프 로젝트가 감소하고 세계경제가 침체에 빠진 상황에서, 자본 투자 유치를 위해 각 정부들은 환경 규제나 노동자 권리 같은 것은 고려할 여유도 없 이 토지와 자원들을 무참히 수탈한다.

러시아·중국·인도 등에서의 강제 퇴거가 신자유주의 시대의 현실 을 말해 주고 있다면, 신자유주의적 농업 파괴로 인해 발생한 경제적 박 탈 역시 당면한 현실의 일부이다. 구조조정의 일환으로, IMF와 선진 자 본주의 국가들은 개도국 농민들에 대한 정부보조금 철폐, 서방 선진국으 로부터 대규모 식량 수입을 위한 시장 개방 등을 강요했다. 그러나 현실 은, 개도국 농민들은 정부 보조금을 거의 받지 못하는 반면, 선진 자본주의 기업농들은 매년 3,000억 달러의 정부 보조금을 받는다. 선진국 기업 농은 개도국에 비해 기술적 우위에 있을 뿐 아니라 이런 보조금도 받기 때문에, 제3세계 농민들과의 가격 경쟁에서 유리한 고지에 있다. 캐나다 와 미국과의 '자유무역'은 멕시코 농업을 궤멸시켰고, 수십만 명의 멕시 코 농민을 토지로부터 축출했다. 1994년 NAFTA가 시작된 이후 공장 폐 쇄와 공공 부문 해고는 물론 대규모 농민 축출 문제까지 겹쳐, 매년 50만 명의 멕시코인들이 미국으로 일자리를 찾아 떠난다. 인도의 상황은 더 절망적이어서, 1997~2007년 사이 10년간 20만 명의 농민이 자살했다. 매 시간 2명이 자살한 셈이다.

신자유주의적 약육강식 체제를 지난 수십 년간 관찰해 보면, 자국 국민들을 먹여 살릴 수 있는 국가들이 점점 줄고 있음을 알 수 있다. 1990 년 이후 식량 생산은 세계 인구 증가를 따라잡지 못한다. 물론 식량 공급 의 감소는 기업농이나 식량 유통 자본가에게는 엄청 희소식이다. 그들은 솟구치는 식량 가격과 이윤에 즐겁다. 반면 영양실조 상태에 처한 지구 상의 10억 명 이상 인구에겐 전혀 즐거운 소식이 아니다.[64] 점점 강화하 는 전 세계적 인클로저 물결이 상황을 더 악화할 뿐이다.

이러한 위기 이전에, 정부들과 거대 식량 기업들은 지구 곳곳을 돌 며 경작지를 물색했다. 이러한 토지의 부당 취득 중 가장 널리 알려진 사 례는 아프리카에서 발생했다. 사우디아라비아, 중국, 걸프 만의 국가들, 한국 등의 국가기관들이 아프리카에서 20만 제곱킬로미터의 땅을 구입 또는 임대했다. 아프리카의 가난한 나라인 수단은 이미 한국과 아랍에 미리트연합에 1만 제곱킬로미터의 땅을 매각했는데, 또다시 경작지의 25%를 아랍 정부들에게 양도하려 한다. 중국 또한 아프리카 토지 구입 을 위해 가격 협상에 나서는 등 이 지역에서 특별히 활발한 움직임을 보인다.[65] 그러나 아프리카 지역에서 문제가 되는 건 단순히 토지만은 아니다. 물이 중요하다. 전 세계가 물 위기에 부딪히면, 땅에 대한 권한이 물을 통제하는 가장 핵심적인 수단이 될 것이다. 네슬레 회장은 최근 들어 요동치는 세계적 토지 구입 및 매각 협상을 묘사하면서 다음과 같이 말했다. "땅 구입은 단순히 토지 소유를 위한 게 아니라 물을 확보하기 위한 것이다. 토지를 구입하면, 토지와 연결된 물에 대한 권리를 확보할 수 있기 때문이다."[66] 우리가 현재 전 지구적 토지 획득 경쟁에 직면한 만큼, '대규모 물 확보 경쟁'의 한가운데에 있는 것이라고 폭로한 셈이다.

이러한 아프리카 토지 매각과 임대가 언론의 헤드라인을 많이 장식하지만, 남미에서 벌어지는 토지 매각과 임대는 그 규모 면에서 아프리카를 능가한다. 남미에서는 주로 광산 및 석유 회사들이 중요한 부분을 차지하지만, 식량 기업들과 바이오연료 회사들도 앞다퉈 토지 구입을 주도한다. 대부분 원주민들의 공유지였던 수십만 제곱킬로미터의 땅이 다국적기업의 수중으로 넘어가고 있다.[67] 실제로 최근에 남미 원주민들의 전투적 활동들이 급증하는 이유는 원주민들의 허락도 없이 정부들이 나서서 토지를 기업들에 팔아 버리고 있기 때문이다. 예컨대 페루에서 이러한 정부 시책은 아마존 유전 개발을 둘러싸고 슈하르족 주민들과의 군사적 충돌로까지 치달았다. 칠레 마푸치에서는 벌목을 둘러싼 투쟁도 일어났다. 에콰도르에서는 광산 회사에 저항하는 원주민들과 광산 자본 사이에 무장 충돌이 발생하기도 했다. 과테말라나 엘살바도르 같은 중앙아메리카에서도 농부들과 원주민들이 캐나다에 본사를 둔 광산 회사에 저항 투쟁을 벌이다 살해당하기도 했다.[68] 이런 투쟁은 주로 자연 훼손에 반대하는 원주민 저항과 연관된다. 이 자연 훼손은 아래와 같은 일들이 벌어질 때 발생하는 소유권 박탈을 동반한다. 표토 침식 등 토지를 고갈

하는 기업농으로 전환할 때, 삼림을 벌목할 때, 물과 수자원 전체가 오염될 때, 노천 광산이나 유전 발굴로 지표면에 거대한 구멍이 생길 때, 생물 종들이 소멸할 때, 생물 다양성이 파괴될 때 등이다. 이러한 상황을 고려해 볼 때, 조엘 코벨이 정확하게 지적한 대로, 자본주의는 그 자체로 '자연의 적'임이 확실히 드러난다.[69]

또 우리는 다음과 같은 사실도 알 필요가 있다. 그렇게 기존 공동체의 소유권을 박탈하는 정부와 기업들이 이른바 '자연재해'를 절호의 기회로 활용한다는 점이다. 일례로, 1998년 온두라스에서 허리케인 미치로 인해 5,000명이 사망하고 200만 명의 난민이 발생한 이후, 정부는 원주민 토지의 판매를 금지하는 법을 없애 버렸다. 아프리카 노예의 후손들로 200년 넘게 그곳 대서양 해안가에서 살아왔던 15만 가리푸나족 주민들의 생활 터전에, 거대한 개인 고급저택들이 건설되었다. 또 2004년 쓰나미 발생 이후 태국·스리랑카·인도네시아 정부도 온두라스 정부와 비슷한 방식으로, 호텔 개발을 위해 해안가 땅들을 점유해 버렸다. 한편 2005년 허리케인 카트리나가 휩쓸고 지나간 뒤, 미국 뉴올리언스에서는 엄청난 수의 흑인들이 난민이 되었다. 1,000억 달러의 정부 기금이 재난 구호비로 책정되었지만, 그 중 엄청난 양이 블랙워터와 핼리버튼 같은 거대 자본의 수중으로 들어갔다. 이들은 이미 미국 정부가 이라크 재건 계약을 체결할 때 돈을 갈퀴로 긁어모았던 주인공들이다. 이런 사태가 벌어지고 있는 동안, 뉴올리언스 주민의 3분의 1(그 대부분은 흑인이었다)은 미국 전역으로 흩어져 난민이 되었다. 그 뒤 상당수는 집주인들에 의해 강제 퇴거당했고, 어떤 이들은 난민 보호소에서 거주하거나 친구들이나 친척들 집에 얹혀살아야 했다. 카트리나로 인한 파괴로 주택난이 발생하자, 집세는 50% 이상 뛰었다. 설상가상으로, 뉴올리언스 시의회는 공공 주택을 줄이는 재건축안을 도입했다. 한편 '재앙 자본주의'하에서 소유권 박탈에 직면하자 뉴올리언스 주민들은 저항에 돌입하기 시작했다.[70] 지역공동체노동자연합은 아직 뉴올리언스 시가 물에 잠겨 있을 때, 앞으로 벌어질 일들을 직감하면서 다음과 같은 성명서를 발표했다. "뉴올리언스 주민들은 얌전히 어둠 속으로 사라지지 않을 것이다. 연방구호기금이 카지노, 호텔, 중화학 공장, 뉴올리언스의 부유한 백인들 구역을 재건설하는 데 사용되는 동안, 뉴올리언스 주민들은 아무 말 없이 여러 다른 도시로 흩어져 홈리스가 되지는 않을 것이다."[71] 아니나 다를까, 정부 돈이 노동자 계급 동네를 재건하는 데 사용되지 않자, 사회정의를 요구하는 단체들과 개인들은 그 정부 기금을 뉴올리언스 난민의 기본 생활 요구권 실현을 위해 사용하라고 주장했다.

이렇게 경제적 강제와 조작된 '재앙들'은 소유권 박탈에 의한 자본 축적의 메커니즘이 된다. 전쟁도 실은 그러한 박탈을 통한 자본축적의 한 방식이었다. 목재, 광물, 천연가스, 유전뿐만 아니라 토지와 물이 강탈 당하는 곳에서는 언제나 폭력이 잠복하고 있다. 전 지구적으로 토지와 자원을 둘러싼 국지전과 내전들이 불타오르고 있고, 전 지구적 경기침체 아래서 상황은 더욱 악화할 것이다. 아프리카 대륙 대부분 지역에서는 다이아몬드·구리·석유 등이 있는 땅에 대한 쟁탈전 때문에 전쟁이 끊이질 않는다. 이제 빅토리아 호수와 나일 강의 물 자원 통제권을 놓고 갈등들이 터져 나오고 있다.[72] 콜롬비아에서 그랬던 것처럼, 소유권 박탈의 무기로 장기적 내전이 발발한다면, 그 질긴 내전을 버텨 낼 나라는 그리 많지 않다. 콜롬비아에서는 한 세대 두 세대를 거치면서 소작농, 원주민, 흑인들이 자기 땅에서 강제 추방됨에 따라, 자본은 광물 자원과 유전을 개발하고 상업적 농업을 도입할 수 있게 되었다. 최근 콜롬비아 군부와 우익 암살부대는 미군과 손을 잡고 소위 '마약과의 전쟁'에 나섰다. 이 결과 200만 명의 콜롬비아인들이 자기 땅으로부터 쫓겨나게 되었다.[73] 주류 논평가들 시각엔 이런 수백만 명의 강제 퇴거가 아마 '마약과의 전쟁'의 부작용쯤으로 보일 것이다. 그러나 바로 이 강제 퇴거야말로 그 '마약과의 전쟁'의 핵심 목적이었다. 콜롬비아 경제학자 엑토르 몬드라곤이 말한 대로, "전쟁이 발발해 그 결과 강제로 퇴거한 난민이 발생한 게 아니라, 오히려 강제 퇴거로 난민을 만들기 위해 전쟁이 기획되었다."[74]

콜롬비아와 다른 곳에서 발생한 수백만 명에 대한 강제 퇴거의 대부분은 국경 안에서 발생했다. 그러나 전쟁, 빈곤, 토지 박탈 때문에 발생한 수천만 명의 강제 퇴거자들은 국경을 넘어 다른 나라로 이주해야 했다. 예를 들어 수년간의 내전과 탄압 이후, 멕시코와 미국으로 이주해 사는 엘살바도르 인구는 현재 엘살바도르에서 태어나 거기서 계속 사는 인구보다 더 많다. 이러한 이주민 노동자들의 고통은 신자유주의적 소유권 박탈 시대에 가장 시급히 해결해야 할 정치적 현안 중 하나다.

자본주의, 이주노동자, 그리고 글로벌 슬럼프

신자유주의적 소유권 박탈. 사실 복잡할 게 하나도 없다. 사람들이 그들의 토지로부터 떠나게 압박하고, 다른 곳에 가서 살게 만들어라! 그들의 급수 체계를 오염시켜라! 무장한 폭력배, 군대, 암살단을 동원해 주민들을 강제 퇴거시키고 저항을 진압하라! 이 모든 걸 즉각 시행하라! 그러면 주민들은 도망갈 것이다. 죽지 않으려면 말이다! 어떤 영향력이나 인맥도 없는 상태에서 자신들의 생계와 자녀들의 생활을 걱정하면서, 그 강제 퇴출된 사람들은 오직 가방 하나를 손에 들고 국경을 넘는다. 국경을 넘을 때, 그들은 새 생활 터전으로 가는 안전한 통로를 약속해 주는 이른바 '인간 밀수업자들'에게 그동안 벌어 놓은 돈을 죄다 건네줄 것이다. 어떤 이들은 국경을 넘다가 바다에 빠져 죽기도 한다. 너무 많은 아이티 사람들을 태웠던 초만원 보트가 그랬듯이 말이다. 어떤 이들은 트럭이나 기차 안에 숨어 오다가 너무 뜨거운 열기에 죽거나 질식해 죽는다. 심지어 더 많은 사람들은 국경을 넘는 도중에 강간·폭행을 당하거나 갈취를 당한다. 또 많은 사람들은 체포되어 야만적인 불법입국자 수용소에 억류되어 자녀나 사랑하는 연인과 헤어지기도 한다(오스트레일리아에서는 도시와 엄청 떨어진, 작물도 자라지 못할 만큼 살인적으로 무더운 오지에 철조망 달린 수용소를 만들어 놓았다). 그렇게 오래 갇히고 경비대에게 구타당하고 치료도 제대로 받지 못하게 됨에 따라, 그들의 몸과 마음은 쇠약해진다. 예를 들어 2003년에서 2010년 사이에 미국 국경을 넘던 107명의 이주자들이 불법입국자 수용소에서 죽었는데도, 수용소 관리들은 그 상황들에 대해 거짓 보고서만 작성해 발표했다.[75]

국경을 넘는 이주자들을 범죄자 취급하는 것은 우리가 살고 있는 이 세계가 가진 가장 불공정하고 비도덕적인 측면 중 하나다. 선진 자본주의 기업들 대부분이 무장한 조직 폭력배를 고용해 토지를 강탈하고 생태계를 파괴하는데도, 선진국 정부는 그 광산·에너지·기업농 회사들을 기소하지 않는다.[76] 오히려 그들은 암살단, 군대, 내전, 기아와 빈곤 등에 의해 자기 땅으로부터 강제로 퇴거당한 수백만의 사람들을 체포하고 억류하고, 수치심을 불러일으키고 겁을 준다. 미국 이민 당국은 국경 순찰대의 무장을 강화하면서, 멕시코 국경선에 담을 쌓고 무장경찰을 배치하는데 연간 20억 달러나 지출한다. 매년 수백 명이 그 군사 구역을 통과하다가 사망한다. 국경을 넘다가 체포되는 이도 매년 수십만 명이다(미국 내에서도 어린이들을 포함하여 매년 30만 명이 체포된다). 체포 뒤, 겁먹은 이주자들은 아무런 법적 규제도 없는 400여 개의 민간 불법입국자 수용소에 감금된다. 이민자 억류는 미국에서 인기 좋은 대규모 사업이다. 민간 보안 경비회사는 자기들이 가두는 한 사람당 하루 70~95달러를 수입으로 올린다. 다른 자본주의 기업처럼, 이윤을 최대로 짜내기 위해 (억류자들을 위한 음식이나 치료와 같은) 각종 비용은 최소화하는 것이 경영원칙이다. 이러한 행동계획을 준수한 덕택으로, (이전엔 '와켄헛'Wackenhut으로 알려진) 미국의 교도 기업 CCA의 이윤은 2007년에 29% 상승률을 기록했다.[77] 이와 대조적으로, 억류된 이주자들은 어느 전직 미국 행정부 관리가 '지옥의 굴'이라 묘사한 수용소에서 고통받으며 죽어나가고 있다. 그에 따르면, 이 수용소 환경은 "인간 이하라고밖에 표현될 수 없었다. 건강을 해칠 정도로 더럽고, 아주 기초적인 위생 설비 또는 치료 시설도 없다. 이 지옥의 굴에 거주하는 사람들은 수천 명의 적법한 망명자들과 피난처를 찾는 이들이다. 이들은 미국 안보에 전혀 위협적이지도 않고, 죄를 범하지도 않았다".[78] 선진 자본주의 국가에서 가난한 망명자 혹은 유색 이민자가 되는 것이 일종의 범죄라는 것만 제외하면, 그들은 아무 죄가 없다.

물론 기업과 정부가 이주민 노동력을 모두 제거하려고 하는 것은 아니다. 1,400만 명의 미등록 이주노동자들이 미국에서 일하는 것으로 추정된다. 그들은 호텔과 사무실 빌딩을 청소하거나 식당 부엌에서 요리를 한다. 또 부잣집 아이들을 돌보거나 들녘과 과수원에서 과일과 채소를 수확하는 힘든 일을 하기도 한다. 나아가 뒷골목의 저임금 노동 착취 공장에서 옷을 만들거나 건설 현장에서 무거운 물건을 나른다. 『뉴욕타임스』의 한 기자가 쓴 대로, 이 미등록 이주노동자들이 당장 모두 쫓겨난다면 그 경제적 결과는 충격적일 것이다. "수천 개의 호텔, 식당, 정육업계, 조경 회사, 의류 공장은 문을 닫아야 할 판이다."[79] 그 정도로 기업은 이들 이주농자들을 필요로 한다. 정부 역시 이 사실을 잘 안다. 그럼에도 불구하고 미등록 이주노동자들은 기본적 시민권과 인권을 보장받지 못한다. 대개 최저임금 미만의 임금을 받으며, 초과근무 수당도 없이 장시간 노동을 하기 일쑤다. 의료보험과 유급휴가 혜택도 누리지 못하며, 노조 가입은 허용되지 않으며, 늘 괴롭힘과 협박에 시달린다. 체포와 강제추방은 항상 그들의 머릿속을 괴롭힌다. 실제로 미국에서는 이민국의 괴롭힘, 습격, 체포 등이 하도 심해 체계적인 노동조합 조직화 작업이 거의 불가능할 정도다.[80]

이민자들과 미등록 이주노동자들의 고통은 미국에만 있는 게 아니다. 다른 여러 선진국에도 비슷한 일이 벌어진다. 일례로 이탈리아에는 400만 명이 넘는 미등록 이주노동자들이 보모로 일하거나, 하루 30달러 미만을 받으며 농장에서 과일을 수확한다. 2010년 초반, 인종차별적 폭력이 지긋지긋하게 설치면서 이주노동자들 수천 명이 체포되어 임시 수용소에 감금됐다.[81] 이 모든 상황 속에서 무권리 상태인 이주노동자들은 전형적인 신자유주의 노동자들이다. 다시 말해 그들은 폭력에 노출된 저임금 불안정 노동자들이다. 이 경우에도 다시 한번, 국가권력은 규율과 처벌에 의한 시장 통제에 필수적인 두려움을 창출하는 데 사용된다.

최근 들어 세계 각국 정부들은 합법적이지만 불안정한 이민자들을 많이 만들어 내기 위해 이민 정책을 다시 만들고 있다. 이를 통해 정부들은 노동력의 효과적 통제를 위해 자본가들에게 유토피아나 다름없는 걸 해결책으로 제시한다. 예컨대 한시적 노동 비자를 받은 임시 이주노동자들은 자본을 위해 노동은 하지만 시민권이나 영주권을 갖지는 못한다.

이것이 바로 자본이 원하는 유연한 노동력, 즉 필요하면 불러들이고 필요하지 않으면 내쫓으면 되는 노동력이다. 미등록 이주노동자와 달리 한시적 이주노동자들은 정식으로 등록되고 입국 절차를 밟아 서류 심사를 거친 뒤 직장에 배치되지만, 실질적으로는 아무 권리가 없다. 서방 국가들은 임시 노동 비자를 발급해 이주노동자들을 불러들임으로써 무권리 프롤레타리아트라는 하위계급을 창출하고 있다. 이들은 신체적으로는 이 나라에 있지만, 사회적으로나 정치적으로는 존재하지 않는다. 왜냐하면 이 이주노동자들은 기본 인권이나 시민권을 누리지 못하기 때문이다.

1990년대 후반 이후, 상공회의소, 미국호텔숙박협회, 전국소매연합과 같은 고용주 집단의 강한 압력하에 미국의 정책들은 계속 이런 방향으로 움직여 왔다. 유럽 역시 이주노동자를 받아들이는 소위 '손님 노동자' 프로그램을 확대시켰다. 그런데 이 '손님들'이 초과근무를 하고 저임금을 받고 의료혜택을 받지 못하며, 다 쓰러져 가는 오래된 집에 밀집해 살면서 그 '주인들'의 변덕에 따라 강제 퇴거당하는 것이 정당한가? 동아시아 역시 계약노동자 프로그램을 확대시키고 있다. 필리핀 같은 나라에서 온 수십만 명의 가사도우미와 공장 및 건설 노동자들이 한국·홍콩·대만 등지에서 힘든 육체노동을 한다. 인도·파키스탄·필리핀·인도네시아·에리트레아에서 온 1,000만 명의 이주노동자들이 걸프 만 지역 중동 국가들에서 힘든 육체노동을 하지만, 그들은 기본적 인권도 누리지 못한 채 장시간 노동, 신체 학대, 임금 체불 등의 고통을 겪는다.

다음으로 캐나다를 보자. 캐나다의 지배자들은 자기들을 친절하고 자상한 사람들로 묘사하는 걸 좋아한다. 그런데 캐나다 정부는 최근 망명자 수용률을 절반으로 줄이면서 이주노동력 제도로 전환을 했는데, 이는 이른바 임시 외국인 노동자 프로그램을 통해 조직되고 운영되는 것이다. 이 제도는 이주노동자들의 권리와 상주 기간을 엄격하게 제한하고, 그들이 캐나다에 거주하는 데 있어 불안정한 상태를 유지시키는 역할을 한다. 이 제도하에서 노동자들은 세금을 착실히 내면서도 기초적인 사회 서비스는 받지 못한다. 2007년에 캐나다 정부는 영주권자들보다 4배나 더 많은 임시 이주노동력을 수입했다. 그 뒤 세계적 경기침체가 발생하자 캐나다 정부는 미등록 이주노동자들을 고용한 농장이나 공장을 상대로 미국식 무장 공습을 감행했다. 미등록 이주노동자들은 버스나 배에 실려 불법체류 수용소에 억류당했다. 많은 억류자들은 변호사 접견도 허용되지 않은 채 강제 출국당하고 있다. 동시에 캐나다 정부는 고용주들에게 캐나다 시민권자들이나 영주권자들보다 임시 이주노동자들을 먼저 해고하라고 권장한다.[82]

이런 현실이 우리에게 다시 상기시키는 것은, 자본주의는 여전히 인종차별과 분리에 근거해 있다는 점이고, 이 자본주의의 주요한 기둥 중 하나가 이주노동자들에 대한 통제와 박해라는 점이다. 개도국에서 온 수백만 명의 가난한 유색인종 노동자들이 가정집, 저임금 노동 착취 공장, 농장에서 추방당하고, 구속되고, 억류되고, 괴롭힘을 당하며, 무자비하게 착취당한다. 또한 2010년 초반 이탈리아에서 발생한 인종차별적인 공격 때에서처럼, 아프리카 이민자들은 총에 맞거나 절봉으로 폭행낭하는 등 무자비한 폭력에 쉽게 노출되어 있다.

그러나 이주노동자들은 투쟁으로 용감히 떨쳐 일어나기도 한다. 2010년 이탈리아에서 아프리카 이주노동자들은 경찰과 투석전을 벌이고 상가 유리창을 깨부수면서 인종차별적 공격들에 전면 저항을 시작했다. 비슷한 시기에 프랑스에서도 수천 명의 미등록 이주노동자들이 파업에 동참했고 식당과 빌딩 점거 농성에 참여하면서 자신들의 지위를 합법화해 줄 것을 요구했다. 수백 명의 이주노동자들이 파리 시내 한 빌딩을 점거한 뒤, 거기서 다 같이 요리도 하고 청소도 했으며, 은퇴한 교사들과 정치 활동가들이 제공하는 철학·이민법·프랑스어 강의를 듣기도 했다.[83] 아마도 가장 크고 가장 감동적인 이민자와 이주노동자들의 연대는 미국에서 발생한 것일 것이다. 2006년에 100만 명에 가까운 사람들이 메이데이를 진정한 노동자 계급 국제주의의 계기로 되찾을 것을 주창했다. 이주노동자들은 길거리 행진을 하면서 시위를 벌이기도 했다. 진보적 노동조합들, 노동자 센터들, 사회운동 단체들에 의해 조직된 이주노동자들은 거리들을 자신의 것으로 되찾았고, 그 거리 위에서 그들은 자신들이 이류 시민 취급을 당하는 것에 대해 전투적이면서도 즐거운 투쟁을 전개했다. 이렇게 이주노동자들의 권리 조직은 풀뿌리 수준으로 이동하게 되었다. 일례로 미시시피 이민자권리연맹 같은 집단은 새로운 이민자들을 고용하는 가금류 공장들에서 노동조합을 결성하는 것을 지원하고 있고, 차별적인 법률들을 철폐하고 있다.[84] 또 2010년 애리조나 주에서 이민자들을 겨냥해 인종을 기반으로 용의자를 선별하고 수사하는 인종 프로파일링 기법을 사용할 수 있는 법률을 도입하려고 하자, 이에 저항하여 이주노동자의 조직화가 전국적 차원으로 확대되었다. 2010년 메이데이에 수만 명이 거리로 쏟아져 나왔을 때(로스앤젤레스에서 15만 명, 밀워키에서 6만 5,000명, 시카고에서 2만 명) 노동자 연대의 정신이 널리 퍼져 나갔다. 거리에 모인 사람들은 자신들의 언어인 스페인어로 이렇게 외쳤다. "우리 모두 애리조나 사람들이다. 우리들 중 어느 누구도 불법이 아니다."

우리는 이런 투쟁의 이야기를 다음 장에서 다시 언급할 것이다. 왜냐하면 그것은 분명히 다음과 같은 것을 보여 주기 때문이다. 즉, 이민자 권리 찾기 투쟁은 참다운 구조 변화, 변혁적 진보 정치의 시금석이기 때문이다. 오늘날 이주노동자들에 대한 공격은 전 세계적 경기침체 시대에 신자유주의적 자본주의의 맨얼굴을 우리에게 보여 준다. 이와 마찬가지로 정의를 위한 이주노동자들의 투쟁들은 진정으로 근본적인 형태의 노동계급 정치의 가능성을 보여 준다. 금융화된 자본주의가 전 세계적으로 인종차별과 분리에 근거한 소유권 박탈을 한층 강화시키고 있기 때문에, 노동자 계급의 저항과 사회구조 변혁에 있어 유일하고 진정성 어린 정치는 강제 퇴거당한 사람들, 인종차별과 분리로 인해 억압받은 사람들, 미등록 이주노동자들과의 굳건한 연대에 기반한 정치일 것이다. 생활 임금 쟁취를 위한, 땅과 물을 위한, 보건의료와 교육을 위한, 성 평등과 원주민 정의를 위한, 주거와 환경의 지속 가능성을 위한 운동들과 적극 결합함으로써 노동자 계급 저항은 '대저항'을 발생시킬 것이다. 이러한 대저항을 통해 강제 퇴거, 빈곤, 불안정성에서 해방될 수 있는 길이 비로소 열릴 것이다. 우리가 만약 그러한 '대저항'의 물결을 만들어 내지 못한다면, 앞으로 10년의 긴축 시대는 우리들을 다시 강제 퇴거, 빈곤, 불안정성의 고통으로 빠뜨릴 것이다.

6장

거대한 저항의 물결로

노동자의 힘은 단결 속에 있고, 희망은 저항 속에 있다.
— KOK인터내셔널에서 파업하는 중국 노동자들의 항의 편지 (2010. 6.)

노동자들과 시민들이 떨쳐 일어나 스스로 깨닫고 '우리의 행동이 옳구나'라는 확신이 들 때,
비로소 어느 누구도 우리를 가로막을 수 없다.
우리 앞에 놓인 어떠한 장애물도 우리의 전진을 가로막을 수 없다.
마치 온 나라 더러운 먼지 한 티끌도 남김없이 쓸어 버리는 회오리바람처럼,
그렇게 우리는 당당하게 전진할 것이다.
— 마르티니크 총파업 지도자 로장 무니엥 (2009. 3. 4.)

2008년 금융위기의 규모와 강도는 세계 노동자들을 충격의 도가니로 빠뜨릴 정도로 엄청났다. 그러나 이 와중에도 일부 노동자들은 결연하고도 단호한 저항을 시작했다. 금융 대파국이 시작된 지 불과 몇 달 안에 한 국가의 정권이 교체되었고, 공장은 점거되었으며 총파업이 선언되었다. 용감한 저항의 물결은 다른 사람들도 투쟁의 대열에 동참하게 만들었다. 그러나 이러한 저항들은 당시 해결해야 할 과제를 수행하기에는 불충분한 면도 있었다.

최초로 무너진 정부는 아이슬란드 정부였다. 금융위기가 도래하자마자 아이슬란드 은행들은 무너졌다. 이 은행들은 다른 유럽 국가들로부터 엄청난 양의 외채(주로 유로화)를 끌어들여 부동산과 투기꾼들에게 자금을 댐으로써 단기적으로나마 '붐'을 일으켰다가 금융위기가 오고 외국 채권자들이 부채 상환을 요구하자 파산하고 말았다. 불과 며칠 만에 경제는 급속히 추락했고 일자리는 사라졌으며 아이슬란드의 화폐인 크로나의 가치는 급락했다. 이러한 상황에 분노한 청년들을 중심으로 다

수 군중이 의회 건물을 둘러싸기 시작했다. 이들은 밤낮없이 분노에 가득 차 심지어 수상의 차량에다 달걀과 돌멩이를 던졌다. 대중의 분노에 직면한 정부는 2009년 1월 초 총사임을 했고, 그다음 선거에서 녹색당과 사회민주당의 연합전선이 승리했다. 이 연립정부는 말로는 세계화와 금융계를 비난했지만, 실제로는 IMF와 타협하고 말았다. 대중들의 분노는 당연히 사그라지지 않았다. 영국과 네덜란드 은행은 아이슬란드의 파산으로 50억 달러가 넘는 손실을 입었는데, 2010년 3월 아이슬란드 정부가 이 돈을 갚아 주자고 제안하자 국민의 93%가 이에 반대했다.

분노한 아이슬란드 청년들이 의회를 둘러싸고 시위를 벌이고 있을 때, 비록 소수지만 또 다른 북반구 선진국에서는 해고 노동자들이 자신들이 일하던 공장을 점거하고 경영 인수에 착수하고 있었다. 이는 지난 수십 년 동안 전례 없던 일이었다. 약 120년 전 세계 노동자의 날인 메이데이를 선포한 노동운동의 원조 도시 시카고의 노동자들이 이러한 공장 점거에 앞장을 섰다.

2008년 하반기에 미국의 주택 건설 산업이 불황기에 접어들자 시카고에 위치한 리퍼블릭윈도앤도어 사 노동자들은 자신들이 위험에 처했음을 느꼈다. 대부분이 남미 출신이었던 그 회사 노동자들은 12월 2일, 흑인 및 백인 동료들과 함께 계약 해시 통보를 받았다. 사측은 공장 폐쇄 60일 이전에 해고 통보를 해야 한다는 노동법도 무시했다. 노동자들은 응당 받아야 할 퇴직금, 병가수당, 휴가수당도 지급받지 못할 것이라는 답변을 받았다. 이 회사의 노동조합은 "평조합원들이 노조를 이끈다"는 모토를 내건 전기·라디오·기계공구노동자연합^{UE}의 1110지부인데, 이 지부의 조합원 260명은 일주일 동안 회사 공장을 점거하면서 공장 노동자의 자주 경영 안건을 투표에 부쳤다. 공장 점거와 같은 용감한 투쟁을

2008년 리퍼블릭윈도앤도어의 남미 출신 이주노동자들이 회사의 불법 공장 폐쇄에 반대해 공장을 직접 점거했다. '평조합원들이 이끌어 가는 노동조합'이라는 모토답게 공장 안에서 향후 진로에 대해 함께 토론하고 있다.

통해서 리퍼블릭윈도앤도어의 남미 출신 노동자들은 전 국민의 감동을 자아내고 지지를 얻어 냈다. 이들은 2006년 미국 이주노동자들 권리 쟁취를 위한 메이데이 시위를 통해 쌓은 정치적 경험을 이번 공장 점거 투쟁에 십분 활용했다. 그리고 이 라티노 노동자들은 모든 노동자들을 향해 저항의 목소리를 낼 것을 호소했다(그들은 예전에 노동자 권리를 위해 단호하게 싸우지 않는 어용노조를 성공적으로 몰아낸 경험이 있다). 그러나 리퍼블릭 노동자들의 고무적인 투쟁은 안타깝게도, 2001~2002년 아르헨티나에서처럼 해고 반대 투쟁이나 노동자 자주관리를 위한 대중운동의 기폭제 역할로까지는 발전하지 못했다. 일주일 후 여론에 굴복한 회사 측과 뱅크오브아메리카가 제안한 퇴직금 패키지 협상안을 수용하는 대가로 리퍼블릭 파업 노동자들과 노조는 공장 점거를 끝냈다. 물론 이것도 상당한 성과이긴 하지만 리퍼블릭 공장 폐쇄는 저지하지 못했다.[1] 바로 몇 주 전에 북아일랜드 데리에 있는 캘캐스트 자동차 부품 공장 노동자들이 공장을 점거했을 때에도, 슬프게도 리퍼블릭의 사례와 똑같은 시나리오가 벌어졌다.

그 이후 수개월 동안 이런 식의 시나리오가 여러 번 반복되었다. 2009년 봄에는 영국과 아일랜드에 있는 비스테온 자동차 부품 공장 세 군데의 노동자들이 공장을 점거하고 7주 동안이나 저항했다가 퇴직금 인상안을 수용하고 그 농성을 풀었다. 2009년 3월엔 캐나다의 윈저 시에 있는 아라드코 자동차 부품 공장에서도 거의 같은 일이 벌어졌다. 또한 한국에서는 쌍용자동차 노동자들이 믿기 어려울 정도의 77일 점거 파업 을 전개했다. 노동자들은 공장 옥상에서 경찰의 공격과 헬리콥터에서 발 사된 최루가스에 맞서 싸웠으나, 상층 노조가 이러한 탄압을 막아내기란 한계가 있었고, 새로운 돌파구를 여는 데는 실패했다.[2]

노동자들이 경영자로부터 진짜 제대로 된 양보를 얻어 낸 경우를 가 만 살펴보면, 2009년 프랑스를 경악케 했던 '사장 억류'와 같은, 보다 전 투적인 방법이 동원되었을 때였다. 이 전술은 프랑스의 망트라졸리에 있 는 FCI마이크로커넥션 노동자들이 대량 해고를 철회시키기 위해 공장을 점거했을 때 처음 등장했다. 점거 7주 만에 일군의 파업 노동자들은 베 르사유에 있는 회사 본부로 몰려가 바리케이드를 치고 CEO 및 직원들 을 떠나지 못하게 가로막았다. 이러한 노동자들의 직접행동에 직면하여 경영진은 마침내 공장을 2014년까지 계속 열기로 약속했고 노동자들이 공장을 점거했던 34일 중 27일분의 임금을 주기로 했다. 그 이후 몇 개월 동안 사장 급습 및 감금 운동이 프랑스의 여러 공장들에서 연이어 일어 났다. 예를 들면 카터필러, 고스인터내셔널, 3M, 소니, 클레버-미셸린 등 이 대표적이다.[3]

프랑스, 북아일랜드, 스코틀랜드, 캐나다, 미국 등지의 노동자 집단 들이 주도한 이 새롭고 대담한 전술들은 경기후퇴와 자본의 공격에 대한 강력한 저항 정신을 드러내었다. 어떤 경우 그들은 상당히 의미 있는 양보를 쟁취했다. 때때로 일자리를 지킬 수도 있었다. 그러나 그들은 전반적인 공장 폐쇄나 정리해고의 물결을 막아 낼 순 없었다. 그 결과 수천만 명에 이르는 노동자들이 일터를 잃고 말았다. 그들이 일자리를 지켜 내거나 노동자 자주 관리와 같은 자율적 통제를 확보할 정도로 강력한 운동을 불 피워 내지 못한 결과다. 사실 2009년 초 프랑스의 여러 작업장들이 문을 닫을 수밖에 없도록 만든 일일 총파업이 있긴 했지만(한 여론조사 결과 무려 75%라는 대중적 지지를 받았다), 그것으로는 충분하지 않았다. 물론 그런 저항 행위를 통해 노동자와 그 일자리에 대한 학살을 약간은 지연시킬 수 있었다. 그러나 그것으로 상황이 반전된 건 아니었다. 실제로 일일 총파업 같은 행동은 수차례 반복되면서, 뭔가 기운 빠지는 의례적인 행사로 변해 갔다. 참된 승리를 쟁취하려면 훨씬 더 강력한 대중운동이 아래로부터 올라와야 했다. 마치 2009년 봄, 카리브 해에 위치한 프랑스령 섬나라인 마르티니크나 과들루프에서 그랬던 것처럼 말이다. 곧 우리는 이 부분을 보다 자세히 살필 것이다. 그러나 우선 2008~2009년에 분출했던 주요 저항 형태들이 보여 주었던 한계에 대해 좀더 짚고 넘어갈 필요가 있다.

기억의 박탈과 저항

흔히 신자유주의는 단순히 위로부터 강제된 일련의 정책들로 묘사되곤 한다. 물론 신자유주의가 위로부터 출발한 것은 맞다. 신자유주의적 방향 선회는 실제로 사회 지배계층 상부에서 기획되었다. 그런데 그것은 또한 우리의 기초적인 일상생활의 미세한 영역까지도 근본적으로 바꿔 놓고 있다. 다시 말해서 신자유주의는 우리들의 자의식, 다른 사람과 관계를 맺는 방식, 자기가 사는 동네에서의 생활양식들을 재구성하고 있는 것이다. 여기서 핵심적인 것은 일련의 사회적·문화적 변화 과정이다. 왜냐하면 이런 것들이 예전의 노동계급 조직들의 형태, 저항의 공간들, 연대의 방식들을 침해했기 때문이다. 원주민에 대한 소유권 박탈과 강제 퇴거 결과는 참혹했다. 왜냐하면 삶의 터전의 상실은 곧바로 그 피해 계급들이 스스로 각성하고 조직화해 나가는 데 필수적인 문화적 삶의 양식 자체를 파괴해 버렸기 때문이다. 그렇게 신자유주의적 공격이 노동조합을 파괴하면서, 또 공장이나 광산을 일시적으로 폐쇄하면서, 기업이나 투자처를 아예 다른 지역으로 이전시켜 버림으로써 마침내 그동안 노동계급의 저항운동에 생명줄과도 같았던 공동체적 관계들이 파괴되었다. 어떤 경우에는 사람들의 참된 관계망인 마을이 통째로 사라진 경우도 있다. 미국 중서부 지역에 있던 철강촌이나 볼리비아의 광산촌 같은 것이 대표적이다. 미국 미시간의 자동차 공장지대도 그러하고, 대처 수상 시기의 영국 광산촌도 그랬다.

확실히 이런 변화에 대한 운동 진영의 대응엔 많은 것이 부족했다. 대개의 경우 운동은 백인 남성들에 의해 주도되었다. 시야도 협소했다. 물론 볼리비아 주석 광산 노동자의 경우는 예외로 칠 수 있다. 왜냐하면 그들 대다수는 원주민들 후손이었고 그 노동조합이 사회정의에 관한 많은 문제들을 주도적으로 제기해 왔기 때문이다.[4] 그러나 이 모든 운동들은 이런저런 한계에도 불구하고 과거의 투쟁에 대한 기억과 저항의 공간을 제공했다. 노동조합 강당, 마을 곳곳에 흩어져 있는 술집, 식당, 지역 센터에서 노동조합이 승리를 거둔 총파업 영웅담이 이야기되며 후대에 전수되었다. 노동자들이 광산이나 공장의 문 밖에서 경찰이나 군인들을 용감하게 물리쳤던 짜릿한 사례들이 사람들의 입을 통해 여기저기 퍼져 나갔고 "우리에게 빵과 장미를 달라"라고 외치며 시가행진을 벌였던 여성들 이야기, 파업 파괴자들을 놀리는 아이들에 대한 칭찬도 동네 사람들 사이에 회자되었다. 예를 들면 미국에서는 나이가 든 파업의 베테랑들은 마더 존스,* 조 힐, 엠마 골드먼이 자기 동네를 방문했을 당시를 회고하면서 당시 노동자 파업 투쟁에서 잊혀진 노동운동의 영웅들 이야기를 나누기도 했다. 즉 그들이 어떻게 등장했으며 각 지역의 노동운동을 어떻게 이끌어 갔는지에 대해 긴 이야기를 뿌듯하게 풀어 놓기도 했다. 그런 식으로 그들은 전체적인 저항 문화와 노동계급의 고유한 기억들을 계승했다. 「노동조합 젊은 여성 동지」, 「연대여 영원하라」, 「그대는 어느 편에 설 것인가」 같은 노동조합 노래도 대를 이어 애창되었으며, 이러한 고전적인 노동가들은 많은 지역에서 「우리 승리하리라」, 「물러서지 않으리」 같은 민권운동의 위대한 노래들과 함께 애창되었다.

이런저런 수많은 경로들을 통해서, 저항의 문화들은 (앨런 시어즈의 돋보이는 표현을 빌리자면) 풀뿌리 저항의 인프라를 통해서 또 그 안에서 전수되었다.[5] 그러나 기업의 거대한 구조조정 물결 속에서, 또 공장의 지리적 재배치와 노동조합 파괴 과정 속에서 이러한 인프라 대부분이 침식당했다. 이 모든 것이 신자유주의 시대를 더욱 공고히 만들었다. 공장이 문을 닫고 노동조합 강당이 사라지고 저항의 공간도 사라지고 사람들이 이사를 나갔으며, 이 모든 걸 통해 노동자들은 그야말로 고유의 문화적

---

* 본명은 메리 해리스(Mary Harris, 1837~1930). 아일랜드 태생으로 14세에 캐나다 토론토로 이주했다. 미국에서 노동자기사단과 광산노조연맹 등을 조직하는 등 노동운동가이자 공동체 운동가로 활동했으며, 파업장에서의 감동적인 연설로 유명하다. (한국에서는 전태일 열사의 어머니로 2011년 9월 영면하신 이소선 여사에 해당한다.)

자원을 박탈당했다. 노동자의 기억을 이어 나갔던 구체적 장소들이 철저히 제거되었고 풀뿌리 저항의 인프라들이 붕괴된 것이다. 댄 라 보츠는 미국 오대호 연안의 공장지대 몰락을 예리하게 분석하면서 다음과 같이 말하고 있다.

> 노동조합의 힘은 여태껏 사회적 조직망 속에 뿌리내리고 있었다. 예컨대 20세기 초 동유럽이나 남유럽에서 이민했거나 미국 남부 플랜테이션 농장에서 대규모로 이주해 온 흑인들의 후손들이 조직한 이웃, 학교, 교회, 선술집, 각종 클럽, 스포츠팀 같은 게 바로 그것이다.
> 노동조합의 권력은 또한 사람들의 일상 속에 뿌리내리고 있었다. 그들의 생활방식 또한 노동에 기반하고 있었다. 그런데 일자리가 사라지자 노동조합도 사라졌고 그들의 공동체도 사라졌으며, 문화 또한 사라지고 말았다.[6]

이 모든 것이 의미하는 바는, 저항 의지가 강렬했음에도 불구하고 노동운동은 경제위기 이후에 뒤따를 자본가의 공격에 충분한 준비가 되어 있지 못했다는 점이다.

한편 신자유주의적 문화 혁명은 이미 시작되었다. 즉 강렬한 소비주의 문화가 확산되면서 사회적 공간을 치고 들어왔다. 도처에 광고판이 꽃을 피웠고 각종 의류에는 다양한 회사의 로고가 판을 쳤으며 심지어 공공 화장실에조차 온갖 광고가 나붙었다. 과시적 소비는 '쿨한 것'으로 최첨단 유행 코드가 되었다. 이제는 사회의 근본적 변화를 바라는 입장인 급진주의나 진보 개념조차도 최첨단 유행 청바지, 헤어스타일, 운동화, 휴대전화, 아이팟 따위와 마찬가지로 생활 스타일의 하나로 새로 정의되었다. 사람들의 정체성은 우리가 무엇을 사는가에 따라 다르게 정해졌다. 그것은 마치 우리의 복합적인 인격체가 쇼핑에서의 선택으로 환원될 수 있는 것처럼 보이게 했다. 사회이론이나 문화이론에서는 소비가 핵심적인 유행어가 되었다. 그런 주제로 수많은 학술회의가 열렸고 각종 학술저널도 이 주제를 다루었다. 반면에 사회 참여, 항의 시위, 노조 활동과 모임 같은 것들은 '쿨하지 않은' 것, 즉 시대에 뒤떨어진, 재미없고 심지어 창피한 것으로 간주되었다. 사회운동에 대한 관심은 주식시장 동향에의 집착으로 대체되었다. 그리하여 1960~1970년대식 정치 운동에 기반한 집단적 정체성은 이제 지루하고 유행에 뒤처진 것이 되었다. 그 대신 모든 영역에서 새로운 개인주의가 활발히 부채질되었다. 그 가장 극단적인(그리고 어리석은) 표현은 영국 대처 수상 시절의 "이제 사회라는 개념은 없다"라는 선언 속에 깃들어 있다. 흥에 겨워 기분에 들뜬 포스트모던 문화가 소비·스타일·유행을 선점하면서 인기를 얻기 시작했다. 사람을 정신없게 만드는 '광란의 뉴욕'이 이러한 문화적 코드의 중심으로 등장하면서 "민주적 뉴욕이라는 집단적 기억"을 지워 버렸다.[7] 이것은 앞 장에서 묘사된 "스스로 투자가가 되어라"라는 시대정신과 통한다. 달리 말하면 사람들이 자신의 인생을 경제적 대차대조표의 관점에서 생각해야 한다는 것이다. 바로 이것이야말로 신자유주의적 주체이다. 이렇게 개별 인간이 단순한 시장의 거래자로 환원되어 버린다. 그리고 이런 모습은 남반구 개도국들에서도 공격적으로 조장되었다.[8]

물론 그런 식의 주체는 아직 실제로 등장한 적이 없다. 여기서 말하는 것은 이미 달성된 상태라기보다는 일종의 경향성일 뿐이다. 다행스럽게도, 아직은 모든 사람들이 신자유주의적 시대정신을 다 받아들인 건 아니다. 구체적으로 빈곤 반대 활동가들, 페미니스트들, 인종차별 철폐 운동가들, 동성애 운동가들, 기층 노동자 조직 활동가들 같은 이들은 아직도 훌륭한 싸움을 해내고 있다. 나아가 새로운 개인주의 풍조에 대체로 동의하는 사람들도 사회적·가족적·공동체적 관계망들을 보살피느라 세심하고 깊이 있는 관심을 기울이기도 한다. 그럼에도 실제 생활 과정에서 문화적 변화가 많이 일어났다는 사실을 부정하기는 어렵다.

그러나 한편으로는 신자유주의적 소비자 개인주의에 뭔가 공허하고 소외된 느낌이 드는 것도 부정할 순 없다. 사실 사람들은 그에 대한 거부감을 자연스레 느낀다. 철저히 상품에 의해 지배되는 광경을 보고 있으면, 마음이 우울해지고 감정이 메말라 버리고 정신이 황폐해져 버린다. 온갖 쇼핑몰로 둘러싸인 지역공동체는 불모의 황무지, 마치 「새벽의 저주」 같은 좀비 영화에서 풍자된 산송장들의 공간처럼 보인다. 새로 사회에 진출하게 된 세대들이 신자유주의의 더러운 비밀을 꼬치꼬치 따져 물었고, 그들이 발견하게 된 추한 진실은 세계화된 저임금 노동 착취 공장과 생태 파괴의 현장이었다. 천천히, 그러나 끈질기게 정치적 비판과 저항 행위들이 다시 살아 꿈틀거렸다. 예컨대 1990년대 중반, 멕시코의 사파티스타 해방군들이 신자유주의와 맹목적 '자유무역'에 대해 비판하면서 주었던 시적인 감동은 수많은 사람들의 가슴을 짜릿하게 했다. 그리고 새로운 활동가 세대들은 노엄 촘스키나 하워드 진, 나오미 클라인과 같은 진보적 저술가들의 저작을 열심히 학습했다. 동시에 이 시기는 특히 볼리비아, 에콰도르, 베네수엘라 같은 라틴아메리카 나라들에서 일련의 반신자유주의 대중 저항 행위들이 기존 정부를 무너뜨리고 공공 부문의 사유화를 저지시켰던 때이기도 하다.[9] 세계 곳곳에서 땅과 물을 위한 투쟁, 원주민의 권리를 위한 투쟁들이 서로 맞물리기도 했고, 그 결과 마침내 세계사회포럼*과 같은 새로운 차원이 열리기도 했다. 마침내 "또 다른 세계는 가능하다"와 같은 고무적인 구호들이 등장하게 되었다.[10] 그 이후 몇 년 동안은 마치 이런 운동들이 활성화함으로써 범지구적이고 막강한 새로운 진보 세력이 곧 등장할 것처럼 느껴지기도 했다. 그러던 중 2001년 9월 11일, 뉴욕의 세계무역센터가 폭파되었다. 이어 등장한 탄압의 물결, 특히 애국주의적 국가주의 물결은 그간 북반구에서 착실히 구축되어 오던 사회운동을 급격히 축소시키고 말았다. 거리 시위는 후퇴했고, 본 궤도에 진입하는 듯 보였던 사회운동 전반이 퇴조의 길을 걷기 시작했다. 이른바 '반세계화 운동'의 정치적·조직적 취약성이 또렷이 드러나고 말았다. 다시 말해, 그간 선진 자본주의 국가들에서 전개된 새로운 운동들은 그 왕성한 에너지나 창의력에도 불구하고 결정적인 약점을 안고 있었다. 첫번째 결함은 일하는 사람들의 공동체에 뿌리내리지 못했다는 점이다. 두번째는 정치적 비전을 창출해 내지 못했다는 점이다. 세번째는 명료한 운동 전략이 부재했다는 점이다. 이러한 운동 주체의 역량이 충분히 성숙되어야만 나중에 엄청난 탄압의 시대가 오더라도 운동을 잘 지켜 낼 수 있는데, 그렇지 못했다는 점이 결정적 흠이었다.

바로 이런 점에서 남반구 개발도상국에서 얻는 교훈들이 상당히 중요하게 부각된다. 몇몇 영역에서는 새로운 대중적 노동운동이 전면으로 치솟았다. 마치 계급의 종말이나 진보적 좌파 세력의 무용성 같은 것을 크게 외쳐 대는 신자유주의의 주장이 헛소리임을 적나라하게 드러내듯 말이다. 이런 측면에서 볼리비아는 아주 생생한 사례이다.

---

* 세계사회포럼(World Social Forum, WSF). 자본주의적이고 제국주의적인 세계화에 반대하는 진보적인 개인과 단체들의 연례 토론 및 직접행동 연대회의. 자본가들의 세계경제포럼(World Economic Forum)에 대한 대안적 성격의 모임으로, 2001년 브라질 포르투알레그레에서 처음 열렸다. 신자유주의적 자본주의에 반대해 연대, 민주적이고 정의로운 세계를 만들기 위한 세계시민들의 열린 공론장을 표방한다.

볼리비아: 새로운 노동세계의 대반란

2000년에 볼리비아에서는 대중 항쟁이 일어나 수돗물 민영화 시도를 철회시키고 항쟁의 주기를 시작했다.[11] 이 대중 항쟁은 대통령을 세 명씩이나 물러나게 했고, 나아가 '사회주의를 향한 운동'MAS을 거세게 불러일으켰다. 그리하여 마침내 운동의 지도자 중 한 사람인 에보 모랄레스를 최초의 원주민 출신 대통령으로 세워 냈다. 아래에서는 이 투쟁을 좀더 생생하게 살펴기로 한다. 그러나 우선은 이 운동이 어떤 위상을 가지고 있는지 올바로 평가할 필요가 있다. 사실 불과 15년 전만 해도 볼리비아의 막강했던 노동운동은 엄청난 패배를 겪은 바 있다. 최근의 운동은 바로 그런 상태로부터 예전의 강력한 힘을 복원하는 것에 다름 아니다.

실제로 볼리비아 노동운동은 신자유주의 공격의 결과 오랫동안 해체 위기를 겪어 왔다. 그 이전까지만 해도 주석광산노동조합이나 볼리비아노동자연맹은 1952년부터 1985년까지 30년이 넘는 기간 동안 급진적인 노동운동을 이끌면서 전투적인 계급 문화를 주도했다. 1952~1953년엔 광산 노동자들이 무장을 한 채, 투입된 진압 병력을 물리치고 효과적으로 권력을 장악하기도 했다. 1952년 메이데이에는 4만 명의 무장 노동자들이 볼리비아 수도의 거리를 행진하기도 했다. 그리하여 당시엔 노동자들이 수도를 자신의 통제하에 둘 수 있었다. 비록 그 노동운동이 그 이후에 권력을 급진적 민족주의자들에게 넘겨줌으로써 노동자의 대의를 배신하게 만들긴 했지만, 주석광산노동조합이나 볼리비아노동자연맹은 30년 이상 엄청난 사회적 영향력을 발휘했다. 그들은 실제로 주석 광산의 국유화를 관철시켰고 빈민들의 대투쟁을 주도적으로 이끌었다. 그러고 나서 본격적으로 신자유주의의 공격이 개시되었는데, 1985년에 제정된 민영화 법이 대표적이다. 이 법으로 인해 국영 광산에 종사하던 2만 7,000명의 노동자 중 2만 명 이상이 일자리를 잃게 되었다. 나아가 민영 광산 노동자도 그와 동일한 비율로 해고되었다. 이에 광산 노동자들은 투쟁을 개시했으나 이미 노동조합의 힘은 그 도전을 물리치기에 역부족이었다. 그러나 공식 노동조합의 태도와는 달리 기층의 광산 노동자들은 광산을 점거하고 총파업에 돌입했다. 당연히 어마어마한 억압이 시작되었다. 1986년 9월에는 광부들은 물론 그 부인들, 학생들, 농민들, 교사들까지 합세해서 생존권 쟁취를 위한 행진에 돌입했다. 그러나 광부들의 행진은 투입된 군 병력에 의해 저지되었다. "불행하게도 총알 한 발 발사되지 않았지만 행진 대열은 후퇴하고 말았다. …… 마침내 광부들은 국가에 두 손을 들고 말았다. 그리고 바로 이것이 볼리비아의 새로운 시대가 시작된 때다."[12]

이 패배의 결과로 수많은 사람들이 받은 상처는 이루 말로 표현할 수 없었다. 자욱한 먼지가 다 지나간 뒤에 광산엔 단 한 명의 노조원도 남아 있지 않았다. 한편, 주석 광산 노동자들을 패퇴시킨 사용자들과 정부는 백지수표라도 손에 쥔 듯 마구잡이로 인원 감축을 단행하고 작업장을 재조직했으며 노동시간을 늘리고 임금이나 각종 혜택을 삭감했다. 그리고 민영화라는 미명 아래 국영기업과 공기업들을 사유화시켜 버렸다. 때를 놓칠 새라 공공 석유 및 가스 회사, 국영 항공사, 국영 철도, 장거리 전화 회사들이 모두 사적 자본에게 헐값으로 팔렸다.[13] 요컨대 볼리비아 광산 노동조합의 파괴는 마치 1981년 8월 미국 항공관제사 노조의 파괴 또는 1986년 9월 영국 탄광 노조의 파괴와 같은 역할을 했다. 다시 말해 그것은 자본과 국가에 의한 노동자 격퇴의 새로운 시대를 알리는 나팔소리였던 것이다. 그 이후 볼리비아에선 정규직 노동자 비중이 급격히 떨어졌는데, 1989년의 70% 이상에서 1996년에는 30% 미만으로 폭락하고 말았다.[14] 그사이에 주당 평균 노동시간은 오히려 52시간으로 치솟았고 임금은 급감했다. 그리하여 1996년까지 노동계급의 소득은 12년 전에 비해 절반 수준으로 줄어들고 말았다. 그리고 노동자들은 고용 형태가 비정규직 형태를 띠게 되면 될수록 파편화되었다. 일례로 제조업의 절반 정도는 4인 이하의 영세 작업장으로 재편되었다. 그에 따라 노동조합은 급격한 쇠퇴의 길을 걷는다.

이러한 '새로운 노동세계'에 직면, 볼리비아에서 두번째로 큰 도시 코차밤바의 안목 있는 전투적이고 급진적인 노조 활동가들은 사태의 심각성을 깊이 인식하고 향후에 전략적·조직적 변화가 절실함을 깨달았다. 그리하여 기계공인 오스카르 올리베라가 지도하는 코차밤바공장노동자연맹의 활동가들은 신자유주의 시대의 도래와 더불어 '새로운 도시 노동계급의 출현'이 현실화함을 인식하게 되었다. 이들은 주로 여성과 청년 노동자들이고, 특히 영세 작업장에서 장시간 허리가 휘도록 고달프게 일했다.[15] 물론 지난 20년 동안 기존의 노동운동은 엄청난 정치적·사회적 해체 위기에 직면했지만, 그렇다고 해서 완전히 괴멸한 것은 아니었다. 오히려 볼리비아에서 신자유주의가 판을 치는 동안 양적인 측면에서 노동계급은 전체 인구 800만 중 350만이 임금노동자로 간주될 정도로 급속히 증대했다.[16] 두말할 것도 없이 신자유주의적 노동의 재구조화는 처음엔 노동자들을 파편화시키고 분열시키는 것으로 나타났다. 그러나 코차밤바공장노동자연맹의 활동가들은 이에 좌절하지 않고 노동자들과 토론하고 학습하면서 조직화에 박차를 가했다. 그들은 도시 건너편 여러 공장의 노동자들을 도심지에 있는 노동조합 공간으로 초청해 연대와 지지를 표명하고 전략적 대안을 모색하는 토론회를 개최하기도 했다.

그런 숨은 노력이 차곡차곡 쌓인 결과 마침내 코차밤바 시의 노동운동은 아직도 남아 있는 몇몇 대공장을 넘어서 '보이지 않는 노동세계'와 연결되기 시작했다. 노동자들의 작은 불평불만의 목소리조차 진지하게 수용되어 토론되기 시작했으며, 이런 과정들 속에 새로운 조직망이 구축되기 시작했다. 그리하여 아래로부터의 사회운동적 조합주의가 역동적으로 부상하면서, 바로 그 과정에서 노동계급의 새로운 동맹들도 형성되었다. 바로 그 와중에 물 관련 대투쟁이 등장하게 되었다. 다시 말해 그렇게 차곡차곡 자신의 기반을 구축해 온 노동운동이 있었기에, 공공 수도 사유화 논란 때 분노한 민중들이 거의 반란에 가까운 저항을 일으키면서 운동을 선도적으로 이끌 수 있었다.

물론 대부분의 거대한 민중 항쟁이 그러하듯, 여기서도 처음엔 작은 것에서 시작했다. 1999년 10월, 농민 활동가들이 노동조합과 접촉을 시작했다. 코차밤바 공공 수도 시스템의 사유화 계획을 저지하기 위해 일종의 공동전선을 구축하자는 취지였다. 이후 몇 개월 동안 논의가 거듭된 결과 '물과 삶의 수호를 위한 연맹'이 출범하게 되었다. 운동의 근거지는 코차밤바공장노동자연맹 사무실이었다. 그리하여 각종 회의나 평의회가 조직·실행되었으며, 이틀 동안 도로 점거 운동이 일어나 운동의 분위기를 더욱 고조시켰다. 투쟁은 곧 뜨겁게 달아올랐고 갈수록 더 많은 사람들이 합세했다. 농민, 노조 가입 노동자, 실업자, 비공식 부문의 노동자, 환경운동가, 지식인들이 함께 힘을 모았다. 12월 1일엔 연맹이 조직한 최초의 대중 시위가 벌어졌는데, 놀랍게도 1만 명이나 되는 사람들이 자발적으로 참가했다. 인구 60만 명의 도시에서 이 정도의 사람이 몰린 것은 집행부조차 예상하지 못했다. 확실히 대중운동이 날개를 달고 살아오르는 분위기였다. 그런데도 하필이면 바로 그때 정부는 물 사유화 계약서에 서명을 하고 만다. 2000년 1월이었다. 새로운 사유화 구상에 따르면 코차밤바 사람들은 물값을 두 배 더 많이 내야 했다.

바로 이 시점에서 '물과 삶의 수호를 위한 연맹'은 정부를 향해 최후 통첩을 보냈다. 2000년 1월 11일까지 물 사유화 계약서를 파기하라는 것이었다. 그렇지 않으면 도로 점거나 고속도로 봉쇄 등 대중 저항이 뒤따를 것이라 경고했다. 당연하게도 정부는 이를 듣지 않았고, 대중 저항이 수일간 계속되었다. 최루탄을 쏘는 경찰이 대중을 진압하고자 나섰다. 그럼에도 온 거리엔 시위 대중들로 가득 찼다. 2월 4일이 되자 연맹은 저항 수위를 한 수준 더 높였다. 저항 민중들에게 "코차밤바를 접수하자!"라고 제안한 것이다. 그리고 그 제안은 곧장 실현되었다! 사람들이 마침내 도심을 장악했다. 이제 코차밤바 시민들에게 남은 것은 경찰 저지선을 뚫는 것이었다. 저항하는 사람들은 바리케이드를 설치했고 돌멩이를 던지며 완강히 저항했다. 마침내 경찰들이 퇴각했다. 이때 누군가가 "이제 대부분의 도심지를 대중들이 장악했다"라고 외쳤다. "코차밤바 시민들 마음에 위대한 연대의 정신이 꽃피어 오르고, 두려움은 사라지고, 망설임은 날아가 버렸다."[17] 그다음 날 더 많은 사람들이 도시 중심부로 몰려들었다. 다시금 경찰이 공격을 해왔다. 완강한 저항에 경찰이 다시 물러났다. 저항하는 남성들은 물론 무수한 여성들, 심지어 아이들조차 온 거리를 가득 채웠다. 모두 바리케이드를 치고 합세했다. 사람들이 음식과 물을 가져다 날랐고, 민중 투사들에게 마음을 담아 지지의 함성을 질렀다. 이제 코차밤바 민중들은 드러내 놓고 봉기의 흐름에 동참하게 되었다.

바로 그 봉기의 한가운데서 직접적인 참여 민주주의가 싹터 자라났다. 그것도 시청 앞 광장에서 말이다. 시청 앞 광장에서는 투쟁의 다음 단계로 1주일에 다섯 번 정도에 걸쳐 5~7만 명 정도가 참가하는 대중집회를 열기로 했다. 그러는 가운데 대중들은 민주적 토론을 거쳐 4월 4일을 최종 기한으로 정하고 정부로 하여금 그때까지 물 사유화 계획을 백지화하라고 요구했다. 정부는 말을 듣지 않았고 그날이 왔다. 당연히 사람들은 총파업에 돌입했다. 시내 대부분의 거리가 점거되었다. 운동의 지도자인 오스카르 올리베라는 "이제 온 도시의 민중들은 만반의 준비가 되어 있다"라고 선언했다. "남녀노소 할 것 없이 마치 전쟁터에 진격하는 전사들처럼 얼굴 페인팅을 하면서 결연한 의지를 다졌다. 특히 청년들은 가죽 장갑을 끼고 나왔는데 그것은 최루탄을 경찰들에게 되던지기 위한 것이었다." 4월 8일이 되자 정부는 비상사태를 선포하고 올리베라 등 지도부를 전격 체포함으로써 전면적 역공을 시작했다. 운동의 지도자들은 모두 내란선동죄로 기소되었다. 더욱 고조된 가두 투쟁에서 약 100명의 사람들이 살해됐다. 그러나 저항하는 민중들은 무릎 꿇지 않았다.

탄압에도 불구하고 완강한 저항이 계속된 지 이틀이 지나면서 대중봉기가 새로운 차원으로 고양되었다. 만반의 준비를 갖춘 젊은 활동가들이 도시 중심부를 점령하고 있는 군 병력 저지선을 돌파하고 들어간 것이다. 마침내 군 병력이 퇴각했다. 고속도로 봉쇄도 더 확장되었다. 총파업이 더욱 전면화했다. 10만 명이 참여한 투쟁은 거의 민중 항쟁 수준에 달했다. 대중 항쟁을 폭력적으로 진압함으로써 사태를 무마하려던 정부는 마침내 두 손을 들고 말았다. 그렇게 해서 물 사유화 계획은 철회되고 말았다. 민중의 승리였다.[18]

제프리 웨버가 멋지게 지적한 것처럼, 코차밤바의 승리는 2005년 내내 전개된 대중 항쟁의 커다란 흐름에 더 큰 불을 지폈다. 그리하여 마침내 에보 모랄레스가 대통령으로 선출된 것은 가장 빛나는 일이었다. 물론 그러한 변화가 있기까지는 볼리비아의 수도인 라파스, 그리고 그 서쪽 엘알토에 사는 노동계급과 원주민 공동체들이 대중 항쟁의 새로운 구심으로 부상하는 지난한 과정이 있었다. 엘알토는 알티플라노라고 하는 안데스 산맥의 고원 지대를 에워싸고 발달한 라파스의 위성도시다. 이 운동의 배경은 이랬다. 2003년 IMF가 긴축정책을 강요하자 대중 투쟁의 물결이 거세게 일기 시작했다. 마침내 운동 주체들은 볼리비아 가스 회사를 공공 소유로 만들어야 한다는 요구를 공동으로 내세웠다. 바로 이 2003년 제1차 천연가스 투쟁 이후 2005년 초반에 물 투쟁이 발생했고, 2005년 봄에는 제2차 천연가스 투쟁이 발발했다. 이러한 투쟁 수위는 볼리비아에서 전례 없던 일이었다. 그 중에서도 수도 한복판에 무려 50만 명에 이르는 군중이 집결하여 강렬한 힘을 보여 준 것은 단연코 돋보이는 일이었다. 이들의 시위 행렬은 너무나 거침이 없어 거의 국회 안으로 돌진할 뻔했다. 여기서도 그들은 엘알토에서 보여 주었던 대중 파업(일명 파로 시비코$^{paro\ civico}$)의 위력을 잘 보여 주었다. 과연 그 결과는 위대했다. 세 명의 대통령이 연거푸 퇴진했고, 가스·석유·물 사유화 시도와 관련하여 상당한 승리를 거두었으며, 마침내 원주민 출신인 에보 모랄레스가 대통령으로 당선되는 데 결정적인 역할을 했다. 이 투쟁에서 가장 결정적인 것은 강고한 연대의 물결이었다. 이 연대의 물결엔 엘알토연합주민동맹, 엘알토 지역노동자센터, 원주민연합, 지방공무원센터, 라파스 농민연맹, 볼리비아노동자센터, 엘알토공립대학, 교원 노조 등 수많은 조직들이 주체적으로 참여했다.[19]

　　제프리 웨버의 또 다른 탁월한 표현을 빌리자면, 바로 이러한 '좌파-원주민 세력의 재접합'이야말로 노동운동인 동시에 원주민 운동인 새로운 운동의 출현을 의미했다. 다시 말해, 반식민지주의와 반자본주의가 좌파-원주민 노동계급 저항운동 과정에서 하나로 결합되었다.[20] 바로 이 운동의 심장부로 다양한 볼리비아 노동운동의 전투적이고 민주적인 전통들이 역동적으로 수렴되고 있었다. 특히 여기서 중요 역할을 한 집단은 주석 광산의 노동자들이었는데, 이들은 안데스 산맥 근처에 사는 아이마라족 및 다른 토착민들의 마을 공동체적 전통을 강하게 이어 오고 있었다. 물론 이런 전통들은 좌파-민족주의 전통과 공존 내지 교차하는 점이 있다. 사실 그런 민족주의는 반제국주의 요소를 갖고 있긴 하지만, 역사적으로 때로는 급진적 사회주의에 대항하는 무기로 작용하기도 했다. 이는 특히 노동자나 원주민들이 그런 민족주의의 이름 아래 그들의 열망을 전반적인 '민족'의 요구에 굴복시키도록 교육받은 데서 두드러지게 확인된다. 그리고 이것은 1952~1953년의 혁명 과정에서도 잘 드러난 것처럼 점차 부르주아 계급의 이해관계가 지배력을 행사함을 뜻하게 되었다. 따라서 오늘날 볼리비아인들의 투쟁 운동이 한 걸음 더 전진하기 위해서는, 민족주의의 덫에 갇히지 않으면서도 그 투쟁의 사회주의적 차원을 더욱 부각시켜야 할 것이다. 이러한 사회주의적 운동 내용을 충실하게 하는 데 볼리비아의 많은 원주민 공동체주의적 전통과 가치들이 중요한 역할을 담당할 것이다.

엘알토는 시민의 82%가 원주민 출신인데, 이곳 주민 공동체엔 공공 서비스나 공공 교육과 같은 문제에 대해 반드시 공공 집회나 회의를 통해 결정하는 민주적 전통이 있다. 그러한 공동체주의적 전통이 아주 강한 나머지 이른바 비공식 경제 부문에 종사하는 노동자들도 그런 집단적인 결정 과정에 참여하기도 한다. 예컨대 엘알토를 관통하는 자동차 도로 주위에 점점이 수놓인 4만 개 정도의 점포운영권은 모두 공동체의 사회적 재산으로, 공동체 조직에 의해 개별 가정마다 골고루 분배된다.[21] 바로 이러한 새로운 사회주의적 비전을 담은 경험적 토대들이 최근 볼리비아를 휩쓴 강력한 저항운동의 추동력이었다.

종합하자면, 볼리비아 항쟁들은 노동운동의 새로운 형태를 보여 준다고 할 수 있다. 우리가 이 노동운동의 복잡성을 적극 인정한다면, 생산수단을 모두 박탈당한 채 자기 노동에만 의존해 살아야 하는 다양한 사람들의 통일적 운동이 바로 볼리비아 항쟁이 보여 준 새로운 특성이다.

우선, 제조업 분야의 단결된 노동자들은 이러한 사회운동에서 기본적으로 전략적 역할을 한다. 동시에 이 운동은 가난한 소생산자들은 물론 수십만의 미조직 임금노동자들을 포괄한다. 그 중 가난한 소생산자들은 겉보기엔 노동계급이 아닐지 모른다. 그러나 이들도 분명히 노동자계급화된 공동체 구성원들이며 반자본주의 요구를 내세우는 근본적 저항운동의 일부를 이룬다. 다시 말해, 이들 역시 노동계급의 정체성과 열망으로 똘똘 뭉친 사람들로, 공동체의 주요 구성원이자 사회운동의 주역이라 할 수 있다. 바로 이런 결정적 의미에서 이들 역시 노동운동에 일익을 담당하고 있다고 본다. 물론 이 용어를 과거의 좌파 운동에 친숙한 좁은 의미로 이해해선 곤란할 것이다. 중요한 것은 그 용어의 교과서적 의미가 문제가 아니라 살아 있는 사회집단이기 때문이다. 사실 운동이란, 그 용어 사체가 정확하게 내포한 대로, 풍부하고 복합직이며 동태적인 형성 과정에 다름 아니다. 이 살아 있는 운동은 공유된 경험과 열망을 자연스레 표현한다. 물론 이는 당연히 긴장과 모순도 내포하고 있고, 그래서 오히려 살아 있는 과정이 된다. 오늘날 볼리비아에서(그리고 세계의 다른 곳에서도) 이 사회운동은 서로 다른 계급·계층의 도시 빈민들을 투쟁 속으로 끌어들이고 있다. 그 결과 이 투쟁 속에는 원주민 정체성에 뿌리박은 서민들 및 노동계급의 정치가 잘 표현되고 있다.

당연히 이것은 변화된 노동계급이라 할 수 있다. 오스카르 올리베라가 말한바, 신자유주의 시대엔 "계급투쟁의 조건이 변했다". 2000년 4월의 코차밤바 항거를 되돌아보면서 그는 "광장으로 뛰쳐나온 것은 전통적인 노동운동이 아니라 새로운 노동세계였다. 즉, 실업자, 자영업자, 청년, 여성이 주역으로 등장한 것이다"라고 말했다. 이어서 그는 이 새로운 노동계급에 대해 통찰력 있는 분석을 내놓았다.

코차밤바와 알티플라노 지역에서는 남녀 노동자들, 젊은 임시직 노동자들, 빈곤층 이웃들, 농민들, 도시민, 나아가 실업자와 일반 노동자들이 바리케이드, 공동체 연대, 평민회 및 마을회의 같은 언어들을 다시금 자기 것으로 만들었다. 그것은 곧 자신의 목소리를 온 사회가 경청하게 하는 과정이었다.[22]

나아가 그는 계속해서 그들이 투쟁 속에서 충분한 단결을 이뤄 냈다고 말한다. 그 단결은 결정적 승리를 쟁취하기 위해 노력하는 과정에서, 그들 사이에 존재하는 다양한 전통들 덕분에 오히려 강한 힘이 생성됨으로써 자연스레 이뤄진 것이다.

물에 대한 권리를 수호하고 물과 관련된 전통적인 관습이나 문화를 지켜 내기 위해 아주 작은 사회적 공간들, 또한 그 이전에 세워진 지역 주민 조직들, 새롭게 형성된 물 사유화 저지 위원회, 농민 조합, 원주민 공동체 등으로부터 서서히 강력한 네트워크가 생성되었다. 마침내 그들은 국가에 도전하고 경찰이나 군대와도 맞붙었으며 회사의 사장들이나 정치가들에게까지 도발을 감행했다. 그리고 마침내 승리를 거두었다.

그 대중 항쟁의 한가운데서 노동계급의 한 '전통적' 집단인 공장 노동자들과 그 노동조합이 결정적인 역할을 수행했다. 올리베라의 말마따나 코차밤바공장노동자연맹은 조직적 자원과 전략적 비전을 풍부히 제공함으로써 "일종의 도덕적인 준거점 역할을 수행했다". 그렇게 함으로써 그들은 "과거의 볼리비아 광산 노동자들이 수행했던 역사적 역할을 새롭게 되살리는 능력을 맘껏 드러냈다. 이런 식으로 그들은 또 다른 대중 투쟁을 촉진했고 동시에 그러한 운동들이 힘을 받고 살아날 수 있도록 상당한 영향력을 발휘했다".[23]

이런 사실은 혁명적 운동의 기억들이 결코 완전히 사라지는 법은 없다는 사실을 상기시킨다. 특히 신자유주의적 공격들이 노동자들로부터 조직적 자원, 기억, 저항의 문화를 제아무리 철저히 박탈하려 해도 그것은 절대로 완벽할 수 없다. 올리베라와 같은 노동 지도자들은 주석 광산 노동자들이 크게 패배하기 이전인 1980년에 처음으로 노동운동에 발을 들인 이후 과거와 미래를 잇는, 살아 있는 다리 역할을 해왔다. 즉, 그들은 과거의 용맹스런 노동자 투쟁들에서 가장 가치 있는 것들을 기억함과 동시에, 부단히 변동하는 조건들 속에서 어떠한 조직이나 저항의 새 형태들이 필요한지 성실하게 학습을 해왔다. 이와 더불어 라켈 구티에레스-아길라처럼 보다 젊은 세대의 어싱 활동가들은, 한편에서는 올리베라로부터 많은 배움을 얻으면서 다른 편에서는 그들 자신의 고유한 경험과 지식을 운동 과정 속에 풍부하게 보태기도 했다.[24] 바로 이런 방식으로 그들은 사회운동을 근본적으로 새롭게 종합하면서 재창조했다. 그것은 여태껏 서로 다른 장소나 시간들로부터 획득된 다양한 저항 문화 및 조직 활동의 집단적 지식과 경험들을 구체적이고 역동적인 방식으로 잘 융합하는 것이었다. 물론 이런 운동들에도 약한 고리는 있었다. 이 부분에 대해선 아래에서 다루게 될 것이다. 여기서는 우선 볼리비아의 '땅 없는 노동자 운동' 사례를 살핌으로써 그와 유사한 사회적 동력을 재확인하고 넘어가도록 하자.

볼리비아에서 '땅 없는 노동자 운동'은 브라질보다 훨씬 늦은 2000년에 시작되었다. 그것은 대중운동의 새로운 물결이 만든 결과이기도 했다. 보다 구체적으로, 그것은 2000년 2월, 대대적으로 개시된 토지 점거운동 속에서 자연스레 탄생했다. 흥미롭게도 코차밤바에서 사회적 투쟁이 뜨겁게 달아오르던 바로 그때였다. 그리하여 이 운동은 아무 땅도 없던 사람들이 점거된 토지 위에 2004년까지 무려 100개의 공동체를 정착시킬 수 있게 도왔다. 그 운동의 힘은 실로 막대한 것이어서 운동의 참여자들이 금방 3,000명에서 자그마치 5만 명으로 늘 정도였다. 이 운동의 초점이 토지에 집중되긴 했어도, 결코 이 운동이 농민들만의 운동이라고 할 수는 없다. 어느 분석가가 지적하듯이 '땅 없는 노동자 운동'의 구성원들은 "자신을 배타적으로 캄페시노, 즉 농민이라고만 인식하는 건 아니다". 왜냐하면 그들 대부분은 농촌에서의 경험과 도시에서의 경험을 모두 가진 자들로, "비농업적인 노동 및 일상생활을 위해 자기 시간의 상당한 부분을 도시적 환경 속에서 보내고 있기" 때문이다.[25] 많은 사람들은 도시나 변두리에서 일하다 정리해고를 당하기도 하고 저임금 노동이나 임시직으로 일하다가 그런 식으로 도저히 생활을 계속하기가 어려워지면 어쩔 수 없이 농촌으로 되돌아가기도 한다. 따라서 '땅 없는 노동자 운동'을 농민운동이라 묘사하는 건 정확한 게 아니다. 차라리 이 운동을 복합적인 사회 지형을 반영하는 것으로 이해하는 것이 낫다. 그것은 이 운동에 참여하는 사람들이 도시나 농촌에서의 다양한 임노동 경험을 지니고 있고 때로는 농민으로서의 경험까지 복합적으로 지니고 있기 때문이다. 코차밤바나 엘알토에서의 운동들과 마찬가지로, 나아가 실은 라틴아메리카의 다양한 대중운동들과 마찬가지로, 이 운동에도 새로운 변증법이 작동하고 있다. 그것은 '계급의 재구성'이다. 즉, 임노동의 경험과 농업의 경험이 각 개인들의 구체적인 삶의 과정 속에 모두 녹아들어 있기 때문이다. 실제로 우리가 그들의 가정은 물론 보다 넓은 마을과 지역까지 들여다보면, 농업과 임노동, 그리고 '비공식' 경제 분야에서의 숱한 고생 등 다양한 경험들이 이들 집단의 일상적 생활 과정 속에 서로 겹치기도 하고 교차하기도 함을 알 수 있다. 바로 이런 맥락을 잘 이해한다면, 이 사회 투쟁들이 인종적·성별적·계급적·도시적·농촌적 경험들을 총동원하면서 그 속에서 "복합적이고 다차원적인 저항 형태들을 창조해 내는" 것이 결코 놀랄 일이 아님을 알 수 있다.[26]

물론 이런 이야기를 한다고 해서 이 운동들을 찬양만 하는 것은 아니다. 당연하게도, 이 운동들도 너무나 많은 어려움에 직면해 있다. 예컨대 사회운동을 종종 무장해제시키는 선거 만능주의라는 덫이 일부 좌파 민족주의자들 사이에 퍼져 있었다. 실제로 2000~2005년 사이에 터져 나온 민중의 요구들을 억제하려는 에보 모랄레스 정부의 요구 앞에서 많은 사회운동들은 그저 고개를 숙이고 말았다.[27] 따라서 볼리비아의 계급투쟁은 현실적인 위험과 모순에도 직면하고 있다. 바로 이런 이유 때문에 급진적 진보 세력들이 신자유주의 시대에 적절히 대응하는 노동계급의 저항을 새롭게 정치화하려고 무진장 애를 쓰고 있다. 이 새로운 정치화 운동은 노동의 '비전통적' 형태들 및 여성·청년 노동자들의 새로운 경험을 결합하고자 하며, 원주민들의 자치권 확보와 같은 반인종주의적 요구들을 투쟁의 중심에 내세우고 있다. 이런 식으로 그들은 진보의 중요한 발걸음을 더 내딛고자 한다. 그것은 여태껏 쌓아올린 아래로부터의 대중

운동을 앞서 이끌 수 있는 새로운 조직 역량을 한층 고양하는 일이기도 하다. 이 모든 방식들은 오늘날 '글로벌 슬럼프'에 직면해 있는 우리 모두에게 어떤 식의 정치사회적 운동이 필요한지 잘 알려 주고 있다. 물론 우리 운동의 과실이 수확되고 앞으로 더 커지기 위해서는, 이러한 신자유주의 시대에 기민하게 대응할 수 있는 새로운 정치 활동들이 보다 더 근본적으로 뿌리에서부터 고민되어야 한다.

'착취에 저항하여 일어나라': 과들루프 및 마르티니크에서의 대중 파업

앞서 살핀 볼리비아 민중 투쟁은 2008~2009년의 대불황 이전에 일어난 것이다. 그런데 범지구적 위기가 최악의 고지를 향해 치달을 무렵인 2009년 초반, 카리브 해 연안의 과들루프와 마르티니크에서도 비슷한 사회 투쟁들이 터져 나오고 있었다. 이 대중 투쟁에 최초로 불을 지핀 것은 흥미롭게도 프랑스에서의 대중 파업과 시위 행렬이었다. 그러나 과거 프랑스의 노예 식민지였던 과들루프와 마르티니크에서의 투쟁들은 프랑스의 그것들을 훨씬 뛰어넘는 차원을 보여 주었다.[28]

여기엔 최소한 두 가지 핵심적인 이유가 있다. 첫째, 이 카리브 해 섬나라들에서는 경제 상황이 유럽 대륙의 프랑스보다 훨씬 더 나빴다. 실업과 빈곤의 수준이 프랑스 본토보다 두 배나 더 높았다. 특히 청년 실업률은 눈을 의심하게 할 정도인 50% 이상을 맴돌았다. 설상가상으로 생활비는 하늘 높은 줄 모르고 치솟았다. 둘째, 과들루프와 마르티니크는 인종차별적·신식민지주의적 자본주의의 교과서 같은 전형을 보여 준다는 점이다. 이 점은 우리가 이곳의 사회적 동학을 논하는 데 있어 가장 중요한 단서를 제공한다. 현지의 지배계급은 거의 대개 베케béké라 불리는 백인인데, 이들은 원래 프랑스 출신의 노예주 후손들이다. 반면 노동계급은 아프리카 출신 노예나 혼혈인의 후손들이 대부분이다. 프랑스에 본부를 둔 흑인들의 중앙 조직에서 대표를 맡고 있는 파트릭 로제는 이 섬들에 사는 노동계급의 주된 정서를 이렇게 요약한다. "노예제도가 사라진 지도 160년이나 지났는데, 1%도 안 되는 식민주의자들의 후손들이 과들루프가 가진 부의 90%를 차지하고 있다는 게 도대체 말이나 되는가?" 바로 이 경제적 어려움과 인종차별적 자본주의의 교차야말로 현지의 대중 파업 운동에 대중적 울림을 만들어 낸 핵심 요소이다. 이것은 마치 볼리비아에서 계급 투쟁과 인종 투쟁이 수렴할 수 있었던 것과 비슷하다.

최초의 싸움은 2009년 1월 20일에 시작되었다. '착취에 저항하여 일어나라'로 알려진, 노동조합과 사회운동 단체들 50개의 연합체가 파업을 주도하고 나섰다. 그 핵심 구호는 최저임금을 받는 노동자들의 임금을 월 200유로(약 260달러) 인상하라는 것이었다. 파업 투쟁의 지도부는 과들루프 일반노조가 맡았는데, 이들 파업 노동자들은 주유소나 호텔 등은 물론 은행과 학교, 관공서 문까지 닫게 만들었다. 나아가 이들은 주요 부두의 항만에 바리케이드를 쳤고 공항을 폐쇄했다. 파업이 10일째 접어들었을 때 무려 6만 명에 이르는 사람들이 도심 거리를 가로지르며 시가행진을 해나갔다. 이 자발적 대중 동원의 규모는 이 섬나라 인구의 15%에 이르렀다. 사태가 이렇게 진전되자 이 운동의 위력에 놀란 프랑스 정부는 500명의 경찰 병력을 급파했다. 이들이 도착한 시점은 2월 19일이었다. 그러나 이것은 오히려 사태를 악화할 뿐이었다. 특히 젊은이들이 더욱 격분해 오히려 생트앤 시청을 점거했다. 어떤 이들은 지역의 악명 높은 회사들에 불을 지르기도 했다.

바로 이 무렵, 이웃하는 섬나라인 마르티니크에도 파업 물결이 번져 나갔다. 전체 인구 40만 명 중 무려 2만 5,000명이 과들루프와 비슷한 요구를 외치며 길거리로 몰려 나왔다. 파업이 시작된 지 며칠 지나지도 않아 긴장은 극적으로 고조되었다. 특히 프랑스 방송국에서 「마르티니크 최후의 주인들」이라는 다큐물이 방영되자마자 오히려 분노의 불꽃이 하늘로 치솟았다. 사람들을 자극한 부분은 어떤 프랑스 사업가가 나와서 역사가들더러 '노예제의 긍정적인 측면들'을 자세히 살펴볼 필요가 있다고 말한 부분이다. 그 뒤로 며칠간 수천 명의 사람들이 "마르티니크는 그들의 것이 아니라 바로 우리의 것"이라는 구호를 외치며 파업 행렬에 적극 동참했다.

이 카리브 해 섬나라들의 파업 물결은 자체적으로 전투성을 강하게 띠며 더 폭넓게 확산되어 나갔을 뿐 아니라, 저 멀리 인도양에 있는 프랑스령의 작은 섬인 레위니옹 섬에까지 퍼져 나갔다. 같은 시점에, 프랑스에서 새로 생긴 반자본주의 정당의 인기 많은 대변인인 올리비에 브장스노는 이 섬나라들에서의 파업 물결을 "본받아야 할" 귀감이라고 선언했다. 이 파업 물결이 갈수록 심상찮음을 알아차린 프랑스 정부는 마침내 양보를 하고 말았다. 2009년 3월 4일, 프랑스 정부가 과들루프의 최저임금 노동자들에게 무려 40% 인상에 해당하는 월 200유로를 더 주겠노라 약속했고, 그 외 노동자들에게는 3~6% 정도로 약간의 인상을 보장했다. 사람들은 이에 굴하지 않고 시위를 계속했다. 마침내 3만 명의 사람들이 수도의 주요 거리를 휩쓸고 지나가며 행진을 벌이는 동안 프랑스 정부는 더 많은 양보를 했다. 구체적으로, 수돗물 값도 인하하고 교사들도 더 많이 채용할 것이며 농어민들에게 보조금을 지급하고, 나아가 청년 실업 문제를 해결하기 위해 교육훈련 기회를 확충하고 일자리를 늘릴 것이며, 월세를 동결하고 월세를 내지 못하는 사람들을 함부로 쫓아내는 것을 금지하기로 공언했다. 바로 그 일주일 뒤에 정부는 마르티니크의 파업 시위대와도 비슷한 협약을 맺었다. 과들루프에서 처음으로 협약이 체결되었을 때 노조 지도자인 로장 무니에는 44일간 이어졌던 투쟁의 분위기를 이렇게 요약했다. "노동자들과 시민들이 떨쳐 일어나 스스로 깨닫고 '우리의 행동이 옳구나'라는 확신이 들 때, 비로소 어느 누구도 우리를 가로막을 수 없다. 우리 앞에 놓인 어떠한 장애물도 우리의 전진을 가로막을 수 없다. 마치 온 나라 더러운 먼지 한 티끌도 남김없이 쓸어 버리는 회오리바람처럼, 그렇게 우리는 당당하게 전진할 것이다."

하지만 그 모든 놀라운 성취에도 불구하고 과들루프나 마르티니크의 노동자들이 그야말로 "먼지 한 티끌도 남김없이" 말끔히 치운 건 아니었다. 그들이 특유의 전투성과 창의성, 단호한 의지로 전례 없는 양보를 쟁취함으로써, 심각한 불황 속에서도 주요한 요구를 관철시킬 수 있음을 잘 보여 주었다는 사실은 두말할 필요가 없다. 그러나 그렇다고 해서 인종차별적 자본주의라는 근본적인 사회관계가 변한 건 아니었다. 물론 지배계급이 상당히 흔들리긴 했지만 말이다. 파업 지도자들이 서명한 협정문에는 그들 행위의 목적이 분명히 드러나 있다. 그것은 "새로운 경제 질서를 세워 모든 사람들의 사회적 지위를 높이고 새로운 사회관계를 촉진하는 것"이다. 바로 여기서 '새로운 사회관계'에 기초한 '새로운 경제 질서'는 아직도 쟁취되지 못한 역사적 과업으로 남은 셈이다.

오아하카: 교사 파업에서부터 이중 권력까지

과들루프 및 마르티니크에서의 고무적인 파업조차 성취하지 못한 것이 있는데, 그것은 새로운 대중적 권력 기구의 창출이다. 우리들의 사회생활을 변혁시킬 수 있는 노동자 권력의 새로운 제도들을 창출해 내지 못했다는 것이다. 그런데 멕시코 남부의 도시 오아하카에서는 2006년에 무려 5개월 동안이나 그런 면에서 일정한 성취를 거두었다. 당시 오아하카에서는 최근 역사상 가장 대규모인 자그마치 100만 명에 이르는 사람들이 민중 저항을 감행했다. 이 사실 하나만으로도 오아하카 투쟁은 엄청난 의미를 지닌다. 따라서 그러한 대중 항거가 일어난 사회적 맥락을 살펴보는 것도 중요하다.[29]

원래 오아하카 시는 오아하카 주의 중심 도시인데, 오아하카 주에서 벌어진 변화들을 보면 놀랍게도 우리는 마치 신자유주의 세계화의 축소판을 보는 듯하다. 오아하카 주는 멕시코의 가장 가난한 주 중의 하나로서 거주민 대부분은 원주민의 후손들이다. 불행하게도 이들은 범지구적 자본에 의해 가장 먼저 토지나 자원을 박탈당하고 말았다. 다국적기업들이 천연자원이 풍부한 이 지역공동체의 토지에 눈독을 들이면서 이곳에 들이닥쳐 와서는 결국 원주민들을 더 이상 살지 못하게 밀어냈다. 사실 이 지역은 주민들의 70% 이상이 최빈곤층에 속하고 75% 정도가 건강보험조차 없이 산다. 또 주민의 절반 정도는 전기나 수돗물도 없이 생활하고 있는 곳이다. 바로 이런 배경 위에 다국적 자본의 침탈이 가해지고 있다. 살기가 어렵고 삶의 터전에서 강제로 쫓겨나게 되자 오아하카 주민들은 다른 나라로 떠날 수밖에 없었다. 그렇게 밀려난 오아하카 출신 사람들이 미국에 무려 150만 명이나 살고 있다. 그러면서 지금도 해마다 25만 명씩 오아하카를 빠져나가고 있다. 이런 가혹한 조건 속에서 전국교원노조 22지부의 오아하카 교사들이 2006년 메이데이를 기해 총력 투쟁을 선언하고 나섰다. 이 지부는 전통적으로 전교조 안에서도 좌파 그룹을 적극 지지해 왔다. 이들의 총력 투쟁은 당초에 그들 자신이 예상했던 바를 훨씬 뛰어넘는 차원을 보여 주었다.

실제로 오아하카 전교조 교사들은 전략적 핵심 그룹에 속했다. 대부분은 원주민의 후손들로서 매일같이 가난한 학생 및 그 가족들과 여러 가지 일을 함께 진행해 나갔다. 해마다 노조는 주도인 오아하카 시의 시청 광장에서 일종의 천막 연좌 농성을 해왔다. 2006년 5월 말에도 그들은 큰 천막을 치고 같은 행사를 열었다. 오아하카 전교조 투쟁은 나름의 독특한 전통이 있었기에 그들은 단순히 자신들을 위한 임금 인상이나 노동조건 개선만을 요구하지는 않았다. 물론 그들은 자신의 노동에 값하는 보수 인상도 원하긴 했다. 그러나 그들은 정부를 향해 학생들이 교과서나 연필 등 각종 준비물을 무료로 제공하라고 요구했다. 나아가 교복도 무료로 지급하기를 촉구했으며, 많은 아이들이 맨발로 학교에 걸어가는 점을 감안하여 1년에 한 번씩 신발을 무료로 지급하라고 요구했다. 그리고 그들은 정기적으로 의사들이 학교로 왕진을 나오도록 요구하고 보건실에 필요한 의약품을 공급하라고 외쳤다. 바로 이런 방식으로 그들은 자신들의 투쟁을 빈곤 척결 및 사회정의를 위한 운동으로 자리매김했다.

교사들의 이러한 개혁적 요구들은 가난한 오아하카 시민들에게 폭넓은 공감을 일으켰다. 2006년 6월 2일, 무려 8만 명의 대중이 그들을 지지하고 나섰다. 5일 뒤에는 자그마치 12만 명에 이르는 시위대의 물결이 '연대하자!'라는 구호를 외치며 온 시가를 휩쓸었다. 그렇게 분위기가 고조되던 6월 14일, 마침내 정부가 반격을 개시했다. 교사들과 어린 학생들, 그리고 지지자들이 모두 잠든 사이에 전투 병력을 급파, 연좌 농성을 박살 내려 한 것이다. 전투경찰들은 헬기를 동원하고 최루가스와 총기까지 사용하며 2만 명에 이르는 농성자들을 천막으로부터 끌어냈다. 처음엔 어리벙벙했던 교사들은 곧 재집결했고 전투경찰에 맞서 용맹스럽게 싸웠다. 특히 수천 명의 오아하카 시 민들이 가정에서 쏟아져 나와 동참 하면서부터 저항운동의 힘은 더욱 강해졌다. 온전히 4시간을 격렬하게 싸운 끝에 반란 군중들은 마침내 도 시의 중심을 다시 장악하게 되었다. 가두 투쟁에 나선 사람들은 잘 알아 채지 못했지만, 이날의 영웅적 저항 은 그야말로 민중 권력이 전례 없이 폭발적 모습으로 출현하게 하는 토 대가 되었다.

오아하카에서의 투쟁 모습. 진압 병력에 용감히 맞선 시민 들의 투쟁은 오아하카에 '이중 권력'을 실현시켰고, 그것은 '오아하카 코뮌'이라고 불릴 만한 것이었다.

　　사람들은 경찰이나 암살 특공 대, 전투 병력을 저지하기 위해 온 시내 곳곳에 수백 개의 바리케이드를 치면서 스스로를 조직해 나갔다. 특히 자그마치 80만 명이 참여한 총파 업과 대중 시가 행렬은 이러한 저항의 불꽃에 기름을 쏟아부었다. 이런 과정들 속에서 노동계급의 권력은 결국 오아하카 민중의회로 구체화했 다. 원래 이 민중의회는 교사들에 대한 무자비한 공격이 가해진 지 며칠 뒤에 만들어졌는데, 그 창립 과정도 3일간 계속된 대중적이고 민주적인 회의를 통해 이뤄졌다. 이 민중의회엔 무려 365개 운동 조직들이 참여하 고 있었다. 그 중엔 노동조합은 물론 원주민 조직, 인권운동 조직, 페미니 스트나 학생운동 조직들이 대거 들어 있다. 이 오아하카 민중의회는 항 쟁 기간 동안에 형성된 평의회 민주주의였다. 그보다 더 중요한 것은, 그 것이 일종의 '이중 권력'의 장소로 터져 나온 것이란 점이다. 이것은 힘찬 민중 민주주의의 포럼이라고도 할 수 있는데, 사실 오아하카의 억압받는 민중들은 이러한 민중 민주주의를 통해 그 일상적 사회생활과 공동체 생활을 잘 통제해 나갈 수 있었다. 두 명의 분석가에 따르면, 꼭 5개월 동안 "오아하카 민중의회가 도시를 실제 운영해 나갔다".[30]

급진적 사회주의 전통에서 보면, 이중 권력이란 피억압자들이 민중적 권력의 대안적 구심을 창출하는 것이다. 이것의 기반은 대중적이고 민주적인 총회, 또한 노동자 평의회이다. 이 모두는 기존의 정부, 군대, 사법 등과 같은 지배계급 권력에 정면으로 맞선다. 그리하여 사회 전체적으로는 이중 권력 상태가 된다. 그러나 이렇게 권력의 두 구심체가 경쟁하는 상황은 결코 오래갈 수 없다. 여태껏 역사가 반복적으로 보여 주었듯, 궁극적으로 어느 한쪽이 다른 편을 밀어낼 수밖에 없다.[31]

1871년 프랑스의 파리코뮌은 혁명적인 노동자 자치 정부의 최초 사례를 보여 주었다. 이를 통해 파리의 노동자들은 두 달 이상이나 도시를 주도적으로 이끌어 나갔다. 그들은 옛 정부와 군대를 축출하고 그 대신 대안적인 조직 형태를 창출했다. 그것은 철저히 참여적이고 민주적이며 평등주의적 형태였다. 맑스가 말한바, 파리코뮌은 "본질적으로 노동계급의 정부였다. …… 최종적으로는 경제적인 측면에서 노동 해방을 가능하게 해줄 정치적인 조건들이 창출되었다".[32] 그 뒤, 20세기 초반에 대항 권력의 새로운 제도적 형태가 만들어졌는데 그것이 노동자 평의회이다. 이것은 노동 현장에서 노동자들이 직접 대표를 선출하여 구성되었다. 이 평의회는 대개 노동계급 공동체 출신의 다른 구성원들과 함께 연결되기도 했다. 평의회에 기초한 봉기들은 1917년의 러시아, 1936년의 스페인 바르셀로나, 1956년의 헝가리에서처럼 권력을 장악하는 수준으로까지 발전했다. 그 이후 이러한 이중 권력의 흔적은 진보 성향의 아옌데 대통령이 집권 중이던 1970~1973년의 칠레, 특히 공장에 기반을 둔 노동자

현장 권력체인 코르돈에서도 발견된다. 라틴아메리카에서 평의회 노동자 민주주의의 급부상이 지닌 강점들 중 하나는, 우리가 앞에서 볼리비아와 오아하카의 사례에서 살펴본 대로, 그 민주주의가 지역공동체에 뿌리를 내리고 있다는 것, 즉 원주민 자치 공동체주의적 전통과 긴밀히 결합되어 있다는 것이다.[33]

2006년 오아하카에서의 이중 권력 상황은 누군가 적절히 지적했듯이 '오아하카 코뮌'이라 할 수 있다. 마치 1871년의 파리에서처럼, 한 도시 안에서나마 노동자의 권력을 대표했기 때문이다. 여기서 마을 바리케이드가 민중적 권력의 핵심 장소가 된다. 마을 공동체의 여러 조직들이 그것을 효과적인 저항의 공간으로 잘 활용했기 때문이다. 그 공간은 또한 민주적인 토론의 공간이자 자기 조직화의 경험을 쌓는 공간이었다. 나아가 저항하는 군중들은 핵심적인 정부 건물들을 점거하고 그 과정에서 기존 권력 기구의 작동을 마비시켰다. 그 사이에 오아하카 민중의회는 이러한 풀뿌리 마을 공동체들이 노동조합이나 학생 조직들, 원주민 조직이나 여성 조직들과 만날 수 있도록 일정한 틀을 갖추었다. 그리하여 사람들이 아침에 일어나면 온 시가지에 등사 인쇄된 그림들, 나무 판화들, 스프레이로 그려진 다양한 이미지들, 혁명적 구호들이 날마다 새로워지는 것을 볼 수 있었다. 갈수록 엄청난 규모의 시가 행렬이 계속되었는데, 그 수는 수만에서 수십만으로 불어났다. 그러나 이 오아하카 코뮌에서 가장 결정적인 역할을 한 것은 시민 라디오였다. 아래로부터 조직된 이 라디오를 통해 피억압 대중의 목소리가 어둠 속에서 밝은 곳으로 터져 나오게 되었다. 그리하여 민중이 공중파를 되찾았고, 자신들의 삶의 상황을 자신의 언어로 표현하기 시작했으며, 다양한 저항 형태를 서로 교류시키고 조율해 냈다.

2006년 6월 14일에 교사들의 천막 농성장이 침탈당했을 때, 정부군은 동시에 라디오플랜튼을 공격했다. 이 공동체 라디오 방송국이 그동안 교사들은 물론 민중운동 전체의 목소리를 그대로 전달해 왔기 때문이다. 그런데 이 라디오플랜튼이 정부군에 의해 파괴된 직후, 지역의 대학생들이 이 소식을 듣고 분연히 떨치고 일어나 대학 캠퍼스 내 라디오 방송국을 점거해 버렸다. 이들은 곧 그곳을 저항의 거점으로 전환했다. 이 거점도 수차례 공격당했으나 대학생들은 용감하게 저지했다. 그러나 역부족으로 8월 8일에 무너지고 말았다. 그러는 사이에 전반적 운동의 분위기는 언론 민주화 쪽으로 기울고 있었다. 기존의 방송국들을 접수하는 투쟁에 불꽃을 당긴 것은 8월 1일에 일어난 여성들의 감동적인 직접행동인 '솥과 냄비의 행진'이었다.[34] 이 시위 도중, 국영 텔레비전 방송인 채널 9번을 습격하자는 구호가 어디선가 터져 나왔다. 저항하는 여성들이 방송실 안에서 방송을 시작하려는 것을 방송국 경영진이 저지하자, 여성 시위대가 더욱 분노하여 텔레비전만이 아니라 국영 라디오 채널을 포함한 방송국 전체를 점거해 버렸다. 이제 방송국에선 완전히 새로운 목소리가 흘러나왔다. 해방군 아나운서가 선언했다. "지금 여러분께서는 주파수 96.9, 솥과 냄비 라디오를 듣고 계십니다."

지배 세력은 위기감을 느꼈다. 3주 뒤에 주 경찰이 이 해방된 라디오와 텔레비전 방송국의 장비를 모두 파괴해 버리자 더욱 극적인 일이 벌어졌다. 대중들은 기가 꺾이기는커녕 오히려 오아하카에 있는 상업 방송국 11개를 모두 접수해 버렸다. 물론 그다음 날 11개 중 9개는 되돌려 주었다. 8월 8일의 침탈이 있기까지 민중들은 대학 내 라디오 방송국을 민중 언론의 구심점으로 활용하면서, 최루가스 및 실탄을 쓰며 폭력적으로 공격해 오는 연방정부의 경찰 병력을 훌륭히 물리쳤다. 그런데 해방군에 의해 움직이던 이 방송국은 단순히 사람들에게 투쟁 관련 소식을 전하거나 저항을 조직하는 역할만 한 것은 아니었다. 그것은 대중들의 자율적 문화 표출 수단이자 일종의 민중 교육까지 담당했다. 일례로, 자치를 향한 팔레스타인 민중 투쟁과 같은 주제를 다루면서 대중들의 의식을 한층 고양하기도 했다. 이런 식으로 운동이 수개월 지속되면서 자연스럽게 민중 치안대도 발전해 나왔다. 이 대안 경찰의 기본 개념은 자기 방어라고 하는 원주민 전통에 따른 것이었다. 민중 치안대는 주로 젊은 남성들로 구성되었는데, 이들은 사탕수수를 쳐내는 칼인 마체테나 딱총을 제외하고는 무장하지 않았다. 그들의 주 임무는 점거 중인 정부 청사나 라디오 방송국, 나아가 노조 사무실 등을 적의 침탈로부터 지키는 것이었다. 그들은 때때로 거리를 순찰하면서 주 경찰이나 암살 특공대 같은 자들을 붙잡아 오기도 했다.

이렇게 온 시가지는 물론 정부 청사, 일부 언론 등을 장악하면서 오아하카의 노동계급은 자치라는 민주적 조직 형태를 발전시켜 냈다. 그리하여 마침내 이중 권력 상태를 창출했다. 그리고 그들은 그 고양된 분위기를 오아하카 민중의회, 대중적 시가 행렬, 8월 18일에 벌어진 위력적 총파업 물결 같은 것을 통해 지속할 수 있었다. 그러나 그들 또한 1871년의 파리 노동자들이 겪었던 것과 똑같은 딜레마에 빠졌다. 그것은 한 도시에 국한된 노동계급의 정부란 너무나 불안정하다는 점이다.[35]

그렇게 운동 분위기가 지속되자 마침내 10월 후반, 정부는 투쟁하는 교사들과 일정한 협약에 서명을 했다. 교원노조가 요구한 내용들이 대거 수용되었다. 그러나 이것은 승리의 길로 가는 첫걸음이라기보다는 속임수의 일환일 가능성이 더 컸다. 아니나 다를까, 바로 그다음 날 무려 4,500명의 연방경찰이 하늘의 헬기 부대와 지상의 탱크 부대를 앞세우고 최루가스 따위를 쏘아 대며 도시를 침탈해 들어왔다. 연방경찰은 주경찰과 함께 사람들을 몽둥이로 내리치고 살해도 마다 않았으며 체포하고 고문했다. 그 와중에 네 명의 운동가들이 살해되었고, 무려 140명이 큰 부상을 당했다. 최소한 100명이 체포되었다. 교사들이 농성하던 천막들도 완전 파손되었다. 그해 11월 내내 경찰들이 시내 전역을 다시 장악해 들어오면서 무수한 사람들이 체포되었고 실종자들도 급증했다.

오아하카 민중의회는 11월 11일에 대중 조직 대표자들 약 1,000명이 모인 가운데 놀랄 만한 제헌의회를 개최하고 6일 뒤엔 수도 멕시코시티에서 전국 의회를 개최하긴 했지만, 딱 한 가지 부족했던 점은 전국적 범위에서 총파업과 대중 봉기를 불러일으킬 역량이 충분히 뒤따르지 못했다는 점이다. 물론 오아하카 민중의회는 그 뒤 수개월 동안 2007년 초세계 여성의 날을 위한 대중 행진을 계획하는 등 고무적 활동을 계속했다. 그러나 불행히도 민중의회는 지속적인 대중 저항의 교육, 문화, 행동 등을 위한 포럼으로서 자신을 계속 유지할 역량이 부족했다. 안타깝게도 오아하카 코뮌은 중도에 끝나고 말았는데, 그것은 운동의 고조된 분위기가 한 도시의 경계를 넘어 더 이상 확장될 수 없었던 것에도 일부 기인한다. 그럼에도 불구하고 그 정신은 가난한 남반구 개도국뿐만 아니라 북반구 신진 자본주의 국가의 여러 도시에서도 아직 살아 움직이고 있다.

선진 자본주의 국가에서의 이주노동자와 민중 항쟁 정신

앞서 본 바와 같이 오아하카는 우리 시대의 중요한 축소판이라 할 수 있다. 오아하카는 가난하면서도 종족적-인종적으로 다양한 구성을 띠고 있다. 또 세계 자본에 의해 토지와 자원을 약탈당해 황폐해졌으며, 수많은 이들이 원래 살던 곳에서 강제로 쫓겨났다. 게다가 군사화된 신자유주의적 공안통치 체제의 전형을 보여 주기도 한다. 그러나 바로 이런 이유로, 오아하카 사람들은 도시를 떠나 이리저리 이사를 다녀야 했다. 앞서 말한바, 이미 150만 명에 이르는 오아하카 출신 이주자들이 미국에 산다. 이 외에도 매년 25만 명씩 오아하카를 떠나고 있다. 이런 이유로 이들은 멕시코 사람들 중에서 가장 초지역적이고 초국가적인 사람들 중 하나가 되었다.[36] 이들 오아하카 사람들은 해외 이주와 더불어 몸만 이동하는 게 아니라 저항의 기억과 대중 항쟁의 경험도 함께 가지고 떠난다. 그리고 이들은 멕시코의 다른 지방에서 온 이민자들은 물론, 과테말라나 엘살바도르 등 다른 남미 지역에서 온 이민자들과도 미국 이민 생활에서 느낀 다양한 경험들을 서로 나누면서 역동적 융합의 정치를 창출해 낸다. 바로 이런 측면은 우리가 미국 여러 도시들에서의 대중 투쟁을 살필 때 매우 중요한 실마리를 준다. 일례로, 2006년 메이데이를 기념하여 미국 곳곳에서 벌어진 대중 투쟁 물결에서는 남미 출신의 노동자들이 특히 적극적 역할을 수행했다. 이러한 미국 내 남미 이주자들의 정치 참여 급증이 오아하카에서 민중 항쟁이 일어난 시점과 일치한다는 것은 결코 우연이 아니다. 그 2년 반 뒤 시카고의 리퍼블릭윈도앤도어에서 공장 점거를 했을 때, 남미 출신 이주노동자들이 주도적 역할을 한 사실 역시 결코 우연이 아니다.

실제로, 남미 출신 이민자들이 미국 전역에 걸쳐 도시를 재구성함에 따라 노동계급의 구성 또한 재편된다. 그와 더불어 투쟁의 새로운 장소들, 흥미로운 공간들이 새롭게 열린다. 일례로 로스앤젤레스와 같은 미국의 주요 도시들은 다양한 인종의 도시 노동계급에게 새로운 고향이 되었다. 그들은 주로 흑인, 남미와 아시아 출신의 미국인들이다.[37] 이 새로운 도시 노동계급들은 1980년대 중반 무렵부터 신자유주의 물결에 정면으로 맞서 왕성한 조직 활동을 벌여왔다. 예컨대 건물관리 노동자 권리 찾기 캠페인Justice for Janitors, J4J은 1995년까지 로스앤젤레스 빌딩 청소 노동자의 90%나 노동조합으로 조직해 냈다. 그 캠페인이 시작되던 8년 전의 조직률 10%에 견주면 괄목상대할 만하다. 이 운동이 단기간에 성공을 거둘 수 있었던 것은 '경제적 노조주의'의 미지근한 전술과 단절했기 때문이다. 그리고 그들은 이제 풀뿌리 노동 대중 참여형 '사회운동적 노조주의'를 표방하고 나섰다. 이들은 연좌 농성이나 보이콧, 파업 등을 활발히 조직해 내고, 나아가 참된 노동계급의 힘을 엮어 내기 위해 지역공동체 조직들과 다인종적 연대를 형성해 냈다. 하지만 이 모든 행위들은 기존의 관료적인 중앙 노조 간부들을 격노하게 만들었다.[38] 마이크 데이비스가 이미 지적했듯, '청소 노동자를 위한 정의' 캠페인은 노동계급 조직화의 물결을 한 걸음씩 진전시키면서 캘리포니아의 유색인종 노동자들을 두루 이끌어 냈다. 그 과정에서 그들은 마침내 캘리포니아 노동운동을 재구축했다.

이주노동자 중심의 이런 조직화 물결은 특히 평범한 일반 노동자들을 주체로 내세우고 또 그 동력을 지속화하는 데 있어 대단히 창의적이었기 때문에 높이 평가받아 마땅하다. 이 운동은 사회적으로 넓은 지지 기반을 확보했는데, 이주노동자 권리 운동 그룹, 해방신학자들과 종교인들, 남미 출신 대학생들, 그리고 다른 유색인종 공동체들이 그 주요한 버팀목이었다. 이들은 게릴라식의 연극이나 영화 상영, 도로나 담벼락 등을 활용한 공공 미술 등 실로 다양한 전술적 레퍼토리를 동원하여 사용자들의 기를 죽였다. 그러한 레퍼토리 안에는 전통적인 피켓 시위나 보이콧 외에도 얼굴에 복면을 하고 모자를 덮어 쓰고서 악덕 기업주를 조롱하는 퍼포먼스,* 노동조합 포토노벨라,** 기업 비리 폭로하기, 주주총회 방해, 대중적 시민 불복종(사무실 연좌 농성에서 고속도로 봉쇄에 이르기까지), 기업 회장 집 앞이나 회사 본사 앞에서의 피케팅(심지어 일본까지 간 경우도 있었다), 시 의회 등에 마을 공동체 대표단의 선출 및 파견, 준법투쟁, 노동조합 축제 및 시가행진, 트럭 수백 대로 시 청사 둘러싸기 등이 포함되었다.[39]

가장 통찰력 있는 분석가들은 이러한 조직적 실천들과 민주적 풀뿌리 노조주의라는 이념적 비전을 보면서 "새로운 도시 노동계급이 어떻게 미국을 변화시킬 수 있는지"[40]와 관련, 일종의 대안적 싹이 새록새록 솟아오르는 것을 보았다. 일례로 급진적 언론인인 데이비드 베이컨은 이를 "흑인+이주민+노동조합=권력"이라는 공식으로 요약했다.[41] 물론 단순히 모든 것을 더한다는 생각은 오류를 범할 수 있다. 여기서 단순한 합계 이상으로 중요한 것은 일련의 과정이다. 그것은 이 모든 요소들이 서로 결합되면서 일종의 질적 구조 변화를 만들어 내기 때문에, 단순히 그 부분들의 합보다 훨씬 크면서도 완전히 새로운 그 어떤 힘이 창조되는 것이다. 다른 말로, 여기서 중요한 것은 노동계급의 다양한 공동체들이 하나로 통일되는 가운데 새로운 관계와 동력이 생기면서 이것이 다시금 기존의 개별 조직을 극적으로 변화시키는 것이다. 그것은 노동조합일 수도, 공동체 조직일 수도, 아니면 사회운동 조직일 수도 있다. 그런 식으로

---

* 1990년대 로스앤젤레스 지역에서 화제가 된 퍼포먼스로서, 건물 청소 노동자들이 물걸레(mop)를 들고 다니면서 노동자를 탄압하는 회사 사장들에게 그것을 들이대면서 벌을 주는 시늉을 했다.
** 사진들에 말풍선을 달아 만든 팸플릿. 주로 해학과 풍자를 담아 냈고, 노조원들 교육용으로도 많이 사용되었다.

로스앤젤레스 지역 청소 노동자들이 복면을 쓰고 물걸레를 들고 다니면서 악덕 기업주들을
놀려 주는 퍼포먼스를 벌여 눈길을 끌었다. 이주노동자들의 이러한 창의적인 시위는 로스앤
젤레스 지역 노동운동의 부활로 이어지고 있다.

운동이 발전하면서 마침내 풀뿌리 권력의 새로운 기구들이 생성된다.[42]
이것은 예컨대 오아하카나 코차밤바의 전통을 미국이라는 사회 속에서
흑인 운동이나 반인종차별적 여성운동, 민권 운동의 대중 투쟁들과 유기
적으로 결합하는 것이다. 그 다음엔 이 강력한 결합물을 과거 미국의 급
진적인 노동운동의 기억들과 다시금 접속하는 과정이 전개된다. 여기서
과거의 급진적인 노동운동이란 흔히 '워블리스'Wobblies라 불린 세계산업
노동자동맹 운동이나 1930년대의 연좌 농성 파업 물결, 1970년대 초의
혁명적 흑인 노동자 연맹, 디트로이트 닷지 공장의 혁명직 노조 운동 등
을 가리킨다. 이러한 서로 다른 운동들의 화학적 결합의 의미는 또한 오
늘날 가장 왕성하게 활동하고 있는 인종차별 폐지 운동, 여성운동, 노동
운동의 실천들로부터 그 경험들을 배운다는 것이다. 미국에서 가장 대표
적인 예로 오클랜드의 아시아이주여성운동, 엘파소의 여성 노동자 운동,
노스캐롤라이나의 정의를 위한 흑인 노동자 그룹, 뉴욕 시의 중국인노
동자연합, 샌안토니오의 단결된 힘 운동, 로스앤젤레스의 버스승객조합,

제3세계 조직 센터, 샌프란시스코의 고용쟁취민중연합, 노동 노트[*] 등을 들 수 있다.[43] 캐나다에서는 몬트리올의 이주노동자 센터, 온타리오 빈곤 추방 연대, 브리티시콜롬비아 노동 연맹의 연대회의, 이주노동자 권리와 정의를 위한 모임인 후스티샤, 빅토리아 시의 지역공동체 연대를 위한 연합, 이주노동자 권리를 위한 '누구도 불법이 아니다' 등의 조직과 운동이 대표적이라 할 수 있다.

이런 식으로 운동이 다양하게 발전하게 되면 피억압자 집단이나 급진적 운동 내부에 또는 그들 사이에 존재하는 실질적인 모순들도 제법 표출될 것이다. 따라서 사회운동은 이런 문제들에도 적절히 대처해야 하고 동시에 신자유주의가 낳은 무기력증과 분열, 그리고 진보 좌파의 약화 같은 문제들도 올바로 해결해 나가야 한다. 따라서 최우선적 전략 과제들은, 예컨대 공동 행동을 조직해 내는 것, 지속적인 대화와 협동을 전개하는 것, 저항 문화의 새로운 종합을 창출하는 것 등이다.

실제로 우리는 노동자들의 단결과 연대를 조직한다는 것이 어떤 것인지 보기 위해 호텔 노동자 투쟁의 사례를 자세히 볼 필요가 있다. 원래이 운동은 2004~2005년경 유나이트히어[**]라는 노조 산하의 진보적 지부들로부터 출발했다. 문제의 호텔 경영주들은 처음에 흑인을 해고하는 대신 더 많은 남미 출신 노동자를 고용하려 했다. 이러한 시도에 맞서서 유나이트히어 지부들, 그 중 다른 어디보다 로스앤젤레스, 시카고, 보스턴

---

* 노동 노트(Labor Notes). 미국 디트로이트와 뉴욕 브루클린에 사무실을 둔 미국의 급진적 노동운동 연구소. 노동조합원 교육 자료 발간 및 미국 내 민주노조 창립 지원 활동을 하고 있다.

** 유나이트히어(Unite Here). 주로 미국과 캐나다의 호텔·공항·게임센터·식당·섬유 중심의 기층 노동운동 조직으로 100년 이상의 역사를 자랑한다. 현재의 조직은 2004년부터 출범했고, 조합원은 약 26만 명 정도이다.

에 있는 지부들은 라티노 노동자에 대한 보호 강화와 동시에 미국 흑인 노동자에 대한 해고 철회 및 고용 확대를 요구하고 나섰다. 그럼으로써 그들은 각자의 이해관계에 따라 움직이기보다는 노동계급의 연대를 추구하고자 했다. 사태가 이렇게 돌아가니 사용자들은 다른 어느 이슈보다도 이런 요구에 대해 더욱 완강하게 대응하면서 그 요구를 거절했다.[44]

물론 유색인종 노동자들의 자기 조직화 운동은 백인 노동자들까지 투쟁 속으로 끌어내야 한다. 피해서는 안 될 주요 과제다. 사실 이런 문제는 대단히 복잡하고, 좌절감을 안겨 줄 때도 있다. 왜냐하면 이미 백인 노동계급 대중의 일상 속에는 대개 인종주의나 애국주의, 권위에 대한 순응과 존중 등이 깊이 뿌리내리고 있기 때문이다. 하지만 어떤 면에서는 백인 노동자들의 경험도 모순적인 면이 있다. 그들 또한 자본주의 때문에 고통받는 사람들이고 나아가 자본주의가 낳은 해악에 그들 역시 저항하기도 하기 때문이다. 즉, 백인들이 지배층에 편입되어 힘깨나 쓸 때도 있지만, 동시에 백인 노동자들도 바로 그 자본주의 체제에 의해 착취당하고 소외되기도 한다. 그들 역시 정리해고나 주택 압류로부터 자유롭지 못한 셈이다. 그들 역시 경제적 불안정이라는 위협을 받고, 일터에 가면 비인격적인 위계질서 때문에 고통당한다. 따라서 그들 역시 공동 투쟁에 나서지 않으면 자신의 절박한 이해관계, 즉 일자리, 노동조건, 주거 등의 문제를 관철시키기 어렵다는 점을 깨달아야 한다. 또한 그들은 자신들을 지지해 주고 방어해 주는 급진적인 운동들에 의해서 그들의 인종주의가 도전받게 된다는 것도 발견해야 한다. 잠시 역사를 살펴보면, 백인 노동자들도 다인종적인 노동계급 저항운동에 열렬히 참여해 왔다는 사실을 알 수 있다.[45] 이런 운동은 계급 단결만 부르짖는다고 되는 것은 아니다. 왜냐하면 계급 단결이 현실에서는 노-노 갈등의 원인이 되는 (인종·

젠더·성·능력에 따른) 기존 현실의 사회적 위계질서들을 무시하거나 과소평가해 왔기 때문이다. 그렇지 않으면 노동자들은 그런 경계선을 따라 분열된다. 진정한 계급 단결을 위해서는 노동계급 연대와 투쟁의 정치를 보다 체계적으로 발전시켜야 한다. 그것은 한편에서는 공통의 기반을 찾는 일일 뿐만 아니라, 다른 편에서는 여태껏 많은 노동자들이 억압적인 관계와 관행들의 재생산에 자기도 모르는 사이에 연루되지 않게 만드는 것이다.

오늘날 그런 식으로 새로운 근본적 노동운동과 노동문화를 창출할 수 있는 노동계급의 융합 현상의 싹이 보인다. 그러나 이런 싹들이 제대로 자라나 지속 가능한 대중운동으로 성장하려면 열정과 비전, 그리고 헌신적인 조직화 활동이 절실히 필요하다. 이런 활동들이 가능하려면 단기적 처방전보다는 특히 장기적 방향 설정이 필요하다. 이것은 마치 우리가 앞의 사례들에서 살핀바, 그 이전에 이미 수년간에 걸친 조직화 노력들, 즉 지역공동체 및 작업 현장에 기반을 둔 운동의 조직화 사업들 없이는 불가능하다. 이것이 가능하려면 제반 활동 과정에 수천 명의 사람들이 직접적이고 민주적인 방식으로 참여함과 동시에 자기 자신을 '세상을 바꾸는 사람들'로 재규정하고 스스로 역량을 키워야 한다. 이런 과제는 또다시 급진적 좌파 조직들의 혁신을 촉구한다. 즉, 기존의 분파주의를 타파하고, 공통분모를 넓혀 반자본주의 운동 및 노동계급을 조직화하는 동시에, 여성운동이나 인종차별 반대 운동과 광범위한 연대를 구축하는 데 혼신의 힘을 다해야 한다. 마이크 데이비스가 말하듯, 이것은 새로운 진보적 좌파 세력을 구축하는 일이기도 하다. 이들 세력은 새로운 공간을 창출하여 "다양한 투쟁들 사이에 경험을 교류하고 조정하며 공유할 수 있는 활동가 집단"을 육성할 필요가 있다. 그리하여 "노동계급 의

제를 비롯한 진정한 진보 좌파 의제를 설정하고 관철하도록 만들 수 있어야 한다".[46]

물론 미국·영국·캐나다 등을 제외한 북반구 여러 나라들에선 이런 측면에서 매우 큰 발걸음을 내디딘 바 있다. 예컨대 그리스에서는 정부의 긴축정책에 저항하여 일련의 총파업과 대중 시위가 전개되었는데, 이 나라에는 용감한 노동계급 투쟁의 전통이 있다. 심지어 그리스 노동자들은 1940년대의 내전이나 1967~1974년의 군부독재 시절에는 무장투쟁으로 저항한 경험도 있다. 하지만 동시에, 이 노동운동도 분파주의 때문에 온갖 어려움을 겪었고 특히 진보 좌파들이 크게 타격을 입기도 했다. 그런데 최근에는 비분파주의적 협력이라는 새로운 정신이 솟아나 급진좌파연맹SYRIZA이 탄생함으로써 새로운 전기를 맞고 있다. 이 연맹에는 10개 이상의 좌파 그룹들이 결합해 있다. 특히 이 연맹은 그리스의 대중저항운동이 조직화되는 데 중대한 역할을 수행해 왔는데, 의회 밖에서만이 아니라 의회 안에서도 좌파 전선을 구축해 왔으며, 2007년 총선 때에는 전체 유권자의 약 5%를 득표함으로써 의석을 13개나 차지할 수 있었다. 이런 배경 위에서 2010년 초에 위기가 닥쳐와 대규모의 일자리 축소와 연금 삭감, 공공 부문 임금 감축 등이 공표되자 그리스 노동조합은 일련의 총파업에 돌입했다. 대표적인 파업들은 2010년 2월 24일, 3월 11일, 5월 5일, 5월 20일에 벌어졌다. 각 파업마다 엄청난 규모의 시위 행렬이 이어졌는데, 특히 5월 20일엔 무려 5만여 군중이 아테네의 거리들로 쏟아져 나왔다. 이들은 "IMF 독재정권은 물러나라!" 또는 "민중 투쟁이 IMF 도살장을 박살 낼 것!"이라는 구호를 외치며 수도 아테네의 온 거리를 메웠다. 이러한 대중 행동은 마침내 대중 여론을 변화시켰다. 일반 대중들은 처음엔 정부가 공표한 각종 삭감 조치들을 무기력하게 수용하는

그리스에서의 시위 장면. 국가기구는 이념적 선전을 통해, 그리고 물리적 폭력을 통해 민중들의 항쟁을 진압하려 든다.

분위기였지만, 진보 세력에 의한 단호한 저항이 계속되자 대다수 그리스인들의 마음도 서서히 변해 이제는 공개적으로 저항하는 분위기에 합세하고 나섰다.[47]

그리스 민중의 투쟁을 통해 뭔가 교훈을 얻음에 있어 절실한 것은, 우리가 절대로 지배계급의 속임수에 넘어가선 안 된다는 점이다. 대개 지배계급의 대변인 역할을 하는 주류 언론들은 "요새 노동자들은 귀족이야!"라는 빤한 레퍼토리를 주기적으로 반복한다. 예컨대 노동자들이 게으르다거나 임금수준이 지나치게 높다거나 출근율은 별로 좋지 않으면서도 쏠쏠한 혜택들은 다 챙겨 간다는 식이다. 그러나 실제 자료를 보면 현실은 완전히 딴판이다. 유럽통계청이나 국제노동기구에서 제공하는 공식 자료만 얼핏 들여다보아도 지배 언론의 담론들이 새빨간 거짓말임이 드러난다. 실제로 그리스 노동자들은 다른 유럽 노동자들보다 훨씬 오래 일한다. 2008년 자료만 해도 독일 노동자들이 연평균 1,430시간 일한 데 비해, 그리스 노동자들은 2,120시간을 일했다. 또한 그리스 노동자들의 월 평균임금은 803유로(약 1,063달러)인데, 이것은 놀랍게도 아일랜드의 월 최저소득 1,300유로나 네덜란드의 월 최저소득 1,400유로보다 훨씬 낮은 수준이다. 한편 그리스의 평균 연금은 벨기에의 4분의 1을 간신히 넘고 네덜란드의 5분의 1 정도에 지나지 않는다. 게다가 그리스 공공 부문 노동자들이 신자유주의 시대를 거치면서 갈수록 빈곤해진다는 사실은 잘 알려지지도 않았다. 실제로 그들은 1990년대 이래 급료의 30% 삭감을 감내해 왔다. 설상가상으로, 아침식사용 시리얼이나 치약, 커피 등 모든 필수품을 포함한 생계비는 다른 대부분의 유럽 나라들보다 훨씬 더 많이 든다.[48] 바로 이런 상황 속에서, 게다가 여러 가지 악조건에도 불구하고, 그리스 노동자들은 거리로 뛰쳐나와 스스로를 조직하고 있고, 여러 진보 좌파 세력들은 노동계급의 정치를 위해 통 큰 단결과 협력 전선을 구축하고 있다.

프랑스에서도 급진 좌파들이 성공 가능성 있는 정치 활동 방향을 제시하고 나섰다. 1995년 이래로 프랑스의 청년들, 이주민들, 노동자들, 여성운동가들은 범지구적인 반신자유주의 저항운동의 최전선에서 활동해 왔다. 이 반신자유주의 저항운동에는 대학생만이 아니라 갈수록 격화하는 노동자 파업의 물결이 중심에 서 있다. 이 저항의 물결은 다른 무엇보다 정부의 청년 최저임금 인하 계획을 철회시켰다. 비슷한 갈등을 두고 이후 몇 년 동안 시소처럼 주거니 받거니 공방이 펼쳐졌다. 일부는 정부가 이기고 또 어떤 사안들에서는 거리 투쟁에 나선 저항운동이 승리했다. 그러나 신자유주의는 치명적이게도 문화적으로나 정치적인 면에서 우위를 획득할 역량이 없다. 마침내 2005년 가을, 프랑스의 이주민들이 많이 사는 지역에서 유색인종 청소년들이 대거 반란을 일으키자 지배계급은 신경질적인 반응을 보였다. 이 반란은 "여태껏 프랑스 교외 지역에서 일어난 가장 큰 반정부 시위"였다. 그 격렬한 시위의 시작은 경찰이 아무 무장도 하지 않은 아랍계 이민자 청년 한 명을 죽인 것에서 촉발되었다. 이에 젊은 아랍계 이민자들이 분노에 가득 차 들고 일어났다. 반정부 투쟁은 3주 동안 계속되었다. 이 저항 물결은 순식간에 200개 마을로 번졌다. 그 와중에 약 1만 대의 차량이 부서졌다. 대부분 차량은 불태워졌다. 정부는 통제력을 회복하기 위해 대량 체포에 나섬과 동시에 '청년 고용계약법안'을 제출했다. 이 법안은 기업들이 만 26세 미만의 청년 노동자들을 합당한 이유 없이 해고할 수 있게 허용하는 것이었다. 말할 것도 없이 거리는 분노로 폭발했다. 2006년 초 몇 달 동안 학생들은 전국 대학의 4분의 3을 점거했다. 고등학생들도 저항운동에 대거 참여했다. 대규모의 활동가 총회가 열려 저항을 효과적으로 조율하고 고양시키는 민주적 버팀목 역할을 했다. 노동자들 또한 연대 파업의 물결 속에 서서히 움직이기 시작했다. 사태가 심각해지자 정부가 손을 들고 말았다. 그렇게 해서 거리를 장악한 수백만의 민중은 또 다른 승리를 맛보았다.[49] 그러나 2008~2009년에 또다시 범지구적 경제위기가 터졌다. 이에 프랑스 노동자들은 일자리를 지키기 위해 종종 사장을 억류하거나 이와 유사한 다른 전술을 사용하며 투쟁을 선도했다. 한편 미등록 이주노동자 조직은 사르코지 정부의 탄압에 맞서 연좌 농성이나 공장 점거에 선도적으로 돌입했다.

그렇게 견고한 투쟁들이 누적된 결과, 노동조합에 가입한 노동자들의 숫자는 적지만, 프랑스에서는 대단히 강고한 저항 의식이 건재하고 있다. 실제로 프랑스의 사례는 로자 룩셈부르크가 1905년에 이미 말한 것을 잘 드러낸다. 그것은 적극적 투쟁의 수준이 형식적 조직화의 정도보다 훨씬 중요하다는 점이다. 사실 프랑스의 노조 조직률은 10% 정도밖에 되지 않는다. 그러나 어느 활동가의 말에 따르면, 프랑스의 노조들은 "약한 것 같기도 하지만 동시에 대단히 역동적이다". 비록 적극적인 활동가들은 노동 현장에 조금씩 박혀 있지만 그들의 기동성이나 "역동적인 노조 문화", 그리고 다양한 활동가들의 열정적 몰입도나 자신감은 대단히 높다.[50] 그리하여 프랑스는 비록 노조 조직률은 낮을지 몰라도, 전체적으로 보면 계급의식에 충만한 노동자들이 수십만 명에 달하며, 급진적 학생들이나 시민사회운동 활동가들 또한 대단히 많은 편이라고 할 수 있다.

바로 이런 배경 위에 마침내 저변이 넓은 정치조직이 창출될 수 있었다. 그것은 좀더 생각이 깊은 급진 좌파들이 2009년 초반의 고양된 투쟁의 계기를 맞아 때를 놓치지 않고 9,000여 명에 이르는 진보 세력을 규합, '반자본주의 신당'을 만든 것이다. 여기에는 다양한 흐름들이 모여 있는데, 이주민 권리 조직(상파피에sans-papiers 운동), 노동조합, 시민사회 운동, 그리고 극좌파 그룹까지 포함된다. 마치 그리스의 급진좌파연맹처럼 프랑스의 반자본주의 신당과 후보자들은 일부 선거에서 약 5%의 지지를 확보할 수 있었다.[51] 실제로 『파이낸셜타임즈』는 2009년 3월, 당시 경제위기 국면에서 정치적 지형이 어떻게 변동될지 예상하면서 '새로운 길을 비출 지도자 50인'을 공개적으로 기론하고 나섰다. 그 대표적 3인은 미국 대통령이 된 버락 오바마, 중국 총리 원자바오, 독일 수상 앙겔라 메르켈이었다. 그런데 전체 목록 중 열세번째로 거론된 인물은 일반인들에겐 좀 낯선 사람, 바로 반자본주의 신당의 올리비에 브장스노였다. 당시 그를 거론한 기자에 따르면 그는 "프랑스의 트로츠키주의자로, 원래 우체국 노동자였는데 프랑스에서 가장 큰 급진 좌파 그룹인 반자본주의 신당의 의장"이 되었다. "그는 경제위기에 의해 촉발된 대중 항쟁의 국면을 지렛대 삼아 사회질서와 정치 질서를 근본적으로 바꾸려는 꿈"을 갖고 있다. 실제로 그는 여러 여론조사에서 프랑스의 가장 영향력 있는 야당 정치인으로 손꼽혔고, 두 번이나 출마한 대선에서는 각기 100만 표 이상 획득할 정도였다.[52] 그런데 최근 이 반자본주의 신당이 주류 언론으로부터 집중 공격을 받았는데, 그것은 한 지방선거에 나선 이 정당 후보자 일람 무사드가 히잡을 쓰고 공개 석상에 나왔기 때문이다. 이 여성이 반자본주의 신당 후보로 나섰다는 사실이 주류 언론의 도전을 받자 당 대표인 브장스노는 자랑스럽게 맞받아쳤다. "우리 정당은 청년들, 실업자들, 불안정한 삶을 사는 사람들, 모든 배경의 노동자들 등 자신의 가치 지향성이 우리 당과 맞는다고 생각하는 모든 사람을 적극 환영한다. 모든 종교적 신념은 각 개인의 선택이므로 존중되어야 하며, 이것은 우리의 투쟁에 참여하는 데 하등의 장애물이 되지 않는다. 우리가 추구하는 건 모든 구성원들이 진심으로 현실 문제 해결이나 여성운동, 반자본주의라는 근본 원칙에 충실한 것이다."[53] 그러나 이 반자본주의 신당이 프랑스의 급진 좌파 정치에 참된 대중적 돌파구를 열기 위해 가야 할 길은 정말 멀다. 그래서 이들은 여태껏 진정한 진보 세력을 규합하고자 꾸준히 노력해 왔다. 특히 사회주의자, 여성운동가, 반인종차별주의자, 노동운동가 등이 프랑스의 진보적 사회 투쟁을 함께 만들어 왔다. 이러한 근본적 사회주의 정치 운동이라는 새로운 실험을 제대로 평가하기엔 아직 이른 감이 있다. 그러나 확실한 것은 우리가 처한 지난 수십 년간의 신자유주의 긴축의 시대를 가로질러 이러한 전투적이면서도 비분파주의적인, 그러면서도 민주적인 방식의 조직화 노력들이야말로 진정으로 새로운 진보 좌파의 출현을 가능하게 할 희망이란 점이다.

개혁을 위한 투쟁, 저항의 조직화, 세계 질서의 변혁

흥미로운 사실은, 세계 질서의 변혁을 지향하는 모든 대중운동은 처음엔 대개 사회 개혁 투쟁으로부터 시작한다는 점이다. 다시 말해, 근본적 변화를 추구하는 그 어떤 운동도 처음부터 혁명 그 자체를 내세우지는 않는다. 그 대신 세상을 변화시키는 투쟁들은 대개 피억압 민중들이 거리를 점거하고 파업을 벌이면서 시작된다. 이들이 요구하는 것은 대개 생활임금, 평등권이나 시민권, 노동시간 단축, 모두를 위한 주거 보장, 또는 전쟁의 종식 등이다. 여기서 중요한 것은 사람들이 주인이 되어 참여하게끔 만드는 과정이다. 그것은 사람들이 민중 여론의 형성 공간인 거리와 광장을 되찾는 과정이자, 도로를 점거하기 위해 블록을 설치하는 과정, 일터를 자치 공간으로 만드는 과정, 활동가 총회 공간에서 다양한 의견을 교환하는 과정, 민주적인 자치의 새로운 형태들을 창조하는 과정 등이다. 사람들은 바로 이런 과정들 속에서 자신의 역량을 알아 나가고, 그 지평을 넓혀 나가며 그 가운데 '진정으로 새로운 세계가 가능함'을 상상하기 시작한다. 일례로 오아하카에서 벌어진 대중 항쟁을 생각해 보라. 그 항쟁은 원래 교사들이 좀더 높은 임금이나 교복과 교과서의 무료 지급 등과 같은 요구를 내세우며 움직이기 시작했다. 사실 이런 요구들은 결코 혁명적 내용이 아니다. 기초적인 개혁에 불과할 뿐이다. 그러나 **투쟁의 방식**에 주목해 보라. 교사들이나 그 동맹 세력이 채택한 투쟁 방식들은 결코 개혁가들의 그것과 같지는 않다. 예컨대 그들은 수동적인 선거 정치 전술이나 통상적인 단체교섭 같은 것에 기대지 않았다. 그 대신 그들은 도심을 장악했고 천막 농성장을 만들어 냈으며 경찰의 공격을 훌륭히 막아 냈다. 또한 그들은 대중 시위를 조직하고 라디오 방송국을 점거했으며 민중 치안대를 만들어 냈다. 그리고 그들은 마침내 오아하카 민중의회라 불리는 민주적 의회를 새롭게 창설했다. 그리하여 일시적이 나마 기존 지배계급의 권력 기구들을 무력화할 수 있었다. 바로 이러한 역동적 과정 속에서 그들은 사유재산권에 도전장을 던졌으며, 정권의 정당성에 의문을 제기했다. 그리하여 그들은 대중적인 민중 권력의 힘을 재확인했다. 요컨대 오아하카 노동계급은 혁명적 방식으로 개혁을 쟁취한 셈이다. 바로 이것이 모든 민중 항쟁의 내재적 속성이다. 그리고 이것이야말로 이런 대중운동에 복합적이고 모순적인 성격을 부여한다.

바로 여기서 오아하카 코뮌에 대한 두 가지 탁월한 분석을 인용할 필요가 있다. 하나는 이 오아하카 코뮌이 "'민중 항쟁을 통한 단체교섭'과 한 도시 내 이중 권력의 모호한 결합"을 보여 준다는 것이다.[54] 달리 표현하면, 이것은 주지사 퇴진을 포함한 개혁을 요구하는 대중운동이었으며, 그 수단은 이중 권력이라는 민중 항쟁적인 형식이었다. 바로 이런 관점에서 오아하카 투쟁은 로자 룩셈부르크의 『개혁이냐 혁명이냐』에 나오는 고전적 분석과도 일치한다. 로자 룩셈부르크에 따르면, 사회를 사회주의적으로 변화시키려는 사람들과 자신의 행위를 일상적인 개혁에 국한시키는 사람들의 근본적 차이는, 개혁주의자는 개혁을 지지하고 혁명주의자는 개혁을 지지하지 않는다는 데 있지 않다. 사실 이 두 집단은 모두 다 사회 개혁을 추구한다. 궁극적으로 이들은 빈곤층, 피억압자, 피착취자 등의 행복도를 증진시키는 모든 걸 환영한다. 그러나 진짜 중요한 것은 개혁/개량을 위한 투쟁이 사회 변혁을 위한 대중적이고 민주적인 운동이 성장하기 위해 요구되는 풍부하고도 필수불가결한 토양이라는 점이다. 바로 이런 투쟁을 통해 사람들은 기존의 모든 권위에 도전하고 마음속의 주저함을 넘어설 수 있으며 자신 안에 숨었던 새로운 역량도 발견할 수 있다. 나아가 사람들은 이 투쟁 과정 속에서 새로운 연대를 형성하며 지금까지 몰랐던 자신감을 획득한다. 그리하여 그들은 이제 평범한 노동자들도 사회를 이끌어 갈 수 있음을 깨닫기 시작한다. 결론적으로 로자 룩셈부르크는 '개혁이냐 혁명이냐'가 양자택일의 문제가 아니라 본다. 개혁 **그리고** 혁명은 같이 가는 것이다. "사회 혁명이 **목표**라면, 개혁을 위한 투쟁은 그 수단이다."[55]

결국 개혁을 위한 투쟁에서 정말 중요한 것은 대중 투쟁의 질적인 구조 변화 **과정** 그 자체다. 이미 오래전, 1968년에서 1981년 사이의 변혁적 대중운동을 분석했던 콜린 바커는 대중 투쟁의 특징을 다음과 같이 정리했다.

새로운 희망이 싹튼다. 복종과 순응의 구습들이 사라진다. 새로운 의미의 자기 자신의 힘, 혹은 내적인 힘, 그리고 집단적인 힘이 개발된다. 기존 계급 사회가 당연시하던 '상식'이 흔들리기 시작한다. 일터, 국가, 학교, 대학 따위에서 공고하게 존재해 온 전통적 위계질서는 심각한 위협에 처하고 실제로도 무너져 버린다. ……

대중의 자신감과 상상력이 급속히 성장한다. 그와 더불어 실천적인 지적 능력 또한 계발된다. 이제 사람들의 정신을 마비시키던 과거의 복종적 습관은 바람과 함께 사라진다. "과거의 피억압자들이 벌이는 흥겨운 축제" 때마다 사람들은 일종의 집단적인 즐거움이 솟아오름을 경험한다. 사람들의 시각이 전혀 딴판으로 바뀌고, 가능성의 지평이 새롭게 열린다.

…… 사람들은 새로운 언어, 상징, 예술적 양식들로 새로운 상황들을 다양하게 표현한다. 온갖 포스터가 난무하고 다양한 상징물들이 거리를 채운다. 이들과 더불어 갖가지 신문과 팸플릿, 배지, 농담 같은 것들이 수백만 사람

들의 의식 속에 진행되는 심대한 변화를 있는 그대로 드러낸다. ……

사유재산과 관련된 과거의 관습들은 도전을 받는다. 집과 땅이 점거된다. 기존의 공간 사용이나 물품 사용 방식에 큰 변화가 온다. 토지는 공동체 소유가 되고, 일터는 노동자들이 스스로 경영하게 된다. …… 이제는 노동자들이 이사회에 직접 참여하고, 대중들이 궁전의 주인이 된다. 각종 비밀 문건들은 완전히 공개되며 다양한 노동자 위원회가 재무관리를 하게 된다. 닫혔던 모든 것이 열린다. ……[56]

바로 이런 과정들로부터 새로운 진보 좌파 세력들이 탄생해 나온다. 즉, 이들은 결코 주문 같은 것으로 하늘에서 갑자기 떨어지는 게 아니라 오로지 대중운동을 통해서만 창출된다. 왜냐하면 대중운동이야말로 진정으로 근본적 변화를 가능하게 하는 상황들을 만들어 내기 때문이다. 이것은 단순히 일부 집단이 아름다운 소규모 마을에 고립된 채 꿈같이 사는 것이 아니라, 대다수 보통 사람들이 인간답게 살 수 있도록 참된 사회 변화를 구현하기 위해 필요하다. 다시 말해, 대중 투쟁이 없다면 소규모 급진 그룹의 영역을 넘어 더 많은 것을 이루긴 어렵다. 물론 이런 소규모 급진 그룹 안에서도 일부는 대단히 좋은 일을 한다. 하지만 또 다른 부분들은 늘 사소한 말싸움만 일삼는다. 그러나 만일 우리가 대규모의 저항 국면에 접어들려면 진보 세력 중 가장 진지한 활동가들은 다음과 같은 일들을 절박하게 수행해야 한다. 그것은 진보 세력 내부의 협력을 강화함과 동시에 저항 투쟁을 더욱 강고하게 만드는 일이며, 새로운 연대전선의 형성을 돕는 것이다. 나아가 활동가 내부에 민주적인 포럼과 회의도 조직해야 하고, 반인종차별주의자나 여성운동가, 그리고 계급투쟁에 충실한 활동가들의 운동을 더욱 증진해야 한다. 이런 창의적 노력들이 없으면 불행하게도 그 모든 저항운동이 헛수고로 돌아가기 쉽다. 나아가 구래의 관료주의적 구조나 관행들이 살아 움직이는 운동을 가로막기 쉽다. 왜냐하면 그런 것들이 투쟁의 규모, 창의성, 전투성, 그리고 민주적인 추진력을 심각히 제약하기 때문이다.

물론 대부분의 북반구에서조차 우리는 대중 투쟁은 말할 것도 없고 일상에서 반대의 목소리와 저항의 인프라를 재구축하는 것조차 아직 걸음마 단계다. 그런데 여기서도 인프라의 재구축 작업과 대규모 운동의 조직화 작업 사이의 관계는 대단히 복잡하다. 경우에 따라서는 반자본주의적이고 비분파주의적인 소규모 좌파 세력이 대중 저항운동에 있어 결정적인 역할을 하던 때도 있었다. 예컨대 2010년 봄 캘리포니아에서 있었던 대학생과 노동자의 연대 저항이나 그리스에서 있었던 총파업 및 가두시위 등이 대표적이다. 그러나 여기서 성공의 징표는 짜릿짜릿하게 전개되는 직접행동의 규모나 전투성만이 아니다. 마찬가지로 중요한 것은 진정으로 역동적이며 지속적인 운동 역량의 구축이다. 예를 들면, 자기 조직화의 공간을 확보하고, 대중이 주체적으로 움직이는 적극성을 키워야 하며, 세상에 대한 체계적 인식을 위해 대중 교육도 필요하고 정치적인 의식이나 풍토의 발전도 이뤄져야 한다. 왜냐하면 이런 것이 되어야만 급진적인 반자본주의 징치 활동 및 인프라가 가능하게 되어 지역이나 마을, 작업장, 학교 등 모든 삶의 과정에서 사람들이 제대로 곧추설 수 있기 때문이다. 그 과정에서 자연스럽게 노동자 센터 같은 것들이 성장해 나오고 연대를 위한 각종 연합들이 생성될 것이다. 또한 급진적이고 진보적인 사고를 하는 지역 모임들도 많이 생길 것이고 대안적인 언론이나 노동조합 조직화를 위한 각종 시도들도 활성화할 것이다. 나아가 인종차별에 반대하는 운동이나 합법적 체류 자격이 없는 사람들을 지원하는 조직, 문화·예술 분야의 협동조합 모임, 기타 등등 수많은 시도들이 창출될 것이다. 이 모든 것은 결국 민주적 공간과 실천의 구축을 의미한다. 이 과정을 통해 장기적 안목으로 투쟁할 수 있는 조직가나 활동가들이 생성되어 나온다. 결국 이 모든 것은 여태껏 신자유주의 시대가 초래한 온갖 해악을 극복하는 데 필수적이다. 여기서 말하는 해악들이란, 예컨대 역사적 투쟁 경험에 대한 기억의 박탈, 사회적 불평등과 파편화, 온갖 유형의 연대적 관계망에 대한 파괴, 지속적 대중 저항운동의 결여로 말미암은 정치적·문화적 후퇴 등이다. 바로 여기에 복합적인 변증법이 작동한다. 이것은 새로운 진보 좌파 진영이 단순한 과거의 모방 수준을 넘어 과거의 투쟁이 남긴 풍부한 자원들로부터 많이 배워야 함을 뜻한다. 그것은 혁명적 변화를 위한 참된 대중운동이란 우리 이전에 투쟁했던 선배들의 뚜렷한 족적을 분명히 기억함으로써 강해질 수 있다는 점을 제대로 이해하는 것이다. 물론 그 과정에서 그 선배들의 지평이나 경험이 갖는 테두리 안에 갇혀서는 안 된다. 혁명적 운동이란 결국 과거 선배들의 투쟁을 진심으로 기리면서도 또한 미래를 위해 새로운 시를 쓰는 것이기도 하다. 그리고 바로 그 시는, 대중적 조직화를 위한 불굴의 작업처럼, 단순히 소그룹의 사람들이 모여 엄청난 계획을 짠다고 될 일이 아니라 오로지 참된 사회적 투쟁이라는 기름진 토양으로부터만 생겨날 수 있다.

　신자유주의가 은연중에 강제하는 기억상실증을 극복하고 역사적 기억을 회복하는 일이란, 쉽지도 않지만 그렇게 어려운 것도 아니다. 풀뿌리에 근거를 둔 소규모의 급진적 운동을 통해 상대적으로 중대한 변화를 초래한 것이라면 제아무리 사소한 것이라도 놓치지 말고 꼼꼼히 정리하면 된다. 일례로, 역사가들이 지적하듯, 미국의 경우엔 1934년이 그런 때라 할 수 있다. 당시가 비록 역사적인 대공황의 시기임에도 불구하고, 또한 그로 인해 15년간 노동운동의 후퇴가 있었음에도 불구하고, 진보적 좌파 활동가들이 사력을 다해 노력한 결과 대대적인 규모로 정치적 국면 전환을 이룰 수 있었다. 당연히 일련의 파업들이 중대한 역할을 했다. 가장 먼저 터진 것은 샌프란시스코의 항만 노동자들이 파업을 일으킨 것인데, 이는 마침내 21개 노동조합의 13만 명 노동자들이 대거 참여하는 부분 총파업 형태로 발전했다. 그 다음으로 터진 것은 오하이오 주 톨레도에 있는 자동차 부품 공장 노동자들의 투쟁이었다. 이 투쟁은 미국노동자당* 및 루카스카운티실업자연맹의 적극적 지지를 등에 업고 전개되었다. 놀랍게도 단 하루 만에 6,000명에 이르는 노조원들과 지지자들이 몰려들었고, 공장을 지키려던 경찰과 주 방위군에 맞서 7시간 동안 사투를 벌였다. 사람들은 무장도 하지 않았지만 그들을 세 번씩이나 물리치고 공장 안으로 돌격하기도 했다. 또 다른 투쟁은 미국 중북부 미니애폴리스에서의 노동자 저항이었다. 이들의 투쟁은 레온 트로츠키의 사상으로 무장한 좌파 이론가 그룹과 결합되어 더욱 활기를 띠었다. 이 투쟁의 선봉에는 팀스터 노조, 즉 트럭 운수 노조가 있었다. 이들은 놀랍게도 다른 공장의 파업 운동을 지원하기 위해 노조 차원의 특별 기동대를 만들었으며, 민주적으로 선출된 평조합원을 중심으로 한 파업 위원회를 조직했다. 또한 노동자 소식지를 매일 발간했고 공식적이고 공개적인 파업 본부를 확보했다. 때때로 그곳에서는 자그마치 1만 명에 이르는 파업 노동자들이 숙식을 하기도 했다. 파업이 최고조에 이르렀을 땐 2~3만 명

---

* 미국노동자당(American Workers' Party). 1933년 진보 노동 행동을 위한 연대회의가 주축이 되어 만든 정당. 대공황 시기에 맑스주의의 미국화를 표방했다. 1934년 톨레도의 오토라이트 파업을 성공적으로 이끌어 미국자동차노조(UAW)의 창립에 기여했다. 노동자들을 위한 신문 발행, 실업자 연맹 창설 등 미국 노동운동사에 중요한 자취를 남겼다.

에 이르는 사람들이 경찰이나 파업 파괴자들에 공동으로 맞서 혼신을 다해 투쟁하기도 했다.[57]

이 세 가지 파업들은 1919년 이후 약 15년간 팽배했던 패배의 분위기를 일거에 바꾸어 버렸다. 그들이 똑똑히 보여 준 것은 새로운 형태의 전투적 대중 투쟁이야말로 사용자는 물론 경찰과 국가까지 물리칠 수 있다는 사실이었다. 그들은 결국 급진적인 노동계급의 직접행동 역량이 제대로 조직되기만 하면, 바로 지금 여기서도 가능함을 보여 준 셈이다. 사실 샌프란시스코나 톨레도, 미니애폴리스 등지에서 그러한 대중 투쟁이 가능했던 배경에는 우리가 결코 놓치지 말아야 할 숨은 노력들이 있다. 그것은 그 지역의 급진 좌파들이 자기조직화를 이룬 뒤 장기적인 안목으로 대중적 조직화 작업을 수년에 걸쳐 끈기 있게 진행해 왔다는 사실이다. 그렇게 피눈물 나는 노력이 누적된 결과 그 지역들에서는 일종의 전투적인 노동계급 문화가 꽃을 피우기 시작했고, 사회주의적 정치 운동이 노동자 계급이 사는 지역공동체의 생활 문화의 일부로 스며들 수 있었다. 이런 활동가들은 결코 단기적인 결과를 내다보고 움직이진 않았다. 그들은 이미 계급투쟁의 정치·사회적 운동이란 지속적인 헌신을 필요로 함을 잘 알고 있었기 때문이다. 그렇게 인내력과 통찰력으로 꾸준히 땀흘린 결과, 때가 무르익어 마침내 그들은 역사를 바꿀 수 있었다.

대개의 사람들은 지나치기 쉽지만, 그들이 승리를 획득한 1934년 이후의 미국은 분위기가 예전과 많이 달라졌다. 이 승리의 분위기란 대단히 고무적이며 전염성이 강하다. 그리하여 노동자들의 반란이 여기저기서 다시 일어나기 시작했다. 그 뒤로 불과 몇 년이 지나지 않아, 특히 분위기가 정점에 달한 1937년에 이르러서는, 대규모의 노동계급 저항 물결이 전반적인 정치·문화적 분위기를 완전히 뒤바꾸고 말았다. 당시엔 여기저기서 연거푸 연좌 농성 파업이 대세를 이루었다. 그렇게 노동자 반란이 전국을 휩쓸게 되었다. 그 와중에 새로운 노동조합이 탄생했다. 심지어 어린이들도 동네 영화관들을 점거하고, 사회복지비 삭감에 반대하는 농성을 벌였다. 자동차 공장 노동자들은 연좌 농성 파업으로 제너럴 모터스에 치명타를 입혔다. 모든 반란의 계기들과 마찬가지로, 이 대중운동에 참여한 모든 사람들 또한 스스로 변했다. 여성 흑인 노동자들이 섬유 노동자 투쟁의 선봉에 섰다. 그리하여 어느 비평가가 말했듯, 대단히 반항적이며 자신감이 넘치고 혁명적이라는 의미에서 "새로운 유형의 여성이 탄생했다".[58] 그리고 새로운 방식의 노동계급 연대가 탄생하면서 또 다른 분석가의 말처럼 '진정한 인격 혁명'이 일어났다. 공동체들이 희망과 연대의 새로운 끈들을 만들어 내면서 일상생활도 새롭게 형성되었다. 더불어 협동의 새로운 실천들이 탄생했으며, 더 나은 세상을 꿈꾸면서 함께 투쟁하게 되었다.[59] 그러나 따지고 보면 이 위대한 변화의 씨앗은 이미 오래전부터 꾸준히 뿌려진 것이었다. 그것은 그 이전에 노동이 수세에 몰렸을 때부터 수년의 세월 동안, 풀뿌리 운동을 추구하는 활동가들이 결코 좌절하거나 포기하지 않고 꾸준하면서도 탁월한 조직화 노력을 해온 덕이기 때문이다.

이러한 투쟁들은 또한 노동조합이 아직도 노동계급의 조직과 저항에 주요한 구심체가 될 수 있음을 상기시킨다. 물론 이때의 노조란 한창 달아오르는 투쟁의 열기와 더불어 평조합원들에 의해 혁명적 변화를 겪는, 생동하는 운동의 주체를 말한다. 특히 북반구 선진 자본주의 국가에서는 안타깝게도 노동조합이 심각할 정도로 관료주의적으로 되어 버려, 거의 경제적 노조주의의 실무자처럼 되고 말았다. 여기서 경제적 노조주의란 수동적이고 피동적인 조합원에 기반한 노조의 한 운영 방식으로,

대개 법률가나 전문 교섭요원, 아니면 경력 있는 노동 공무원 등 '전문가 집단'에 의존하면서 권익을 지키려 한다. 특히 이 경제적 노조주의는 다른 무엇보다 주로 직접적인 임금이나 사회보장적 혜택에 관한 협상 문제에 초점을 맞춰 운동하는 노조의 특정한 스타일이다. 이렇게 되면 세상 도처에 존재하는 다른 피억압 공동체들의 투쟁에 연대하거나 관여하기가 정말 어렵다. 이런 노조 모델은 과거 노동계급 항쟁 시절에 보여 주었던 민주적이고 전복적인 역량들을 체계적으로 갉아먹는다. 바로 이런 점 때문에 의식 있는 진보 좌파 활동가들이 노조 회복과 노조 민주화를 위해 인내와 끈기를 가지고 혼신을 다하고 있다. 여기서 노조 민주화란 단순히 좀더 나은 지도부를 선출하는 것이 아니다. 오히려 그것은 평조합원들이 스스로 노동 투쟁을 위한 조직화 사업을 주도해 나감으로써 노조를 근본적으로 민주화하는 것이다.[60] 그리고 바로 이런 이유 때문에 노동자들의 투쟁이 고조되면, 일부 기존 노조의 민주화와 더불어, 대체로 새롭고 급진적인 풀뿌리 노동운동이 출현하게 된다.

그리고 이제 오늘날 확실히 글로벌 슬럼프 국면에서 대중 저항이 새롭게 부상하고 있다. 이 책을 쓰는 바로 이 시점에도 그리스, 스페인, 이탈리아에서 총파업이 선포되었다. 캘리포니아에서는 교육에 대한 정부 지출이 삭감된다고 발표되자 이에 대한 저항운동이 불붙었다. 파업은 물론 시위와 연좌 농성이 큰 물결을 이루며 주 전체를 휩쓸었다. 비록 규모는 크지 않았지만 그 과정에서 노동자와 대학생 간 연대가 형성되기도 했다.[61] 또 애리조나 주에서 반이민법이 만들어지자 이에 반대하여 이주노동자들이 저항 물결을 새롭게 일으켜, 캘리포니아의 가두 투쟁처럼 미국 전역을 뜨겁게 달구었다. 또한 앞 장에서도 서술한바, 로스앤젤레스에서는 2010년 메이데이에 무려 15만 명이 이주민 권리 보장을 촉구하는 시가 행렬에 동참했다. 한편 중국에서는 노동자 저항 물결이 강하게 일어나 일부 지역을 강력하게 휩쓸고 지나갔다. 애초에 파업은 농민공들에 의해 시작되었다. 한번 파업이 시작되니 이 공장에서 저 공장으로 파업 물결이 금세 번져 나갔다. 노동 빈민의 임금이 상당 정도 개선되는 등 승리를 거둔 경우도 많았다. 2008년 이후 힘든 불황기가 닥치자 중국의 저항하는 노동자들이 다시금 일어나 전례 없는 용기를 보여 주었다. 스무 살의 여성 리 샤오췐은 포산에 있는 혼다 자동차 부품 공장의 생산라인 노동자로, 그 지역 노동자 조직의 공식 대변인이 되었다. 2010년 6월 초, 그녀는 파업이 벌어지는 와중에 파업 협상단을 대표하여 공개 편지를 썼다. 그 편지의 일부는 이렇다. "우리는 높은 수준의 단결을 유지해야 합니다. 그리하여 자본의 대표자들이 우리를 분열시키도록 허용해선 안 됩니다. 이 공장의 이윤은 우리가 피땀 흘린 노고의 결과입니다. ······ 이 투쟁은 단순히 우리 1,800명 노동자만을 위한 싸움이 아닙니다. 우리의 투쟁은 사실상 모든 중국 노동자들의 권익을 위한 것입니다." 그리고 그녀는 여러 인터뷰에서 중국 지배층을 몹시 우려스럽게 할 주제도 꺼냈다. "조만간 우리는 우리 자신의 독립 노조를 건설하게 될 것입니다." 한편 또 다른 착취 공장으로 이름난 대만계 고무바킹 제조사 KOK 인터내셔널 공장의 파업 노동자들도 그들 고유의 명쾌한 구호를 내걸있다. "노동자의 힘은 단결 속에 있고, 희망은 저항 속에 있다."[62]

그러나 이 경우에도 남은 과제는 있다. 다시 말해, 완전히 새로운 진보 좌파 진영의 건설은 아직도 초기 단계란 점이다. 통일 단결과 굳센 저항이 있긴 하지만 아직도 대중적이면서도 민주적인 반자본주의 운동 조직과 올바로 결합되지 못했다. 앞서 살핀바, 멕시코의 경우 오아하카 코뮌 정도의 규모에서 힘찬 투쟁이 있긴 했지만, 그 이상을 넘어서는 활기찬 운동 역량이 결여된 상태에서 공권력의 공격을 효과적으로 막아 내기엔 역부족인 것이 사실이었다. 따라서 만일 우리가 진정으로 세상을 변화시키는 투쟁, 혁명적 운동을 하고자 한다면, 그리하여 온 사회를 완전히 아래로부터 새롭게 만들어 내고자 한다면, 오늘날의 모습과는 완전히 다른 참된 의미의 대중적 반자본주의 운동 조직과 역량을 구축해야 한다. 물론 이건 아직 완성된 게 아니다. 부단히 계속되어야 한다. 바로 이게 미래 진보 좌파의 핵심 과제다.

그러나 그 미래 좌파의 기획은 현재 우리의 어젠다가 되었다. 왜냐하면 변혁의 기운이 이미 프랑스에서 시작해 과들루프로, 아이슬란드에서 시작해 캘리포니아로, 그리스에서 시작해 오아하카로 번져 나가고 있기 때문이다. 따라서 지금부터 앞으로 수년 동안 우리가 해야 할 일은 열과 성을 다해 헌신적으로 풀뿌리 민중들을 조직하는 것이다. 이를 통해 우리는 앞의 기운들이 거대한 저항으로 승화될 수 있도록 길을 만들어야 한다. 그렇게 거대한 저항이 세계화할 때, 비로소 우리는 신자유주의적 긴축 시대를 정면 돌파할 수 있을 것이며, 또 사회적·경제적 정의의 길을 개척할 수 있을 것이다.

글로벌 슬럼프를 넘어 희망의 미래로

나는 이 세상의 남성과 여성, 그리고 가족 전체를 고통스럽게 하는 잘못된 경제체제와 싸운다.
이제 모든 사람이 이 사실을 안다. 이 체제가 곧 터지기 시작하리라는 것을.
또한 이것이 더 이상 존속해서는 안 된다는 것을.
왜냐하면 이 체제는 세상 전체를 고통에 빠뜨리며,
극소수의 부자는 더 부유하게 하고 가난한 이들을 더욱 비참하게 하기 때문이다.
— 피에르 피카레타, 53세의 프랑스 공장 노동자이자 노조 활동가 (2010. 4.)

지금 우리가 어떤 시대에 살고 있는지를 보려면, 무엇보다도 2010년 6월의 토론토를 보면 될 것이다. 당시 토론토에서는 이른바 G20 정상회담이 열렸다. 세계의 지도급 인사들은 보안 요원들이 안전한 울타리를 만들어 준 무대 뒤쪽에서 자기들끼리 호화판 식사를 즐기고 있었다. 그러나 바로 그 시점에 약 2만여 명의 경찰들은 저항하는 시위대를 미친 듯 뒤쫓거나 무자비하게 두들겨 팬 뒤 수갑을 채워 닭장차에 처넣고 있었다.

매년 열리는 G20 정상회담은 세계 최강의 경제력을 자랑하는 20개국의 지배자들을 대표하는 모임이다. 그날도 G20 지도자들은 의례적으로 기자들 앞에서 사진 찍는 포즈를 취한 뒤 위선적인 미소를 머금으며 무대 뒤로 사라졌다. 당연히 그들이 그 뒤에서 무슨 꼼수를 쓰려고 하는지는 공개되지 않았다. 회의 마지막 날, 그들은 또다시 온갖 얌전한 말을 써 가며 공동 성명서를 하나 발표했다. 그것은 그들이 앞으로도 "강력하고 지속 가능하며 균형 잡힌 성장"을 위해 더욱 헌신할 것이란 선언이었다. 얼핏 보면 이것은 하나도 반대할 것이 없는 것처럼 보였다. 그러나 막상 토론토의 거리에서 일어난 일들을 보면 그것과 완전 딴판임을 알 수 있다.

마치 G20 지도자들이 무대 뒤에서 신자유주의 긴축 시대에 저항하는 자들을 범죄자로 만들 계획이라도 꾸리고 있었던 것처럼, 거리의 시위대들은 어마어마한 탄압의 물결을 맞아야 했다. 온 길거리엔 최루가스와 고무 총탄이 난무했고, 1,000명 이상이 잡혀갈 정도로 대량 체포가 이어졌으며, 경찰들은 갈수록 난폭하게 날뛰었다. 그 와중에 시민권이나 인권 같은 것은 완전히 내동댕이쳐졌다. 저들은 '안전'이라는 이름으로 이 모든 작전을 수행하는 데 자그마치 10억 달러 이상을 썼다.[1] 경찰들은 사람들이 어떤 모임이나 행사를 열면 몰래 잠입해 염탐했고, 지역의 조직 활동가들을 거리에서 낚아채 갔으며, 다스베이더를 연상시키는 폭동 진압복을 뒤집어쓰고는 평화적인 시위대를 무자비하게 구타했다. 그러면서 단지 저항 행렬에 용감하게 참여한 '죄'밖에 없는 무고한 시민들을 마구잡이로 체포해 가두었다. 언론 앞에서 공개적으로 발표한, 모호하기 그지없는 성명서와는 완전히 대조적이었다. 길거리에서의 탄압은 G20 정책의 참모습이 무엇인지 분명히 드러낸 것이다. 하기야 이것은 전혀 이해가 되지 않는 바도 아니다. 그들은 가난한 자, 저항하는 자를 상대로 전쟁을 수행해야 하기 때문에 끊임없이 공포의 문화를 창출해야 한다. 그를 위해 두려움을 자아내는 폭력과 협박을 대량으로 사용한다. 이것이 현실이다.

이 적나라한 폭력의 광경을 모두 목격한 우리는 이제 저 G20 성명서 속에 숨어 있는 의미들을 제대로 풀어낼 수 있다. 예컨대 선언문의 마지막 부분엔 이런 핵심 구절이 들어 있다. "그동안 선진 경제국들은 2013년까지 재정 적자를 최소한 절반 수준으로 줄이기 위해, 또 2016년까지

토론토 G20 회의를 마치고 기념 촬영을 하는 '세계의 지도자들'. 이들이 허울뿐인 성명서를 내고 의기양양하게 손을 흔드는 동안, 거리에서는 수많은 이들이 반대의 목소리를 내고 있었다.

GDP 대비 정부 부채 비율을 줄이거나 안정화하기 위해 재정 계획을 헌신적으로 수행해 왔다."[2] 이런 김빠진 말장난은 사실 우리 모두를 졸리게 할 뿐이다. 실제로 이것은 우리의 비판적 감각을 무디게 하려는 계략에 불과하다. 그래서 우리가 먼저 경고 벨을 울려야 한다. 저런 맥없는 선언문에 실제로 숨어 있는 뜻은, 각 나라 정부들이 막상 금융위기를 부른 은행들을 이미 천문학적인 돈으로 긴급 구제해 주었으면서도 양질의 일자리를 창출하거나 민생 문제를 해결하려는 노력은 실제로 하지 않겠다는 것이다. 그 대신 그들이 하려는 것은 기존의 사회복지 프로그램이나 노동계급을 상대로 대대적 공격을 더욱 강화하는 것이다.

이것을 위해 그들은 저항의 정신을 박살 내려 한다. 2010년 6월의 토론토 거리에서 경찰이 그렇게도 난폭하게 군 까닭도 바로 이것이다. 나아가 그들은 다가올 탄압 앞에 사람들이 유순하게 복종하도록 만들 필요가 있다. 그래서 그들은 사람들에게 앞으로 더욱 많은 경제성장이 필요하다고 강조함과 동시에 그 어떠한 저항도 아무 소용이 없을 것이라는 점을 더욱 강하게 각인시켜야 한다.

바로 이런 목적을 위해 저들은 신자유주의적 '충격요법'을 더욱 새로운 규모로 펼쳐 내고 있다. 사실 이 '충격요법'이란 말 자체가 우리의 지배자들이 대다수 사람들에게 심대한 트라우마를 만들어 내지 않고서는 신자유주의적 구조조정을 제대로 관철할 수 없음을 암시한다. 그것은 구체적으로, 기존의 국민연금, 건강보험, 공교육, 공공 부문의 고용과 소득 등에 대한 대대적 공격이다. 나아가 이것은 사람들이 응당 누리고자 하는 행복한 삶의 비전에 대한 무자비한 공격이기도 하다. 이 모든 공격들은 심대한 사회적 위기감을 유발하지 않고서는 결코 수행되기 어렵다. 그리하여 사람들은 여태껏 우리가 알고 있었던 삶이 완전히 위협에 처하게 되면서 일종의 공황 상태에 빠지기도 한다. 게다가 많은 경우, 전쟁이나 자연재해 같은 상황들이 그런 목적을 위해 전략적으로 조작되기도 한다.[3] 스타디스 쿠벨라키스에 따르면, 이 충격요법은 "지극히 '예외적인' 상황, 즉 비상사태를 창출함으로써 어떤 식으로든 사람들이 정상 생활을 하기 어렵게 만든다. 이런 상황은 또한, 여태껏 생각하기조차 어려웠던 일들이 어이없게도 바로 코앞에서 벌어지게 만든다".[4] 실제로 신자유주의 시대를 거치면서 선진 자본주의 국가들에서도 충격요법이 도입되었다. 1995년 캐나다 온타리오 주 총선에서 승리한 초강경 우파 마이클 해리슨은 이 충격요법의 칼을 마구 휘둘러 대기 시작했다. 그가 맨 처음 수술칼을 대기 시작한 데는 교원 노조였다. 교원 노조를 약화시키고, 인종차별과 성차별을 반대하는 민주 교육을 탄압하고, 신자유주의적 가치관을 주입하기 위해 교육기관들에 구조조정이라는 칼날을 가져다 댄 것이다. 이 목적을 위해 사용된 충격요법은 주 정부의 교육부 장관이 직접 나서서 그런 반동적 구조조정의 목적을 달성하기 위해 "유용한 위기 국면을 창출하는 것"이 중요하다고 대놓고 강조하는 것이었다. 사실 이것은 비공개로 진행된 것이었는데, 그 장면을 촬영한 비디오가 누군가에 의해 공개되면서 대중들에게 폭로되고 말았다.[5]

그런 식의 충격과 공포 요법이 지난 30년 동안 전 세계로 확산되었다. 특히 지난 30년간 제3세계에서 그 요법들이 사회 전체를 재앙적으로 구조조정함으로써 파국을 초래하는 일이 많았다. 불행하게도 이런 사태가 이제는 자본주의 핵심 국가들에도 들이닥치고 있다. 이른바 선진국조차 트라우마를 초래하는 구조조정 아래로 종속되는 셈이다. 예컨대 눈깜짝할 사이에 "수백만의 유럽인들이 기존의 안정적인 부, 고용 안정, 대학 교육 등 권리를 박탈당하면서 이제는 월세방을 전전하거나 최저임금 수준의 빈약한 일거리를 찾아 헤매거나 갈수록 빚에 허덕이는 국가에 의존해야 하는 상태로 변모하고 있다".[6] 사실 지금 선진국조차 기존의 국가복지 서비스가 줄어드는 중이다. 불과 2년 전만 해도 그리스 같은 나라에서 연금 제도가 처참하게 무너지리라 상상하기조차 어려웠다. 사람들이 한평생 일을 하면서 퇴직 후 연금을 받고자 꼬박꼬박 돈을 냈는데, 막상 때가 되자 기존에 받기로 한 연금의 **절반**만 받고 먹고살라고 일방적으로 강요하다니, 이 얼마나 기막힌 일인가? 그러나 국가 부도 위기에 의해 초래된 이 '비상'사태는 이러한 새로운 규칙을 강제했다. 그것은 여태껏 상상도 못하던 일이 마침내 불가피한 것으로 수용되도록 만드는 특효약 역할을 했다.

그러나 수백만에 이르는 그리스 노동자들은 이것이 새로운 규칙처럼 행사되는 것에 대해 단호히 반대하고 나섰다. 이들은 대개의 사람들이 생각하는 정상적 삶이 무자비하게 파괴되는 걸 그냥 두고 볼 수만은 없다며 저항한다. 이들은 주로 총파업과 가두시위를 통해, 지배자들이 초래하는 사회적 위기에 단호한 도발을 감행한다. 다시 말해, 자본주의 체제의 실패에 대한 책임을 민중들에게 전가하지 말라는 것이다. 그리고 이보다 더 중요한 점은, 2010년 봄의 파업 행렬과 전투적인 가두시위는 기존의 제도권 정치 패턴을 완전히 뒤바꾸는 것이란 점이다. 즉, 수십만에 이르는 파업 노동자들과 지지자들이 온 거리를 자신의 것으로 만드는 '광장의 정치'를 연 것이다. 노동자 파업을 지지하며 나선 이들은 학생들, 청년들, 실업자들, 은퇴한 사람들이 대부분이었다. 공공 부문 노동자들은 자주 경찰과 충돌했는데, 투쟁이 격렬해지면서 총력전 양상까지 띠었다. 이런 식으로 지배계급에 대한 저항이 불타오르면서 새로운 정치적 국면이 열렸다. 그것은 아래로부터의 저항이 급진적인 민주 정치의 새로운 모습을 띠게 되면서 기존의 부르주아 정치가 지니고 있던 **탈정치화한 정치**의 형태를 상당히 위협했기 때문이다.[7] 물론 비록 이런 저항이 대단히 인상적이고 고무적이라 할지라도, 아직 충분한 것은 아니었다. 그리스의 지배계급은 이 정도 수준의 대중 저항 물결에 대해서야 얼마든지 방향을 바꿔 버릴 수 있는 준비가 되어 있었기 때문이다. 민중의 완전한 성공을 위해 진보 좌파는 기존 지배계급의 통치력을 마비시켜 버릴 정도로 광범위한 대중들의 정치적 참여를 이끌어 내야 한다. 만약 이게 실패한다면, 오히려 전체 사회가 후퇴할 위험이 커진다. 앞서 말한 쿠베라키스의 말대로, "그리스 사회의 진보 좌파와 조직된 모든 세력이 지배계급의 공세에 제대로 맞설 수 없다면, 즉 그들이 무력하거나 파편화되어 있다면, 그들은 순식간에 지배세력에 의해 완전 궤멸될 가능성이 높다. 그렇게 된다면 전 사회는 다시 혼란에 빠질 것이고, 민중들은 다시 절망하고, 전 사회적으로 가장 반동적이고 퇴행적인 흐름들이 생겨날 것이다".[8]

우리는 이러한 "반동적이고 퇴행적인 흐름들"이 어떤 것인지 알기 위해 굳이 과거까지 뒤적거리지 않아도 된다. 왜냐하면 최근 2010년 6월 의 네덜란드 선거에서 극우적인 자유당의 지지율이 상당히 높이 치솟았기 때문이다. 이 사실은 진보 좌파 진영이 실질적 연대나 투쟁 역량을 구축하는 데 실패할 경우, 도대체 사회적으로 어떤 일이 벌어질지를 잘 보여 준다. 이 자유당은 불과 4년 전만 해도 의회 내 의석을 9개밖에 얻지 못할 정도였는데, 최근엔 무려 24석이나 확보하게 되었다.[9] 더욱 놀라운 것은 이러한 지지율 상승이 "범죄를 줄이고, 이민을 줄이며, 이슬람을 줄이자!"라는 세 가지 인종차별주의적 구호에 힘입은 바 크다는 사실이다. 결국 사회적 혼란 상태와 대중적인 절망감을 자유당이 십분 활용해 먹은 셈이다. 이런 굉장히 유해한 정치의 병균들이 이미 미국이나 캐나다에 도 잠복해 있었다.[10] 예컨대 미국 애리조나 주의 반이민법이 그러하고, 캐나다 정부가 난민이나 이민자들의 정당한 권리를 제한한 일이 그러하다. 게다가 2009년 영국에서 정유 공장 노동자들이 파업을 했을 때에도 이러한 인종차별적 기운이 다시 고개를 쳐들었다. 놀랍게도 당시 파업 노동자들은 "영국 출신 노동자들 먼저!"를 외치며 파업에 돌입했다. 물론 그 이후에 노동조합 내의 사회주의자들이 전략적으로 개입해 파업 노동자들의 분노를 올바른 성치적 실천으로 유도해 냈다.[11] 이런 데서 볼 수 있듯, 점점 더 길어지는 글로벌 슬럼프는 이민자들에 대한 배타적 원주민주의와 인종차별 정서가 위험스레 발호할 수 있는 토양을 제공하기도 한다. 역사적 교훈을 잊지 않았다면, 배타적 원주민주의와 인종차별 정치가 무대 중앙에 섰을 때 닥칠 위험에 대해 결코 과소평가해서는 안 된다. 그러나 역사는 또한 그러한 혐오 정치의 광풍을 막아 낼 수도 있음을 말해 준다.

비타협적인 인종차별 반대 투쟁과 연대, 정치투쟁 등 새로운 노동계급의 대중운동이야말로 기존의 정치 영역을 완전히 쇄신할 수 있다. 이것은 또한 진보 좌파 진영에게 새로운 돌파구를 제공할 것이다. 예컨대 코차밤바나 오아하카 투쟁은 우리에게 많은 것을 가르치고 있다. 그것은 노동계급이 그 모든 다양성을 끌어안고 하나로 크게 일어설 때 어떤 일이 벌어질 수 있는지 똑똑히 보여 주었다. 다시 말해 여성들, 청년들, 원주민 활동가들, 다양한 인종적 배경을 가진 사람들이 현실의 고통을 참지 않고 분연히 떨치고 일어나 고유의 목소리를 외칠 때 어마어마한 힘이 새로 솟구친다는 사실이다. 그러한 돌파구들은 볼리비아와 베네수엘라 같은 곳에서 이미 부분적으로 터져 나왔다. 이러한 대중운동들은 반신자유주의 운동이 나아가야 할 방향을 만드는 과정에 있다. 그러나 오늘날 대부분 상황들을 보면, 혁명적 대중운동이 정치 지형을 완전히 뒤바꾸기 위해서는 앞으로도 수많은 풀뿌리 대중의 투쟁, 조직화 및 저항이 필요하다.

위기가 지속되며 저항들이 산발적으로 터져 나오는 시기는 한편으로는 복잡한 측면이 있고, 다른 한편으로는 위험한 점도 있다. 이 시기엔 특히 자포자기, 불안감, 절망감이 사람들의 마음을 압도하기 쉽다. 지배계급은 이제 자유나 인간의 삶의 질 개선과 같은 고귀한 이상을 애써 설교하지도 않는다. 현재 지배계급과는 대조적으로, 신자유주의 시기가 시작될 때만 해도 마거릿 대처나 로널드 레이건 같은 정치가들은 의기양양했다. 왜냐하면 그들은 자본주의 시장 논리나 자유주의적 개인주의를 방어하기 위해서 십자군 전쟁을 수행하고 있다고 확신했기 때문이다. 이러한 신자유주의 십자군 전쟁에 대한 확신은 일종의 기독교 복음주의적 열정 같은 것이었다. 그러나 불행히도, 어제의 자신감은 오늘날 침울한 비관주의로 뒤바뀌고 말았다. 사회의 지배자들은 이제 더 이상 고상한 목표 같은 것을 내세우지도 않는다. 여기저기서 파열음이 나는 지금, 그들이 주도하는 체제를 계속 믿고 따르라고 강요하기도 어려운 처지다. 그들이 애쓰는 것은 오로지 현상 유지일 뿐이다. 이것은 물론 자신들의 탐욕을 위해 이윤과 특권을 계속 뽑아 가려는 것을 뜻한다. 이게 아직도 가능한 이유는 그들이 권력 기구를 장악하고 있기 때문인데, 이 권력 장치들은 덜커덩거릴 정도로 낡았으나 아직도 철통같이 잘 보호되고 있다. 사실 그들은 경제성장이니 발전이니 인간 삶의 질 개선이니 하는 것이 다 한가한 수다일 뿐이라는 사실을 잘 알고 있다. 그들은 자신의 목표 달성 과정에서 대다수 사람들의 삶이 악화될 수도 있다는 것을 잘 안다. 이런 분위기 속에서 우리의 지배자들은 무책임하고 이해할 수 없는 짜증들을 갈수록 많이 내기 시작한다. 그들은 일반 대중들에게는 별 관심이 없다. 그들이 기꺼이 하는 일이란 고작 홍보 담당 보좌관이나 언론 대책반에게 일을 적당히 처리하라고 떠넘기는 일뿐이다.

"내 뒤에 홍수가 몰려온다." 이것은 18세기 후반 프랑스 국왕이던 루이 15세가 한 말인데, 당시 프랑스 봉건주의 사회가 마침내 깊은 나락으로 떨어지던 무렵에 나온 발언이다. 결국 그 몰락한 사회를 구제할 수 있었던 것은 혁명밖에 없었다. 귀족주의 사회가 끝장날 날이 얼마 남지 않았던 것이다. 루이 15세도 이미 그걸 직감하고 있었다. 그가 표현한 것은 당시 지배계급의 사고방식이었다. 그것은 그들이 미래에 대한 비전이 없다는 걸 알면서도 권력에 의존하는 것 외는 다른 어떤 대안도 찾지 못하는 상태다. 이런 상황 속에서는 대개 사람들 사이에 무기력이나 냉소주의가 팽배하게 된다. 그런데 바로 오늘날도 이와 비슷한 상황이다. 우리가 직접 느끼는 분위기는 대단히 폭압적이고 온 마음을 마비시킬 정도의 지배력이 압도한다. 사람을 짓누르는 이 지배력의 주체는 깔끔한 신사복 차림의 얼굴 없는 관료들이다. 또 자본에 장악된 미디어는 그 관료들의 말을 앵무새처럼 반복하고, 모든 반대와 저항의 목소리들을 진압하는 폭력 경찰은 그 관료들의 말을 지지하고 엄호해 준다. 우리는 대의가 상실된 시대를 살아가는 것 같다.

형태 변이된 신자유주의의 문화 및 정치가 전 사회를 지배하고 있다. 가혹한 신자유주의적 착취의 외길로 빠져들면서, 또한 자유나 진보와 같은 이념적 가치는 내팽개치고서 변이된 신자유주의 정신은 갈수록 병들어 가고 있다. 달리 말해, 노골적인 이윤 추구의 용병이 되어 버린 정치 풍토, 권력자를 지키기 위한 무자비한 폭력의 사용 등이 오늘날 우리 생활의 일상이 되었다. 요즘엔 정부가 대중들을 폭력으로 공격하는 것을 아무렇지 않게 생각한다. 그리고 부자들은 오로지 더 부자가 되기 위해 살 뿐이다. 이 모든 상황 속에서 신자유주의 긴축의 10년은 결국 사회적·문화적 퇴행의 시대를 뜻할 뿐이다.

그런데 아직도 우리 시대에 관해 더 해야만 하는 이야기가 있다. 그 것은 우리가 경험하는 현실의 표면 아래에서는 사람들이 갖게 되는 불만이 점점 더 쌓이고 있다는 점이다. 그러다 보니 억압을 심하게 받은 사람들은 지역 주민 센터나 노조 강당 같은 곳에 모여 자신의 이야기를 풀어 놓으며 다양한 활동을 조직하고 있다. 예컨대 집회, 파업, 행진, 콘서트, 피케팅, 나아가 축제 같은 활동들이 논의되고 있다. 거부의 몸짓이나 저항의 느낌들이 마치 지하수처럼 땅 밑에서 흐르면서 하나로 모이고 있다. 가끔 수증기 같은 김을 내뿜기도 하면서 말이다. 사람들이 느끼는 분노와 상상력이 서로 수렴하면서 직접행동의 해방된 영역을 열어 내기도 한다. 그러다가 급작스럽게 사회 저항이 분출하면서 그동안 절망의 분위

기가 압도적이던 온 사회에 갑자기 희망의 기운이 퍼져 나간다. 이런 희망의 기운들을 만들어 내는 직접행동들은, 예컨대 공교육 지원 축소에 저항하는 학생들의 점거 운동, 이주노동자들의 대투쟁, 그리스나 과들루프에서의 총파업 투쟁, 프랑스 유색인종 청년들의 항거, G20에 저항하는 토론토에서의 가두 투쟁 같은 것들이다. 구름같이 모인 대중들이 온 거리를 가득 메우고, 사람들이 모두 집 밖으로 나와 움직이기 시작한다. 경찰이 격노한 민중의 저항을 받고 퇴각하기도 한다. 신나는 연대가 형성되면

2011년 가을을 뜨겁게 달구고 있는 '월스트리트를 점령하라' 운동의 포스터. 이 운동은 대중의 공공장소로의 진출과 이어지는 다양한 토론 등으로 새로운 민주주의 가능성을 타진하고 있다.

서 새로운 가능성의 기운들이 생겨, 민중운동이 더욱 힘을 받으며 성장한다. "바로 이것이 민주주의다!"라는 외침들이 하늘에 울려 퍼진다. 피억압자들의 축제가 온 세상 풍경을 완전히 뒤비꾼다.

　그런데 안타깝게도, 이런 활력 있는 운동이 더 이상 전진하지 못하고 덜커덩거리기 시작하는 경우가 너무나 많다. 낡아 빠진 관료 세력들이 물러간 이후에, 전투적인 운동 진영에조차 이 대중의 역동성을 지속시킬 조직적 역량이나 인프라가 부족하기 때문이다. 바로 이 틈을 타서 구시대 세력들이 재집결한다. 시간이 좀 걸리지만 다시금 낡은 질서가 자리를 잡고 만다. 따지고 보면 쌍방 중 어느 한쪽도 완전한 승리를 거둘

수 없다. 기존의 지배계급은 계속 더 버티려 노력한다. 그들이 희망하는 것은 저항 세력이 제풀에 지쳐 그만두는 것이다. 사실 일일 총파업 정도야 수없이 많이 일어나지만, 전 사회적 세력 관계에서 승리를 거두지 않고서 어떻게 노동자의 역동성을 유지할 수 있겠는가? 이런 상황 속에서 일종의 **병적인 위기**가 도래한다. 그것은 이미 낡은 질서가 맛이 간 상태임에도 급진 저항 세력 스스로가 너무 취약해 결코 새로운 돌파구를 열지 못하는 상태다. 오래전에 안토니오 그람시는 다음과 같이 말한 바 있다. "낡은 것이 죽어 가는데도 아직 새로운 것이 탄생하지 않았다는 사실 속에 위기가 존재한다. 바로 이 공백 기간이야말로 실로 다양한 병적 징후들이 출현하는 때다."[12] 앞서 말한바, 바로 이때가 진짜 위험한 시기로서 반동 세력들이 정세의 주도권을 잡고 나서는 경우 쉽사리 불안과 절망의 시기로 후퇴한다. 그러나 이때는 동시에 가능성의 시기이기도 하다. 그것은 진보 세력의 헌신적인 조직화 노력들이, 마치 1934년의 미국에서처럼 일련의 승리를 쟁취함으로써 정치사회적인 삶의 과정에 일종의 커다란 조류 변화를 일으키는 때다.

이미 살핀 바와 같이, 그러한 헌신적인 조직화 노력은 우선 개혁을 위한 구체적인 투쟁 과정 속에서 시작된다. 여기서 말하는 개혁이란 민중의 기본적 삶에 영향을 끼치는 문제를 개선하는 것으로, 주거·직장·교육·여성·연금·이주자 권리·환경 정의 등 실로 다양한 영역과 연관된다. 그러나 이 개혁적 투쟁들은 더 높은 저항운동의 기반을 닦아 주는 데 큰 의미가 있다. 조직이나 운동의 지속성을 유지하기 위해 매우 중요한 것이다. 그리하여 민중이 주체가 된 운동이 수평적으로 보다 확장되면서 수직적으로는 그 정치적 깊이를 더해 가야 한다. 이것은 기본적 인간 욕구를 제대로 충족시키지 못하도록 자본이 만들어 놓은 체계적 장애물을 송두리째 제거함으로써 가능해진다. 이 기본적 인간 욕구란 곧, 주거 문제나 건강보험, 환경적 지속 가능성, 또는 참된 공동체 등과 관련된 것이다. 바로 이 점이야말로 개혁과 혁명이 얼마나 구체적으로, 또 실감나게 연결되어 있는지 잘 보여 주는 부분이다.

마찬가지로 중요한 것은 저항운동이 자본주의 이후 사회의 비전을 대중들에게 제시해야 하고, 바로 지금부터 우리가 살고 있는 곳에서부터 이러한 대안적 비전이 어떠한 모습인가를 보여 줘야 한다는 것이다. 이것을 가능하게 하기 위해서는 우리는 급진적 민주주의 가치들을 실천하고 계발해야 한다. 이런 점에서 곰곰이 따져 보면, 긴축의 시대인 신자유주의 시기는 역설적으로 진보 좌파 진영에게 정치적 공간을 만들어 주고 있는 셈이다. 앞서 살펴본바, 현재의 신자유주의는 대체로 미래의 비전을 매력적으로 제시하지 못했다. 게다가 신자유주의 진영은 민주주의와는 반대 방향으로 움직여 버린다. 이런 상황은 반자본주의적 진보 좌파에게 중요한 정치적 공간을 열어 준다. 좌파는 그 열린 공간에서 정치에 대한 급진적 상상력을 발휘해야 하고, 빼앗긴 민주주의를 다시 찾아와야 한다. 특히 급진적 직접민주주의를 핵심 가치로 하는 민주주의를!

어느 비평가는 남미에서 신좌파가 어떻게 발전해 나왔는지 이야기하면서 크게 네 가시 요인들의 합류 지점에 주목한다. 그것은 첫째, 신자유주의가 수명을 다했다는 점, 둘째, 자본주의적 자유민주주의가 실패했다는 점, 셋째, 기존 정당이나 제도에 대한 충성심이 저하했다는 점, 넷째, 신자유주의에 반대하는 투쟁이 세계화하고 있다는 점 등이다.[13] 그런데 바로 지금, 최소한 북반구의 일부 나라들에서도 비슷한 조건들이 무르익고 있다. 문제는 우리도 그들과 마찬가지로 생동하는 운동을 재건하고 거부 및 저항의 인프라를 다시 창출하며 주체적인 역량을 폭넓게 고양할 수 있는가 하는 점이다.

새로운 진보 좌파 운동은 단순히 과거의 방식을 답습해서는 안 된다. 그것은 우선 과거로부터 물려받은 각종 자원들을 새롭게 종합하면서 재창조해야 한다. 특히 그간의 운동 과정에서 새롭게 생성된 각종 연대의 요소들, 그리고 해방된 미래를 지향하는 다양한 투쟁의 방식들을 제대로 결합시켜 내야 한다. 많은 분석가들이 지적하듯 남미의 신좌파 운동은 결코 획일적인 색깔이 아니라 대단히 다양하면서도 민주적이고 비타협적인 모습을 견지해 왔다. 그것은 그 이전의 진보 세력과는 전혀 다른 모습이었다. 여기서 중요한 점은 급진적 민주주의에 대한 믿음과 헌신이 운동의 수단이자 목표로 설정되어 대체로 그 일관성이 유지되었다는 점이다. 이 덕분에 남미 신좌파들은 과거 혁명운동의 해방적 기운을 되찾고 있다. 바로 이러한 좌파야말로 예전에 로자 룩셈부르크가 사회주의나 민주주의와 관련하여 권고한 내용과 잘 부합한다. 로자 룩셈부르크는 "사회주의를 향한 투쟁은 반드시 대중들이 끝까지 밀고 나가야 하는 싸움이다. …… 사회주의는 결코 지도자나 상부의 명령에 의해서 달성되는 것도 아니고 그렇게 될 수도 없다. 나아가 그것은 그 어떤 정부에 의해서도 만들어지지 못한다. 그 정부가 아무리 사회주의적이라 할지라도 말이다. 결국 사회주의는 대중들에 의해서, 모든 노동자들에 의해서 창조되어야 한다. 따라서 자본주의의 사슬이 만들어지는 그 모든 곳에서 사슬을 깨뜨려야 한다"라고 강조했다. 로자 룩셈부르크는 또 다른 곳에서 이렇게 설명한다. "사회주의 사회의 본질은 위대한 노동대중이 더 이상 지배당하는 대중이 아니라 스스로 자기 삶의 주인으로서 정치적·경제적 삶을 재창조하는 데 있다. 그리하여 그 자신의 삶을 늘 깨어 있고 자유로우며 자율적인 방향으로 가게 만들어야 한다."[14]

바로 여기서 우리는 21세기 사회주의[15]에 새로운 활력을 불어넣는 데 도움이 될 몇 가지 주요 요소들을 재발견할 수 있다. 사실 이 말은, 우리가 과거의 자원들도 제대로 끌어내기만 하면 뭔가 새로운 것을 창조할 수 있다는 확신을 내포하기 때문에 그 자체만으로도 매우 중요하다. 여기서 그 새로운 것이란 바로 자본주의 착취 관계 및 그 모든 지배와 억압의 관계를 넘어서려는, 원기왕성하게 살아 움직이면서도 지칠 줄 모르는 사회운동을 가리킨다. 이런 의미에서 새로운 진보 좌파 진영의 구축은 엄청 중요한 과정이다. 이것은 자유와 평등을 향한 우리의 위대한 꿈을 다시 일깨우는 것이기도 하다. 그것은 과거 역사 속에서 자유를 향한 위대한 투쟁이기도 했다. 또한 새로운 좌파의 건설을 위해서는, 현재 투쟁에서 가장 절실하고 가장 급진적인 것들이 무엇인지를 자유롭게 토론하고 발표하도록 만들어야 한다. 그래야 마침내 새로운 좌파는 가장 고전적인 의미(고대 아테네적 의미)에서 민주주의를 위한, 즉 가난한 사람들의 통치를 위한 전투에서 승리할 것이다.[16]

사실 지금과 같은 글로벌 슬럼프 시대에 민주주의가 가장 격심한 각축장이 된다는 것에는 의심의 여지가 없다. 긴축의 고통이 사람들을 괴롭히고 사회적 저항이 솟아오름에 따라, 우리의 지배자들을 떠받치는 반민주적 기구의 내표사 격인 전투경찰과 감옥이 급속히 늘어나고 있다. 그에 더하여, 일부 부르주아 논평가들은 민주주의 때문에 공황이 찾아왔다며 민주주의를 비난했다. 예컨대 누군가는 "민주주의는 끝내 경제적 파산을 부른다"라고 했다. 그는 이어서 민주주의란 아랫것들이 주제도 모르고 함부로 주인한테 덤비는 것에 지나지 않는다며, 민주주의에 대해 오래된 적대감을 드러낸다. 바로 그 참된 민주주의의 이상이 이제 겁먹은 엘리트들을 뒤흔들어 편집증적 상상력에 사로잡히게 한다. 그들은 이제 피지배 대중들이 혁명을 일으킬 것이라고 혼자만의 상상의 늪에 빠져 버린다. 이보다 더 심각한 경우도 있다. 우리의 부르주아 논평가는 민주주의야말로 혁명을 잉태하고 있다고 불안해한다. 최근 각 정부가 긴축재정을 실시하면서 여러 공공 지출을 줄이는 것에 대해 민중 저항이 잇따르자 그는 이렇게 말한다.

> 이미 수많은 군중들이 유럽 여러 나라의 소중하고 상징적인 거리들을 점거하고 말았다. 특히 아테네 민주주의의 요람이라고 할 수 있는 그리스에서도 말이다. …… 그리고 이미 수십만의 군중이 파리와 로마, 밀라노와 사라예보, 레이캬비크와 부쿠레슈티의 거리들을 떼거지로 점령했다. (시위대들은 또한 종종 대통령 관저도 습격했는데, 이러한 반란 행위는 혁명이라는 유령을 불러낸다.)[17]

혁명이라는 유령? 그렇다. 수만 명의 사람들이 거리로 몰려나올 때마다, 아마도 그 유령이 우리의 지배자들을 잠도 못 자게 괴롭힐 것이다. 바로 이런 이유 때문에 그들은 민중 저항을 조기 진압하고자 무기와 최루탄, 음파 대포, 헬리콥터 따위를 준비해 놓는다. 그 생생한 사례는 G20 회의가 열린 2010년 6월 캐나다 토론토에서도 드러난 바 있다. 앞서도 살핀바, 당시 토론토에서는 최루가스, 고무 총탄, 몽둥이 따위는 물론, 비인간적 구금, 시민 인권의 침해 등을 예사로 볼 수 있었다. 마침내 민주주의에 대해 무자비한 공격이 자행되었다. 그럼에도 불구하고 지배계급은 민중의 저항 정신을 완전히 박살 낼 수는 없다. 잔인한 폭력에 맞선 민중은 용감하게, 심지어 토론토 경찰 본부 항의 방문 시위를 하면서 격렬히 저항하기도 했다.[18]

이러한 저항들의 정기적인 분출과 혁명의 유령은 실은 글로벌 슬럼프 때문에 촉발된 어떤 질적 구조 변화의 산물이다. 우리의 도전은 이러한 시대의 임무를 완수할 능력과 결단을 갖는 것이다. 또한 우리의 도전은 정말 오랜만에 급진적이고 **대중적인** 반자본주의 운동을 조직화함으로써 이 국면에 대응하는 것이다. 물론 우리가 꼭 승리한다는 보장은 없다. 게다가 현재를 역사적 과정의 일부로 본다면, 승리에 대한 보장이란 말 자체가 어폐가 있다. 미래는 언제나 열려 있다. 바로 이것이 우리가 지금 당장, 내일, 또 내년 중에 하는 일이 중요한 까닭이다. 그러나 만일 우리가 끝까지 최선을 다했음에도 당면한 시대적 과제를 제대로 해결하지 못한다면, 다음 세대가 이 과업을 잘 이어 가도록 도와주면 된다. 그것은 우리가 이어받은 엄청난 자원들, 그 역사적 교훈들, 숱한 투쟁의 흔적과 기억을 잘 물려줌으로써 후세대들이 올바로 배우게 돕는 일이다. 이 모든 것은 분명 그들의 투쟁을 더 강하게 만들 것이다. 그들은 자신의 방식으로 또 새로운 길을 개척해 나갈 것이다. 물론 우리 세대보다 더 용감하게, 더 헌신적으로, 더 영리하고 똑똑하게 그 길을 갈 것이다. 그렇게 역사는 강물처럼 이어진다.

혁명가 빅토르 세르주는 『우리 권력의 탄생』이란 탁월한 소설에서 대단히 중요한 성찰을 보여 준다. 그것은 혁명 운동에서 흔히 경험하는 패배와 승리 사이의 복잡한 관계에 대한 것이다. 벨기에 태생의 세르주는 아나키즘적인 신념 때문에 프랑스에서 5년간 옥살이를 하고 풀려난 뒤 1917년 스페인 바르셀로나의 민중 봉기에 가담하였다. 그것이 실패로 돌아가자 그는 러시아로 망명했다. 바로 그때 러시아에서는 노동자와 농민이 혁명을 일으켜 봉건 황제인 차르 체제를 전복하고 좌파 연합 세력인 볼셰비키를 권력의 자리에 올려놓는다. 그의 소설 속엔 급진적 입장을 가진 노동자들이 이미 일어난 일들에 대해 신나게 토론하는 장면이 나온다. 소설 속 화자는 사건의 맥락을 다음과 같이 말한다.

시간이 많이 걸린다. 수년 동안 수천의 사람들, 그러니까 사람들이 감옥에서 보내야 하는 세월을 모두 합치면 수천 년 걸리는 셈이다. …… 온갖 배신들, 갖가지 도발들, 새로 시작하고 또 새롭게 시작한다. 그리고 마침내 낡아빠진 제국이, 흰개미들에 의해 살금살금 잡아먹히듯 하다가, 어느 날 갑자기 무너지고 만다. 일부 노동자 부인들이 빵집 앞에서 "빵을 다오!"라고 외치기 시작했기 때문이다. 또한 병사들이 화난 군중과 친구가 되었기 때문이다……. 나는 굳이 그들을 가르칠 필요가 없다. 그들은 이미 이 모든 걸 아주 잘 알고 있다. 그런데 또 어떤 이는 잘 믿기지 않는 사실을 계속 반복해서 말해 달라고 한다. 진짜 혁명이 일어났다는 것을 말이다. 그는 손을 내밀며 이렇게 묻는다.

"글쎄, 그런데 차르는요?"

"이제 더 이상 차르는 없어요."

"군인들은요?"

"민중과 함께하고 있잖아요."

"경찰은요?"

"이제는 경찰 같은 건 없어요."

"감옥은요?"

"모두 불태워졌죠."

"그럼 권력은?"

"바로 우리가 권력이죠."[19]

물론 이렇게 러시아 혁명으로 탄생한 민주적인 노동계급의 권력은 더 이상 존재하지 않는다. 외부로부터의 파괴 공작, 내전, 굶주림, 그리고 새로 등장한 관료 계급 등이 그 모든 꿈을 박살 내고 말았다. 세르주 자신도 나중엔 스탈린의 비밀경찰에 체포되었으며, 감옥에 갇혔다가 나중엔 해외 추방되었다.[20] 그 뒤 그는 스페인에서 파시즘에 대한 저항이 일어나자 혼신을 다해 투쟁을 지원한다. 그러나 1936~1937년 사이에 바르셀로나에서 일어난 노동자 혁명은 비극적 패배로 끝난다. 하지만 그는 이 모든 것에도 불구하고 결코 좌절하거나 절망하지 않는다. 오히려 그는 자기 세대가 해방을 위한 비타협적 투쟁 과정에서 앞으로도 결코 사라지지 않을 중요한 것을 성취했음을 적극 인정한다. 그것은 자유와 해방을 향한 민중의 강렬한 열망이 살아 있음을 끝까지 보여 주었다는 것이다. 비록 그 당시의 횃불은 적들의 탄압에 의해 꺼졌을망정, 분명히 그 횃불은 다음 세대의 또 다른 누군가에 의해 점화될 것임을 믿었기 때문이다. 그는 같은 소설에서 노동운동이 어떻게 도시 전체를 장악하게 되었는지 생각하면서(물론 그는 바르셀로나를 염두에 두고 있으나, 이것은 1871년의 파리코뮌이나 2006년의 오아하카에도 마찬가지다) 이렇게 쓰고 있다.

내일은 보다 더 위대할 것이다. 우리는 이설픈 승리를 믿들지는 않을 것이다. 설사 우리 세대에서 하지 못한다 해도, 이 도시는 최소한 우리와 같은 사상을 가진, 그러나 더 강고한 후손들에 의해 언젠가 장악될 것이다. 우리가 두들겨 맞고 거꾸러진다면, 우리와는 전혀 다르지만 우리와 똑같은 다른 이들이 10년, 아니 20년 후에도(언제냐 하는 시간은 중요한 게 아니다) 오늘 같은 밤에 람블라 거리를 행진할 것이다. 그들도 우리가 생각했던 승리를 생각할 것이다. 아마도 그들은 우리가 먼저 흘린 피를 기억할 것이다……. 분명 그

들은 이 도시를 장악하고 말 것이다.[21]

우리가 지난 10년간의 글로벌 슬럼프와 긴축의 시기를 겪으면서 잊지 말아야 하는 것도 바로 이런 것이다. 세르주의 말대로, 우리는 해방의 새날을 위해 "새로 시작하고 또 새롭게 시작한다. 그리고 마침내 낡아 빠진 제국이, 흰개미들에 의해 살금살금 잡아먹히듯 하다가, 어느 날 갑자기 무너지고 만다". 물론 신자유주의적 공세로 말미암아 대부분의 저항이 패배하면서 범지구적으로 진보 좌파 진영이 극도로 약해진 건 사실이다. 따라서 우리 앞에 놓인 장애물은 실로 엄청나다. 그러나 저항과 변혁의 힘들을 제대로 구축하는 데 실패했다는 점이 우리에게 던지는 시사 또한 대단히 크다. 왜냐하면 경향적 위기에 빠진 자본주의는 수많은 대중들을 고통의 구렁텅이로 몰아넣을 것이기 때문이다. 다시 말해 박탈, 전쟁, 착취, 인종차별, 굶주림, 소외의 고통 등 이 모든 것이 인간성을 유린한다. 바로 이런 점이 반자본주의 및 인간적 자유를 향한 대의가 얼마나 절실한지 잘 알려 준다. 바로 이것이야말로 우리가 힘든 조건 속에서도 희망을 잃지 않게 하는 배경이기도 하다. 이런 희망을 안고 우리는 일상적 조직화 작업과 함께 다양한 이의 제기, 선전 선동, 저항운동을 엮어 낼 필요가 있다.

코차밤바 물 사유화 반대 투쟁을 승리로 이끌기 위해 차곡차곡 준비를 했던 수년의 시간들을 회상하면서 그 운동의 지도자인 오스카르 올리베라는 이렇게 말한다.

오직 끈기 있게 진행된 그 작업들만이 비로소 몇 년 뒤에 노동자, 농민 등 민중 전체에 놀라운 승리를 안겨 줄 수 있었다. 그것은 마치 개미처럼 부지런

하고 정직하며 또한 명확하면서도 헌신적으로 진행된 준비 과정이었다. 그리하여 다양한 민중 조직들은 초국적기업을 몰아내고 주 정부를 뒤집어엎었으며 일주일 동안이나 주 정부 대신 민중의회 식의 자치 정부를 운영할 수 있었다.

그는 이어 말한다. 만일 우리가 그런 일을 잘해 낸다면, 만일 우리가 "다른 사람들과 함께 마을마다, 학교마다, 시장 광장마다, 그리고 공장이나 대학마다 우리를 단결하게 해주는 고리들을 잘 찾아낸다면 …… 마침내 우린 수많은 승리를 거둘 것이다".[22] 그리고 바로 그때가 또 다른 세상이 진짜 가능해지는 순간일 것이다.

후주

❖ **들어가며 _ 세계 자본주의의 변형된 위기**

1 Carmen M. Reinhart and Kenneth S. Rogoff, *This Time is Different: Eight Centuries of Financial Folly* (Princeton: Princeton University Press, 2009), p.208 참조.

2 Georg Lukács, *History and Class Consciousness*, trans. Rodney Livingstone (London: Merlin Press, 1971), p.204, 강조는 인용자. '역사적 문제'로서 현재에 대한 루카치의 진술은 p.157 참조. 폴 스위지는 이러한 루카치의 통찰을 다시 체계적으로 진술하면서, 『역사로서의 현재』라는 유명한 책을 썼다. Paul Sweezy, *The Present as History* (New York: Monthly Review Press, 1953).

3 "The Future of Capitalism," *Financial Times*, March 8, 2009 참조.

4 영국 중앙은행은 미국, 영국, 유로존에서의 금융체제 구제 비용이 14조 달러에 이른다고 했다(Bank of England, *Financial Stability Report*, October 24, 2009). 그러나 이 14조 달러도 실제의 구제금융 총액에는 못 미친다. 그 구제금융은 자동차 산업 구제를 포함, 모든 종류의 금융 부문 지원비를 계산했을 때, 미국에서만도 거의 12조 달러나 책정되었다(Mark Pittman and Bob Ivry, "Financial Rescue Approaches GDP as U.S. Pledges $12.8 Trillion," *Bloomberg.com*, March 31, 2009). 전 세계의 국고 지원 경기부양 프로그램을 계산해 보면, 미국은 거의 1조 달러, 중국은 6,000억 달러, 일본은 2,000억 달러 이상, 러시아·프랑스·캐나다·오스트레일리아·남아프리카공화국·이탈리아·영국·아르헨티나의 경우 5,000억 달러를 사용했다(Tina Cowan, "Fiscal Stimulus," *Globe and Mail*, April 2, 2009; Reuters, "Keeping the Stimulus Tap Open," *Globe and Mail*, December 9, 2009). 그리고 여기에 또 1조 달러가 추가된다. 2010년 4월과 5월, 그리스 위기가 다른 유럽 지역으로 확산되는 것을 막기 위해 유럽연합은 1조 달러의 특별 준비기금을 조성했다. 위기 타개책으로 세계 각국 정부가 투하한 비용은 총 20조 달러를 초과했고, 이는 미국 GDP의 거의 1.5배에 해당한다. 물론 나는 이 기금이 전부 다 지출되지는 않을 것이라 보고, 또 그 중 적은 양만이 상환될 것이라 본다. 그럼에도 불구하고 이 수치들은 정부 개입의 규모가 얼마나 컸는지 짐작케 한다.

5 Stephen G. Cecchetti, M. S. Mohanty and Fabrizio Zampolli, "The Future of Public Debt: Prospects and Implications," *BIS Working Paper* 300 (Basel: Bank for International Settlements, March 2010) 참조.

6 Nicole Bullock, "Investors Fear Rising Risk of US Regional Defaults," *Financial Times*, July 5, 2010 참조.

7 *Global Economic Prospects 2010: Crisis, Finance and Growth* (Washington, D.C.: World Bank, 2010) 참조.

8 Philip Beresford, "The Sunday Times Rich List 2010: Rising from the Rubble," *The Sunday Times*, April 25, 2010 참조.

9 내가 시카고에서 강연 및 토론을 할 때, 로스앤젤레스의 사회주의자이자 교사 활동가인 사라 놉이 이러한 통찰력 있는 관찰을 발표했다. Sarah Knopp, "The Mutating Crisis of Global Capitalism" at the Socialism 2010 conference in Chicago, June 20, 2010.

10 William Shakespeare, *Coriolanus*, Act 1, Scene 1, lines 20~22. 나는 다음의 책에서 이 희곡을 다루었다. David McNally, *Monsters of the Market: Zombies, Vampires and Global Capitalism* (Leiden: Brill, 2011), ch.1 참조.

11 Alan Beattie, "Wealthy Nations Urged to Make Rapid Cuts," *Financial Times*, June 10, 2010; Bob Davis, Sebastian Moffett, Alkman Granitsas and Nick Skrekas, "Greek Resistance a Challenge to IMF and Allies," *Globe and Mail/Wall Street Journal*, May 31, 2010; Doug Sanders, "Britain Unveils Harshest Budget in a Generation," *Globe and Mail*, June 23, 2010 참조.

12 Paul Krugman, "The Third Depression," *New York Times*, June 27, 2010 참조.

13 Charles Roxburgh and et al., *Debt and Deleveraging: The Global Credit Bubble and its Economic Consequences* (Washington: McKinsey Global Institute, January 2010). 비슷한 논의를 다룬 다음 책은 방대한 증거를 담고 있다. Reinhart and Rogoff, *This Time Is Different*, pp.224~233.

14 Bloomberg, "Japan Faces 'Debt Curse' Till 2084, IMD Report Warns," *Globe and Mail*, June 5, 2010 참조.

15 Mark MacKinnon, "The Garlic Barometer: Inflation Threatens to Slow China's Racing Economy," *Globe and Mail*, May 11, 2010.

16 Alison Smale, "Leaders in Davos Admit Drop in Trust," *New York Times*, January 30, 2010; Carolynne Wheeler, "China Roars Back," *Globe and Mail*, October 23, 2009도 참조.

17 Andy Hoffman, "A Shiny New City Fuels Talk of a Bubble," *Globe and Mail*, February 23, 2010; "China to Triple Size of Subway System," *Bloomberg News*, May 14, 2010 참조. 자본의 과잉 축적 개념에 대해서는 권말의 용어 해설 및 3장의 설명 참조.

18 Tavia Grant, "China's Red-Hot Risks," *Globe and Mail*, January 8, 2010.

19 Geoff Dyer, "The Soap Opera of China's Housing Boom," *Financial Times*, January 6, 2010; Andy Hoffman, "China's Regulators Apply Brakes to Bank Lending," *Globe and Mail*, January 21, 2010.

20 Brian Milner, "China Move Forces Banks to Curb Lending," *Globe and Mail*, January 13, 2010; Andy Hoffman, "China Tightens Loose Lending," *Globe and Mail*, February 13, 2010.

21 Jonathan Bell, "China at Risk of a Home-Grown Financial Crisis," *Financial Times*, February 22, 2010.

22 Martin Mittelstaedt, "Falling Money Supply Creates Downturn Fears," *Globe and Mail*, April 16, 2010; Gretchen Morgenstern, "Ignoring the Elephant in the Bailout,"

New York Times, May 9, 2010; Martin Wolf, "Fear of the Markets Must Not Blind Us to Deflation's Dangers," *Financial Times*, June 9, 2010. 그리고 Kevin Carmichael, "G20 Plan's Dilemma: Boosting Growth With Less Spending," *Globe and Mail*, June 29, 2010에 실린 경제학자 카를 와인버그의 관찰 또한 참조.

23 프레드릭 제임슨이 지적한 대로 '후기 자본주의'라는 용어는 제2차 세계대전 무렵 테오도어 아도르노와 막스 호르크하이머 등의 저술에서 기원했고, 그 이후 독일 좌파들 사이에서 광범위하게 사용되었다. 이 표현은 원래 1972년 독일에서 출간된 에르네스트 만델의『후기 자본주의』의 등장과 더불어 대중화되었고, 만델은 이 '후기 자본주의'라는 용어를 레닌이 분석한 '제국주의 시대'의 '독점 자본주의'를 지칭할 때 사용했다. Ernest Mandel, *Late Capitalism* (London: New Left Books, 1975), p.10. 그런데 내가 쓰는 후기 자본주의라는 용어는 만델의 맥락과 다르다. 세계 제조업의 주요 부분이 제3세계로 재배치되었다는 제임슨의 견해엔 찬성하지 않지만, 나는 그의 용례를 좇아 '신자유주의 시대의 금융화한 자본주의'라는 측면에서 후기 자본주의란 용어를 사용한다. Fredric Jameson, *Postmodernism; or, The Cultural Logic of Late Capitalism* (London: Verso Books, 1991), pp.xvii~xxi 참고.

24 칼 맑스의 「포이어바흐에 관한 테제」 중 열한번째 테제. 다음 주소에서 볼 수 있다. http://www.marxists.org/archive/marx/works/1845/theses/theses.htm.

❖ 1장_2008년 대공황

1 Henry M. Paulson, Jr., *On the Brink: Inside the Race to Stop the Collapse of the Global Financial System* (New York: Business Plus, 2010), p.215.

2 Alan Greenspan, "Testimony to the House Committee on Oversight and Government Reform," October 23, 2008. http://oversight/hoU.S.e.gov/documents/2008 1023100438.pdf 참조.

3 Greg Farrell, "Merrill Chief Sees Severe Global Slowdown," *Financial Times*, November 11, 2008; "Doom and Gloom Rule on Wall Street," *Globe and Mail*, November 13, 2008.

4 Bloomberg, "Geithner Recounts AIG Rescue in Testimony to U.S. House (Text)," January 27, 2010. http://www.businessweek.com/news/2010-01-27/geithner-recounts-aig-rescue-in-testimony-to-u-s-housetext-.html 참조.

5 Tara Perkins, "Weak Growth Delays Attack on Defi cit," *Globe and Mail*, November 21, 2009.

6 Barry Eichengreen and Kevin H. O'Rourke, "A Tale of Two Depressions," *Vox*, June 4, 2009 and updated March 8, 2010. http://www.voxeu.org/index.php?q=taxonomy/term/1619 참조.

7 이 책에서 나는 '지배계급'이라는 용어의 단수형과 복수형을 모두 사용할 것이다. 자본주의는 자본가들을 하나로 단결시켜 세상의 노동자들과 대립하도록 뒤에서 밀어붙이

고, 동시에 시장과 이윤을 위해서 자본가들끼리 서로 경쟁하도록 분리시켜 놓기 때문이
다. 따라서 맑스가 『자본』 3권에서 말한 대로, 자본가들은 '적대적인 형제들'이다. 그들
은 서로 경쟁하거나 싸우면서도, 또한 서로 단결해서 전 세계의 노동자들과 대립해 공동
이익을 챙긴다. 이런 방식으로 자본가들은 세계의 단일 지배계급이 된다. 맑스의 지배계
급 개념은 이러한 두 가지 경향을 모두 포함한다. 이것은 왜 지배계급이 자본가들 사이
에 적대를 중재하고 계급의 통일성을 창출해 내는 부르주아 국가를 필요로 하는가를 설
명해 준다. 그리고 G8, G20, 세계은행, IMF 같은 제도들을 통해 이뤄지는 지배적 국가
들 사이의 조율은 하나로 통일된 세계 자본주의 정책의 수립을 목표로 한다. 이 책에서
다른 토론 주제들을 다룰 때, 나는 이 '지배계급'이라는 용어를 통해 지배계급의 어떤 측
면(통일성이냐 분열성이냐)이 특히 지배적인지 보일 것이다. 맑스의 '적대적 형제들'이라
는 용어에 대해서는 『자본』 3권 15장을 참조. http://www.marxists.org/archive/marx/
works/1894-c3/ch15.htm.

8 "The Future of Capitalism," *Financial Times*, March 8, 2009; Gillian Tett, "Lost
Through Destructive Creation," *Financial Times*, March 9, 2009 참조.

9 확실히 이것은 나에게도 실제로 그랬다. 텔레비전, 라디오, 신문에서 인디뷰 요청이 그전
보다 훨씬 더 많았다. 그리고 요크대학교 정치학과에서 같이 근무하는 나의 동료 리오 패
니치에게는 더 많은 인터뷰 요청이 있었다.

10 Kate Connolly, "Booklovers Turn to Karl Marx as Financial Crisis Bites in Germany,"
Guardian, October 15, 2008; Leo Lewis, "Karl Marx Goes Manga in a Kapital Comic
Strip," *Times of London*, November 18, 2008.

11 Douglas Clement, "Interview with Eugene Fama," *The Region*, Federal Reserve
Bank of Minneapolis, November 2, 2007.

12 Justin Fox, *The Myth of the Rational Market: A History of Risk, Reward and
Delusion on Wall Street* (New York: Harper Collins, 2009).

13 Rich Miller and Josh Zumbrun, "Greenspan Takes Issue with Yellen on Fed's Role
in House Bubble," *Bloomberg.com*, March 27, 2010.

14 Sigmund Freud, "Five Lectures on Psycho-Analysis," *Two Short Accounts of Psycho-
Analysis* (Harmondsworth: Penguin Books, 1991).

15 Alan Greenspan, "The Crisis," Brookings Papers on Economic Activity, 3. http://
www.brookings.edu/~/media/Files/Programs/ES/BPEA/2010_spring_bpea_
papers/spring2010_greenspan.pdf 참조.

16 Ben S. Bernanke, "The Economic Outlook," Testimony before the Joint Economic
Committee, U.S. Congress, March 28, 2007. http://www.federalreserve.gov/
newsevents/testimony/bernanke20070328a.htm; International Monetary Fund,
World Economic Outlook 2007 (Washington: IMF, 2007), p.162 참조.

17 Lawrence G. McDonald, *A Colossal Failure of Common Sense: The Inside Story of
the Collapse of Lehman Brothers* (New York: Crown Business, 2009), p.1.

18 Francesco Guerrera and Nicole Bullock, "Struggle to Unearth Quake's Epicentre,"
Financial Times, July 31, 2008.

19 Michael Lewis, *The Big Short: Inside the Doomsday Machine* (New York: Norton, 2010), p.262.

20 오바마의 자문인 데이비드 악셀로드가 CNN에서 발표한 내용이다. Brent Kendall, "White House Aides Out in Force Pushing for Bernanke Approval," *Wall Street Journal*, January 25, 2010에서 재인용.

21 Paulson, *On the Brink*, p.106.

22 상원의원 크리스 도드가 PBS에서 보고한 것이다. PBS, "Frontline: Inside the Meltdown," February 17, 2009.

23 Greenspan, "The Crisis," p.18.

24 IFS 보고서는 "고통의 두 개의 의회들"이라고 표현했는데, 이 '두 개의 의회들'이라는 표현은 5년의 의회 임기 두 번, 즉 10년에 해당한다. Steve Schifferes, "UK Economy Faces Decade of Pain," BBC news, April 23, 2010 참조. http://news.bbc.co.uk/2/hi/business/8015063.stm에서 볼 수 있다.

25 Abby Goodnough, "States Turning to Last resorts in Budget Cuts," *New York Times*, June 22, 2009; Barrie McKenna, "Think Greece is a Drag on Europe? California's Sorry State a Bigger Threat to U.S.," *Globe and Mail*, February 16, 2010; Bob Herbert, "A Ruinous Meltdown," *New York Times*, March 20, 2010; Nicholas Johnson, Phil Oliff and Erica Williams, *An Update on State Budget Cuts: Governors Proposing New Round of Cuts for 2011; At Least 45 States Have Already Imposed Cuts That Hurt Vulnerable Residents*, Center on Budget and Policy Priorities, March 8, 2010. http://www.cbpp.org/cms/index.cfm?fa=view&id=1214.

26 Jason DeParle and Robert Gebeloff, "Food Stamp Use Soars across U.S., and Stigma Fades," *New York Times*, November 29, 2009; Agence France-Presse, "Half of U.S. Kids Depend on Food Stamps During Childhood," November 2, 2009.

27 Eric Eckholm, "More Homeless Pupils, More Strained Schools," *New York Times*, September 6, 2009. 나는 5장에서 실질실업률에 대해 설명할 것이다.

28 KPMG, "Tough Choices Ahead: The Future of the Public Sector," February 8, 2010. http://www.kpmg.com/Global/en/IssuesAndInsights/ArticlesPublications/Pages/Tough-Choices-Ahead.aspx 참조.

29 브리티시콜롬비아 주의 사례에 대해서는 Peter McMartin, "After the Pricey 2010 Party, the Poor Take it in the Teeth," *Vancouver Sun*, April 3, 2010 참조. 온타리오 주의 사례에 대해서는 '온타리오 빈곤 추방 연대'(http://www.ocap.ca/)가 잘 설명해 놓았다.

30 Neal Lipschutz, "Summers: 'Statistical Recovery and Human Recession," Wall Street Journal Blogs, January 30, 2010. http://blogs.wsj.com/davos/2010/01/30/summers-statistical-recovery-and-human-recession/ 참조.

31 Philip Beresford, "The Sunday Times Rich List 2010: Rising from the Rubble, *The Sunday Times*, April 25, 2010.

32 Helena Smith, "Greece's Spending Cuts are Making Debt Crisis Worse, Says National Bank," *Guardian*, March 22, 2010.

1 Steven Rattner, "Volcker Asserts U.S. Must Trim Living Standards," *New York Times*, October 18, 1979.

2 캐나다의 경우 당시 수상 피에르 트뤼도는 예상과 달리 1976년에 임금 통제를 도입함으로써 그 전쟁에 착수했다.

3 3장에서 자본의 과잉 축적과 이윤율의 경향적 저하에 대해서 설명한다.

4 나는 신자유주의 시대를 더 독한 맹독성 자본주의라고 부른다. 좌파의 의무 중 하나는 (착취와 억압을 본성으로 하는) 자본주의 체제의 더 나은 변종을 옹호하는 것이 아니라, 집 단투쟁의 결과로서 자본주의가 특정 시기에 노동자 계급에 더 많은 양보(노동조합의 권리 강화, 더 나은 사회 서비스 등)를 했다는 사실을 기록하는 것이기 때문이다.

5 마코토 이토는 일관되게 1973년 이후 시기를 '대침체기'라 부른다. 예를 들어 Makoto Itoh, *The World Economic Crisis and Japanese Capitalism* (London: Macmillan, 1990), pp.4~5 참조. 그는 2007년 런던에서 개최된 '역사유물론 컨퍼런스' 발표에서도 이러한 입장을 계속 고수하고 있다. 존 벨라미 포스터와 프레드 맥도프는 『금융 대위기: 원인과 결과들』에서 다음과 같이 주장했다. "경기 둔화 혹은 스태그네이션은 이제 40년간은 지속될 것이고, 시간이 지날수록 악화될 것이다"(John Bellamy Foster and Fred Magdoff, *The Great Financial Crisis: Causes and Consequences*, New York: Monthly Review Press, 2009, p.15). 그리고 후기의 크리스 하먼은 『공황에 대한 설명: 한 맑스주의적 재평가』 (Chris Harman, *Explaining the Crisis: A Marxist Re-Appraisal*, London: Bookmarks, 1984) 에서 보여 준 그의 초기 입장을 교정하면서, 우리는 지금 자본주의의 '영구 공황' 시대에 살고 있다고 주장했다. 그리고 1973년 이후 자본주의는 "전체적으로 스태그네이션 경향"을 보이고 있다고 보았다(Chris Harman, "The Rate of Profit and the World Today," *International Socialism Journal*, 115, 2007 참조). 물론 그의 비교 기준은 여전히 대호황 이긴 하지만, 하먼의 최근작 『좀비 자본주의: 세계적 공황과 맑스주의와의 연관』은 가장 미묘한 차이를 드러내는 분석을 보여 준다(*Zombie Capitalism: Global Crisis and the Relevance of Marx*, London: Bookmarks, 2009. 예를 들어 8장에 나온 데이터와 주장들, 그리고 p.232에 나온 그의 주장들에 따르면, 신자유주의 시대를 거치면서 "어느 정도 이윤율 회복"의 기미가 있었지만, "자본주의 체제를 장기 호황의 장기적 패턴으로 되돌리기에는 충분하지 않았다"). 그러나 이 분야에서 가장 잘 알려진 주장은 로버트 브레너이다. 그는 1973년 이후 세계경제 상태를 진단하면서 '장기 침체'(long downturn)란 용어를 사용했다. 브레너는 이 시기 동안 세계경제 체제 안에서 몇 가지 변화의 유형들과 패턴들에 주목한다. 그러나 브레너 역시 자본주의 체제를 중단되지 않고 지연된 경기침체에 빠져 있는 것으로 간주했다. 이러한 장기 침체는 '공황' 시기를 한 구성요소로 포함하고 있다. Robert Brenner, *The Boom and the Bubble: The US in the World Economy* (London: Verso, 2002); *The Economics of Global Turbulence: The Advanced Capitalist Economies from Long Boom to Long Downturn, 1945-2005* (London: Verso 2006) 참조. 벤 파인, 코스타스 라파비트사스, 디미트리스 미로나키스가 이러한 브레너의 주장에 대해 아주 중요한 답변을 했다. 그들은 신용과 국제금융에 대해 비판적인 질문들을 던졌고, 브

래너가 합리적 선택 이론에 대해 가진 신념의 문제점들을 지적했다. Ben Fine, Costas Lapavitsas and Dimitris Milonakis, "Addressing the World Economy: Two Steps Back," *Capital and Class* 67 (1999), pp.47~90 참조. 최근 들어 내가 이 책『글로벌 슬럼프』를 거의 다 써 가고 있을 무렵 알렉스 캘리니코스의 책이 출간되었다. 그는 자신의 책에서 내가 「금융위기에서 세계적인 슬럼프로: 자본축적, 금융화, 그리고 세계적 경기 둔화」("From Financial Crisis to World Slump: Accumulation, Financialisation and the Global Slowdown," *Historical Materialism* 17, no.2, 2009, pp.35~83)라는 논문에서 비판했던 브레너와 하먼의 입장을 옹호하고 나섰다(Alex Callinicos, *Bonfire of Illusions: The Twin Crises of the Liberal World*, London: Polity, 2010, pp.58~59, 152~154 참조). 캘리니코스의 주장에 따르면, 나의 주장은 브레너가 신자유주의 시대를 거치면서 발생했던 자본의 재구조화의 특성들을 파악하고 있음을 인정한다는 것이다. 그리고 그는 내 논문 이후에 나온 하먼의『좀비 자본주의』도 역시 브레너와 동일한 주장을 하고 있다고 본다. 캘리니코스는 내가 "아주 불공정하게" 브레너와 하먼을 비판하고 있다고 비난함에도 불구하고(p.153), 그는 이 논쟁의 핵심적인 질문을 정확하게 포착하지 못하고 있다. 지금 문제가 되는 것은 브레너와 하먼 같은 저자들이 몇 가지 경제적 재구조화를 인정하느냐가 아니라(우리 둘 다 그들이 그랬다는 것은 동의한다), 1982~2007년 시기의 특질을, 브레너와 하먼이 주장한 것처럼 공황 혹은 '장기 침체'라고 규정하는 것이 가장 좋은 설명이냐는 것이다. 실제로 그의 책에서, 캘리니코스는 1982~2007년 시기를 "자본의 과잉 축적과 이윤율의 장기 공황" 시기라 설명한다(p.50). 아무리 미묘한 차이가 난다 할지라도, 이러한 주장이야말로 내가 비판하는 점이다. 그래서 브레너와 하먼에 대한 내 비판이 '불공정'한 것이 아니라, 브레너, 하먼, 캘리니코스 등의 책이 아주 풍부하게 해명하고 있기 때문에 '불공정'은 오히려 그들 탓이다. 캘리니코스의 요약을 읽으면서 내가 받은 인상은 다음과 같다. 그가 어떤 본질적으로 고정된 입장을 가지고 있으면서도, 필요에 따라 계속해서 이것저것 변경해 보게끔 만드는 것은, 경험적 증거라는 무시할 수 없는 힘 때문이다. 그러나 ('장기 공황' 혹은 '장기 침체' 등과 같은) 미리 정해져 버린 패러다임에 대해 끊임없이 문제 제기하는 것은 그의 연구 고려 대상이 아니다. 앞으로 해명되겠지만, 이 패러다임은 경험적으로도 사실에 부합되지 않고, 이론적으로도 옹호되기 힘들다고 생각한다.

6 Jeffrey A. Frieden, *Global Capitalism: Its Fall and Rise in the Twentieth Century* (New York: W. W. Norton, 2006), p.281.

7 이 문장은 약간 오해의 소지가 있다. 왜냐하면 멕시코가 보통 북아메리카의 일부로 포함되기 때문이다. 나는 멕시코를 개발도상국(남반구)에 포함시키는 것이 더 적합하다고 생각하기 때문에, 내가 북아메리카(북미)라고 했을 때는 미국과 캐나다만을 의미한다.

8 1960년대부터 1990년대까지 지난 40년간 한국은 평균 10% 이상의 자본축적률을 기록했다. 이는 최근 중국이 그 기록을 달성할 때까지는 거의 선례 없는 것이었다.

9 내가 여기서 가리키는 '핵심부 자본주의 국가들'이란, 1950년대 이후 세계경제를 좌지우지한 자본주의 국민국가들이다.

10 Philip Armstrong, Andrew Glyn and John Harrison, *Capitalism Since World War II* (London: Fontana, 1984), pp.168, 174~175.

11 〈그림 2-1〉은 사이먼 모훈이 다시 작성한 것이다. Simon Mohun, "Distributive Shares

in the US Economy, 1964-2001," *Cambridge Journal of Economics* 30, no.3 (2006), p.348. (아주 똑같은 것은 아니지만) 본질적으로 동일한 결과들이 다음과 같은 연구자들에 의해서 도출되었다. Brenner, *Economics of Global Turbulence*, p.7; Fred Moseley, "The Rate of Profit and the Future of Capitalism," *Review of Radical Political Economics* 28, no.4 (December 1997), pp.23~41; Minqi Li, *The Rise of China and the Demise of the Capitalist World Economy* (New York: Monthly Review Press, 2008), p.75; Gérard Duménil and Dominique Lévy, *Capital Resurgent: Roots of the Neoliberal Revolution* (Cambridge, MA: Harvard University Press, 2004), p.24; Armstrong, Glyn and Harrison, *Capitalism Since World War II*, pp.255~256.

12 Armstrong, Glyn and Harrison, *Capitalism Since World War II*, p.168.

13 노동자 한 명이 얼마나 많은 기계들을 다루는가를 보는, 노동자와 기계의 물리적 비율을 맑스는 '자본의 기술적 구성'이라 불렀다. 이것만큼 중요한 것이 맑스가 말한 '자본의 유기적 구성'인데, 이는 기계의 가치와 노동력의 가치의 비율을 뜻한다(물리적 비율과 대조된다). 이는 자본의 기술적 구성의 변화를 반영한다. 이러한 맑스의 구분은 많은 논평가들을 혼동에 빠뜨렸다. 이 주제에 대한 탁월한 토론은 다음 책에 잘 나타나 있다. Alfredo Saad-Filho, *The Value of Marx: Political Economy for Contemporary Capitalism* (London: Routledge, 2002), ch.6.

14 물론 내가 다음 장에서 보이듯, 모든 것이 동일한 것은 아니다. 그래서 이윤율의 저하는 나의 개략적 설명이 보여 주는 것보다 더 복잡하고 덜 직접적인 성격을 띤다. 이 주제에 대해서는 David McNally, "Economic Crisis," *The Marx Revival*, ed. Marcello Musto (New York: Palgrave Macmillan, 2011) 참조. 그럼에도 불구하고 제2차 세계대전 이후 호황기 동안 이윤율의 경향적 저하는 발생했다.

15 Armstrong, Glyn and Harrison, *Capitalism Since World War II*, pp.184, 186; Frieden, *Global Capitalism*, pp.280, 347.

16 3장에서 지적한 대로, 두 가지 경향이 이윤율 위기 상황에서 상호 작용한다. 하나는 기계가 노동력을 대체하는 것이고, 다른 하나는 오래되고 덜 효율적인 생산수단에 녹아 있는 가치들이 파괴되는 것이다.

17 Robert J. Gordon, "Introduction: Continuity and Change in Theory, Behavior, and Methodology," *The American Business Cycle: Continuity and Change*, ed. Robert J. Gordon (Chicago: University of Chicago Press, 1986), p.2에서 재인용.

18 나는 "이러한 맥락에서"라고 말했다. 왜냐하면 2008년 이후 일련의 상황들이 증명하듯이, 통화론자들의 주장과는 반대로 통화 공급의 증가가 물가를 항상 인상시키는 것은 아니기 때문이다. 그러나 1970년대 평가 절하된 미 달러의 인플레이션 동학과 노동조합의 임금 투쟁이라는 상황 속에서 통화 공급의 확대가 인플레이션 유발 효과를 가져온 것은 사실이다. 그러나 물가수준은 통화 공급에 의해 결정된다고 보는 통화량 이론은 환원주의적이고 또 오류투성이다. 왜냐하면 그것은 일반 이론이기보다는 통화 확대가 인플레이션을 유발하는 독특한 상황들이 있을 뿐이기 때문이다.

19 게오르크 쿠프만, 클라우스 마티스, 베아테 레스차트에 따르면, 당시 석유 가격의 상승이 물가 상승 원인의 25%를 차지했다. Georg Koopman, Klaus Matthies and Beate

Reszat, *Oil and the International Economy* (Hamburg: Hamburg Institute of Economic Research, 1984) 참조. 그러나 여기에서도 우리는 주의해야 해야 한다. 왜냐하면 인플레이션의 인과관계가 중요하기 때문이다. 이 문제에 대해서는 Stephan Schulmeister, "Globalization Without Global Money: The Double Role of the Dollar as National Currency and World Currency," *Journal of Post Keynesian Economics* 22, no.3 (Spring 2000), pp.369~374 참조.

20 이 문단은 다음 글들에 나온 것이다. Frieden, *Global Capitalism*, pp.364~369; Armstrong, Glyn and Harrison, *Capitalism Since World War II*, pp.300~307. 내가 여기서 반복해서 주장하는 바는 통화 공급의 증가가 필연적으로 반드시 인플레이션을 유발하지는 않는다는 것이다. 물가 상승의 인과관계를 해명하고자 할 때 중요한 것은 보다 포괄적인 경제적 동학이다. 그러나 1970년대 상황하에서는 통화 공급의 증대가 물가 상승을 가속화시켰다. 이 시기 경제적 상황과 패턴에 대한 자세한 설명은 Paul Mattick, *Economics, Politics, and the Age of Inflation* (London: Merlin Press, 1978); Ernest Mandel, *The Second Slump* (London: New Left Books, 1978) 참조.

21 1970년대 말 케인스주의의 종언이라는 의미는 그 시기 동안 지적 권위를 가지고 있었고 가장 대중적으로 알려진 폴 새뮤얼슨으로 대표되는 주류 케인스주의를 지칭한다. 후기 케인스주의 경제학에 몇 가지 비판적 흐름들이 있고, 그 비판은 점점 더 많아지는 추세다. 그런데 그 비판적 흐름들의 통찰력은 주로 비판적인 맑스주의 정치경제학에서 발견된다. 신케인스주의와 후기 케인스주의의 한계에 대한 흥미진진한 평가에 대해서는 Ben Fine and Dimitris Milonakis, *From Economics Imperialism to Freakonomics: The Shifting Boundaries Between Economics and Other Social Sciences* (London: Routledge, 2009) 참조.

22 통화주의란 본질적으로 경제위기가 통화 공급상의 '부자연스런' 변화에서 온다고 믿는 입장이다. 이 이론의 역사상 원조 격은 우파 경제학자인 프리드리히 하이에크지만, 사실상 이 이론의 핵심 인물은 시카고대학의 경제학자 밀턴 프리드먼이다. 그들의 핵심 이론에 본질적인 것은 아니지만, 통화론자들은 시장 자유주의를 숭배하는 경향이 있다. 반면 그들은 정부의 경제 개입을 한사코 반대한다. 물론 위기에 빠진 금융권을 구제할 때만큼은 예외다. 하이에크에 대한 나의 반론은 David McNally, *Against the Market: Political Economy, Market Socialism and the Marxist Critique* (London: Verso, 1993) 참조. 또한 신자유주의 사상에 대한 개론적 소개는 Eric Toussaint, *Your Money or Your Life: The Tyranny of Global Finance*, updated edition (Chicago: Haymarket Books, 2004), ch.14; David Harvey, *A Brief History of Neoliberalism* (Oxford: Oxford University Press, 2005), pp.19~22 참조. 하비는 칠레의 신자유주의 실험에 대해 압축적으로 논의하고 있다(pp.8~10).

23 볼커가 통화주의에 대해 이론적 차원이 아니라 순수하게 실용적인 통화주의적 목표를 채택하고, 이후 그러한 목표들로부터 서서히 퇴각한 것에 대해서는 William Greider, *Secrets of the Temple: How the Federal Reserve Runs the Country* (New York: Simon and Schuster, 1987), pp.105~107, 543~544 참조.

24 Naomi Klein, *The Shock Doctrine: The Rise of Disaster Capitalism* (Toronto: Knopf,

2007), pp.87~101; Toussaint, *Your Money or Your Life*, pp.263~264 참조.

25 이와 관련한 윌리엄 그라이더의 설명은 굉장히 흥미롭다(특히 6장).

26 볼커의 발언은 다음 글에 요약되어 있다. "Summary of Discussion," *American Economic Policy in the 1980s*, ed. Martin Feldstein (Chicago: Univ. of Chicago Press, 1994), p.162.

27 George Cloutier, *Profits Aren't Everything, They're the Only Thing* (New York: Harper Business, 2009). 조지 클루티어는 아메리칸매니지먼트서비스의 CEO이다.

28 Doug Henwood, *After the New Economy* (New York: The New Press, 2003), p.210.

29 데이비드 코츠가 지적한 대로, 신자유주의의 팽창 물결은 1982~1990년, 1991~2000 년, 2001~2007년 세 시기로 나뉜다. 그리고 이 팽창들은 경기침체에 의해서 중단되었다. David Kotz, "The Financial and Economic Crisis of 2008: A Systemic Crisis of Neoliberal Capitalism," *Review of Radical Political Economics* 41, no.3 (2009), pp.308~309 참조.

30 이 책 「들어가며」의 후주 4번 참조.

31 나는 이 책에서 브레너의 분석들의 특징에 대해 자주 문제 삼고 있는데, 그 이유는 그가 '장기 침체' 테제와 관련해서 가장 풍부하고도 섬세한 사례를 제시했기 때문이다. Brenner, *Economics of Global Turbulence*, pp.xxii 참조.

32 존 윅스는 "각 부분들을 분석하고 나서 그 부분들을 합쳐 전체로 만드는 것은 '속류적'이다"라고 주장했다. John Weeks, "Surfing the Troubled Waters of 'Global Turbulence': A Comment," *Historical Materialism* 5 (1999), p.213 참조. 윅스의 주장은 분석적인 목적을 가지고 전체를 부분들로 분해하는 것이 부적절하다는 것이 아니라, 전체는 부분들로부터 출발해 버리면 명료하게 이해될 수 없다는 것이다. 부분들로부터 출발한다는 것은 우리가 그 부분들을 분리시켜 놓은 채 그것을 이해할 수 있다고 전제하고 있는 것이고, 이러한 분리된 부분들을 하나씩 덧붙여 전체에 도달할 수 있다고 가정하는 것이다. 윅스의 주장은 부분들의 총합이 전체가 되는 게 아니라, 반대로 그 부분들은 전체에 의해 규정된다는 것이다. 왜냐하면 그 부분들은 본래부터 전체 안에서 발생한 것이고, 전체를 떠나서는 이해될 수 없기 때문이다. 일례로, 우리는 인간 신체의 한 장기만을 몸으로부터 분리시켜서는 그 장기의 기능을 정확히 설명할 수 없다. 왜냐하면 그 장기가 몸이라는 전체 유기체에서 맡고 있는 기능이 있기 때문이다. 이와 마찬가지로 전체 세계 자본주의 경제의 구성 부분들도 하나씩 분리해서 고립적으로 설명한다면, 우리는 세계 자본주의 경제 자체를 정확히 이해할 수 없다. 각 부분이 어떻게 기능하고 작동하는가는 모든 부분들의 상호 관계에 달려 있다. 이러한 부분들의 관계들은 하나의 **체계적인** 성격을 지닌다. 인간의 허파가 한 체계의 부분이고, 심장 및 호흡 과정들과의 상호작용 속에서 그 기능이 제대로 설명될 수 있는 것처럼, 하나의 경제체제 또한 마찬가지다. 한 경제가 어떻게 작동하는가는 그 경제를 한 부분 요소로 포함하고 있는 전체 체계와 관련된다. 변증법적 이론은 실체와 현상 사이의 '내적 연관'을 이해해야 한다고 주장하는데, 부분들을 전체 속에서 이해해야 한다는 의미가 바로 이 변증법적 이론의 주장과 일맥상통한다. 이 주제, 즉 부분들과 전체의 관계에 대한 설명은 Bertell Ollman, *Alienation* (Oxford: Oxford Univ. Press, 1970) 참조.

33 맑스는 "화폐를 세계화폐로 발전시키고 추상 노동을 사회적 노동으로 발전시키는 것은 오직 해외 무역, 즉 시장의 세계시장으로의 발전이다"라고 주장했다. Marx, *Theories of Surplus Value*, Part III (Moscow: Progress Publishers, 1969), p.253.

34 맑스는 "세계시장을 형성해 내는 경향이 자본 개념 그 자체에 직접 담겨 있다"라고 말했다. Karl Marx, *The Grundrisse*, trans. Martin Nicolaus (Harmondsworth: Penguin Books, 1973), p.408.

35 이윤만이 유일한 잉여가치 형식은 아니다. 자본주의적 지대와 은행 이윤 역시 잉여가치로부터 파생된다.

36 1990년대 내내 이에 대한 전형적인 예가 드러난 것은 일본 자본이다. 일본에 자리 잡은 다국적기업들이 수익률을 끌어올리기 위해 공격적 캠페인을 펼치면서 동아시아 전역에 걸쳐 맹렬히 자본을 투자할 때, 이 다국적기업들은 일본의 '국민경제'가 필사적으로 사적 또는 공적 경기 부양을 필요로 하던 바로 그 시점에 오히려 국내 자본 형성의 속도를 떨어뜨렸다.

37 캘리니코스가 이런 접근 방식을 취한다. Callinicos, *Bonfire of Illusions*, pp.59~60.

38 경기순환 주기가 대체적으로 맑스가 설명한 패턴을 따르고 있기 때문에 그 경기순환 주기를 '고전적'이라고 지칭한다.

39 1973년 이후 '세계적 교란'이라는 브레너의 개념은 주목할 만하다. 내 생각에는 그의 '장기 침체' 개념보다 이것이 훨씬 더 그의 경험적 논증들과 강력히 일치한다. 캘리니코스는 '장기 침체'에 대한 브레너의 설명이 '세계적 교란'의 내용들을 총괄하고 있다고 주장한다. 그래서 내가 브레너를 비판하면서 '장기 침체'에 대한 경험적 증거들을 제시하라고 요청하는 것은 잘못이라는 것이다(*Bonfire of Illusions* p.153). 나는 캘리니코스의 주장에 동의하지 않는다. 브레너는 꼼꼼히 조사하는 사람이기 때문에 그의 연구 대상인 세계 (자본주의) 재구성에 대해서도 잘 인지하고 있다. 비록 중국에 대해서는 자세히 언급하지 않지만 말이다. 또한 브레너는 고정자본이 광범위하게 혁신되지 않고 있다는 주장을 강하게 믿고 있고, 또한 자본축적의 새로운 핵심부들에 대해서도 주목하지 않는 경향이 있다. 이것이 보여 주는 것은 브레너의 부분적인(불완전한) 통찰이 그의 전체 논거들의 구조 및 전개 과정과 불일치하고 있다는 점이다.

40 브레너는 그의 두 권의 책『호황과 거품』과『세계적 교란의 경제학』에서 신용 창출을 1974년 이후 자본주의의 (종류를 불문한) 팽창들의 토대로 간주하는 경향이 있다. 왜냐하면 그는 신용 창출이 유효 수요를 유지하는 토대라고 봤기 때문이다. 이에 카를 바이텔이 브레너에 대해서 짧게 논평했다. "1998년 이후 브레너의 연구 논문들의 방향은 좌파-케인스주의 입장으로 바뀌었다"라는 것이다(Beitel, "The Rate of Profit and the Problem of Stagnant Investment: A Structural Analysis of Barriers to Accumulation and the Spectre of Protracted Crisis," *Historical Materialism* 17, no.4, 2010, p.73). 바이텔의 연구논문은 가장 중요한 기고문이다. 내가 보기에는, 신자유주의 시대에 선진 자본주의 국가들(특히 미국)에서 투자율의 저하와 관련해 바이텔이 한 가지 핵심적인 이유를 지적했다. 즉, 자본재 가격 하락의 원인은 노동생산성의 급격한 향상 때문이었다. 이로 인해 자본가들은 신규 투자 비용을 줄일 수 있었다(기술적인 측면에서 통계상으로는 실질 투자는 적었다). 바이텔의 지적에 내가 하나 덧붙이고 싶은 것은, 선진 자본주의 국가의 다국

적기업들이 해외투자로 전환을 서두른 점이다. 다국적기업들은 멕시코, 중남미, 동유럽, 특히 동아시아로 해외투자를 늘려 나갔다. 이러한 다국적기업의 해외투자 증가 때문에, 전 세계적 차원에서의 투자율에 비해 선진 자본주의 국가 내부의 투자율이 덜 증가했다.

41 캐나다의 사례를 개관한 뛰어난 책으로 Leo Panitch and Donald Swartz, *From Coercion to Consent: The Assault on Trade Union Freedoms*, 3rd ed. (Aurora: Garamond Press, 2003) 참조.

42 Kim Moody, *Workers in a Lean World* (London: Verso, 1997), p.183 참조.

43 James Petras and Henry Veltmeyer, *Globalization Unmasked: Imperialism in the 21st Century* (Halifax: Fernwood Publishing, 2001), pp.85~86.

44 *El Financiero*, May 31, 2007.

45 미국의 자료는 Thomas Picketty and Emmanuel Saez, *Income Inequality in the United States, 1913-98* 참조. 2006년까지의 최신 데이터는 http://elsa.berkeley.edu/saez/를 참조했다. OECD의 자료는 OECD, *Growing Unequal? Income Distribution and Poverty in OECD Countries* (Paris: OECD, 2008) 참조.

46 David Cay Johnston, "Corporate Wealth Share Rises for Top-Income Americans," *New York Times*, January 29, 2006.

47 Boston Consulting Group, *Tapping Human Assets to Sustain Growth: Global Wealth 2007* (Boston: Boston Consulting Group, 2007).

48 David McNally, *Another World Is Possible: Globalization and Anti-Capitalism* (Winnipeg and London: Arbeiter Ring Publishing and Merlin Press, 2006), p.130 참조.

49 브레너는 신자유주의 시대를 거치면서 발생한 자본주의 재구성의 핵심 부분들을 종종 묘사하기는 한다. 그러나 그는 정부의 경기부양책과 채무의 증가는 이윤율 증가를 복원시키는 데 필요한 자본의 재구성을 가로막으면서 "경기침체로 인한 자본 파괴 과정을 단축시켰다"라고 주장했다(*Economics of Global Turbulence*, p.158). 이러한 주장 때문에 자본 재구성에 대한 브레너의 분석은 더 이상 진전되지 않는 경우가 많다.

50 Eric Hobsbawm, *The Age of Extremes: The Short Twentieth Century, 1914-91* (London: Abacus, 1994), p.304.

51 Wally Seccombe and D. W. Livingstone, *"Down to Earth People": Beyond Class Reductionism and Postmodernism* (Aurora: Garamond Press, 2000), pp.13~15.

52 철강 산업에 대한 자료로는 다음 문헌들이 있다. Roger S. Ahlbrandt, Richard J. Fruehan and Frank Giarratani, *The Renaissance of American Steel* (Oxford: Oxford University Press, 1996); William T. Hogan, *Steel in the 21st Century* (Lexington: Lexington Books, 1994); Anthony P. D'Costa, *The Global Restructuring of the Steel Industry* (London: Routledge, 1999); Ben Fine, Aristeidis Petropoulos and Hajime Sato, "Beyond Brenner's Investment Overhang Hypothesis: The Case of the Steel Industry," *New Political Economy* 10, no.1 (March 2005), pp.43~64; Don Goldstein, "Weirton Revisited: Finance, the Working Class, and Rustbelt Restructuring," *Review of Radical Political Economics* 41, no.3 (Summer 2009), pp.352~357; Frieden, *Global Capitalism*, p.418.

53 Moody, *Workers in a Lean World*, p.86.

54 Simon Mohun, "Aggregate Capital Productivity in the US Economy, 1964~2001," *Cambridge Journal of Economics* 33, no.5 (September 2009), pp.1023~1046; Mohun, "Distributive Shares in the US Economy, 1964~2001," *Cambridge Journal of Economics* 30, no.3 (2006), figs 357~358, figs 4 and 5 또한 참조하라. 미셸 후송의 계산에 따르면, 착취율 증가 때문에 미국보다 유럽에서 다시 이윤율이 증가될 수 있었다. Michel Husson, "Riding the Long Wave," *Historical Materialism* 5 (1999), p.86 참조.

55 David Kotz, "The Financial and Economic Crisis of 2008: A Systemic Crisis of Neoliberal Capitalism," *Review of Radical Political Economics* 41, no.3 (Summer 2009), p.309 참조.

56 2008년 미국 노동통계국 자료 참조. 제조업 관련 자료는 Henwood, *After the New Economy*, p.46 참조.

57 Minqi Li, *The Rise of China and the Demise of the Capitalist World Economy* (New York: Monthly Review Press, 2008), p.75, fig.3.2. 민치 리의 연구는 2001~2005년 사이 미국에서 이윤율 증가세를 보여 주고 있는데, 내가 볼 때 이 점은 아주 신중하게 다뤄질 필요가 있다.

58 Frieden, *Global Capitalism*, p.371.

59 그 시점에서 대부분 다른 나라들은 이러한 자본주의적 세계화의 과정에 편입되지 않았다는 것을 주목해야 한다. 사하라 이남 아프리카 국가들 대부분, 상당수의 라틴아메리카와 중동 국가들, 남아시아 국가들에서는 고정자본 투입이 거의 증가하지 않았다.

60 Martin Hart-Landsberg and Paul Burkett, *China and Socialism: Market Reforms and Class Struggle* (New York: Monthly Review Press, 2005), pp.106~107.

61 James Brooke, "Hot Growth in China Brings Chill to Japan," *New York Times*, November 22, 2001. Hart-Landsberg and Burkett, *China and Socialism*, p.107에서 재인용.

62 일본과 독일 해외직접투자에 대한 자료는 OECD, *Economic Survey of Japan and Economic Survey of Germany*의 각 연도 자료 참조.

63 5장에서 토론하게 될 자본의 '원시적 축적'이라는 말은 맑스의 용어를 어색하게 번역한 것이다. 자본의 원시적 축적이라는 용어를 통해 맑스는 현재 진행 중인 자본주의 축적을 발생시킨 시작점, 특히 핵심적으로는 농민들이 그 토지를 박탈당하는 과정을 설명하려 했다. Marx, *Capital*, vol.1, trans. Ben Fowkes (Harmondsworth: Penguin Books, 1976), pt.8 참조. 하비는 다음 책에서 이 원시적 축적 개념을 확장시키고자 했다. *The New Imperialism* (Oxford: Oxford University Press, 2005). 그래서 하비는 '박탈을 통한 축적'이라는 개념을 만들어 냈다. 나는 5장에서 이 개념의 강점과 약점을 토론한다.

64 International Monetary Fund, *World Economic Outlook 2007* (Washington: IMF, 2007); IMF, "Globalization of Labor," *Finance and Development* 44, no.2 (Washington: IMF, 2007), pp.20~21; World Bank, *World Development Indicators* (Washington: World Bank, 2004). 산업 노동계급의 '수출 가중치' 측정이란 GDP에서 차지하는 해외 노동력 수출의 비중을 의미한다. 물론 이 수치는 노동자 계급 전체 크기를

실제보다 낮게 측정한 것이지만, 세계 노동자 계급의 상대적인 증가를 보여 주는 유용한 지수이다.

65 Mike Davis, *Planet of Slums* (London: Verso Books, 2006) 참조.

66 J. Yardley, "In a Tidal Wave, China's Masses Pour from City to Farm," *New York Times*, September 12, 2004.

67 중국의 경제호황기에 농촌에서 도시로 이주한 노동자들이 보인 핵심적 역할에 대해서는 Hart-Landsberg and Burkett, *China and Socialism*, p.45; Harvey, *Brief History*, pp.126~128; Martin Hart-Landsberg, "China, Capitalist Accumulation, and the World Crisis," *Marxism* 21 (2010), pp.278~279 참조. Au Loong-yu, "China's Disposable Labor," *Against the Current* 140 (May/June 2009), pp.9~10; Tom Mitchell, "Chinese Migrant Workers Face High Hurdles," *Financial Times*, April 15, 2010도 참조.

68 Andrew Glyn, *Capitalism Unleashed: Finance, Globalization and Welfare* (Oxford: Oxford University Press, 2006), p.88; Denise Yam and Andy Xie, "Any Hope for Export Pricing Power?" *The Morgan Stanley Global Economic Forum*, October 16, 2002. http://www.morganstanley.com/GEFdatya/digests/latest digerst.html 참조.

69 유엔 무역개발회의에서 나온 연간 『세계 투자 보고서』(*World Investment Report*)는 이와 관련된 통계를 보여 주고 있다.

70 Frieden, *Global Capitalism*, p.418.

71 Brenner, *Economics of Global Turbulence*, p.300.

72 Peter Marsh, "Global Supply Chain: Marvel of the World Brings Both Benefit and Risk," *Financial Times*, June 11, 2010.

73 Hart-Landsberg and Burkett, *China and Socialism*; Li, *Rise of China*; Chen Zhilong, "Two Decades of Utilising FDI in China: Stages, Structure and Impact," *China Report* 38, no.2 (2002), pp.471~480; Yakov M. Berger, "FDI in China: Contributions to Modernisation and Solutions to Major Social Problems," *China Report* 38, no.2 (2002), pp.481~489; Harvey, *Brief History*, ch.5.

74 Nicholas R. Lardy, "China: Rebalancing Economic Growth," *The China Balance Sheet and Beyond* (Washington, D.C.: Center for Strategic and International Studies and the Peterson Institute for International Economics, 2007), p.2 참조. Li, *Rise of China*, p.87 도 참조.

75 Nicholas Lardy, "The Economic Future of China," Speech to the Asia Society (April 29, 2002), p.3 참조.

76 Keith Bradsher, "As China Surges, It Draws High-Tech Researchers from America," *New York Times*, March 18, 2010.

77 Marsh, "Global Supply Chain," *Financial Times*, June 11, 2010 참조. 이 수치가 보여 주듯이, 중국은 남반구 개발도상국들(예를 들어 멕시코)로부터 세계 제조업 지분들을 인수하고 있다.

78 물론 G7 국가들 노동자들이 대체적으로 기술적으로 더 발달된 산업에 종사하고 있기 때문에 중국의 제조업 노동자들보다 생산성이 더 높다. 예를 들어서 기술적인 이유들 때

문에 미국 제조업 노동자들의 생산성은 중국 노동자들에 비해서 2.5배 정도 더 높다. 그럼에도 불구하고 세계 제조업의 중대한 공간적 재편이 발생하고 있고, 중국에서 엄청난 산업 팽창이 일어나고 있는 것은 부인할 수 없다.

79 Lardy, "Economic Future," p.1.

80 "A Workers' Manifesto for China," *The Economist*, October 11, 2007.

81 Li, *Rise of China*, pp.89~90; Hart-Landsberg and Burkett, *China and Socialism*, pp.70~71; Harvey, *Brief History*, p.147; Hart-Landsberg, "China, Capitalist Accumulation, and the World Crisis," pp.279~280; Zhong Wu, "China's 'Most Wanted' Millionaires," *Asia Times Online*, September 19, 2007.

82 Hart-Landsberg and Burkett, *China and Socialism*, pp.79~85; Hart-Landsberg, "China, Capitalist Accumulation, and the World Crisis," pp.281, 291에 실린 중요한 논의들을 참조.

83 Peter Engardio and Dexter Roberts, "Special Report: The China Price," *Business Week*, December 6, 2004.

84 Graham Turner, *The Credit Crunch: Housing Bubbles, Globalisation and Worldwide Economic Crisis* (London: Pluto Press, 2008), pp.21~22; Raphael Kaplinsky, *Globalization, Poverty and Inequality* (Cambridge, UK: Polity Press, 2005), pp.181~186.

85 이것은 단순히 일방적인 인과관계 성격을 띠는 게 아니다. 이 두 가지 과정들은 서로 연결되어 있고 상호 규정적이다.

86 John Eatwell and Lance Taylor, *Global Finance at Risk* (New York: New Press, 2000), p.162; McNally, "Globalization on Trial: Crisis and Class Struggle in East Asia," *Monthly Review* 50, no.4 (September 1998), p.4.

87 McNally, "Globalization on Trial," pp.2~4.

88 World Bank, *East Asia: The Road to Recovery* (Washington: World Bank, 1998), ch.2.

89 P. Phongpaijit and C. Baker, *Thailand Economy and Politics* (Kuala Lumpur: Oxford University Press, 1995), p.155.

❖ **3장_ 조울증에 빠진 자본주의: 위기의 재발**

1 Joan Robinson, *Economic Heresies* (Basingstoke: Macmillian, 1971), p.143.

2 Charles P. Kindelberger, *The World in Depression 1929-1939* (London: Allen Lane, 1973), p.20. 일부 논평가들은 자본순환의 시작점을 1790년대까지 거슬러 올라가기도 한다. Wesley Mitchell, *What Happens During Business Cycles* (New York: National Bureau of Economic Research, 1951) 참조.

3 아마도 자본주의 위기 이론에 관한 한 가장 중요한 인물들은 칼 맑스, 조지프 슘페터, 존 메이너드 케인스일 것이다. 한편 하이먼 민스키는 주로 케인스의 입장을 따르면서도 금융위기와 관련, 진일보한 입장을 제출한 바 있다. 이 장 뒷부분에 명확해지겠지만, 나는

자본주의 및 그 위기에 관한 맑스의 이론이 그 누구의 입장보다 훨씬 깊이 있다고 본다.

4 Hyman Minsky, *Can "It" Happen Again? Essays on Instability and Finance* (Armonk, NY: M. E. Sharpe, 1982).

5 Lester Chandler, *America's Greatest Depression, 1929-1941* (New York: Harper and Row, 1970); Kindelberger, *World in Depression*, ch.4.

6 David Rosenberg, "Real Test for Markets is Still to Come," *Globe and Mail*, February 23, 2010.

7 한센의 발언은 Robert Skidelsky, *John Maynard Keynes*, vol.2 (London: Macmillan, 1994), p.341에서 재인용. 피셔의 발언은 John Kenneth Galbraith, *The Great Crash, 1929* (Boston: Houghton Mifflin, 1961), p.99에서 재인용.

8 Frieden, *Global Capitalism*, p.159.

9 Michael A. Bernstein, *The Great Depression* (Cambridge: Cambridge University Press, 1987), p.187.

10 이 문단은 다음을 참조. Robert J. Gordon, "The 1920s and the 1990s in Mutual Reflection," paper presented to Economic History Conference, "Understanding the 1990s: The Long-Term Perspective," Duke University, March 26~27, 2004; Galbraith, *Great Crash*, ch.2; Hobsbawm, *Age of Extremes*, ch.3; Chris Harman, *Zombie Capitalism: Global Crisis and the Relevance of Marx* (London: Bookmarks, 2009), ch.6; Kindelberger, *World in Depression*.

11 Galbraith, *Great Crash*, p.16.

12 Gordon, p.10 참조. 대공황기 과잉 투자에 대한 자세한 설명은 James P. Devine, "Underconsumption, Over-Investment and the Origins of the Great Depression," *Review of Radical Political Economics* 15, no.1 (1983), pp.1~27 참조. 나는 드바인의 분석에 대해 약간의 이견도 있지만, 그의 입장은 대단히 통찰력이 뛰어나며 특히 1920년대의 과잉 투자와 관련된 많은 이슈들을 명쾌하게 설명해 내고 있다고 본다.

13 Frieden, *Global Capitalism*, p.161.

14 하먼은 그의 책에서 1929년 이전의 미국·독일·영국에서 서서히 이윤율이 하락하고 있었음을 주장한 바 있다. 물론 이것은 일정한 의미가 있지만, 정작 대규모 불황이 실제로 터지는 시점과 그 역동성은 1927~1928년경 뚜렷하게 드러난 과잉 축적 및 이윤율 하락의 주기와 연결해서 보아야 한다. 이 주장의 이론적 토대에 대해선 이 장 뒷부분에서 다룬다. Harman, *Zombie Capitalism*, pp.151~152 참조.

15 Howard Sherman, *The Business Cycle* (Princeton: Princeton University Press, 1991), p.110.

16 John Maynard Keynes, *The General Theory of Employment, Interest, and Money* (New York: Harcourt, Brace and World, 1964), 특히 chs.4, 5, 13, 15. 케인스와 맑스를 잘 비교한 책으로 Paul Mattick, *Marx and Keynes: The Limits of the Mixed Economy* (Boston: Porter Sargent, 1969) 참조.

17 설사 모든 사람들이 땅이 전혀 없는 건 아닐지라도, 수백만의 사람들은 손바닥만 한 땅을 소유하는 등 땅이 터무니없이 부족하여, 자기와 자기 가족을 먹여 살리기 어려웠다.

18 로빈 후드에 대해서는 Rodney H. Hilton, "The Origins of Robin Hood," *Peasants, Knights and Heretics: Studies in Medieval English Social History*, ed. R. H. Hilton (Cambridge: Cambridge University Press, 1976), pp.221~235 참조. 해적 반란에 대해서는 Colin Woodward, *The Republic of Pirates* (Orlando:Harcourt Books, 2007); Marcus Rediker, *Between the Devil and the Deep Blue Sea* (Cambridge: Cambridge University Press, 1987), ch.6; Peter Linebaugh and Marcus Rediker, *The Many-Headed Hydra: Sailors, Slaves, Commoners, and the Hidden History of the Revolutionary Atlantic* (Boston: Beacon Press, 2000), ch.5 참조.

19 David Mcnally, *Against the Market: Political Economy, Market Socialism and the Marxist Critique* (London: Verso, 1993), ch.1; *Another World Is Possible: Globalization and Anti-Capitalism*, 2nd ed. (Winnipeg and London: Arbeiter Ring Publishing and Merlin Press, 2006), pp.89~96 참조.

20 이 개념은 엘렌 우드가 가장 명확하게 발전시켰다. Ellen Meiksins Wood, *The Origins of Capitalism: A Longer View* (London: Verso, 2002) 참조.

21 Eric Williams, *Capitalism and Slavery* (London: Andre Deutsch, 1964); David Brion Davis, *The Problem of Slavery in the Age of Revolution, 1770-1823* (Ithaca: Cornell University Press, 1975); Robin Blackburn, *The Making of New World Slavery* (London: Verso, 1997); Eduardo Galeano, *The Open Veins of Latin America* (New York: Monthly Review Press, 1997); McNally, *Another World*, ch.4 참조.

22 예컨대 Kevin Bales, *Disposable People: New Slavery in the Global Economy* (Berkeley: University of California Press, 2004); Kevin Bales and Ron Sodalter, *The Slave Next Door: Human Trafficking and Slavery in America Today* (Berkeley: University of California Press, 2009) 참조. 주느비에브 르배롱의 요크대학 정치학 박사 논문은 그런 저자들의 연구들을 심화하는 가운데 역사유물론을 가일층 발전시켰다.

23 David Bensman and Roberta Lynch, *Rusted Dreams: Hard Times in a Steel Community* (Berkeley: University of California Press, 1988)에서 재인용.

24 Karl Marx, *Capital*, vol.1, trans. Ben Fowkes (Harmondsworth:Penguin Books, 1976), ch.1 참조.

25 케빈 오리어리가 2009년 2월 16일 캐나다 CBC 라디오 방송에 출연해 발언한 내용이다.

26 물론 공적인 기관이 그것을 의미 있게 만들기 위해 개입할 수도 있다. 그 수단은 벌금을 매기거나 특별세를 부과하는 것이다. 그러나 이것은 시장의 작동 과정에 비시장논리를 강제하는 것이나 다름없다.

27 Doug Sanders, "What Does Oil Have to Do with the Price of Bread? A Lot," *Globe and Mail*, October 25, 2008에서 재인용.

28 "Food Crisis: The Facts," *New Internationalist*, December 2008.

29 이 공식과 이어지는 다른 공식들은 맑스의『자본』1권 4장에서 가져온 것이다.

30 맑스는『자본』1권 6장에서, 왜 노동이 M-C-M′ 순환 과정에서 더 추가된 가치의 원천이 되는지 설명한다. 이 추가된 가치란 결국 M과 M′의 차이를 나타내는 잉여가치다. 생산 영역에서 사람의 노동력은 자본에 의해 '소비된다'. 이 소비 과정에서 인간의 산 노동

은 상품의 가치를 창출해 낸다. 이렇게 생산된 가치는 자본주의 체제에서는 산 노동의 대가로 지불되는 임금보다 더 크다. 바로 이런 이유로, 자본주의란 노동 착취를 통해 자본축적을 하는 체제로 정의된다. 물론 이 주장은 주류 학계 내부에서는 대단히 논쟁적이지만, 나는 그것이 '자본주의 체제 자체가 어떻게 작동하는지'와 관련하여 급진적이고도 예리한 통찰력을 제공한다고 본다.

31 물론 모든 게 늘 그리 간단한 건 아니다. 특히 인플레이션이 심한 상황에서는 대부분의 가격이 오르기 때문에, 어떤 기업이 시장점유율을 높이려면 다른 기업보다 물건 값을 좀 덜 올리는 것도 한 방법이다. 이런 까닭에, 비록 그 가격이 통상적으로는 오르지만, 일반 소비자물가지수에 비해서는 그 상대적 가격이 하락하기도 한다.

32 Marx, *Capital*, vol.1, p.742; *Capital*, vol.3, trans. David Fernbach (Harmondsworth: Penguin Books, 1981), p.589.

33 Marx, *Capital*, vol.1, p.742.

34 당시 브뤼셀람베르 은행의 투자전략부장 롤랑 로이셀의 발언. *Le Monde*, April 5, 1995. Eric Toussaint, *Your Money or Your Life*, updated edition (Chicago: Haymarket Books, 2005), p.86에서 재인용.

35 John Steinbeck, *The Grapes of Wrath* (Harmondsworth: Penguin Books, 1976), p.33.

36 '자본주의 사회에서' 노동이 모든 새로운 가치의 원천이라고 하는 맑스의 주장을 여기서 모두 꼼꼼히 검토하긴 어렵다. 이 문제에 대한 주요 논쟁들에 관해선 다음 책들을 참조. Ben Fine and Alfredo Saad-Filho, *Marx's 'Capital'*, 4th ed. (London: Pluto Press, 2004), ch.2; 또 좀더 수준 높게는 Alfredo Saad-Filho, *The Value of Marx: Political Economy for Contemporary Capitalism* (London: Routledge, 2002), ch.2.

37 맑스의 용어로는 자본의 유기적 구성이 상승하는 것이다. 이 문제를 포함하여 이윤율이 하락하는 역학(실제로 이것은 여기서 약술한 것보다 복잡한 면이 있다)에 대해서는 David McNally, "Economic Crisis," *The Marx Revival*, ed. Marcello Musto (New York: Palgrave Macmillan, 2011) 참조.

38 Paul Mattick, Jr., "Profits, the Business Cycle and the Current Crisis," *The Economic Crisis Reader*, ed. Gerald Friedman, Fred Moseley and Chris Sturr (Boston: Dollars and Sense, 2009), p.54 참조.

39 굴리에모 카르케디에 따르면, "궁극적으로, 위기란 '노동 절감적이지만 생산성을 올리는' 기술 혁신들의 결과로 생긴다"(Guglielmo Carchedi, "From Okishio to Marx through dialectics," *Capital and Class* 99, Autumn 2009, p.61). 그리고 내가 다른 곳에서도 지적하지만, 실제 과정은 다양한 반대 경향들이 작용하기 때문에 좀더 복잡하다(McNally, "Economic Crisis"). 그러나 이 설명만으로도 현실의 동력에 존재하는 핵심이 무엇인지 충분히 드러난다.

40 맑스가 『자본』 3권에서 주장하듯이 가장 효율적인 기업들은 보다 덜 효율적인 기업의 노동자에 의해 수행되는 잉여노동의 일부분을 실제로 전유한다. 다른 말로, 자본주의 경쟁은 효율성이 낮은 기업으로부터 높은 기업으로 이윤을 이동시킨다. 그러므로 효과적인 기계화는 첨단을 달리는 기업에게는 이윤을 '증가'시켜 주지만, 체제 전체적으론 이윤율을 낮추는 경향이 생긴다. Marx, *Capital*, vol.3, trans. David Fernbach

(Harmondsworth: Penguin Books, 1981), ch.10 참조.

41 이러한 역동성 때문에 이윤율 하락 경향은 대개의 논평가들이 얘기하는 것보다 훨씬 더 불안정하고 복잡하게 순환하는 과정이 된다. 더구나 효율성이 떨어지는 낡은 기계들을 없애게 되면, 노동에 대한 자본의 비율인 자본의 유기적 구성도 떨어지게 되어 이윤은 다소간 증가한다. 이런 관점을 잘 분석한 책으로 Ben Fine and Laurence Harris, *Rereading Capital* (London: Lawrence and Wishart, 1979); David Harvey, *The Limits to Capital* (Chicago: University of Chicago Press, 1985); John Weeks, *Capital and Exploitation* (Princeton: Princeton University Press, 1985) 참조.

42 이런 경향들은 서로 내부적으로 연결되어 있다는 점을 다시 한번 기억할 필요가 있다. 즉, 이들은 실제로 전체적으로 통일된 한 현상의 서로 다른 측면들에 불과하다.

43 이 부분은 맑스의『자본』3권의 25장, 29장, 30장에 나오는 이야기들을 요약한 것이다.

44 사실 모든 자본주의 투자엔 투기적 요소가 있을 수밖에 없다. 투자하는 시점에서는 미래 상황에 대한 예측에 의존할 수밖에 없기 때문이다. 그러나 이런 예측들은 대개 합리적인 근거를 바탕으로 이뤄진다. 그 근거를 제공하는 것은 비용 평가 및 미래 예상 수익인데, 또다시 이것들은 투자 당시의 물가, 임금, 이자율, 임대료 등을 잘 따진 뒤에 평가된다. 순수한 투기적 목적의 투자란 비용 요인 같은 것은 전혀 따지지 않고 주식이나 채권처럼 종이로 표시된 자산의 가격이 계속 오르는 상황에서 그저 미래의 예상 수익이 오를 것이라 보고 '묻지 마' 투자를 하는 경우다.

45 Loren Fox, *Enron: The Rise and Fall* (Hoboken, NJ: John Wiley and Sons, 2003), chs.10~12.

46 Marx, *Capital*, vol.3, p.621.

47 *ibid.*, p.362.

48 *ibid.*, pp.362~363.

49 E. A. Preobrazhensky, *The Decline of Capitalism* (New York: M. E. Sharpe, 1985), p.33.

50 Armstrong, Glyn and Harrison, *Capitalism Since World War II*, p.26.

❖ 4장 _ 금융 대혼란: 후기 자본주의에서의 화폐, 신용, 불안정성

1 John Eatwell and Lance Taylor, *Global Finance at Risk: The Case for International Regulation* (New York: The New Press, 2000), p.1.

2 Marx, *Capital*, vol.3, p.621.

3 Martin Wolf, "Why Paulson's Plan Was Not a True Solution to the Crisis," *Financial Times*, September 24, 2008; Kevin Phillips, "The Destructive Rise of Big Finance," *Huffington Post*, April 4, 2008; Robert Guttman and Dominique Plihon, "Consumer Debt and Financial Fragility," *International Review of Applied Economics* 24, no.3 (May 2010), pp.269~271. http://www.peri.umass.edu/fileadmin/pdf/conference_papers/SAFER/ Guttmann_Plihon_Consumer.pdf, p.2 참조.

4 제프리 스킬링이 1995년 12월 6일 '아서 앤더슨 석유 가스 심포지엄'에서 한 연설의 일부.

Loren Fox, *Enron: The Rise and Fall* (Hoboken: John Wiley and Sons, 2003), p.76에서 재인용. 또한 Frank Partnoy, *Infectious Greed* (New York: Henry Holt, 2003), p.258 참조.

5 Jean Baudrillard, *Symbolic Exchange and Death* (London: Sage, 1993), p.8. David McNally, *Bodies of Meaning: Studies on Language, Labor and Liberation* (Albany: State University of New York Press, 2001), pp.62~64에서 재인용.

6 '금융 쿠데타'란 말은 제라르 뒤메닐과 도미니크 레비가 제시한 것이다. Gérard Duménil and Dominique Lévy, *Capital Resurgent: Roots of the Neoliberal Revolution* (Cambridge, MA: Harvard University Press, 2004), p.79 참조. 한편 상당한 통찰력으로 탈규제화 문제를 집중적으로 다루는 문헌들로는 Nomi Prins, *Other People's Money: The Corporate Mugging of America* (New York: The New Press, 2004); Dean Baker, *Plunder and Blunder: The Rise and Fall of the Bubble Economy* (Sausalito: PoliPoint Press, 2008); Robin Blackburn, "The Subprime Crisis," *New Left Review* 50 (March-April 2008), pp.63~106 참조. 이 문헌들 대부분은 그런 정책 변화를 초래한 후기 자본주의의 구조적 변동이라는 폭넓은 맥락을 강조하지는 않는다.

7 Barry Eichengreen, *Globalizing Capital: A History of the International Monetary System* (Princeton: Princeton University Press, 1996), ch.2; Ian M. Drummond, *The Gold Standard and the International Monetary System, 1900-1939* (London: Macmillan, 1987); Robert J. Barro, "Money and the Price Level Under the Gold Standard," *The Economic Journal* 89, no.353 (March 1979), pp.13~33; Frieden, *Global Capitalism*, ch.12 참조.

8 Eichengreen, *Globalizing Capital*, ch.4; Mica Panic, "The Bretton Woods System: Concept and Practice," *Managing the Global Economy*, eds. Jonathan Michie and John Grieve Smith (Oxford: Oxford University Press, 1995) 참조.

9 전직 은행가가 쓴 유러달러 시장에 대한 유용한 논의로 S. C. Gwynne, *Selling Money: A Young Banker's First Hand Account of the Rise and Extraordinary Fall of the Great International Lending Boom* (New York: Weidenfeld and Nicolson, 1986), pp.77~88 참조.

10 Eatwell and Taylor, *Global Finance at Risk*, pp.36~37, 87~89; Eichengreen, *Globalizing Capital*, p.116.

11 이 점에 관해서는 Lukin Robinson, "The Downfall of the Dollar," *Socialist Register* 1973, eds. Ralph Miliband and John Saville (London: Merlin Press, 1974), p.407 참조. 보다 심층적인 분석을 위해서는 이 책 전체에 나오는 다른 논문들도 참조할 것.

12 Frieden, *Global Capitalism*, pp.339, 342.

13 David McNally, "From Financial Crisis to World Slump", *Historical Materialism* 17, no.2 (2009)에서 내가 발표한 금융화와 공황에 대해 조세프 추나라가 비판을 했다. 그런데 그는 내가 설명한 개념들을 구별하지 않고 마구 뒤섞어 버렸다. 그는 내 설명이 "금융화와 신용[부채] 주도형 경제성장"의 시기를 1980년대 초기에서 1997년으로 이동시켜 버렸다고 비판했다. 그러나 나는 금융화와 신용 주도 성장 시기가 일치한다고 설명한 적이 없다. 내 설명에서도 분명히 밝혔듯이, 금융화의 구조적 토대가 구축된 시기는 1980

년대 초기가 아니라 1971~1973년에 발생했던 세계 화폐의 합법적인 탈상품화(달러의 금 태환 중지) 시점과 일치한다. 게다가 나는 신용이 1997년 이후의 신자유주의적 팽창을 지속시키는 데 갈수록 더 중요한 역할을 해왔다고 주장한다. 이것은 완전히 다른 차원의 이야기로, 금융화의 '기원'과는 무관한 것이다. J. Choonara, "Marxist Accounts of the Current Crisis," *International Socialism* 123 (June 2009) 참조.

14 Eatwell and Taylor, *Global Finance at Risk*, p.112.

15 Joel Kurtzman, *The Death of Money* (Boston: Little Brown and Co., 1993), p.51에서 재인용.

16 Eatwell and Taylor, *Global Finance at Risk*, pp.3~4.

17 Bank for International Settlements, *Triennial Survey 2007* (Basel, 2007).

18 Kavaljit Singh, *Taming Global Financial Flows* (London: Zed Books, 2000), p.16.

19 Aaron Luchetti, "'Innovation, Imagination' Drive Derivatives-Investment Contracts," *Wall Street Journal*, March 20, 2007.

20 Gwynne, *Selling Money*, p.19.

21 신자유주의 시기 동안 은행권의 변형 과정을 흥미롭게 다룬 문헌으로 Paulo L. Dos Santos, "On the Content of Banking in Contemporary Capitalism," *Historical Materialism* 17, no.2 (2009), pp.180~213 참조.

22 Kurtzman, *Death of Money*, p.26.

23 Scott Patterson, *The Quants: How a New Breed of Math Whizzes Conquered Wall Street and Nearly Destroyed It* (New York: Crown Business, 2010), p.138.

24 Lawrence G. McDonald and Patrick Robinson, *A Colossal Failure of Common Sense: The Inside Story of the Collapse of Lehman Brothers* (New York: Crown Business, 2009), p.66; Gillian Tett, *Fool's Gold* (New York: Free Press, 2009), p.86.

25 McDonald and Robinson, *Colossal Failure*, p.160.

26 Michael Lewis, *The Big Short: Inside the Doomsday Machine* (New York: W. W. Norton, 2010), p.23.

27 누구나 신용부도스왑을 살 수 있도록 한 조치는 2000년 '선물 상품 현대화법'의 결과다.

28 마이클 루이스는 미국 주택 시장의 거품이 꺼질 것이라 예측하고 거기에 엄청난 규모의 돈내기를 한 역행 투자자들의 이야기를 아주 생생하게 묘사하고 있다. Lewis, *The Big Short* 참조. [루이스의 책 제목에 나오는 'short'는 공매도를 뜻하는 'short sale'에서 딴 것이다. 증권(주식이나 채권)을 실제로 소유하고 있지 않은데도, 주가가 하락할 것으로 예상하고 그 차익을 얻기 위해 매도하는 것을 공매도 혹은 대주라고 한다. 마이클 루이스가 말한 빅 쇼트는 실제로 주택융자 신청과 계약과 전혀 상관없는 사람들이 주택담보부증권에 대한 보험용 금융상품인 신용부도스왑을 구매하는 월스트리트 투자은행들의 투기 행태를 지칭하는 말이다.—옮긴이]

29 합성 부채담보부증권과 관련해서 Lewis, *Big Short*, pp.72~74; Tett, *Fool's Gold*, pp.93~97; Patterson, *Quants*, pp.190~192 참조.

30 Tett, *Fool's Gold*, p.126.

31 *ibid.*, p.147; McDonald and Robinson, *Colossal Failure*, p.278.

32 McKinsey Global Institute, *Debt and Deleveraging: The Global Credit Bubble and Its Economic Consequences* (Washington: McKinsey and Company, 2010), pp.10, 18~19.

33 Kevin Phillips, "The Destructive Rise of Big Finance," *Huffington Post*, April 4, 2008; "The Gods Strike Back: A Special Report on Financial Risk," *The Economist*, February 13, 2010, p.4.

34 McDonald and Robinson, *Colossal Failure*, p.278에서 재인용.

35 Lewis, *Big Short*, pp.129, 158.

36 이 단락에 나오는 사례들에 대해서는 Tett, *Fool's Gold*, pp.93, 134~136, 203~210; McDonald and Robinson, *Colossal Failure*, p.298; Lewis, *Big Short*, pp.206~215 참조.

37 Patterson, *Quants*, ch.3에 잘 요약되어 있다.

38 *ibid.*, p.53.

39 '추상적 위험' 개념은 에드워드 리 푸마와 벤저민 리에 의해 제출된 것인데, 그들은 내가 여기서 말하는 가치 추상화와의 연계성에 대해선 말하지 않는다. Edward Li Puma and Benjamin Lee, *Financial Derivatives and the Globalization of Risk* (Durham: Duke University Press, 2004) 참조.

40 Lewis, *Big Short*, p.170.

41 Alan Greenspan, "Testimony to the House Committee on Oversight and Government Reform," October 23, 2008. http://oversight.house.gov/documents/20081023 100438.pdf 참조.

42 McDonald and Robinson, *Colossal Failure*, p.339.

❖ **5장 _ 채무, 규율과 처벌, 박탈: 인종, 계급 및 글로벌 슬럼프**

1 Joseph E. Stiglitz, *Globalization and Its Discontents* (New York: W. W. Norton, 2003), p.24. 이 책은 미국과 IMF를 지배하고 있는 시장 만능주의 또는 시장 근본주의에 대한 가장 강력한 내부자 폭로이다. 하지만 이에 대한 스티글리츠의 비판은 매우 제한적이다. 그 비판이 자유주의적 케인스주의에 대한 강한 믿음에 기초해 있고, 그 자신이 부총재로 재임했던 세계은행과 클린턴 행정부에 대한 비열한 변명이기 때문이다. 세계은행에 대한 제대로 된 교정과 비판은 Eric Toussaint, *Your Money or Your Life: The Tyranny of Global Finance*, updated edition (Chicago: Haymarket Books, 2005), ch.10 참조.

2 자본주의를 소외의 체계로 간주한 것에 대해서는 특히 초기 맑스의 『경제학-철학 수고』 참조. Karl Marx, "Estranged Labor," *Economic and Philosophic Manuscripts of 1844*. Marx, *Early Writings* (Harmondsworth: Penguin Books, 1975). 자본주의를 사회적 관계의 체계로 보는 관점은 Bertell Ollman, *Alienation: Marx's Concept of Man in Capitalist Society* (Oxford: Oxford University Press, 1970), ch.2 참조.

3 Richard Sennett and Jonathan Cobb, *The Hidden Injuries of Class* (New York: Vintage, 1973).

4 Richard Brooks, "Maggie's Man: We Were Wrong," *Observer*, June 21, 1992에서 재인용.

5 Karl Marx, *Capital*, vol.1, trans. Ben Fowkes (Harmondsworth: Penguin Books, 1976), p.899.

6 Ruth Wilson Gilmore, *Golden Gulag: Prisons, Surplus, Crisis, and Opposition in Globalizing California* (Berkeley: University of California Press, 2007), pp.96, 107.

7 Jordan Flaherty, *Floodlines: Community and Resistance from Katrina to the Jena Six* (Chicago: Haymarket Books, 2010), p.83.

8 토드 고든은 온타리오 주의 '길거리 안전 법'에 대해서, 그리고 신자유주의 시대에 인종차별적이고 계급차별적인 경찰 치안의 유형과 구조에 대해서 통찰력 있고 면밀하게 분석하고 있다. Todd Gordon, *Cops, Crime and Capitalism: The Law and Order Agenda in Canada* (Halifax: Fernwood Publishing, 2006). 미국에서 '법과 질서'에 대한 개략적인 설명은 Christian Parenti, *Lockdown America: Police and Prisons in the Age of Crisis* (London: Verso, 1999); Ruth Wilson Gilmore, *Golden Gulag: Prisons, Surplus, Crisis and Opposition in Globalizing California* (Berkeley: University of California Press, 2007) 참조.

9 Cary J. Rudman and John Berthelsen, *An Analysis of the California State of Corrections Planning Process* (Sacramento: California State Assembly Department of Research, 1991), p.i. Gilmore, *Golden Gulag*, p.88에서 재인용.

10 Gilmore, *Golden Gulag*, pp.110~113.

11 Rick Salutin, "The Fear Factor in Economics," *Globe and Mail*, July 23, 2010.

12 Diana Zlomislic, "Ottawa's Prison Plan Won't Work, Critics Say," *Toronto Star*, August 7, 2010; Campbell Clark, "Day Cites 'Alarming' Rise in Unreported Crime to Justify New Prisons," *Globe and Mail*, August 4, 2010.

13 Marx, *Capital*, vol.1, p.915.

14 케빈 앤더슨의 주장에 따르면, 맑스가 젊은 시절에는 유럽중심주의에 경도되어 있었으나 시간이 지나면서 유럽중심주의로부터 점점 더 멀어져 갔던 것처럼, 맑스의 식민주의에 대한 비판 역시 후기로 갈수록 더 날카로워지고 확고해졌다. Kevin Anderson, *Marx at the Margins: On Nationalism, Ethnicity and Non-Western Societies* (Chicago: University of Chicago Press, 2010) 참조. 이 주제에 대해 역사유물론의 관점을 가지고 아주 민감하고 섬세한 분석을 가한 연구들이 제법 쌓였다. 이에 발맞춰 나 역시 다음 책에서 인종차별주의와 자본주의와의 내적 연관을 설명하고자 했다. David McNally, *Another World Is Possible*, 2nd ed., ch.4.

15 이 주제에 대한 중요한 이론적 주장에 대해서는 Massimo De Angelis, "Separating the Doing and the Deed: Capital and the Continuous Character of Enclosures," *Historical Materialism* 12, no.2 (2004), pp.57~87 참조. 데이비드 하비는 『신제국주의』 4장에서 '박탈을 통한 자본축적' 개념을 가지고 이와 유사한 주장을 펼쳤다. *The New Imperialism* (Oxford: Oxford University Press, 2003). 하비의 '박탈을 통한 자본축적'이라는 개념에는 몇 가지 불분명한 부분들이 있긴 하지만(이 장의 후주 36번 참조), 신자유주의적 세계화의 핵심적 특질을 잘 포착해 내고 있다.

16 McNally, *Another World Is Possible*, 2nd ed., pp.70~72.

17 G. E. M. de Ste. Croix, *The Class Strugg le in the Ancient Greek World* (London: Duckworth, 1981), pp.162~170 참조.

18 Makoto Itoh and Costas Lapavitsas, *Political Economy of Money and Finance* (London: Macmillan, 1999), ch.3 참조.

19 Ben Woolsey and Matt Schulz, "Credit Card Statistics, Industry Facts, Debt Statistics." http://www.creditcards.com/credit-cardnews/credit-card-industry-facts-personal-debt-statistics-1276.php 참조.

20 Paulo L. Dos Santos, "On the Content of Banking in Contemporary Capitalism," *Historical Materialism* vol.17, no.2 (2009), pp.190~194.

21 예를 들어 R. Aitken, *Performing Capital: Toward a Cultural Political Economy of Popular and Global Finance* (Basingstoke: Palgrave Macmillan, 2007) 참조.

22 Paul Langley, "Financialization and the Consumer Credit Boom," *Competition and Change* 12, no.2 (June 2008), p.144; Dos Santos, "On the Content of Banking," p.191.

23 '금융 수탈'의 개념에 대해서는 Costas Lapavitsas, "Financialised Capitalism: Crisis and Financial Expropriation," *Historical Materialism* 17, no.2 (2009), pp.126~132 참조. 내 생각에는 금융 수탈 개념이 이론적으로 보다 더 명료하고 정교해져야 한다고 보지만, 그것은 신자유주의적 자본주의의 중요한 측면들을 잘 포착하고 있다.

24 캘리포니아 사례를 더 보려면 Gilmore, *Golden Gulag*, p.36 참조.

25 Gary A. Dymski, "Racial Exclusion and the Political Economy of the Subprime Crisis," *Historical Materialism* 17, no.2 (2009), pp.152~154.

26 *ibid.*, pp.162~163.

27 *ibid.*, p.164.

28 Janis Bowdler, "Survival Spending: The Role of Credit Cards in Hispanic Households," *National Council of La Raza*, January 19, 2010.

29 Ajamu Dillahunt, Brian Miller, Mike Prokosch, Jeanette Huezo and Dedrick Muhammad, *State of the Dream 2010 DRAINED: Jobless and Foreclosed in Communities of Color* (Boston: United for a Fair Economy, 2010), sec.2.

30 Dymski, "Racial Exclusion," p.164; Phillip Anthony O'Hara, "The Global Securitized Subprime Market Crisis," *Review of Radical Political Economics* 41, no.3 (Summer 2009), p.328; Allen J. Fishbein and Patrick Woodall, "Women are Prime Targets for Subprime Lending" (Washington, D.C.: Consumer Federation of America, December 2006); National Council of Negro Women, *Income is No Shield, Part II: Assessing the Double Burden: Examining the Racial and Gender Disparities in Mortgage Lending* (Washington, D.C.: National Council of Negro Women, June 2009) 참조.

31 Mariko Chang, *Lifting as We Climb: Women of Color, Wealth and America's Future* (Insight Center for Community Economic Development, 2010), p.21.

32 Barbara Ehrenreich and Dedrick Muhammad, "The Recession's Racial Divide," *New York Times*, September 13, 2009; Mike Davis, *Magical Urbanism: Latinos Reinvent*

the U.S. City (New York: Verso, 2000), p.116.

33 David Rosenberg, "Optimism Slowly Erodes as Debt Gets Piled On," *Globe and Mail,* June 16, 2010.

34 Andrea Orr, "One in Four Black, Hispanic Workers is Underemployed," *Economic Policy Institute,* January 8, 2010; Dillahunt et al. *State of the Dream 2010*; Keeanga-Yamahtta Taylor, "Black America's Economic Freefall," *Socialist Worker,* January 8, 2010; Chang, *Lifting as We Climb*, p.5.

35 Gwynne, *Selling Money*, pp.19, 27~28, 53.

36 '소유권 박탈을 통한 자본축적' 개념은 데이비드 하비가 『신제국주의』에서 만든 용어다. 어떤 측면에서 이 용어는 생활 수단, 특히 토지 소유권을 박탈당한 사람들을 설명하는 맑스의 '원시적 축적' 개념에 상응하는 말이다. 그러나 하비는 '소유권 박탈을 통한 자본 축적' 개념 속에 다양한 종류의 '기생적' 관행들을 포함시킨다. 남을 뜯어먹고 사는 이러한 기생적 관행들을 통해 자본은 거의 절도나 다름없는 행동들을 포함, 타인의 재산들을 헐값으로 혹은 거의 공짜로 강탈함으로써 이윤을 증식시킨다. 이로 인해 어떤 사람들은 신자유주의와 '박탈을 통한 축적'의 근본적인 특질을 임노동 관계의 확대로 보지 않고, 절도와 강탈이라고 간주해 버리는 경향이 생겨났다. 2장에서 명료하게 설명한 대로, 내 생각에는 하비가 설명한 그 기생적인 사회적 관행들은 사람들을 프롤레타리아트로 만들어 버리는 수단이었고, 그들을 임금노동자 혹은 세계적인 산업예비군으로 전환시켰다. 따라서 내 분석에서는 하비의 박탈을 통한 축적 개념은 임노동의 착취 개념에 결합되어야 하는 것이지 그에 대한 대안적 개념은 아니다. 하비와 몇몇 다른 사람들은 때때로 이 개념이 임노동을 통한 축적에 대한 대안적 용어라고 제안하긴 하지만 말이다.

37 Toussaint, *Your Money or Your Life*, pp.148~149.

38 McNally, *Another World*, pp.55~56.

39 Toussaint, *Your Money or Your Life*, pp.225~244; McNally, *Another World*, pp.227~231 참조.

40 Toussaint, *Your Money or Your Life*, p.277.

41 McNally, *Another World*, pp.62~63; *El Financiero*, May 31, 2007.

42 James Petras and Henry Veltmeyer, *Globalization Unmasked* (Halifax: Fernwood Publishing, 2001), p.85.

43 이 문단은 투생의 뛰어난 분석으로부터 차용했다. Toussaint, *Your Money or Your Life*, pp.313~326; James Petras and Henry Veltmeyer, *System in Crisis: The Dynamics of Free Market Capitalism* (Halifax: Fernwood Publishing, 2003), pp.68~86.

44 Martin Wolf, "The World Wakes from the Wish-Dream of Decoupling," *Financial Times*, October 21, 2008.

45 "Cash-Strapped Greece to Unload State Assets," *Globe and Mail,* June 3, 2010.

46 Toussaint, *Your Money or Your Life*, p.153.

47 Robert Wade and Frank Veneroso, "The Asian Crisis: The High Debt Model Versus the Wall Street-Treasury-IMF Complex," *New Left Review* 228 (2002), p.20.

48 Nancy Holmstrom and Richard Smith, "The Necessity of Gangster Capitalism: Primitive Accumulation in Russia and China," *Monthly Review* 51, no.9 (2000) 참조.

49 Stiglitz, *Globalization and Its Discontents*, p.152.

50 *ibid.*, pp.146~148.

51 Holmstrom and Smith, "Necessity of Gangster Capitalism."

52 Russel Smyth, "Asset Stripping in Chinese State-Owned Enterprises," *Journal of Contemporary Asia* 30: no.1 (2000), p.3 참조.

53 그런데 중국의 농촌 공동체들은 국가 관료주의에 의해 지배당했고 너무나 긴밀하게 연관되어 있었기 때문에, 그들은 진정으로 독립적인 자치 공동체가 아니었다. 그럼에도 불구하고 소유권은 사적인 것이 아니라 공동체가 가지고 있었다.

54 Martin Hart-Landsberg and Paul Burkett, *China and Socialism: Market Reforms and Class Struggle* (New York: Monthly Review Press, 2005), pp.39~40, 43.

55 최근 중국에서 토지의 상품화에 대한 유용한 설명으로는 Jiang Xu, Anthony Yeh and Fulong Wu, "Land Commodification: New Land Development and Politics in China since the Late 1990s," *International Journal of Urban and Regional Research* 33, no.4 (December 2009), pp.890~913 참조.

56 Jim Yardley, "In a Tidal Wave, China's Masses Pour from Farm to City," *New York Times*, September 12, 2004.

57 '원시적 축적'('시초' 축적 또는 '일차적' 축적이 더 정확한 번역어라고 본다)에 대한 맑스의 흥미로운 논의는 Karl Marx, *Capital*, vol.1, pt.8 참조.

58 Liu Shi, "Current Conditions of China's Working Class," *China Study Group*, 3 (November 2003). David Harvey, *A Brief History of Neoliberalism* (Oxford: Oxford University Press, 2005), p.144에서 재인용.

59 Michael Meyer, *The Last Days of Old Beijing* (New York: Walker and Company, 2008).

60 Patti Waldmeir, "Determined to Be the Biggest and Best," *Financial Times*, April 30, 2010.

61 Ananya Mukherjee-Reed, "The South Asia Blog," November 14, 2008; United Nations, *Human Development Index 2010*.

62 Pablo S. Bose, "Dams, Development and Displacement: The Narmada Valley Development Projects," *Development's Displacements: Ecologies, Economies, and Cultures at Risk*, ed. Peter Vandergeest, Pablo Idahosa and Pablo S. Bose (Vancouver: University of British Columbia Press, 2007), pp.187~205 참조. 또한 McNally, *Another World*, pp.281~282도 참조.

63 Aditya Sarkar, "Nandigram and the Deformations of the Indian Left," *International Socialism* 115 (2007), pp.23~34 참조.

64 Andrew Martin, "So Much Food. So Much Hunger," *New York Times*, September 20, 2009; Susan Sachs, "More Food Being Produced, but One Billion Still Hungry, Scientists Find," *Globe and Mail*, March 29, 2010.

65 Geoffrey York, "Land: Africa's Last Great Treasure," *Globe and Mail*, May 6, 2009; Eric Reguly, "Foreign Investors Rush to Lock up Food Supply," *Globe and Mail*,

November 17, 2009; "Buying Farmland Abroad: Outsourcing's Third Wave," *The Economist*, May 21, 2009.

66 "Buying Farmland Abroad," *The Economist*, May 21, 2009에서 재인용.

67 "Land Grabbing in Latin America," *Against the Grain*, March 2010. http://www.grain.org/atg/ 참조.

68 Frank Bajak, "Indian Political Awakening Stirs Latin America," *Associated Press*, November 19, 2009; John Vidal, "Indigenous People: 'We Are Fighting for Our Lives and Our Dignity,'" *Guardian*, June 13, 2009; Todd Gordon, "Acceptable Versus Unacceptable Repression: A Lesson in Canadian Imperial Hypocrisy," *rabble.ca*, July 13, 2009.

69 Joel Kovel, *The Enemy of Nature: The End of Capitalism or the End of the World?* (London: Zed Books, 2007).

70 뉴올리언스에서 블랙워터와 핼리버튼과 같은 민간 계약자의 역할에 대해서는 Naomi Klein, *The Shock Doctrine: The Rise of Disaster Capitalism* (Toronto: Alfred A. Knopf, 2007), pp.488~500 참조. 도시에서의 강제 퇴거에 대해서는 Flaherty, *Floodlines*, pp.67, 71 and ch.8 참조.

71 Flaherty, *Floodlines*, p.48.

72 Alex Stonehill, "World Water Crisis," *Z Magazine*, June 2008, pp.13~14.

73 영향력 있는 연구서인 Jasmin Hristov, *Blood and Capital: The Paramilitarization of Colombia* (Athens: Ohio University Press, 2009) 참조. Sheila Gruner, "Contested Territories: Development, Displacement and Social Movements in Colombia," *Development's Displacements*, ed. Vandergeest, Idahosa and Bose, pp.155~186도 참조.

74 Gruner, "Contested Territories," p.166에서 재인용.

75 Nina Bernstein, "Officials Obscured Truth of Migrant Deaths in Jail," *New York Times*, January 10, 2010.

76 아프리카 대륙에서 캐나다(그리고 다른 나라들)의 광산 회사들에 대한 증거는 Madeleine Drohan, *Making a Killing: How and Why Corporations Use Armed Force to Do Business* (Toronto: Random House, 2003) 참조.

77 Tom Barry, "The New Political Economy of Immigration," *Dollars and Sense*, January/February 2009, p.29.

78 William Fisher, "Immigration: Emma Lazarus Redux," *The Huffington Post*, January 7, 2010. http://www.truthout.org/105091 참조.

79 Eric Schmitt, "Americans (a) Love (b) Hate Immigrants," *New York Times*, May 27, 2001.

80 노조 조직화에 적대적인 이민국의 탄압 사례들은 David Bacon, *Illegal People: How Globalization Creates Migration and Criminalizes Immigrants* (Boston: Beacon Press, 2008), pp.12~21, 96 참조.

81 Rachel Donadio, "Thousands Jailed After Italy's Migrant Riots," *Globe and Mail*, January 11, 2010.

82 Sandro Contenta, "How We're Creating an Illegal Workforce," *Toronto Star*, November 1, 2009; "What's Wrong with the Immigration System: A Statement by No One Is Illegal-Toronto," October 17, 2009 참조. http://toronto.nooneisillegal.org/node/336.

83 Susan Sachs, "Illegal Workers in Paris out of Hiding and up in Arms," *Globe and Mail*, December 8, 2009.

84 David Bacon, "Mississippi's SB 2988," *Z Magazine*, June 2008, pp.15~17 참조.

❖ 6장_ 거대한 저항의 물결로

1 Kari Lyderson and James Tracy, "The Real Audacity of Hope: Republic Windows Workers Stand their Ground," *Dollars and Sense*, January/February 2009; David Bacon, "Chicago Workers to the Rest of the Country: Don't Let It Die!," *New American Media*, December 11, 2008. http://news.newamericanmedia.org/news/view_article.html?_id=a3d3cc49a93f6bfac1b3f2211.

2 경우에 따라서 노동자들은 공장 문을 계속 열기도 했는데, 그 한 예가 스코틀랜드 던디에 있는 프리즘 포장 공장이었다. 노동자들은 51일간 점거 투쟁을 한 뒤에 일종의 노동자 협동조합 형식으로 공장을 재가동했다. 이 투쟁의 배경에 관해서는 Immanuel Ness and Stacy Warner Madder, "Worker Direct Action Grows in Wake of Financial Meltdown," *Dollars and Sense*, November/December 2009; Alan Sheldon, "Tools of the Trade: Resistance to the Crisis around the World," *New Socialist* 66 (2009), p.24 참조

3 Jessica Leeder, "Economic Uncertainty Boils Over in Workplace," *Globe and Mail*, March 26, 2009; David Gauthier-Villars and Leila Abboud, "Kidnapping the Boss Becoming a Peculiarly French Tactic," *Globe and Mail*, April 3, 2009.

4 물론 볼리비아 주석광산노동조합은 주로 토착민의 후손들로 구성되었다. 그런데 그들은 작업장에서 자신들의 불만을 주로 계급 차별적인 측면에서만 표출했지, 원주민 자신들의 생활과 문화와 관련된 전반적인 주제들의 중요성에 대해서는 무시해 버렸다.

5 Alan Sears, "The End of 20th-Century Socialism?," *New Socialist* 61 (Summer 2007).

6 Dan La Botz, "What Happened to the American Working Class?," *New Politics* 12, no.4 (Winter 2010), p.80.

7 Harvey, *Brief History of Neoliberalism*, p.47.

8 송제숙의 흥미로운 연구 Jesook Song, *South Koreans in the Debt Crisis: The Creation of a Neoliberal Welfare Society* (Durham: Duke University Press, 2009) 참조.

9 이 과정에 대한 흥미로운 고찰은 Atilio A. Boron, "Promises and Challenges: The Latin American Left at the Start of the Twenty-First Century," *The New Latin American Left: Utopia Reborn*, eds. Patrick Barrett, Daniel Chavez and César Rodriguez-Garavito (London: Pluto Press, 2008), pp.236~238 참조. 이 책 보론의 고찰은 상당한 흥미를 유발하긴 하지만, 개인적으로 정치적 결론 부분에는 이견이 좀 있는 편이다.

10 나의 책『또 다른 세상은 가능하다』는 2002년 초에 초판이 나왔는데, 이것은 부분적으로 바로 그러한 정치적 계기의 소산이다. 그 뒤 2006년에 나온 2판은 2001년 이후에 일어난 정치적 변화까지 포함해서 고찰하고 있다.

11 '항쟁의 주기'란 용어는 웨버의 탁월한 저서에서 처음 만들어졌다. Jeffery R. Webber, *Red October: Left Indigenous Struggle in Bolivia, 2000-2005* (Leiden: Brill, 2010).

12 Oscar Olivera and Tom Lewis, *Cochabamba! Water War in Bolivia* (Cambridge: South End Press, 2004), p.13.

13 이 기간 동안의 경제적·사회적 투쟁에 대해선 June Nash, "Interpreting Social Movements: Bolivian Resistance to Economic Conditions Imposed by the International Monetary Fund," *American Ethnologist* 19, no.2, pp.275~293 참조.

14 ibid., pp.111, 113.

15 ibid., p.107.

16 ibid., p.105.

17 Raquel Gutierrez and Alvaro Garcia Linera, "The Rebirth of the Multitude," *International Viewpoint* 323 (July-August 2000). 물론 이 글은 상당히 유익한 정보를 제공하긴 하지만, 필자 중 하나인 가르시아 리네라(현 볼리비아 부통령)는 안타깝게도 볼리비아 대중운동에 대하여 일관되게 그 역동성을 제거하는 역할을 해왔다.

18 좀더 자세한 것으로는 Olivera, *Cochabamba!*, pp.41~49; McNally, *Another World Is Possible*, 2nd ed., pp.292~295 참조.

19 웨버의 소중한 저작인 『붉은 시월』(*Red October*) 외에도, 그는 『역사유물론』에 실린 3부작 논문을 통해 2005년 에보 모랄레스의 선거전 승리 이후 풀뿌리 대중운동의 역동성이 거세되는 과정을 탁월하게 분석하고 있다. Jeffery Webber, "Rebellion to Reform in Bolivia," *Historical Materialism* 16(2), pp.23~58, 16(3), pp.1~22, 16(4), pp.67~109 참조. 또한 Mike Gonzalez, "Bolivia: the Rising of the People," *International Socialism* 108 (October 2005), pp.73~101 참조.

20 이것이 바로 제프리 웨버가 쓴 다음 글의 핵심 주제다. Jeffery Webber, "The Bolivian Left and Indigenous People Join in Struggle," *Monthly Review* 57, no.4 (September 2005), pp.34~48 참조.

21 Gonzalez, "Bolivia," p.92.

22 Olivera, *Cochabamba!*, pp.47, 125.

23 ibid., pp.47, 128.

24 Raquel Gutierrez-Aguilar, "The Coordinadora: One Year After the Water War," *ibid.*, pp.53~64.

25 Wes Enzinna, "All We Want is the Earth: Agrarian Reform in Bolivia," *Socialist Register 2008: Global Flashpoints*, eds. Leo Panitch and Colin Leys (London: Merlin Press, 2007), p.223.

26 Ana Esther Cecena, "On the Forms of Resistance in Latin America: Its 'Native' Moment," *Socialist Register 2008: Global Flashpoints*, eds. Leo Panitch and Colin Leys (London: Merlin Press, 2007), p.245.

27 이 경우에 해당하는 한 가지만 보면, 볼리비아의 '땅 없는 노동자 운동'이 모랄레스 정부의 요청에 의해 2006년 토지 점거 운동을 포기하기로 결정했다는 사실을 들 수 있다.

28 이하 설명은 주로 다음 문헌들에 기초한다. Rudolphe Lamy, "Price Protests Paralyze Martinique, Guadeloupe," *Associated Press*, February 11, 2009; Angelique Chrisafis, "France Faces Revolt over Poverty on its Caribbean Islands," *The Guardian*, February 12, 2009; United Press International, "Protests Disrupt Life on French Islands," February 13, 2009; Richard Fidler, "Guadeloupe: General Strike Scores Victory, Spreads to Other Colonies," *Green Left Weekly*, March 3, 2009; Richard Fidler, "Martinique General Strike Ends in Victory," *Green Left Weekly*, March 21, 2009.

29 이하 설명은 다음과 같은 아주 뛰어난 문헌들에 기초한다. Diana Denham and CASA Collective ed., *Teaching Rebellion: Stories from the Grassroots Resistance in Oaxaca* (Oakland: PM Press, 2008); Richard Roman and Edur Velasco Arregui, "Mexico's Oaxaca Commune," *Socialist Register 2008: Global Flashpoints* (London: Merlin Press, 2007), pp.248~264; B. Gloria Martinez, González and Alejandro Valle Baeza, "Oaxaca: Rebellion against Marginalization, Extreme Poverty, and Abuse of Power," *Monthly Review* 59, no.3 (July-August 2007), pp.26~37; Nancy Davies, *The People Decide: Oaxaca's Popular Assembly* (Natick, MA: Narco News Books, 2007); Louis E. V. Nevaer, *Protest Graffiti Mexico: Oaxaca* (New York: Mark Batty Publisher, 2009); Rubén Leyva, *Memorial de Agravios: Oaxaca Mexico, 2006* (Oaxaca: Primera Edición, 2008).

30 Roman and Velasco Arregui, "Mexico's Oaxaca Commune," p.257.

31 Colin Barker ed., *Revolutionary Rehearsals* (London: Bookmarks, 1987) 참조. 여기서 한 가지 강조할 점은 생협 등 협동조합처럼 일반적인 자본주의 시장의 외곽에서 가동되는 작은 조직을 꾸려 내는 정도는 '이중 권력'을 재현하는 것이 아니란 사실이다. 가장 고전적인 의미에서의 이중 권력이란 폭넓은 기반의 대중 저항운동의 결과 그 저변의 힘을 바탕으로 진보적 대중적 기구들을 창출하는 것을 뜻한다. 이 새로운 기관들, 제도들, 구조들을 통해 수십만 또는 수백만에 이르는 노동계급 민중이 자신의 삶을 스스로 관리하기 시작하는 것이 참된 의미의 이중 권력 현상이다.

32 Karl Marx, "The Civil War in France," Karl Marx and Friedrich Engels, *Writings on the Paris Commune*, ed. Hal Draper (New York: Monthly Review Press, 1971), p.76.

33 그러나 작업장에 기초한 이중 권력은 그러한 거시적 구조를 이겨 내기엔 종종 역부족이었다.

34 한 젊은 여성에 의한 직접행동과 다른 실천들에 관해 탁월한 설명을 제공하고 있는 문헌으로 Denham and CASA Collective ed., *Teaching Rebellion*, pp.85~96 참조.

35 로만과 벨라스코 아레귀는 이러한 딜레마에 대해 상당히 깊이 있는 분석을 제공하고 있다. Roman and Velasco Arregui, "Mexico's Oaxaca Commune."

36 Roman and Velasco Arregui, "Mexico's Oaxaca Commune," p.255.

37 이 새로운 다인종적인 도시 노동계급에 대한 중요한 논의를 보려면 Robin D. G. Kelley,

Yo' Mama's Disfunktional!: Fighting the culture wars in urban America (Boston: Beacon Press, 1997), ch.5 참조.

38 실제로 1995년에 북미서비스노조(SEIU) 로스앤젤레스 339지부는 중앙 조직의 위임 관리 체제하에 놓이게 되었다. 그 뒤로 노조 내에서는 비슷한 위임 관리 사례가 무려 40 건 정도 생겨났다. 이러한 흐름에 반발하여 마침내 의료보건 노동자들이 전국보건노조를 별도로 창립하기에 이르렀다. 이에 서비스노조는 전국보건노조가 법적으로 문제가 있다며 공격을 하고 나섰다. 이에 대해서는 Steve Early, "The NUWH 16: SEIU's Courtroom Payday is a Pyrrhic Victory for New Corporate Unionism," *MRZine*, April 12, 2010. http://mrzine.monthlyreview.org/2010/early120410.html 참조.

39 Davis, *Magical Urbanism*, pp.172~173.

40 이는 켈리가 쓴 책의 부제이기도 하다. Kelley, *Yo' Mama's Disfunktional!*, ch.5.

41 David Bacon, *Illegal People: How Globalization Creates Migrants and Criminalizes Immigrants* (Boston: Beacon Press, 2008), ch.6.

42 노동계급 권력에 관한 나의 주장(그리고 노동자 이중 권력의 성공을 통한 혁명적 변화에 대한 지지)은 베이컨이 제안하는 시각보다 훨씬 더 많은 내용들을 담고 있다.

43 켈리, 데이비스, 베이컨은 이런 조직들을 일부 논의하고 있다. Miriam Ching Yoon Louie, *Sweatshop Warriors: Immigrant Women Workers Take on the Global Factory* (Boston: South End Pres, 2001) 참조. 약간 오래되긴 했지만 여전히 흥미로운 저작으로서, 특히 이런 그룹에 대해 잘 논의하고 있는 것은 John Anner ed., *Beyond Identity Politics: Emerging Social Justice Movements in Communities of Color* (Boston: South End Press, 1996).

44 Bacon, *Illegal People*, p.192.

45 이 주제에 대해 여기서 본격적으로 다루기란 어렵다. 그러나 대단히 중요하면서도 흥미로운 사례들을 보려면 Eric Arnesen, *Waterfront Workers of New Orleans: Race, Class, and Politics, 1863-1923* (New York: Oxford University Press, 1994); Neil Foley, *The White Scourge: Mexicans, Blacks, and Poor Whites in Texas Cotton Culture* (Berkeley: University of California Press, 1997); Rick Halpern and Roger Horowitz, *Meatpackers: An Oral History of Black Packinghouse Workers and the Struggle for Racial and Economic Equality* (New York: Monthly Review Press, 1999) 참조.

46 마이크 데이비스가 2009년 9월 5일, 샌프란시스코에서 열린 '사회주의 2009' 회의에서 발표한 글. Mike Davis, "Why We Need Rebels." http://www.zcommunications.org/why-we-need-rebels-by-mike-davis.

47 Dimitris Fasfalis, "Class Struggles Heat Up in Greece," *The Bullet*, no.366, June 8, 2010. http://www.socialistproject.ca/bullet/366.php#continue 참조.

48 "Separating Greek Myths from Truth," *Globe and Mail*, May 18, 2010; "The Myth of the 'Lazy Greek Workers,'" *Marxisti Foni*, May 4, 2010.

49 핵심적인 사건들을 잘 요약한 것으로 McNally, *Another World*, pp.8~11, 22~24. 교외 지역에 거주하는 이주민들의 저항에 대해서는 Le Monde diplomatique, "Banlieues: Trente ans d'histoire et de revoltes," *Manière de voir* 89 (Octobre-Novembre 2006).

이 사건에 관한 인용문은 그 자료의 p.5에 나오는데, 내가 직접 번역한 것이다.

50 Léon Crémieux, "French Workers Face the Crisis," trans. Michael Seitz, *New Politics* 12, no.3 (Summer 2009), pp.35~36. 여기서 한마디 덧붙이면, 대부분의 프랑스 노동자들은 노조에 가입하지 않더라도 단체협약의 적용을 받는다는 점에 유의할 필요가 있다. 그래서 비록 노조 가입률은 10% 내외에 머물지만 노조가 한번 직접행동에 돌입하면 분위기는 상당히 유리하게 고조되기도 한다.

51 급진좌파연맹은 총선 과정에서 그랬고, 프랑스 반자본주의 신당의 전신을 이루는 단체 역시 최근 대선 과정에서 그 정도의 성과를 거두었다.

52 "Fifty Who Will Frame a Way Forward," *Financial Times*, March 11, 2009. 비록 브장스노가 트로츠키 전통의 한 분파에서 발전된 극좌 그룹의 활동가였긴 하지만, 반자본주의 신당이 트로츠키주의를 신봉하는 건 아니라는 점을 짚고 넘어갈 필요가 있다.

53 Olivier Besancenot, "France: New Anti-capitalist Party Defends Democratic Right to Wear Hijab," trans. Yoshie Furuhashi, February 3, 2010. http://links.org.au/node/1498. 그러나 유감스럽게도 히잡과 관련, 반자본주의 신당 내에서도 심각한 내분이 있음을 인정해야 한다.

54 Roman and Velasco Arregui, "Mexico's Oaxaca Commune," p.259.

55 Rosa Luxemburg, "Reform or Revolution," *Rosa Luxemburg Speaks*, ed. Mary-Alice Waters (New York: Pathfinder Press, 1970), p.36.

56 Colin Barker, "Perspectives," *Revolutionary Rehearsals*, ed. Colin Barker (London: Bookmarks, 1987), pp.225~226.

57 미니애폴리스 팀스터 노조 파업에 대한 참여자 시각의 고전적 저술로는 Farrell Dobbs, *Teamster Rebellion* (New York: Monad Press, 1972) 참조.

58 Sidney Fine, *Sit-Down: The General Motors Strike of 1936-1937* (Ann Arbor: University of Michigan Press, 1969), p.201.

59 비록 1934년 파업이나 1937년의 노동 저항에 관한 훌륭한 자료들이 많이 있지만, 가장 뛰어난 단행본은 다음의 책이다. Jeremy Brecher, *Strike!* (San Francisco: Straight Arrow Books, 1972). 앞에 나오는 인용문은 그 책의 197쪽에서 따온 것이다. 또 다른 훌륭한 저작으로 Art Preis, *Labor's Giant Step* (New York: Pioneer Publishers, 1964) 참조.

60 미국에서 노동 노트 그룹의 활동은 이런 점에서 특별히 괄목상대할 만하다. http://labornotes.org 참조. 특히 킴 무디의 저술들은 투쟁적인 기층 노동자 중심의 노조주의를 표현해 내는 데 매우 중요한 역할을 한다. 특히 Kim Moody, *Workers in a Lean World* (London: Verso, 1997) 참조. 더 최근의 문헌으로는 Kim Moody, *US Labor in Trouble and Transition: The Failure of Reform from Above, the Promise of Revival from Below* (London: Verso, 2007) 참조.

61 매우 좋은 정보를 담고 있는 글로는 Adam Dylan Hefty, "Questions for a New Movement," *Against the Current*, no.145 (March-April 2010)를 비롯하여 같은 호에 실린 Zachary Levenson, "After the Wheeler Occupation"; Tanya Smith, "The Cuts and the Fightback"; Kathryn Lybarger, "AFSCME 3299 Fights Back"; Claudette Begin, "The Save Public Education Fightback" and "Solidarity Alliance: A Call to Action";

Gretchen Lipow, "Celebrating the Past: The Legacy of the Free Speech Movement" 참조. 또한 다음 호의 Adam Dylan Hefty, "What Next after March 4?"; "Teachers, Parents, Community Together: Interview with Joshua Pechthalt" 참조.

62 Tom Mitchell, "Strike Force," *Financial Times*, June 11, 2010에서 재인용. 좀더 깊은 배경에 대해서는 Keith Bradsher, "Demand for Higher Paychecks Stirs Unrest in China," *New York Times*, May 30, 2010; Norihiko Shirouzu, "Chinese Workers Challenge Beijing's Authority," *Wall Street Journal*, June 13, 2010 참조.

❖ 결론_글로벌 슬럼프를 넘어 희망의 미래로

1 유튜브(YouTube)에는 경찰들이 어떻게 작전을 수행했는지 좋은 증거 자료들이 올라와 있다. 경찰의 공세에 대한 시위대의 법적·정치적 대응을 보려면 http://g20.toronto mobilize.org/node/391 및 https://www.g20defence.ca/ 참조.

2 "The G-20 Toronto Summit Declaration," June 26~27, 2010, pp.11~12. http://g20. gc.ca/toronto-summit/summit-documents/the-g-20-toronto-summit-declaration/. 그런데 일본은 이미 1990년대 중반 이후 침체 국면이 계속되어 왔기 때문에, 재정 적자를 과감하게 축소하자는 '토론토 G20 선언문'에서 이름이 빠졌다.

3 Naomi Klein, *The Shock Doctrine: The Rise of Disaster Capitalism* (Toronto: Alfred A. Knopf, 2007) 참조.

4 Stathis Kouvelakis, "Shock and Awe on Greece," edited version of a talk given at Birkbeck College, London, May 5, 2010. http://scurvytunes.blogspot.com/ 참조.

5 Paddy Moore, "Battlefield Classroom," *Ontario Votes 2003*, CBC Ontario. http:// www.cbc.ca/ontariovotes2003/features/education_052803.html.

6 Doug Saunders, "The Pain in Spain," *Globe and Mail*, July 17, 2010.

7 내가 여기서 쓴 '탈정치화한 정치'란 공공 영역이 사회적 당면 과제들과 관련해 대중들의 실질적 토론장이 되지 못하고, 그저 사소하고 속물적이며 대중 홍보에나 주력하는, 또한 상업적 구경거리와 피상적 약속 따위가 대세가 되는 공간이 되어 버렸음을 뜻한다.

8 Kouvelakis, "Shock and Awe on Greece."

9 Michael Steen, "Anti-Islamic Party Eyes Role in Ditch Coalition After Strong Election Gains," *Financial Times*, June 11, 2010.

10 확실히 말하지만, 캐나다 정부는 스리랑카 출신의 수백 명에 이르는 타밀족 난민(이들은 부모가 피난 중이라 모두 선상에서 태어났다)에 대해 일종의 인종차별적 반동 정치를 펴고 있다. 이에 대한 매우 훌륭한 반인종주의적 반론으로는 Harsha Walia, "Why We Should Welcome Boatful of Tamil Refugees into Canada," *Vancouver Sun*, August 14, 2010. http://www.vancouversun.com/news/should+welcome+boatful+Tamil+refugees+ into+Canada/3398770/story.html 참조.

11 Eric Reguly, "Europe's Winter of Discontent," *Globe and Mail*, February 3, 2009. 진보 진영 및 파업 운동에 관해서는 "Ten Days that Shook the British Left: The Oil

Refinery Wildcats," http://www.thehobgoblin.co.uk, February 6, 2009 참조.

12 Antonio Gramsci, *Selections from the Prison Notebooks*, trans. Quintin Hoare and Geoffrey Nowell-Smith (New York: International Publishers, 1971), p.276.

13 Atilio A. Boron, "Promises and Challenges: The Latin American Left at the Start of the Twenty-First Century," *The New Latin American left: Utopia Reborn*, eds. Patrick Barnett, Daniel Chavez and César Rodriguez-Garavito (London: Pluto Press, 2008), pp.236~237.

14 Rosa Luxemburg, "Our Program and Our Political Situation," "What Does the Spartacus League Want?," *Selected Political Writings of Rosa Luxemburg*, ed. Dick Howard (New York: Monthly Review Press, 1971), pp.396~397, 368.

15 이 표현은 베네수엘라에서 전개된 볼리바르 혁명에서 나온 것인데, 우고 차베스가 누구보다도 많이 사용했다. 나는 운 좋게도 2006년에 카라카스에서 열린 세계사회포럼에서 이 문제와 관련한 논쟁이나 토론에 직접 참여할 기회가 있었다.

16 이 점에 관해선 McNally, *Another World Is Possible*, 2nd ed. pp.268~271 참조.

17 Neil Reynolds, "The Disintegration of the European Welfare State," *Globe and Mail*, July 12, 2010.

18 Alan Sears, "G20 Protests: Fighting Back Against the Police State." http://www.newsocialist.org/attachments/220_G20%20leaflet.pdf 참조.

19 Victor Serge, *Birth of Our Power*, trans. Richard Greeman (London: Victor Gollanz, 1968), p.118.

20 이와 관련한 최고의 문헌은 빅토르 세르주 자서전으로서, 그의 탁월한 인생과 그 윤리적·정치적 수준에 대한 감각을 잘 전해 주고 있다. V. Serge, *Memoirs of a Revolutionary 1901-1941*, trans. Peter Sedgwick (London: Oxford University Press, 1963). 그리고 Susan Weissman ed., *The Ideas of Victor Serge: A Life as a Work of Art* (Glasgow: Critique Books, 1997); Weissman, *Victor Serge: This Course is Set on Hope* (London: Verso Books, 2001) 참조.

21 Serge, *Birth of Our Power*, p.74.

22 Oscar Olivera and Tom Lewis, *Cochabamba! Water War in Bolivia* (Cambridge, MA: South End Press, 2004), pp.159, 189.

용어 해설

과잉 축적 자본주의 기업들이 이윤을 남기기 어려울 정도로 지나치게 생산역량, 즉 공장·기계설비·사무실·광산·쇼핑몰·건물 등을 많이 축적하는 과정을 말한다. 이런 일이 일어나는 이유는 자본가들 사이에 경쟁이 치열한 나머지, 너도나도 새로운 공장이나 신기술에 투자를 많이 하는 바람에 설비 과잉이 되기 때문이다.

국가 부채 위기 각국 정부가 국채를 발행하는 식으로 더욱 많은 부채를 지면서 생긴 주권국가의 부도 위기다. 일반적으로 채권자들이 보기에 그 국가가 빚을 갚을 능력보다 부채가 더 크게 되었을 때 국가 부채 위기가 발생한다.

금융화 사람들의 관계를 점점 더 금융상품의 매매, 즉 금융 거래 관계의 일부로 만드는 다양한 과정들을 일컫는다. 그 결과 음식이나 물, 주거, 의료, 교육, 노후 등 인간 생활의 전반적 과정이 갈수록 시장과 화폐에 의존하게 된다. 또한 이 용어는 자본주의 경제가 갈수록 신용대출에 더 많이 의존하게 되는 상황, 그리고 부나 이윤이 전통적인 제조업에 비해 은행 등의 금융기관에 더 많이 분배되는 상황을 가리키기도 한다.

디레버리징 개인, 은행, 기업, 정부 등이 부채 부담(레버리지)을 낮추는 과정을 말한다. 따라서 투자도 줄어든다. 반면 부채를 늘려 투자를 증대하는 것을 레버리징이라 한다.

박탈을 통한 축적 데이비드 하비가 처음으로 쓴 용어다. 일반적인 축적 개념이 인간의 살아 있는 노동을 통해 이뤄지는 것인 데 비해, 권력자 집단이나 기업들이 타자의 자산을 몰수함으로써 부를 축적하는 한 형태다. 그런 자산에는 특히 땅이나 그 땅에 깃든 천연자원 등이 속한다. 이 과정은 대개 그 땅에서 살던 사람들을 무자비하게 쫓아내는 강제 퇴거 과정을 포함한다. 그 결과 사람들은 개인적으로나 공동체적으로 누려 왔던 것들을 박탈당한다. '원시적 축적' 항목도 참조.

세계화 '글로벌화'라고도 하는 이 용어는 사실상 1960년대 이래 전개된 기업과 은행의 초국가적 확산 과정이다. 이 과정은 대개 세계은행이나 IMF에 의해 촉진되었다. 그래서 더욱 정확히는 **자본의 세계화**라 할 수 있다. 그리고 이는 신자유주의와도 연관된다. 왜냐하면 신자유주의는 자본주의 시장이 범지구적으로 확산되는 걸 옹호하기 때문이다. 이에 대항하여 사회운동 진영은 '저항의 세계화'를 주창한다.

신자유주의 대체로 1970년대 이후 인간의 삶을 다시금 시장이 규제하도록 만들려는 정책·실천·아이디어들의 총합이다. 사실 시장에 대한 찬양은 이미 18세기 또는 19세기의 자유주의자들에 의해 처음 등장한 바 있기 때문에, 이 새로운 버전의 자유주의를 신자유주의라고 부른다. 이 신자유주의는 사회주의는 물론 노동조합, 사회복지 프로그램 등에 대단히 적대적이다. 왜냐하면 이런 것이 시장의 자유로운 작동을 '간섭'한다고 보기 때문이다. 이러한 신자유주의 독트린과 연결된 학자로 프리드리히 폰 하이에크나 밀턴 프리드먼, 이를 정책으로 추진한 정치가로 영국의 마거릿 대처 수상과 미국의 로널드 레이건 대통령이 대표적이다. 신자유주의가 남긴 영향은 사회적 불평등의 증대, 남반구 제3세계의 전반적 부채 증가, 각국에서 치안 및 군사주의의 강화 등으로 요약된다.

원시적 축적 원래 초기 자본주의가 최초로 작동하기 위해 사람들을 토지로부터 분리했던 과정을 가리키기 위해 맑스가 쓴 말이다. 이런 뜻에서 시초(original) 축적 또는 일차적(primary) 축적이라고도 할 수 있겠다. 맑스의 분석에 따르면, 자본주의는 한편에서 수백만의 사람들이 아무것도 가진 것 없게 만드는 소유권 박탈의 과정을, 또 다른 편에서는 일부 소수가 엄청난 재산을 축적하는 과정을 필요로 한다. 농민들이 삶의 터전인 땅에서 축출되고 무자비하게 식민지 개척이 전개된 과정, 북아메리카 원주민 인디언들을 쫓아낸 과정, 신세계 아메리카 대륙에서의 노예화 과정, 노예무역 등이 바로 이 원시적 축적 과정에서 구체적으로 일어난 일들이다.

자본 우리의 일상 용어나 주류 경제학에서 자본이란 은행이나 기업들이 이윤을 추구하기 위해 축적해 놓은 자산이다. 공장·사무실·광산·농장·투자기금 등이 그 대표적 사례다. 대개 이런 자산을 '자본'이라 한다. 그러나 맑스는 자본을 그런 물질적 자산 자체보다는, 기초적으로 그런 자산의 소유자와 임노동자 사이에 맺어지는 사회적 관계라 정의한다. 여기서 임노동자들은 대개 기존에 갖고 있던 생산수단을 박탈당한 결과 생계를 위해 불가피하게 자본가 아래로 가서 일을 하는 사람들이다. '원시적 축적' 항목도 참조.

특별 부록

저자 데이비드 맥낼리 인터뷰

1차 인터뷰
| 일시: 2011년 7월 18일 | 장소: 토론토의 데이비드 맥낼리 교수 자택 | 대담자: 강수돌

강수돌 맥낼리 선생님, 먼저 이 책을 집필하게 된 계기를 한국의 독자들에게 좀 자세히 알려 주시면 좋겠습니다.

데이비드 맥낼리(이하 '맥낼리') 두 가지 계기가 있지요. 우선 2008년 미국 금융 공황을 설명하는 흐름들에 문제점을 발견했기 때문입니다. 일단 주로 주류 경제학에서는 가난한 사람들을 탓했습니다. 돈도 많이 없는 사람들이 주택융자 신청을 많이 해서 금융위기가 왔다는 식으로요. 그런데 실제로는 금융권이 비우량 주택융자subprime mortgage를 그 가난한 사람들에게 마구 팔았던 겁니다. 주택담보부증권 같은 금융파생상품을 만들어 대면서 거품을 키웠죠. 바로 이런 사실은 숨기면서 가난한 사람을 탓하는 건 잘못되었다고 보았지요.

또 일부 진보적인 학자들에게도 불만이 있었습니다. 은행 등 금융권의 탈규제화가 문제라고 보는 그들의 시각을 편협하다고 생각했거든요. 그들은 금융권만 잘 규제하면 다 해결될 것처럼 착각을 불러일으켰죠. 그러나 잘 생각해 보면, 각국이 금융권 탈규제를 하기 전부터 이미 금융권에서는 그런 식의 거품을 키우고 있었어요. 오히려 탈규제 정책은 거품이 부풀던 현실을 사후적으로 더 가속화한 것에 불과하죠. 그러니 규제 정책으로 간다고 될 일도 아니라는 겁니다. 금융 탈규제가 금융 공황의 원인이었다고 보는 견해의 또 다른 문제점은 제너럴모터스나 크라이슬러 등도 역시 위기에 빠졌다는 데서도 드러납니다. 이런 제조업 위기는 금융 탈규제화와 무관한 사태죠. 그러니 문제의 원인은 더 깊은 뿌리를 더듬어야만 나온다는 걸 알 수 있습니다.

강수돌 아, 그렇군요. 보수 진영이든 비판 진영이든 뭔가 문제의 뿌리를 잘못 보고 있다는 판단하에, 좀더 근원적인 문제를 지적하고 싶었다는 말씀이시군요. 그러면 또 다른 한 가지 계기는 무엇인가요?

맥낼리 『글로벌 슬럼프』는 가난한 사람들에 대한 비난이나 금융권 탈규제론과 달리, 금융위기의 심층적·구조적 원인이 무엇인가를 설명하고자 합니다. 2008년 금융 공황은 전 지구적 차원에서 신자유주의 팽창의 과잉 때문에 발생한 것입니다. 그리고 이 책은 전 지구적 저항운동을 돕기 위해서 쓰였죠. 현재 국면을 좀더 체계적으로, 지구적 차원에서 설명하려고 한 것입니다. 사회정의 운동이나 저항 투쟁을 하는 사람들은 주로 지금 당장 급한 개별 주제들에 대응하느라 정신없을 때가 있기 때문이지요. 예를 들어 현재 벌어지고 있는 공장 파업이나 공공 도서관 폐쇄 반대 같은 것들도 당연히 지지하지만, 개별적·지역적 저항에서만 보지 말고 지구적 관점에서 보자는 겁니다.

강수돌 그러면 이제는 이 책 집필 이후의 상황들을 볼까요? 이 책은 2011년 1월에 나왔지만, 선생님께서 이 책을 쓰신 때는 2010년 여름 무렵이었지요? 그렇다면 가을 이후 미국 위스콘신에서 있었던 노동 저항이나 2011년 이집트, 튀니지, 리비아, 중동 지역 등 곳곳에서의 저항, 그리고 최근 그리스나 이탈리아의 경제위기 등은 이 책 집필 이후의 일인데 이런 부분을 어떻게 보시는지 한국 독자들을 위해 설명을 좀더 해주시죠.

맥낼리 그렇죠. 이 책 집필 이후에도 새로운 저항 물결이 범지구적으로 일어났습니다. 앞으로도 계속될 거고요. 위스콘신만 해도 정말 막강한 위력을 지닌 운동 물결이 새로 일었지요. 수천 명의 군중이 주 정부 건물을 점거하고 대중집회를 개최하고 현장에서 직접 의견을 물어 결의를 하는 등 그야말로 직접민주주의를 실천하는 감동적인 순간이었어요. 민간·공공 부문 할 것 없이 노동자는 물론 대학생·여성·실업자·이주민 등 다양한 사람들이 광장으로 몰려나왔지요. 적으면 2만, 많을 때는 10만 명까지 모였어요. 많은 사람들은 총파업이 필요하다고까지 말했지요. 그러나 솔직히 말해, 미국의 저항운동은 지난 30년간 많은 패배를 겪은 상태라 전반적으로 취약해진 상태였답니다. 그 상황이 하루아침에 바뀌긴 어렵죠.

　하지만 위스콘신과 같은 저항은 제가 이 책에서 말한 대로 계속 터져 나올 것입니다. 미국뿐만 아니라 전 세계에서 말이죠. 왜냐하면 저들이 말하는 '긴축의 시대'를 맞아 온갖 사회복지 프로그램, 이를테면 공공부문 일자리, 학교, 병원, 연금, 보육, 행정 등을 줄이게 되는데, 그러기 위해서는 노동자의 권리도 억압해야 하거든요. 이는 당연히 커다란 저항을 부르게 되죠. 그 결과 위스콘신 외에도 그리스나 스페인 등에서도 청년들이 나서서 시청 같은 공공 건물을 점거하기도 하는 겁니다. 이집트나 튀니지, 포르투갈에서도 마찬가지예요. 전 지구적 관점에서 볼 때, 각 나라의 저항들은 고립된 개별적인 사례가 아닙니다. 이 책은 이러한 저항들의 전체 그림을 보여 주려는 시도입니다.

강수돌 그러면 이제 책 제목인 '글로벌 슬럼프'부터 왜 그렇게 지었는지 좀 설명해 주시겠어요? 이 용어는 혹시라도 다른 분이 이미 쓴 건가요, 아니면 선생님이 처음으로 만드신 건가요?

맥널리 아마 1930년대에 누군가가 분명히 썼을 겁니다. 물론 그때는 대공황이라고 쓰지만요. 하지만 저는 2008년 이후의 위기를 설명하기 위해 '글로벌 슬럼프'라는 용어를 제안합니다. 많은 이들은 이번 위기를 '대침체기'라고도 하는데, 뭔가 부족하다는 생각이 들어요. 침체기는 좀 지나면 다시 호황기를 맞기도 하거든요. 이번 위기는 그렇게 일회적인 것이 아니에요. 10년, 20년 더 연장될 수도 있습니다. 이 기간 동안 경기 침체기를 겪었다가, 다시 회복한 듯하다가, 또 다른 종류의 문제들, 예를 들어 실업률이 높아지고, 사회복지가 삭감되고, 어느 시기에는 국가 부채가 심각한 문제로 떠오르게 된다는 겁니다. IMF는 얼마 전만 해도 경기침체의 '10년'이라고 말했지만, 곧 긴축의 '시대'라고 하더니, 얼마 전에 영국의 신문을 보니 경기침체의 '수십 년'이라고 또 말을 바꿨더군요.
　다음은 '글로벌'이란 것인데, 비록 이러한 위기가 범지구적 차원에서 나라별로, 업종별로 불균등하게 진행되긴 하지만, 궁극적으로는 위기가 서로 연결된 세계적 현상이 될 수밖에 없다고 봅니다. 예를 들면, 미국 다음으로 유럽연합의 여러 나라들도 공황에 빠질 수 있지요. 그리고 최근 『뉴욕타임즈』 특집 기사를 보니, 중국도 내일 당장은 아니더라도 1~2년 안에 공황에 빠질 수도 있다더군요.

강수돌 이유가 뭐죠?

맥낼리 특히 지금 중국은 엄청난 속도로 경제성장을 지속하는 듯하지만, 그 성장의 70% 이상이 과잉 투자에 의한 것이란 분석이 있습니다. 예를 들어 우한이라는 도시를 보면, 공항·박물관·철도·공장·마천루·아파트 등을 엄청나게 지어 대고 있지요. 그런데 이 건물의 상당 부분이 텅텅 비었다고 해요. 이렇듯 과거엔 일본에서, 최근엔 미국에서, 또 한국에서, 그리고 유럽에서, 나중엔 중국에서 경제위기들이 발생할 수 있습니다. 이것이 '글로벌'한 차원을 말해 주는 것이죠. 이런 뜻에서 '글로벌 슬럼프'라는 명제로 제 의견을 집약했는데, 1930년대 분명히 누가 썼을 겁니다. 하지만 2008년 이후 슬럼프라는 단어를 쓴 것은 제가 처음이죠.

강수돌 이야기를 듣다 보니 흥미로운 의문이 드는군요. 만일 2008년 이후의 위기를 단순히 일시적 현상이 아니라 범지구적으로 진행되는 구조적 위기라 한다면, 과연 이것은 신자유주의적 자본주의의 종말일까요, 아니면 자본주의 자체의 종말이 시작됨을 뜻하는 걸까요?

맥낼리 그건 아무도 모릅니다. 우리가 정치경제적 분석을 하는 건 전반적인 동향이나 경향성을 추적하는 것인데, 정치·경제는 주체적 행위에 따라 달라지거든요. 그래서 미래는 지금 아무도 예측할 수 없어요. 자본주의 역시 늘 재조직화합니다. 지배자들도 지금 어떻게 할지 헷갈려 하고 있고요. 지금 미국을 보세요. 정부가 부채를 줄여야 한다, 아니다 그렇게 하면 안 된다 격론을 벌이고 있고, 유럽연합 국가들은 그리스의 채무 위기에 대해 어떻게 구제금융을 할지를 놓고 의견이 분분하지 않습니까?

이런 상황에서 제가 중시하는 것이 소위 '서발턴'subaltern이라 불리는 하위계급의 움직임입니다. 이들 실업자·비정규직·여성·이주민·소수자·사회적 약자 등이 어떻게 대응하는가에 따라 세상은 많이 달라질 겁니다. 이들이 별다른 저항을 않고 위기에 처한 체제를 구제하는 데 협조한다면, 밥 제솝의 말처럼 '신-신자유주의'가 나올 수도 있어요. 자칫 파시즘적 자본주의가 나올 수도 있는 거지요. 그러나 노동 저항이 막강해진다면 과거의 케인스주의처럼 자본주의의 새로운 변형이 올 수도 있습니다. 이런 면에서 미래는 아직 열려 있어요. 이 열린 가능성이 어떻게 귀결되는지는 당연히도 주체적인 인간 행위에 따라 달라질 것입니다.

강수돌 그렇지요. 주체적인 인간 행위, 특히 집단적인 행위 역량이 중요하겠지요. 그런데 여기서 한 가지 의문이 듭니다. 자본의 입장에서 볼 때 처음엔 인간의 육체적 노동력과 자연자원을, 다음엔 해외의 식민지를, 나중엔 인간의 정신적 능력, 심지어 감정이나 영혼까지도 착취나 돈벌이의 대상으로 삼지 않습니까? 이윤율의 저하 경향이 이를 촉진하지요. 이 정도면 갈 데까지 갔다고 보는데, 이런 식으로 가다 보면 나중엔 더 이상 착취의 토대가 사라지지 않을까요? 더 이상 팽창할 곳도 없고 말입니다.

맥낼리 흥미로운 지적이군요. 그런데 저는 아직 아니라고 봅니다. 자본이 이윤을 추구하는 과정을 다른 말로 '인간 삶의 식민화'라고도 하지요. 불행하게도 식민화의 대상은 엄청 많이 남아 있습니다. 예를 들어 최근 토론토의 로버트 포드 시장은 공공 도서관을 유료화하려고 합니다. 지역 문화의 구심인 수천 개의 공공 도서관을 새로운 돈벌이 영역으로 보는 거죠. 또 우리 아이들도 마을 시민센터에서 수영도 거의 무료로 하고, 테니스 코트나 농구 코트도 무료로 써 왔는데, 이런 공공 공간을 사유화하고 민간 자본에게 넘기면 이런 것도 새로운 돈벌이 공간이 됩니다. 이런 식으로 공공 서비스, 의료, 교육, 심지어 쓰레기 청소, 공유지 따위를 사적 자본의 돈벌이로 만들 여지는 아직도 많다고 봅니다.

이미 오래된 일이지만 1994년에 멕시코가 미국, 캐나다와 더불어 NAFTA를 맺을 때 원주민들의 공유지인 '에히도'*ejido*를 보호하는 헌법 조항을 삭제해 버린 일이 있습니다. 그러자 원주민의 공유지가 사적 자본의 손으로 넘어가게 되고 나중엔 조상 대대로 살던 곳으로부터 하루아침에 쫓겨나게 됐어요. 그래서 사파티스타 농민군이 들고 일어나게 된 것 아니겠어요? 캐나다 북부 지역에도 수백억 제곱미터의 공유지에 원주민들이 살고 있습니다. 그 땅들, 그리고 물과 공기들……. 이런 식으로 삶을 식민화하는 데 동원될 수 있는 대상은 아직도 수없이 많아요. 적어도 앞으로 50년에서 100년 동안은 지속되겠지요.

강수돌 그런 면에서도 우리 인간 주체의 의식과 행위가 그런 파괴적 체제를 바꾸기 위해 매우 중요하겠지요. 이제 약간 주제를 바꾸어 유럽 복지국가 모델을 한번 보죠. 한국 독자들이나 세계 곳곳에서도 유럽의 복지국가야말로 우리가 추구해야 할 모범이라 보는 경향이 있는데, 선생님은 어떻게 보시나요?

맥낼리 정말 중요한 질문이군요. 자본주의 체제 속에 사는 많은 사람들은 체제 자체의 변화는 어려우니 좀더 인간적인 자본주의를 하자, 이런 식으로 생각하지요. 그래서 한편에선 자본주의 시장경제를 유지하되, 다른 한편에서는 국가가 공공 서비스를 직접 시민들에게 제공하자, 바로 이게 사회복지국가 모델입니다. 그런데 사실 이 모형은 자본주의 팽창 국면에서 국가가 공공 분야를 축소할 필요가 없을 때에만 가능해요. 만일 요즘의 현실처럼 이윤을 추구하는 민간 부문이 위기에 처하면 지속되기 어렵죠. 오히려 민간 부문이 구제금융의 경우처럼 국가에 의존하게 되고 공공자금을 민간에 투입하게 되죠. 국가는 부채 더미에 오르고……. 구제금융 이후에 사적 자본에 그 돈을 다시 되돌려 달라고 말하지 못합니다. 왜냐하면 사적 자본의 힘이 더 세기 때문이죠. 그러면 국가는 공공 부분을 축소할 수밖에 없어요. 재정 적자를 줄이기 위한, 수십 년에 이르는 긴축의 시대도 그래서 오는 겁니다. 불행하게도 이것이 복지국가 모델이 가진 내재적 모순이죠. 자본주의는 기본적으로 이윤을 먹고 자랍니다. 그러면 사회복지에 비해 이윤 추구가 더 앞서죠. 결국 우리는 사람보다 이윤을 우선할 것인가, 아니면 이윤을 사람보다 우선할 것인가 하는 보다 근원적인 문제에 봉착합니다. 자본주의는 이윤이 사람에 우선하고, 반자본주의 사회정의 운동은 사람이 이윤보다 더 중요하다고 주장합니다. 그래서 둘 다 추구하는 건 모순이라는 것이죠.

예를 들어, 캐나다의 앨버타 주 북부엔 타르샌드라는 엄청난 석유 지대가 있습니다. 이 지역을 자연 그대로 보존하자는 환경운동가와 개발을 통해 경제를 발전시키자는 개발주의자가 있다고 할 때, 불행하게도 '아주 조금만 개발하자'라는 식의 타협안은 불가능하다는 겁니다. 겉으로는 이분법 논리지만 둘 중 하나를 선택할 수밖에 없어요.

강수돌 중요한 지적이십니다. 그런데 대개 사람들은 국유화니 사회화니 하는 용어들에 대해 난감한 표정을 짓죠. 사실 미국도 2008년 금융위기 이후 AIG와 제너럴모터스를 국유화하지 않았습니까? 아무도 그걸 사회주의 아니냐고 눈을 부라리진 않아요. 그런데 한국에서는 진보 세력이 사회화나 국유화 이야기만 하면 우파들이 가만히 있지 않습니다. 두려움에 떨면서 말이죠. 그런 두려움이 보수나 진보를 가리지 않고 퍼져 있거든요. 이런 두려움을 어떻게 극복해야 할까요?

맥낼리 이 부분에서 우린 정직힐 필요가 있어요. 오늘날 사회주의자들이라고 하지만, 내 눈에는 아직도 스탈린주의 노선을 따르고 있는 경우가 많습니다. 사실 스탈린주의 모델에 따른 사회주의는 우리가 원하는 사회주의가 아니죠. 국가가 통제하는 건 사회주의가 아닙니다. 민중, 노동자, 공동체 통제가 중요합니다. 급진적 참여 민주주의가 중요합니다. 고통스럽지만 다른 형식의 사회주의를 고민해야 합니다. 사회주의를 정의할 때, 민주주의가 가장 중요합니다. 로자 룩셈부르크도 차르 체제를 타도하고 '빵, 평화, 토지'를 주창한 러시아 혁명을 지지했지요. 하지만 이것만 가지고는 부족하다고 걱정했습니다. 러시아 혁명주의자늘이 더 신경을 써야 할 것은 바로 '민주주의'라고 지적하고 걱정했어요.

그래서 우리는 국가나 관료가 모든 걸 정하는 게 아니라 공동체 주민들이 지역이나 경제 등에 직접 참여하여 주택 문제나 정원·공원·놀이터 같은 도시계획, 생활 물자의 생산 같은 것을 결정하는 데도 주체가 되어야 한다고 봅니다. 반면 자본주의 국유화는 결국 정부가 수익성을 높인 다음 사적 자본에 이양하는 프로젝트에 불과하기에 일종의 간접 착취일 뿐입니다. 국유화는 여러 가지 방식으로 일어납니다. 국유화를 해서

부자나 글로벌 은행들 좋은 일 시키는 경우도 부지기수예요. 은행들을 우리 공동체를 위해서 사용하는 것이, 은행에 대한 주민들의 직접적인 통제가 중요합니다.

강수돌 정부와 국가 자체가 사적 자본과 같은 역할을 한다는 말인가요?

맥낼리 그렇습니다.

강수돌 캐나다와는 달리 한국은 분단 체제가 60년이나 지속되었지요. 그 과정에서 '레드 콤플렉스'가 매우 강하게 각인되었습니다. 그래서 더 힘든 점도 있을 것 같아요. 캐나다의 상황은 어떤가요?

맥낼리 유사한 점도 있고 차이점도 있어요. 유사한 점은 캐나다가 미국에 붙어 있다 보니 알게 모르게 냉전 문화의 영향을 받아서 그렇습니다. 텔레비전, 신문, 정치 등이 많이 미국화되어 있어요. 심지어 교육도 미국을 닮은 것이 있고요. 안 그런 부분도 있지만……. 가끔이긴 하지만, 심하면 우파 언론에서 진보 진영에 무지막지한 공격을 가하기도 합니다. 개인 이름까지 들먹이며 욕을 하는 경우도 있고요.

　　반면 차이점도 있어요. 최근만 해도 캐나다의 신민주당은 자신들이 사회주의자라고 공공연히 말하기도 했습니다. 민주적인 좌파나 노동조합에 사회주의를 표방하는 사람들이 꽤 많은 편이죠. 1960~1970년대 이래 반전 운동, 여성해방 운동, 빈곤 추방 운동, 이주민 인권 운동 등이 활성화하면서 자본주의에 대한 대안 모색도 활발해졌죠. 그 과정에서 사회주의를 대안으로 내세우는 그룹들이 많이 생겼어요.

강수돌 예, 그렇군요. 그럼 다시 한국으로 가 볼까요? 한국에서는 구동독에서 제시된 '국가독점자본주의론'에 따라 일부 진보 진영에서 국유화를 대안으로 내세우기도 했습니다. 선생님은 이 부분을 어떻게 보시나요?

맥낼리 1870~1880년대 독일에서 이런 논쟁이 있었죠. 흥미롭게도 독일 좌파 중 일부가 '자본이 집중되면 사회화가 쉽다'고 보고 비스마르크의 국가자본주의를 지지해야 한다고 보았습니다. 그러나 맑스는 그래서는 안 된다고 극구 반대했습니다. 그건 '국가 중심 자본주의'에 불과하다고 본 겁니다. 형태는 국유화이지만 실은 사적 자본주의의 한 형태일 뿐이란 말이죠. 저도 마찬가지예요. 진정한 사회화는 인간 노동이 겪는 모든 모욕을 극복할 수 있는 참된 민주화에 기초해야 한다고 봅니다. 주류 언론이 맑스와 레닌을 연결시켜 버려서 그 둘을 떼어 놓는 게 참 어렵네요.

이런 점에서 1990년대 이후 마침내 냉전이 사라지자 수많은 젊은이들이 맑스를 새롭게 조명하며 읽기 시작했어요. 한국은 여전히 냉전의 연장선상에 있지만, 다른 나라 청년들은 자기 부모 세대처럼 냉전에 대한 멍에가 없거든요. 그러다 보니 기존의 사회주의 전통을 도그마로 여겨서도 안 되지만 쓰레기 더미로 폐기 처분해서도 안 된다, 즉 비판적으로 쇄신하고 계승해야 한다는 분위기가 강해졌습니다. 더 나은 세상을 만들기 위해 사회주의 전통을 존중하되, 다양한 사상가들, 예를 들면 맑스, 로자 룩셈부르크, 심지어 다윈, 프로이트 등으로부터도 두루 새롭게 배워야 합니다.

강수돌 아마도 한국의 진보적 독자들이 가장 흥미롭게 읽을 부분은 후반부의 '거대한 저항' 이야기일 듯합니다. 선생님은 거대한 민중 저항이 일시적 점거나 파업을 넘어 지속적인 사회구조 변화로 이어져야 함을 강조했지요. 그러기 위해서라도 민중이 운동을 통해 열어 낸 새로운 공간에 어떤 내용을 채워야 할지 미리 고민하는 게 중요하다고 봅니다. 이에 선생님의 제안을 듣고 싶군요.

맥낼리 쉬운 문제는 아니죠. 제가 가장 염두에 두는 건 급진적이고 직접적인 민주주의입니다. 그런 관점에서, 누군가 미리 설계도를 제시하고 세부 사항을 정해 주는 건 옳지 않다고 봐요. 물론 비판적인 사회과학자들이 커다란 방향을 설정한다는 뜻에서 일종의 '기본 원칙' 같은 걸 제시하는 건 필요하지만, 세부 내용들은 민중이 직접 토론하고 결의해야 옳다고 봅니다. 제가 『또 다른 세상은 가능하다』란 책에서 제시한 열 가지 원칙에는 사람을 이윤보다 우선시하기, 인간적 유대 강화, 환경적 지속 가능성, 모든 시민의 자유로운 활동, 지역공동체에 기초를 둔 경제활동, 주거·교육·의료 등에 있어서 공동체적 생활 강화 등이 포함되어 있지요.

더욱 중요한 것은 처음부터 사람들이 이런 걸 만들 역량이 있는 건 아니기에 부단한 학습 과정이 필요하다는 거지요. 사람들은 실천적인 과정 속에서 배우고 또 스스로 개선해 나갈 역량을 구축해 갈 겁니다. 이런 민주적 과정이 대단히 중요하지요.

여기서 한 가지 역사적 예를 들면, 1912년 미국 사회주의 운동의 지도자이던 유진 뎁스가 옥중에서 대선 출마를 했습니다. 사람들은 그에게 무려 100만 표 가까이 던졌어요. 그런데 사람들이 "당신이 사회주의 운동을 지도해야 한다"라고 했을 때, 뎁스는 "나는 그럴 수도 없고 그러고 싶지도 않습니다. 사회주의는 여러분 자신이 만드는 과정이기 때문입니다"라고 했습니다. 오늘날 역시 마찬가지입니다.

강수돌 감동적인 이야기로군요. 사실 이 책에서도 선생님은 로자 룩셈부르크를 인용하면서 비슷한 것을 강조했지요. 자, 이제 좀 다른 얘기로 넘어가겠습니다. 독일의 홀거 하이데 교수도 강조한 바 있지만, 새로운 운동의 흐름을 만들려면 사람들이 '이해관계'에 기초하여 조직하고 운동하는 것이 아니라 '인간적 필요'에 기초한 운동을 만들어야 한다고 봅니다. 이 책에서도 '기본적 필요' 또는 '인간적 욕구'를 강조하고 있지요. 물론 이해관계와 인간적 욕구 사이엔 겹치는 부분도 있겠지만, 실은 이 둘은 완전히 다른 패러다임이지요. 선생님은 '이해관계에서 욕구로'의 변화가 어떻게 가능하다고 보십니까?

맥낼리 흥미로운 부분이네요. 여기서 핵심 개념은 '탈상품화'입니다. 자본주의는 인간 욕구 충족은 시장을 통해서만 가능하다고 보죠. 인간을 '시장 행위자'라 규정하기도 하고요. 이렇게 우리 대부분은 시장가치를 내면화하고 있어요. 그런데 재미있는 심리학 조사 결과가 있습니다. 행복의 가치가 어디에 있느냐는 질문이었는데, 대부분 그 가치들은 비시장적 가치들, 즉 사랑하는 사람, 자녀, 이웃, 친구, 동료, 사회봉사와 같은 인간적 관계들이었습니다. 그러나 시장은 돈 많이 주고 사는 것만 높이 치기 때문에 인간 욕구를 왜곡해요. 우리 삶의 아름다운 결들은 결코 시장가치로 충족될 수 없죠. 참된 인간적 욕구인 사랑과 연대, 배려와 존중 같은 것들이 어떻게 시장에서 구매가 되겠습니까?

일례로, 노동조합이 자신의 일자리나 임금에만 이해관계를 걸 경우 청년 실업이나 다른 노동자의 문제는 등한시하기 쉽습니다. 노조 운동은 처음부터 전체 노동자의 인간적 욕구를 생각하면서 나름의 전략을 짜야 하지요. 그렇지 않으면 운동은 분열되는데, 바로 이것이야말로 자본이 원하는 것입니다. 그래서 우리는 남/녀, 정규직/비정규직, 사무직/생산직, 노인/장년/젊은이, 어른/아이, 내국인/외국인, 비장애인/장애인 등 모든 분열을 깨고 연대하여 하나로 나아가야 합니다. 그런 실천 과정 속에서 탈상품화는 물론 인간 욕구의 실현도 가능해지겠죠.

강수돌 사실 시장 체제에 익숙한 우리로서는 그런 왜곡된 현실조차 인정하기가 고통스러운 것이 사실입니다. 많은 경우 자본과 공범 관계를 이루고 있으니까요. 그래서 왜곡된 현실을 바꾸려 하기보다 그저 주어진 체제 안에서 약간의 이익이라도 더 얻으려 발버둥치는 형국이죠.

맥낼리 그런 공범 관계는 결코 인간적 욕구를 충족시키지 못한다는 걸 인식하는 게 중요해요. 양적인 측면이나 질적인 측면에서 시장은 결코 우리 욕구를 충족해 주지 않습니다. 생각해 보세요. 노동자들이 아침에 일어났을 때 그 느낌이 '나는 참 행복하다'라고 할 수 있을까요? 일하는 과정도 마찬가지죠. 또 공원에 앉아 인생을 되돌아보아도 마찬가지고요. 그런데 자본은 이 인간의 행복을 개별화시켜 혼자 열심히 하면 된다는 식으로 강조하죠.

강수돌 그러면서 또 상업화도 하지요.

맥낼리 그렇습니다. 행복을 개별화하고 또 상업화해서 이렇게 말하죠. "자, 여러분 이 알약을 사 드시면 기분이 좋아집니다." 그러나 이런 식으로는 결코 참된 행복이 오지 않아요. 그래서 구조를 바꾸어야 하고 그러기 위해서라도 집단적 행위가 필요합니다.

강수돌 특강을 많이 하신다고 했는데, 사람들의 반응은 어떻습니까?

맥낼리 재미있는 질문이네요. 크게 둘로 나뉘는데, 하나는 "듣고 싶던 강의를 들어 참 좋았다. 공감한다. 정말 감사하다", 이런 긍정적인 반응이고요. 다른 하나는, 제 이야기를 듣다 보니 자기 삶의 모든 게 무너지는 느낌이 들잖아요? 그러니 슬그머니 피하기도 하고 심하게는 저한테 공격적으로 나오기도 해요. 실은 참된 자기 행복을 느끼는 게 두려워져서 자기 방어를 하는 것이죠.

강수돌 저와 경험이 비슷하시군요. 바로 그런 면에서 저는 노동자 민중이 지나온 삶의 과정에서 겪은 온갖 상처의 흔적들, 즉 트라우마를 올바로 극복하는 것이야말로 새로운 변화의 전제 조건이라 봅니다. 선생님이 보시기에 이 집단적 트라우마를 제대로 극복하려면 어떻게 해야 할까요?

맥낼리 정말 중요한 문제지요. 제 책에선 제대로 다루지 않았지만 그 말을 들으니 1970년대에 나온 『노동계급의 숨은 상처』라는 책이 생각나는군요. 미국 육체노동자의 심리를 분석한 책인데, 이들 대부분이 놀라울 정도의 '열등감'에 시달린다는 것이죠. 그들은 대개 험한 일을 하면서도, 사회적으로는 엄청난 낙인에 시달린다고 합니다. 예컨대 너희는 머리가 나쁘고 패배자들이며 뭔가 뒤떨어진 이들이라는 낙인의 느낌 말이에요. 자존감이나 정체성이 심하게 흔들리죠. 한둘도 아니고 수백만이 그런 겁니다. 이런 건 바로 이른바 '스타 문화' 때문에 초래되었어요. 엄청난 부자나 운동선수, 수상 등 성공하고 출세한 사람들이 사회적 기준이 되는 거예요. 반면에 '너는 아무것도 아니다'라는 낙인, 열등감, 바로 이런 것들이 노동계급에게 심대한 상처를 줍니다. 이 열등감이란 상처는 분노로 이어지지요. 한편으로는 타자에게 향하고 다른 편으론 자신에게도 향해요. 자신에 대한 분노는 대개 우울증으로 이어지고요. 또 외부로는 우선 배우자나 자녀에게 전염되죠. 이런 식으로 온 사회가 상처받는 사회가 되죠. 정말 고통스러우면서도 풀기 어려운 복잡한 과정입니다. 이렇게 되면 노동자 민중이 스스로 힘차게 뭔가 해낼 수 있다는 자신감을 상실하게 돼요. 바로 이런 악순환을 깨려면 확실히 집단적인 행위가 필요합니다. 개인적인 심리 치료는 당사자 개인에게는 어느 정도 효과가 있지만 결국은 사회 전체가 변해야 해답이 나오지요. 그러기 위해선 집단적인 행동 역량을 높여야 합니다.

바로 이 부분에서 강조하고 싶은 책이 있어요. 조지 오웰의 1930년대 작품인 『카탈루냐 찬가』입니다. 당시 스페인 바로셀로나에서 노동자 혁명이 일어나 도시 전체를 장악하고 노동자들 스스로가 도시를 움직였던 경험이지요. 그 이후 예컨대 식당에서 일하던 웨이터의 태도가 달라집니다. 예전엔 손님과 눈도 마주치지 못하고 그저 기계적으로 주문만 받아 사무적으로 일했던 그가 이제는 '손님의 눈을 바로 본다'는 겁니다. 친구처럼 편하게 말을 걸기도 하고요. 형식적 존칭을 붙이지 않고 손님과 '대등'하게 말이죠. 그러면서도 마음으로 친절을 보이는 겁니다. 형식적이 아니고요. 바로 이런 미묘한 변화는 사실상 엄청 큰 변화를 뜻합니다. 이런 식으로 집단적인 변화의 과정 속에서 노동자들의 트라우마는 자연스레 치유되는 것이죠. 누군가가 기존의 잘못된 것에 저항을 하고 또 다른 이들이 자연스럽게 같이 나서고 그래서 집단적인 움직임으로 승화될 때 비로소 집단적 트라우마도 치유가 될 겁니다.

제가 좀 전에, 제 강의를 들은 청중 중에 '자기 방어'를 하는 이들이 있다고 했죠. 이들은 당장 다음 날도 똑같이 일터로 돌아가 성실하게 일을 할 사람들입니다. 그런데 이런 사람들조차 일부는 제가 이 조지 오웰의 이야기를 하고 나면 반색을 하면서 "그래, 이제부터 나는 그냥은 못 참겠다. 도대체 뭐가 잘못된 것인가?"라고 질문하기 시작하는 겁니다. 이런 개별적 질문들이 모이면 집단적 변화가 가능해지죠. 이런 게 중요합니다.

　비록 제가 이런 얘기를 이 책에선 쓰지 않았지만, 이 인터뷰를 통해 이런 얘기를 더할 수 있으니 한국 독자들에겐 참 다행이군요.

강수돌 감사합니다. 마지막으로, 최근 한국의 쌍용자동차 사태나 한진중공업 사태 등에 대해 알고 계시겠지만, 그런 부분을 포함해 한국의 노동 운동 전반에 걸쳐 선생님의 시각에서 좋은 제안이나 아이디어를 주시면 고맙겠습니다.

맥낼리 제가 아주 잘 안다고 할 수는 없겠지만……. 한국과의 인연에 관해 이야기하자면, 한국에 관한 여러 가지 책도 읽고 또 2008년 봄 촛불시위 국면 때 한국을 직접 방문해 여러 활동가들과 대화를 나누기도 했습니다. 참 좋았던 기억이죠. 한편 1970~1980년대를 거치면서 당시 전 세계적으로 중요성을 띠는 세 가지 운동을 손꼽으라 하면, 대개 남아프리카공화국, 브라질, 한국의 노동운동을 들 수 있습니다. 이 나라들은 대개 신흥공업국이었고, 노동운동도 새롭게 부상하고 있었거든요. 이 나라들의 노동운동은 독재 권력에 저항하면서도 불법을 무릅쓰고 기업이나 국가로부터 독립적인 민주 노조 운동을 지향하면서 대단한 전투성과 대중성을 보였지요. 한국 민주노총의 투쟁을 보면서 '야, 대단하다. 정말 이거다' 싶었거든요. 파업에 돌입하고, 탄압하는 경찰에 물러서지 않고 싸우는 장면들이 굉장히 인상적이었습니다.

그런데 국가가 노동조합을 더 이상 파괴하지 못하겠다는 것을 깨닫고, 협상 전술로 바꾸고 노조도 합법적으로 인정해 준 후에는, 노동조합들이 단체협상 과정에서 노사 타협주의로 점점 더 경도되었습니다. 즉 자기 조합원들의 권익 향상에만 몰두하고 전 사회적인 변화에는 상대적으로 무관심하거나 역량이 부족한, 그런 방향으로 흐르고 말았어요. 남아프리카공화국, 브라질, 한국, 세 나라 모두 그랬습니다.

그런데 제가 한국을 방문한 2008년 촛불시위 때 만났던 한국의 많은 활동가들은 여전히 급진적 민주화를 통해 사회 전체의 변화를 추구하는 등 저와 동일한 입장을 견지하고 있더군요. 이것이 희망의 근거죠. 1997년의 IMF 위기는 한국의 경제 모델에게도 위기였지만 사회운동 진영에도 분기점이었습니다. 당시 민주노총 내부에서도 이 위기에 어떻게 대응할 것인지를 두고 논쟁이 많았다고 들었어요. 그 후로 진보 정당도 만들어졌다가 2개로 나뉘었다고도 들었고요. 그럼에도 여전히 올바른 입장을 견지하는 활동가들을 볼 때 힘이 솟는 걸 느낄 수 있었습니다.

하나만 더 추가하자면, 마치 자본가들이 가장 경쟁력이 높은 '최고의 작업 방식'을 찾느라 혈안이 된 것처럼, 사회운동 진영도 '가장 훌륭한 실천 방식'을 찾도록 심혈을 기울여야 한다는 사실을 강조하고 싶어요. 그래서 새로운 형태의 연대 방식, 새로운 형태의 사회 변혁을 위해 가장 올바르고도 가장 효과적인 방식이 무엇일지 모든 조직, 모든 운동, 모든 그룹에서 뼈를 깎는 노력을 하자는 겁니다. 그러기 위해서는 '내가 하면 진리, 남이 하면 엉터리' 식의 오만함이 아니라 서로가 서로에게서 배울 수 있는 '겸손함'이 필요하지요. 때로는 고통스런 과정일 수도 있고 때로는 배움의 기쁨이 넘치는 과정일 수도 있어요. 그런 면에서 노동운동, 농민운동, 여성운동, 학생운동, 환경운동 등은 서로 마음의 문을 열고 지속적인 대화를 하면서 크게 연대해야 할 것입니다. 그래서 저는 이렇게 말합니다. "좌파의 역사는 항상 새로운 좌파의 역사였다."

강수돌 긴 시간, 여러 가지 열정적이고 날카로운 말씀들, 정말 감사합니다. 한국의 독자들에게도 이러한 선생님의 조언이 많은 도움이 될 것 같습니다.

맥낼리 예, 저의 책 『글로벌 슬럼프』는 현재 위기에 대한 어떤 정답이 아니라 제 나름대로 현재의 위기를 분석하고 생각해 본 결과입니다. 이 책을 통해 한국 독자들과 대화하고 서로 배우는 기회가 되었으면 합니다. 저도 실제로 지난 몇 년 동안 한국의 사회운동으로부터 많은 걸 배우고 있습니다.

2차 인터뷰
| 일시: 2011년 10월 18일 | 장소: 토론토 조지브라운대학교 | 대담자: 김낙중

김낙중 『글로벌 슬럼프』에서 슬럼프와 더블딥은 뭐가 다른지 조금 설명을 덧붙여 주셨으면 합니다.

맥낼리 더블딥도 주로 경기지표의 회복과 침체를 표현하는 말입니다. 반면에 슬럼프는 오랜 기간 동안에 다차원적인 위기들이 지속적으로 발생하는 것을 의미하지요. 부동산 거품이 꺼졌다가, 국가 부채 위기가 터졌다가, 사회복지가 후퇴하고 실업율이 솟구치고 하는 등 여러 가지 종류의 위기들이 장기간 걸쳐 터져 나오는 것을 의미한다고 할 수 있습니다.

김낙중 아주 쉽게 표현하자면, 슬럼프라는 말은 감기에 걸려 겨우내내 감기를 달고 사는 것과 같은 것입니까?

맥낼리 그렇습니다.

김낙중 이 책에서 흥미로운 대목 중 하나는 개혁과 혁명의 관계 부분입니다. 개혁을 위한 투쟁이 어떤 정치적 의미를 가지고 있는지요?

맥낼리 첫번째는 더 많은 사람들이 사회운동에 역동적으로 참여할 수 있다는 점이죠. 두번째는 그 대중운동에서 참여 주체들이 '우리도 할 수 있구나' 하는 자신감, 연대, 그리고 스스로의 능력들을 확인하는 것입니다.

김낙중 이 책의 핵심 열쇳말 중에서 '인종과 계급의 변증법', 즉 서로 다른 범주인 '인종'과 '계급'의 혼용·긴장·교차·교류 등을 강조하셨습니다. 특별한 이유가 있는지요?

맥낼리 미국과 캐나다에서 인종 문제를 해결하지 않고서는 계급 문제를 해결할 수 없습니다. 저임금 노동 착취 공장, 건설 현장, 농업 등 이주민 비백인 유색 노동계급의 정치적 연대야말로 북미에서 반자본주의 운동의 핵심이기 때문입니다.

김낙중 그렇다면 계급과 인종의 상호 관계를 정치적으로 잘 해결한 사례들이 있으면 소개해 주십시오.

맥낼리 미국 캘리포니아와 뉴욕의 건물관리 노동자, 청소 노동자, 식당 노동자, 저임금 노동 착취 공장 등 이주노동자들의 지역 연대 활동이 대표적인 예입니다. 캐나다 토론토와 몬트리올의 이주노동자 권리 운동, 노동자 센터, '어느 누구도 불법이 아니다', 온타리오 빈곤 추방 연대 등도 있고요.

김낙중 대도시 서비스 업종 노동자들 중에는 여성·청년 등이 많고, 불안정 노동자들인 경우가 많습니다. 한국의 경우 비정규직 철폐 투쟁은 활발한 편인데, 노동자들의 조직화에 어려운 점들도 많고요. 좋은 사례들이 있다면 소개해 주시기 바랍니다.

맥낼리 볼리비아의 코차밤바의 경우에 한 공장당 노동자가 너댓 명 일합니다. 그런 회사가 100개가 넘죠. 문제는 회사와 단체교섭을 하기도 힘들고, 노조를 만들기도 어렵다는 점입니다. 그래서 코차밤바 도시 중앙에 노동자 센터를 열고, 노동자들이 일 마치고 그 센터에 와서 놀고, 공부도 하고, 대화도 하면서 정치 참여도 하게 되었죠. 미국이나 캐나다처럼 회사별로 노조를 만드는 게 아니라 코차밤바처럼 지역 중심에 노동자 센터를 만들 수도 있을 겁니다.

김낙중 아시다시피 한국에서도 2000년 이후 진보 좌파 정당이 만들어졌습니다. 그 이후 약간 성공도 거두었지만, 몇 가지 위기들도 있었죠. 현재 한국 진보 정당의 위기는 입법, 행정 등 제도 영역과 생활 터전에서의 운동을 상호 결합시켜서 상승 발전하는 효과를 내지 못하고 있기 때문이라는 반성들이 있는데, 이 둘 간의 관계를 어떻게 풀어야 한다고 보십니까?

맥낼리 일차적으로 중요한 것은 풀뿌리 대중 투쟁입니다. 왜냐하면 이것이 현재 정치적 환경과 영역들을 바꾸는 데 중요한 역할을 하기 때문이죠. 물론 의회도 중요합니다. 하지만 의회나 선거는 이러한 풀뿌리 대중 운동들이 성장할 수 있도록 도움을 주는 역할을 해야 합니다. 이러한 균형을 잘 맞추지 못하면, 진보 좌파의 정치활동이 한쪽으로 쏠릴 가능성이 있어요. 선거에서 득표에만 초점을 맞추는 정치활동을 하는 전문 정치인이 대표적인 경우입니다. 이렇게 되면 정치는 전문 정치인만 하는 것이라는 인상을 심어 주게 됩니다. 프랑스의 경우 우체부 출신 노동자가 당 대표가 되어 사르코지 대통령과 직접 토론도 하고 그러지 않았습니까?

김낙중 그런데 한국의 진보 좌파 정당은 두 가지 난제에 부딪혀 있습니다. 한편에서는 '당신들도 집권 능력을 키워라'라는 말을 듣는 반면, 다른 한편에서는 '너희도 기성 정치권과 똑같다'는 냉소주의와 정당정치에 대한 불신임에 맞닥뜨려 있거든요. 이 두 가지를 다 만족시킬 수 있을까요?

맥낼리 어려운 문제네요. 주류 미디어와 기득권층은 늘 정치를 '더러운 일'로 만듭니다. 이걸 바꾸는 것은 사회 개혁을 위한 대규모 대중이라고 봐요. 선거도 중요하지만 선거 당선 그 자체가 좌파의 정치활동의 기준이 되어서는 안 돼요. 북미에서 소위 불법이라고 해서 필리핀 노동자들이 추방당하는 것을 보고도, 그걸 옹호하면 유권자들로부터 표를 못 받을까 두려워하는 정치인들도 많습니다.

김낙중 10월 15일 이후, '월스트리트를 점령하라' 운동이 전 세계 이목을 집중시키고 있습니다. 이것의 정치적 의미는 무엇이라고 보십니까?

맥낼리 볼리비아 코차밤바, 멕시코 오아하카에서의 대중 항쟁이 선진 자본주의 국가로도 확산되고 있음을 의미합니다. 최근의 이집트 민중처럼 선진 자본주의 국가 시민들도 직접 공공장소를 점령하기 시작했습니다. 특히 주목해야 할 것은 직접민주주의의 실천 양식이라고 볼 수 있는 활동가 연대-토론 모임입니다. 고무적인 것은 실업 문제에 닥친 청년들이 현재 운동에 직접 참여하고 있고 맨 선두에 있다는 점이죠. '월스트리트를 장악하라'와 같은 운동이 입증하는 것은 선진 자본주의 국가들에서도 지난 수년간의 글로벌 슬럼프 이후 대중 저항운동이 확산되고 있다는 점이라고 할 수 있습니다.

김낙중 일부 언론은 '월스트리트를 점령하라' 운동을 두고 오바마 버전 티 파티Tea party 아니냐, 운동으로까지 발전하기는 힘들다 하고 폄하하기도 합니다. 이것이 대중적 저항운동으로 발전하기 위해서는 무엇이 필요하다고 보십니까?

맥낼리 '월스트리트를 점령하라' 운동은 우파 공화당 지지자들의 모임인 티 파티 운동과는 다릅니다. 티 파티 지지자들은 부자들이 많고, '월스트리트를 점령하라' 운동처럼 공공장소에서 대화와 토론도 하지 않고, 직접민주주의를 실천하는 것도 아닙니다. 현재 '월스트리트를 점령하라' 운동의 과제는 실업, 주택 압류, 사회복지 삭감 등으로 고통받는 노동계급과 더 직접적인 방식으로 결합하는 것입니다.

김낙중 좌파나 사회주의자들의 대안적 은행 모델은 무엇일까요? 대부분 사람들은 은행이 파산하면 내 돈은 어떻게 되나에 관심이 많습니다. 이들에게 대안을 말해 줄 필요가 있지 않을까요?

맥낼리 그렇습니다. 대안 은행이 있어야 하죠. 현재 자본주의하에서 은행의 역할은 사회적 자원들과 부를 화폐라는 형식으로 끌어모았다가 그걸 다른 사람들에게 빌려 줌으로써 이윤을 창출하는 것입니다. 우리는 이러한 자본주의적 은행의 역할을 바꿔야 합니다. 공동 소유제와 민주적 의사 결정의 중요성을 강조해야 합니다. 사람들이 사회적 부, 그러니까 은행에 모인 돈을 어떻게 사용해야 하는가를 놓고 민주적으로 토론해야 한다는 거죠. 예를 들어서 그 돈을 쇼핑몰을 짓고 살상용 폭탄을 만드는 데 쓸 것인가, 아니면 보육시설과 주택을 짓는 데 쓸 것인가를 공동체 구성원들이 직접 결정해야 한다는 겁니다. 따라서 여기에서 가장 중요한 것은 민중의 정치적 힘과 민주적인 통제 운영 능력을 키우는 것입니다. 이런 조건이 충족된 이후에는 우리가 필요로 하는 제도들, 예컨대 은행 같은 것들을 구상하는 것은 어려운 일은 아니라고 생각합니다.

녹취_강수돌·김낙중

옮긴이 해제

돈(황금)은 도둑에게도 귀족 작위를 부여한다. — 셰익스피어

고통의 세계화에서 저항의 세계화로

2011년 10월 15일, 전 세계의 시민들은 '탐욕의 금융자본'에 회초리를 들었다. 서울, 아테네, 뉴욕······. 릴레이 시위는 24시간 이어졌다. 이제 저항이 세계화되었다. 서울은 먹튀자본 론스타를 꾸짖었다. 아테네는 국제통화기금의 긴축정책을 반대했고, 뉴욕은 탐욕스러운 금융자본에 혈세인 구제금융을 중지하라고 외쳤다. 지역별로 구호는 조금씩 달랐지만 한 가지 공통점이 있었다. 사람이 돈을 굴려야지, 돈이 사람을 굴려서는 안 된다는 것이다. 특히 서울에서는 투기자본 반대 시민들과 자본-법-행정 삼각동맹이 맞섰다. 납세 시민들이 외환은행 매각 차액으로 무려 4조 4,059억 원을 챙겨 튀려는 미국 사모펀드 론스타의 뒷덜미를 잡았다.

"돈은 반칙을 공정한 것으로 둔갑시켜 준다.""돈은 도둑에게도 귀족 작위를 부여한다." 셰익스피어는 「아테네의 타이몬」이라는 희곡에서 이렇게 썼는데, 16세기 희곡이 21세기 한국의 서울이라는 무대에서 연출되고 있는 것이다. 론스타는 산업 자본이기 때문에 외환은행의 최대 주

주가 될 수 없는데도, 법률회사 김앤장은 론스타의 반칙들을 합법적이고 공정한 것으로 둔갑시키고, 금융위원회 관료들은 한 해 서울시 사회복지 예산보다 더 많은 돈을 싸들고 나가는 론스타라는 도둑에게 귀족 작위를 승인해 준다. 그런데 제4의 주인공이 등장했다. 투기자본 론스타, 법률자문 김앤장, 행정보조 역의 금융위원회, 이 삼각동맹을 비판하는 공공 금융의 '파수꾼들'이 모여든 것이다. 외환은행 노동조합을 비롯한 노동자와 시민들이 이제 그 도둑 귀족의 작위식 무대를 점령한 것이다. 2004년부터 투기자본감시센터, 외환은행 노조, 진보 정당들과 시민단체들이 이 구린내 나는 삼각동맹의 실체를 밝혀 왔다. 그 결과 최근 여론조사에서도 드러났듯이 80%가 넘는 한국 시민들이 삼각동맹이 저질러 온 공공 도둑질의 실체를 알게 되었다.

"자본주의 경제의 고요한 폭력"(이 책 195쪽)에 한국의 풀뿌리 민중들이 저항하고 있는 것이다. 한국 정부는 1997년 당시 IMF의 혹독한 긴축정책을 굴욕적으로 수용했다. 그 후 지난 14년간 한국의 시민사회는 돈의, 돈에 의한, 돈을 위한 자본주의 공화국의 길을 선택했다. 일상은 내전이나 다름없었다. 1997년 외환위기 당시, 한국 사람들은 자기 재산의 가치가 국제 자본주의 시장에서 하루아침에 50%가 잘려 나가는 아픔을 겪어야 했다. 원화 가치의 폭락으로 어제의 1만 원이 5,000원이 되었다. 이러한 상실감은 "세상에 믿을 건 돈밖에 없다"라는 극단적인 배금주의로 변질되었다. 유치원 아이부터 80세 노인까지, 대박 터지는 게 '쿨'한 것이고 행복의 전부였다. 자본주의의 고요한 폭력에 모두가 굴종한 듯 보였다. 그런데 대박을 향해 질주하는 이러한 "신자유주의적 주체"(243쪽)들이, 나도 대박을 터뜨리는 1%가 될 수 있다는 환상의 궤도에서 멈춰서기 시작한 것이다. 이것이 2011년 10월 15일의 정치적 의미이다.

신자유주의적 자본주의 궤도에서 일시 정지한 후, 이제 어디로 갈 것인가? '월스트리트를 장악하라'는 제2의 68운동으로 발전할 것인가? 한진중공업의 해고 노동자 김진숙을 응원하는 희망버스는 이러한 거대한 반자본주의 물결 속에서 전 세계의 시민들에게까지 그 희망을 전달할 것인가? 아니면 단절적이고 파편적인 시위들로 끝나 버려 새로운 복고와 반동의 목소리가 그 광장을 다시 차지할 것인가? 이러한 물음들에 한국의 진보 좌파들이 답하는 데 이 책 『글로벌 슬럼프』는 우리들에게 몇 가지 생산적인 시사점들을 던져 준다.

『글로벌 슬럼프』의 핵심 주제와 정치적 시사점

첫째, 이 책은 자본의 탐욕의 세계화에 맞서는 새로운 주체들에 대한 탐구이다. 6장과 결론에서는 선진 자본주의 국가 자본의 헤게모니와 그에 결탁한 국내 동맹 세력에 대항하는 피억압 하위주체들subaltern의 실천과 저항, 그 특질들을 소개한다. 구체적인 사례로는 볼리비아 코차밤바 주민들의 물 수호 투쟁, 멕시코의 오아하카 교사들과 주민들의 연대 등이다. 또한 미국 내 이주노동자들이 부당한 차취, 해고와 인종차별 문제를 어떻게 동시에 극복하려고 노력하고 있는가를 살피기 위해 시카고에서 일어난 전기노동자연합UE 소속 노동자들의 공장 점거 사례, 캘리포니아에서 건물관리 노동자와 청소 노동자들이 속한 서비스노조의 창의적인 주민 연대 활동을 소개한다. 지금 그리스는 IMF, 유럽연합, 유럽중앙은행 트로이카가 구제금융의 대가로 요구한 강도 높은 긴축정책을 둘러싸고 폭풍 전야에 있다. 그 긴축정책에 저항하는 그리스의 급진좌파연맹, 그리고 프랑스의 반자본주의 신당의 대중적 성공의 원인을 사회주의, 여성운동, 인종차별 반대 운동, 노동운동을 하나로 혼융해 내려는 시도에서 찾는다(283쪽).

이것이 한국의 진보 진영에 주는 시사점은 무엇인가? 1980년대 민주화 운동과 노동운동의 성과에 기초해 진보 정당이 출범했다. 그런데 2004년 국회 진출 이후 오히려 정치적으로 후퇴하고 말았다. 그 원인에는 여러 가지가 있겠지만, 그 중 한국 자본주의 축적 방식의 변화에 대한 적극적인 연구, 그에 근거한 새로운 주체들의 발굴과 연대를 제대로 하지 못한 탓이 크다. 이 책은 한국 자본주의의 특질에서 기인하는 신자유주의적 도시주의urbanism 시대에(197쪽), 대도시 서비스업 비정규직 노동자들, 계약직 청년들, 여성 노동자들에 대한 연대 활동과 조직화에 하나의 시사점을 줄 것이다.

둘째, 이 책은 한국 언론에 주로 소개되는 조지프 스티글리츠와 장하준 등 자유주의적 케인스주의자와는 다른 각도와 방법론을 가지고, 현재 자본주의 위기의 원인을 진단하고 처방을 내린다. 맥낼리는 2008년 미국 금융위기를 설명할 때, 금융 용어만을 가지고는 그 원인들을 충분히 분석할 수 없다고 지적한다(140쪽). 그는 거대 투자은행들이 연쇄 파산한 일차적 원인들은 금융시장에만 있는 게 아니라, 미국 노동자들의 고용과 소득이 1990년대 중반부터 꾸준히 감소하고 있었다는 데서 찾아야 한다고 주장한다(207쪽). 2008년 리먼브러더스 파산의 직접적인 원인이었던 서브프라임 모기지 채권 부실 문제도, 그 주택융자 상환을 중도에 포기하게 만든 근본적인 이유는 미국 노동자들의 실직과 소득 감소였다는 것이다. 여기에 미국 은행들의 과도한 대출이 겹쳐 금융위기가 발생했다는 것이 맥낼리의 주장이다.

그렇다면 맥낼리는 현재 자본주의 경기침체의 근본 원인을 무엇이라고 보는가? 그는 자본의 이윤율이 전반적으로 하락한 데서 그 답을 찾는다. 따라서 현재 위기의 극복은 단순히 은행의 자기자본비율 기준 준수와 같은 금융 제도 및 법률 개선을 통해 관리 감독을 강화하는 것만으로는 이뤄질 수 없다고 본다. 이러한 주장은 작년 G20 회의에서 미국 연방준비제도이사회 전 의장 앨런 그린스펀과 화상 토론을 했던 장하준과 스티글리츠의 자유주의적 케인스주의의 대안, 즉 금융 제도의 수리 및 개선과는 분명 다른 시각을 제공해 줄 것이다. 맑스주의냐 (신)케인스주의냐의 선택 논쟁이 아니라, 적어도 현 위기의 원인을 진단하고 대안을 제시할 때, 이 책은 최소한 다차원적인 방법들을 찾아 나가는 표지판 역할을 할 수 있을 것이다.

데이비드 맥낼리는 금융위기의 원인은 자본의 과잉 투자, 그리고 이윤율의 저하에 있다고 본다. 얼핏 보면 그는 고전적인 맑스의 공황 원인 진단법을 그대로 사용하는 것 같다. 하지만 그는 로버트 브레너의 '장기 침체'나 하먼의 '공황' 개념으로는 신자유주의적 팽창을 설명할 수 없다고 비판한다. 이것 역시 위기의 진단을 둘러싼 하나의 생산적인 논쟁의 촉발점이 될 것이다. 이 주제는 2장의 후주들에 자세히 소개되어 있다.

셋째, 이 책의 3장과 4장은 제2차 세계대전 이후, 자본주의 위기와 팽창, 금융화 과정에 대한 소역사를 진보 좌파적인 시각에서, 즉 정치와 경제를 분리시키지 않고 역사적으로 정리한 것이다. 맥낼리는 전후 글로벌 자본주의를 다음과 같은 네 시기로 나눈다. 그것은 지속적인 팽창기(1948~1973), 세계적 경기침체기(1973~1982), 다시 지속적인 팽창기(1982~2007), 그리고 글로벌 슬럼프(2007~?) 시기이다. 여기서 특이한 것은 그가 1982년부터 2007년까지의 시기를 '장기 침체'가 아니라, 신자유주의 팽창기로 본다는 점이다. 그리고 그 정치적 토대는 선진 자본주의 국가들, 특히 미국과 영국에서 레이건과 대처의 노조 파괴, 자본의 구조조정과 린 생산방식, 해외직접투자로부터 형성된다고 주장한다.

그렇다면 왜 금융자본 혹은 금융화가 신자유주의 팽창기의 주요한 특징을 이뤘는가? 그리고 2008년 미국 금융위기의 주인공인 파생금융상품들이 어떤 과정을 거쳐 탄생하게 되었는가? 이 책의 3장과 4장은 글로벌 자본주의의 변화·성장·침체의 동학을 역사적으로 추적해 들어간다. 여기에서 주목할 것은 그의 방법론인데, 그는 '화폐의 탈상품화'(152쪽)라는 맑스의 정치경제학 비판 방법론을 응용해서 금융화의 심층에 있는 구조적 토대들을 분석했다.

특히 그는 제2차 세계대전 이후 최초로 미국이 무역적자를 기록했던 1971년 전후의 정치·경제 상황에서 출발한다. 그리고 금융화의 기폭제가 된 제도적 장치로 브레턴우즈 체제 해체와 변동환율제 도입을 꼽는다. 그 이후 금융자본은 자립화했고, 다시 말해 금융자본이 전 사회의 고삐로부터 풀려 나와 거꾸로 사회질서를 통제할 토대를 마련했다는 것이다. 외환거래시장과 장외시장의 형성과 증폭, 2000년대 이후 파생금융상품 시장이 주식과 채권시장보다 10배 이상 더 커지는 단계, 마지막으로 비우량 주택융자 채권시장의 문어발식 확장 단계와 파산, 이렇게 크게 네 단계를 역사적으로 추적해 간다.

금융자본의 자립화, 즉 프랑켄슈타인 괴물화 과정에 대한 역사적 설명에서 흥미로운 점이 하나 발견된다. 그것은 신용카드 사회로 알려진 미국의 현실이다. 놀랍게도 2007년 위기 이전 미국 가구의 20%는 신용등급 문제로 은행계좌를 가지고 있지 않았다. 그런데도 은행들은 왜 이렇게 신용등급이 낮은 사람들에게 비우량 주택융자를 남발했는가, 그리고 왜 그 고객들은 주로 흑인과 라티노에게 맞춰져 있었는가? 이 책은

"인종과 계급의 변증법"(208쪽)을 가지고 이 질문에 답한다.

넷째, 이 책은 현재 세계적으로 확산되고 있는 반자본주의 운동의 한계 역시 진단하고 있다. 예를 들면, 볼리비아 민중들이 물 민영화 반대 투쟁을 통해서 세워 낸 모랄레스 정부가 직면한 정치적 과제가 바로 그것이다. 맥널리는 볼리비아 민족주의적 좌파들의 선거주의로의 경도가 풀뿌리 민중들의 직접적인 정치 참여 공간을 축소하고 있다고 지적한다 (258쪽). 또한 이를 방지하기 위해서는 원주민들의 공동체주의적 가치들이 좌파의 실천과 접목되어야 한다고 제안한다.

한국의 진보적 시민단체, 풀뿌리 민주주의 운동, 그리고 진보 정당 운동도 마찬가지다. 도시 공간, 삶의 터전에서 주민 연대를 실험하고 실천하는 '민중의 집' 같은 공동체주의적 가치의 정치화가 필요하다. 물론 아직 시작 단계에 있고 수많은 시행착오가 필요할 것이다. 그렇다면 의회, 행정이라는 제도적 정치공간과 생활공간이 분리되지 않는 정치적 실천은 어떻게 가능한가? 『글로벌 슬럼프』는 몇 가지 정치 실천적 전략들을 제시하고 있다. 그것은 생활 터전에서 급진적 직접민주주의의 실천, 서로 다른 여러 가지 정치 실험들의 창조적 역동적 혼융, 기억의 복원을 통한 과거 노동운동과 현재 청년 운동의 만남과 교류, 진보 좌파들 사이에서 분파주의의 극복과 광범위한 반자본주의 운동에 노동운동, 여성운동, 인종차별 반대 운동들을 혼합시키는 새로운 능력들이 요청된다. 풀뿌리 민중 권력의 제도화와 저항의 목소리의 인프라 형성 또한 필요하다. 우리들의 생활 터전, 일터, 놀이터, 그리고 쉼터에서 주민들과의 정치적 연대와 실천이 축적될 때만이 "사회 현실 불만족 67.2%, 그러나 지지정당 없음 73.6%"(2011년 10월 경향신문·현대리서치연구소 조사)를 말하는 한국 시민들이 진보 좌파 정당에 관심을 가지고 참여하게 될 것이다.

자본주의의 고요한 폭력 시대에서 삶의 터전의 민주화의 중요성

생활 터전에서 자본의 문화적 침투에 대한 대안 제시가 절실히 요청된다. 자본주의적 시장의 특질은 규율과 처벌을 통한 통제이다(195쪽). 읍내 5일장 같은 교류의 장이 아니다. 자본주의는 그 통제의 영토를 확장하려고 한다. 그래서 자본주의는 단순히 경제활동만을 지칭하지 않는다. 우리의 일상에서 매일같이 몸의 리듬, 기분, 마음, 습관과 취향까지도 통제하고 서열화한다.

일례로 취향과 관련된 사회 풍속도의 변화를 들 수 있다. 1997년 IMF 긴축 시대 이후 소위 선진 금융기법, 미국-영국식 금융공학은 낙후된 한국 자본주의와 국민들의 마음에 '팔자 사자 타이밍' 게임기를 설치했다. 최첨단 머니그리드 게임을 장착한 것이다(165쪽). 그러나 즐거운 게임이 아니었다. 이미 80% 이상의 국민은 자기 재산가치의 절반이 싹둑 잘려져 나간 상실감과 좌절감을 맛보았기 때문이다. 목구멍 깊은 곳에는 보상심리가, 심장 한켠에는 울분과 복수의식이 잠복해 있다. 더 이상 노동소득은 믿지 않는다. 그리고 다른 사람을 대하는 생활 철학은 '팔자 사자', '이익-손해' 게임으로 대체되었다.

한국 자본주의 특질은 세계에서 가장 높은 노동강도와 속도전으로, 자본의 칼날에 베인 한국인들의 불안함을 잘 통제한다는 데 있다. 이 불안 의식과 생존 의지는 다시 결합된다. 그러나 이 둘만으로는 세계에서 가장 교육 수준이 높은 한국인들을 통제할 수 없다. 그래서 만병통치약인 '선진국' 내지 '선진화'의 수사학이 등장한다. 비합리적인 한국 금융제도의 관행을 영미식 선진 금융기법을 도입해서, 더 스마트한 한국 펀드 시민들로 거듭나라는 명령이 들려온다. 노동소득이 아닌, 부동산과 연계된 복잡하고 신기한 금융상품들을 분석할 금융맨이 필요해졌다. 그들, 애널리스트가 뉴욕·홍콩·네덜란드로부터 상륙했다. 그리고 지적·미학적 요소를 갖춘 미녀 아나운서들의 가계부 기사 작위를 승인받았다. 1970년대 표준 신랑감이었던 건설맨과 전자맨은 이제 좀 촌스럽다는 것이다. 돈이 반칙 플레이를 공정 게임으로 바꿀 뿐만 아니라, 아내와 남편의 얼굴까지도 바꿀 수 있는 시대가 도래했다.

그러나 이러한 금융맨 백기사의 구원의 손길은 너무 짧았다. 닿지 않는 곳이 더 많다. 부동산 파이낸스 프로젝트 부실 채권 등으로 인해 부산상호저축은행은 영업정지되있다. 피해자들 중 한 중년 아주머니의 말은 우리 돈의 미래를 알려 준다. "내 피 같은 돈이다. 내가 어떻게 번 돈인지 아느냐? 평생 안 입고 안 쓰고 일해서 번 돈이다!" 그는 울음을 터뜨렸다. 한국뿐만 아니라 전 세계적인 금융 공황은 선진 기법, 수리금융, 금융공학, 퀀트 등으로 상징되는 금융자본의 '합리성'의 비합리성을 적나라하게 보여 줬다. 신뢰를 하루에 수백 수천 번 외치는 은행의 무한 신뢰는 무한 무책임으로, 친절한 신용대출과 금융상품은 가혹한 주택 압류의 칼날로 되돌아왔다.

사람들은 이 경제공황의 시대에 예언자들을 찾고, 어떤 사람들은 금융, 부동산, 펀드 예언자를 자처한다. 그들은 해운대 모래사장 위에 나만의 '아방궁'을 건설하라고 컨설팅한다. 그러나 정보전쟁과 수치 확보 전투를 거쳐 건설한 금융 재테크 전략은 제로섬 게임으로 끝나고 말거나 사상누각에 그친다. 우리가 일상에서 만나는 돈, 이제 이 돈이 가지고 있는 사회성과 공동체적 속성을 부활시키지 않고서는 현재 자본의 위기를 극복하기 힘들다. 돈이 사람이 굴리는 게 아니라, 사람이 자기 필요와 자아실현을 위해 돈을 굴려야 한다. 돈이 공동체와 인간관계로부터 분리되어 거꾸로 사람을 노예로 만드는 것을 허용해서는 안 된다. 돈이란 사람·자원·생산수단을 동원할 수 있는 공동체의 미래 저수지로, 그리고 자본의 이윤 증식이 아니라 공적 행복 실현의 도구로 사용되어야 한다. 내 금고의 돈은 내가 열심히 일해서 번 돈일 수도 있지만, 대부분 그 돈은 공동체 안의 다른 사람들의 "피 같은 돈"인 경우가 많다. 그 돈은 단순한 종이와 구리가 아니라 우리들의 관계이다. 은행의 돈, 국가예산, 기업의 수익금 모두 그 아주머니가 말한 대로, 노동이라는 실개천에서 발생한 '노동의 피'들이 모인 공적인 저수지인 것이다. 이 공적인 저수지의 물은 누가 어떻게 관리해야 하고, 누구를 위해 쓰여야 하는가?

진보 정치는 일하는 사람들을 그 공적인 저수지 물의 소비자로만 간주해서는 안 된다. 특히 세계에서 가장 노동강도가 높은 한국 자본주의의 규율과 처벌 체제에서는 더욱더 그렇다. 사람들의 상처를 정치적으로 치유하고, 그들이 정치 참여 주체가 될 수 있는 공간을 창출해야 한다. 정치는 4년마다 돌아오는 선거철에만 하는 게 아니다. 순서가 뒤바뀌었다. 일터, 생활터, 휴식터, 놀이터에서 시민들 한 사람 한 사람 입소문이 모이고 모여 태풍이 되는 게 일차적으로 중요하다. 민주주의를 향한 진보 좌파의 실천에는 시지프스의 운명이 지워져 있다. 그것은 시민 한 사람 한 사람이 기성 정치인의 박수부대나 응원부대로만 남는 게 아니라, 정치 참여의 주인이 될 수 있는 방법들을 끊임없이 찾아 나서야 하는 노역이다. 데이비드 맥낼리의 『글로벌 슬럼프』가 이러한 우리의 과제들을 이야기하는 데 한 좋은 말벗이 되길 바란다.

2011년 10월 15일
김낙중

찾아보기